Unser
BABY
Monat für Monat

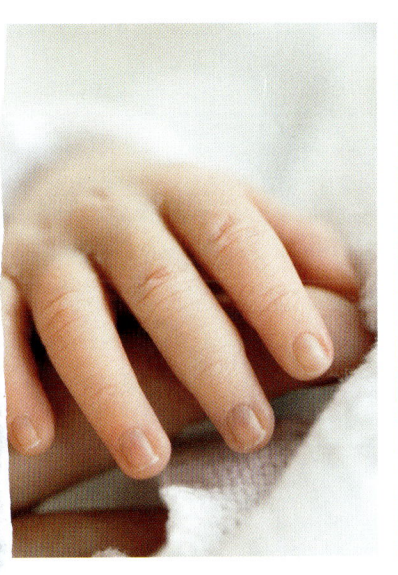
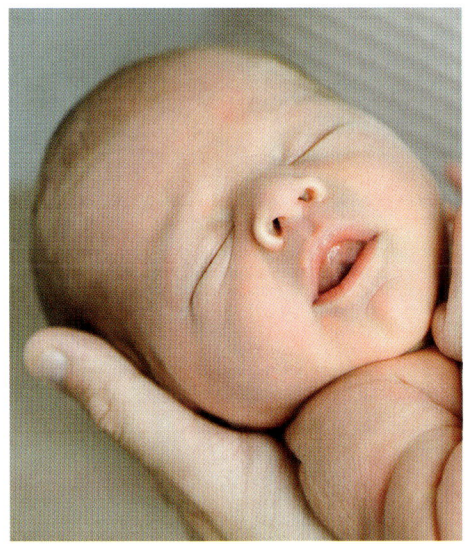
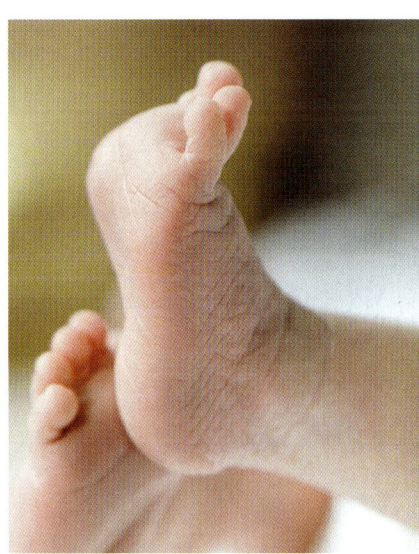

Su Laurent
Peter Reader

Die
ersten zwei
Lebensjahre

Unser
BABY
Monat für Monat

Dorling Kindersley

DORLING KINDERSLEY
London, New York, München, Melbourne und Delhi

Redaktion Maya Isaaks
Für Dorling Kindersley produziert von
Dawn Bates und Emma Forge
Bildredaktion Glenda Fisher
Lektorat Esther Ripley
Cheflektorat Penny Warren
Chefbildlektorat Marianne Markham
DTP-Design Sonia Charbonnier
Herstellung Mandy Inness
Art Director Peter Luff
Programmleitung Peggy Vance, Corinne Roberts
Fotos Vanessa Davies
Bildrecherche Sarah Smithies

Für die deutsche Ausgabe:
Programmleitung Monika Schlitzer
Projektbetreuung Kerstin Uhl
Herstellungsleitung Dorothee Whittaker
Herstellung und Covergestaltung Mareike Hutsky

Bibliografische Information Der Deutschen Bibliothek
Die Deutsche Bibliothek verzeichnet diese Publikation in der
Deutschen Nationalbibliografie; detaillierte bibliografische Daten
sind im Internet über http://dnb.ddb.de abrufbar.

Titel der englischen Originalausgabe:
Your Baby Month by Month

Übersetzung Jeanette Stark-Städele
Redaktion Dr. Marianne Jabs
Satz Beate Fellner

ISBN 978-3-8310-1240-4
Reproduced in Singapore by Colourscan
Printed and bound in Singapore by Star Standard

Besuchen Sie uns im Internet
www.dk.com

Für
Alex, Emily,
Edward, Vanessa,
Chris und Rowan

Inhalt

»Sie werden merken: Keine Beziehung ist so wie die zwischen Eltern und Kind.«

»Ärger mit Ihrem Trotzkopf? Atmen Sie tief durch und denken Sie daran, wer hier das Kind ist.«

Fragen zur Gesundheit

Vorwort

Viele werdende Eltern versuchen sich ihr Leben mit dem Baby genau vorzustellen – doch die Schwangerschaft bereitet sie kaum auf die Wirklichkeit vor. Und so markieren die Stunden der Geburt den Beginn eines völlig neuen Lernprozesses. Mit der Zeit fällt vieles leichter, aber manches wird auch komplizierter, weil sich ein Mensch nie mehr so schnell entwickelt wie in den ersten beiden Jahren.

Ideale Berater für junge Eltern wären Menschen mit vielfältigen Erfahrungen im Umgang mit kleinen Babys. Sie sollten sich in medizinischen Themen auskennen, denn nichts belastet Eltern mehr als ein krankes Baby. Und schließlich sollten es erfahrene Eltern sein – die ihre eigenen Kinder haben heranwachsen sehen und echte Sorgen von momentanen Unsicherheiten unterscheiden können. In diesem Buch werden für all diese drei Bereiche wichtige Informationen geliefert: Su Laurent, Kinderärztin, verantwortlich für eine Neugeborenen- und Frühgeborenenstation, hat dieses Buch mit ihrem Mann Peter Reader, Allgemeinmediziner mit langjähriger Erfahrung als Hausarzt, geschrieben. Sie haben drei Kinder.

Die beiden Autoren vermitteln das grundlegende Wissen, um auf die sich verändernden Bedürfnisse von Babys und Kleinkindern eingehen zu können, klar gegliedert in einzelne Kapitel für jedes Alter und jede Entwicklungsphase. Sie ermutigen die Eltern, ihr Baby im Vertrauen auf ihren Instinkt auf ihre individuelle Weise zu versorgen. Und sie machen deutlich, wie breit das Spektrum dessen ist, was in der Entwicklung eines Kindes als normal gilt. Die beiden ermutigen Sie, entspannt die Zeit mit Ihrem Baby zu genießen, es in seinem eigenen Tempo wachsen zu lassen und – sich selbst nicht zu vernachlässigen.

Univ.-Prof. Dr. med. Berthold Koletzko
Haunersches Kinderspital,
Klinikum der Universität München
Vorsitzender, Stiftung Kindergesundheit
(www.kindergesundheit.de)

»Genießen Sie entspannt die Zeit mit Ihrem Baby;
lassen Sie es in Freiheit wachsen und sich entwickeln –
und vernachlässigen Sie sich selbst nicht.«

Einführung

Eltern zu werden ist wohl das aufregendste und intensivste Ereignis unseres Lebens. Neben all den Höhepunkten gibt es aber auch Sorgen und Ängste. Werden wir gute Eltern sein? Wie werde ich der Verantwortung für ein hilfloses Baby, später für ein willensstarkes Kleinkind gerecht? Bin ich bereit, alle mir so wertvollen Freiheiten aufzugeben?

Su Laurent und Peter Reader

Von Beginn der Schwangerschaft an empfinden die meisten werdenden Mütter eine Mischung aus Vorfreude und Angst. Sie bleibt während der Kindheit und darüber hinaus bestehen. Unser Baby und jeder seiner Entwicklungsschritte begeistert uns, aber wir sorgen uns auch, ob es zu viel oder zu wenig trinkt, zu viel oder zu wenig schläft und ob es zu viel oder zu wenig Stuhlgang hat. Spielen wir genug mit ihm? Bekommt es genügend Anregungen? In welchen Kindergarten und welche Schule soll es gehen?

Als Ärzte und als Eltern haben wir diese Sorgen viele Male gehört und selbst erfahren. Wir wissen, dass es unmöglich ist, Schuldgefühle und Ängste gänzlich aus dem Elternsein zu verbannen. Alle Eltern, wie wunderbar sie sein mögen, haben etwas an sich auszusetzen oder machen sich Sorgen – das gehört dazu.

Jedes Baby wird mit einem einzigartigen Temperament geboren. Wir Eltern prägen unsere Kinder jedoch durch unsere Werte und Interessen. Damit sind sowohl die Natur, die Veranlagung, als auch die Erziehung entscheidend für die Entwicklung der Persönlichkeit eines Kindes. Ob wir es wollen oder nicht, wir vermitteln unseren Kindern auch unsere eigene Erziehung und unsere Werte.

Wenn Sie ein Baby haben, erhalten Sie von allen Seiten Ratschläge, die sich zwangsläufig auch widersprechen. Sollen Sie Ihr Baby schreien lassen oder es sofort auf den Arm nehmen? Sollen Sie wieder arbeiten gehen oder zu Hause bleiben? Egal, welche Ansichten Sie vertreten, Ihr Baby wird sich gut entwickeln, wenn es geliebt und umsorgt wird, und wenn Sie versuchen, die Dinge aus seiner Perspektive zu sehen. Vor diesem Hintergrund werden wir in diesem Buch zentrale Themen behandeln.

■ **Verhalten:** Es dauert lange, bis Ihr Kind eine Vorstellung von »gutem« oder »schlechtem« Benehmen entwickelt. Doch es sucht immer Ihre Zuwendung und wiederholt das Verhalten, auf das es eine Reaktion erfährt. Wenn Sie konsequent erwünschtes Verhalten loben und unerwünschtes ignorieren, wird sich Ihr Kind eher positiv verhalten. Ignorieren Sie allerdings sein zufriedenes Spiel und wenden sich ihm nur zu, wenn es unartig ist, lernt es, dieses Verhalten zu wiederholen.

■ **Spiel:** Im Spiel entdecken Kinder ihre Umgebung, entwickeln ihre motorischen Fähigkeiten und lernen zu kommunizieren. Das gemeinsame Spiel ist auch eine intensive Form der Bindung und trägt dazu bei, dass Ihr Kind sich sicher und geliebt fühlt.

■ **Schlaf:** Am Anfang schläft ein Baby am Tag und in der Nacht; um seinen ersten Geburtstag herum schläft Ihr Kind dann vermutlich hauptsächlich nachts. Doch viele Babys wachen nachts häufig auf. Wir zeigen Ihnen, wie Sie einen Schlafrhythmus fördern, und was Sie tun können, wenn nicht alles nach Plan verläuft.

■ **Ernährung:** Sie erhalten Tipps, wie Sie vermeiden können, dass Ihr Kind ein schwieriger Esser wird. Sie erfahren, was Sie tun können, wenn Ihr Kleinkind trotz allem Bemühen Obst und Gemüse verweigert, und welche

0–2 JAHRE

DIE ENTWICKLUNG IHRES BABYS
Jedes Kapitel beschreibt die wesentlichen Bereiche der Entwicklung und der Pflege Ihres Babys sowie empfehlenswerte Spielsachen und Spiele.

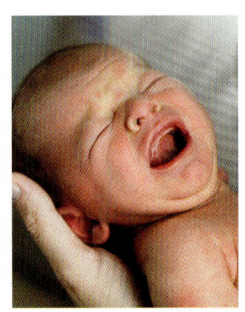
Seine neue Welt

Erstes Lächeln

Körperliche Fertigkeiten

Bereit zum Krabbeln

MONAT	1	2 und 3	4, 5 und 6	7, 8 und 9

▶ Das erste Jahr

»Waffe« das Essen sein kann. Gelingt es, das Essen zu einem angenehmen Familienereignis und nicht zu einem »Machtkampf« zu machen, wird das Füttern des Kleinkindes eine Freude für alle Beteiligten.

Auf der Basis unserer Erfahrungen als Eltern und unseres Wissens als Ärzte zeigen wir Ihnen unkomplizierte Richtlinien auf. Sie erfahren, was Sie in jeder Entwicklungsphase erwartet, welche Hilfestellung Ihnen das Gesundheitswesen bietet und wie Sie häufige Probleme und Krankheiten vermeiden. Wir fördern einen entspannten Zugang zur Babypflege mit wenig Vorgaben und der Konzentration auf wichtige Bereiche. Der Einblick in diese wesentlichen Dinge verschafft Ihnen das Selbstvertrauen, Ihren eigenen Erziehungsstil zu entwickeln. Beachten Sie nur fünf goldene Regeln:

■ Am besten wächst ein Kind in einer warmen, möglichst kritikfreien Atmosphäre auf.

■ Vergleichen Sie nie Ihr Erziehungstalent mit dem Ihrer Freunde.

■ Vergleichen Sie nie die Fähigkeiten Ihres Kindes mit denen seiner Freunde.

■ Wenn Ihr Kind Sie durch sein Verhalten provoziert, vergessen Sie nie, dass Sie die Eltern sind.

■ Genießen Sie die Zeit – die Kindheit geht so schnell vorüber. Die meisten Kinder entwickeln sich prima, weil die Eltern sie mit bedingungsloser Liebe in einer förderlichen Umgebung aufziehen, in der sie ihr volles Potenzial entfalten können. Viel Glück – und eine glückliche Zeit als Eltern!

...uf den Beinen	Unterwegs	Neue Spielsachen	Neue Fähigkeiten	Spaß haben
0, 11 und 12	13, 14 und 15	16, 17 und 18	19, 20 und 21	22, 23 und 24

▶ Das zweite Jahr

DAS ERSTE JAHR

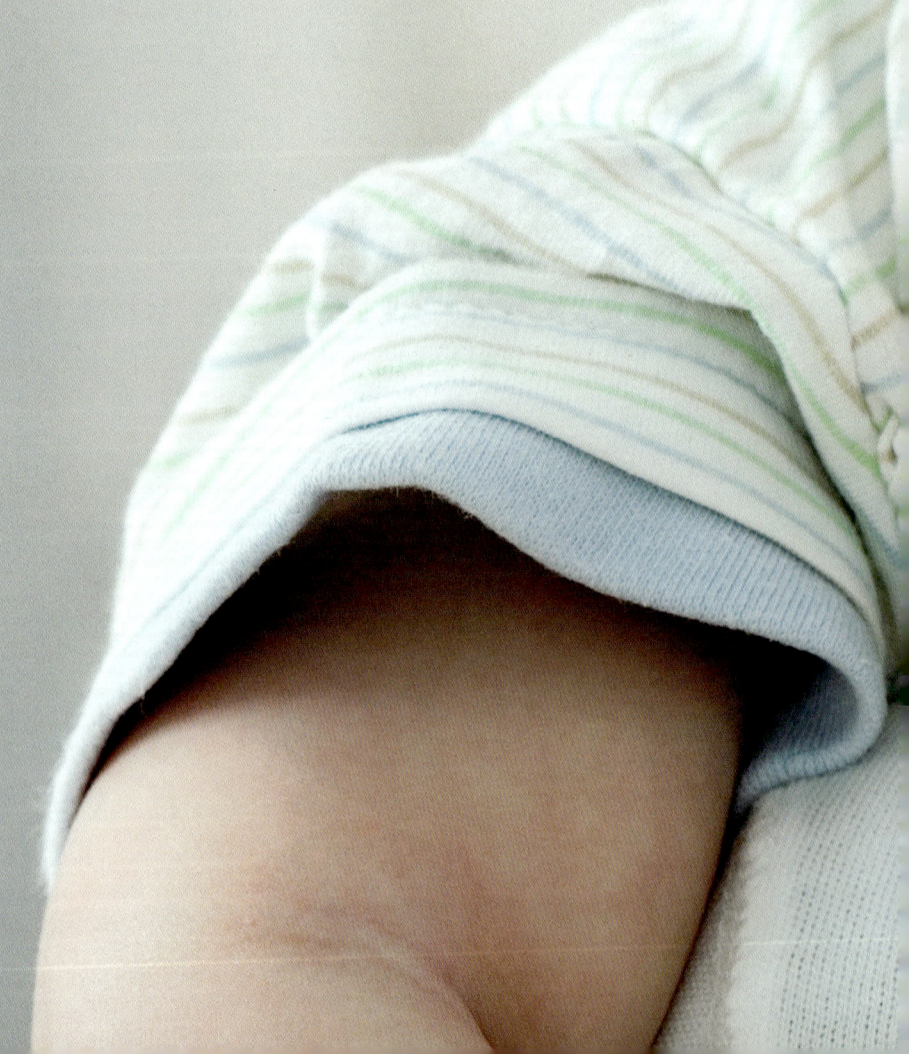

Vom winzigen, runzligen Neugeborenen zur munteren kleinen
Persönlichkeit – das erste Lebensjahr ist eine aufregende Reise.
Niemals wieder erlebt Ihr Kind so rapide Veränderungen in
Wachstum und Entwicklung – eine spannende Zeit für Sie alle.

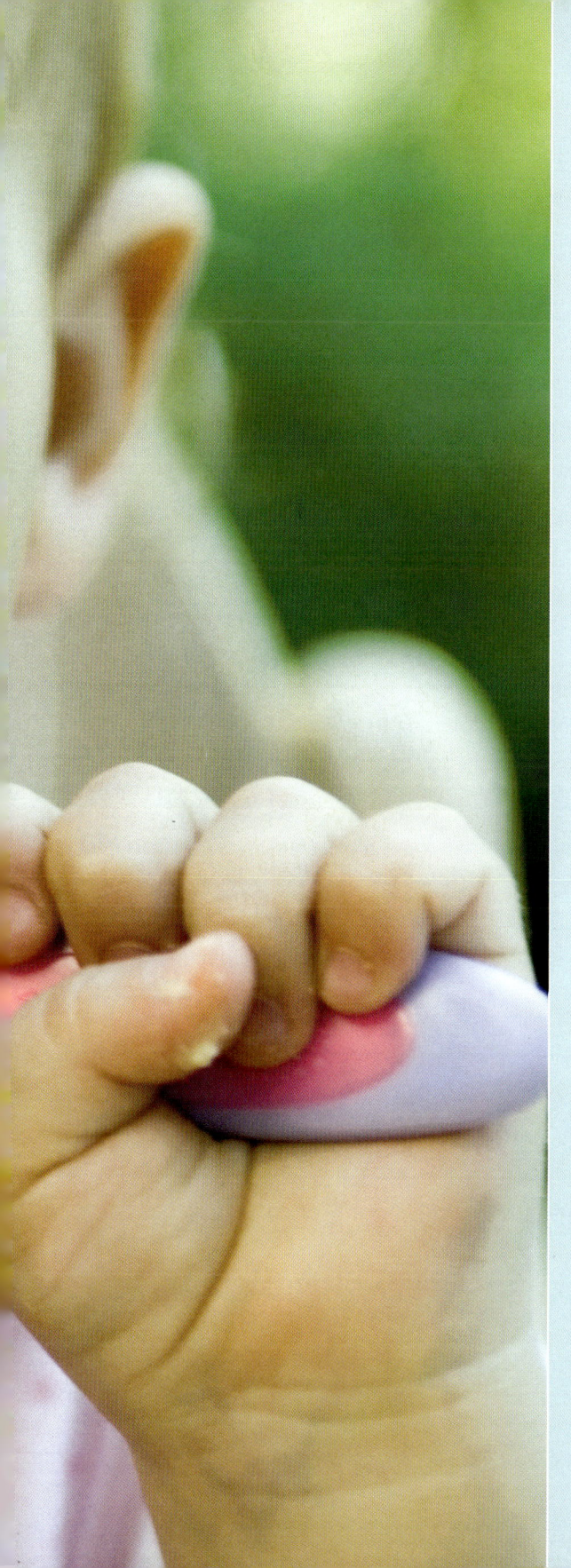

Inhalt

IHR NEUGEBORENES

1. WOCHE

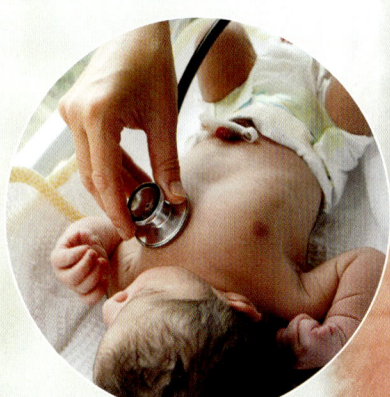

UNTERSUCHUNGEN GLEICH NACH DER
GEBURT UND NOCH EINMAL ZWISCHEN DEM
3. UND 10. LEBENSTAG WIRD IHR BABY UNTERSUCHT.

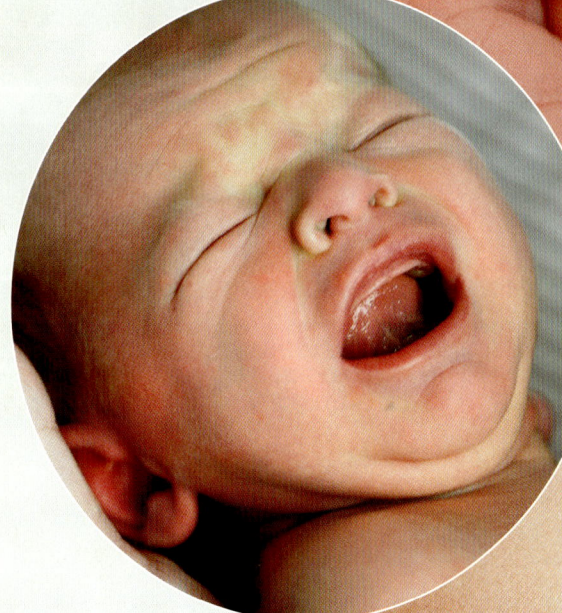

ANPASSUNG AN DIE UMWELT
SCHREIEN IST EINE NATÜRLICHE REAKTION
AUF DIE NEUE UMGEBUNG; BALD WISSEN SIE,
WAS DAS SCHREIEN DES KINDES BEDEUTET.

EIN KLEINES WUNDER WINZIGE
FINGER UND ZEHEN – SIE KÖNNEN SICH AN
IHREM BABY NICHT SATTSEHEN.

»Das Warten hat ein Ende – Ihr Baby ist da. Nun beginnt die aufregende und anspruchsvolle Aufgabe, Eltern zu sein.«

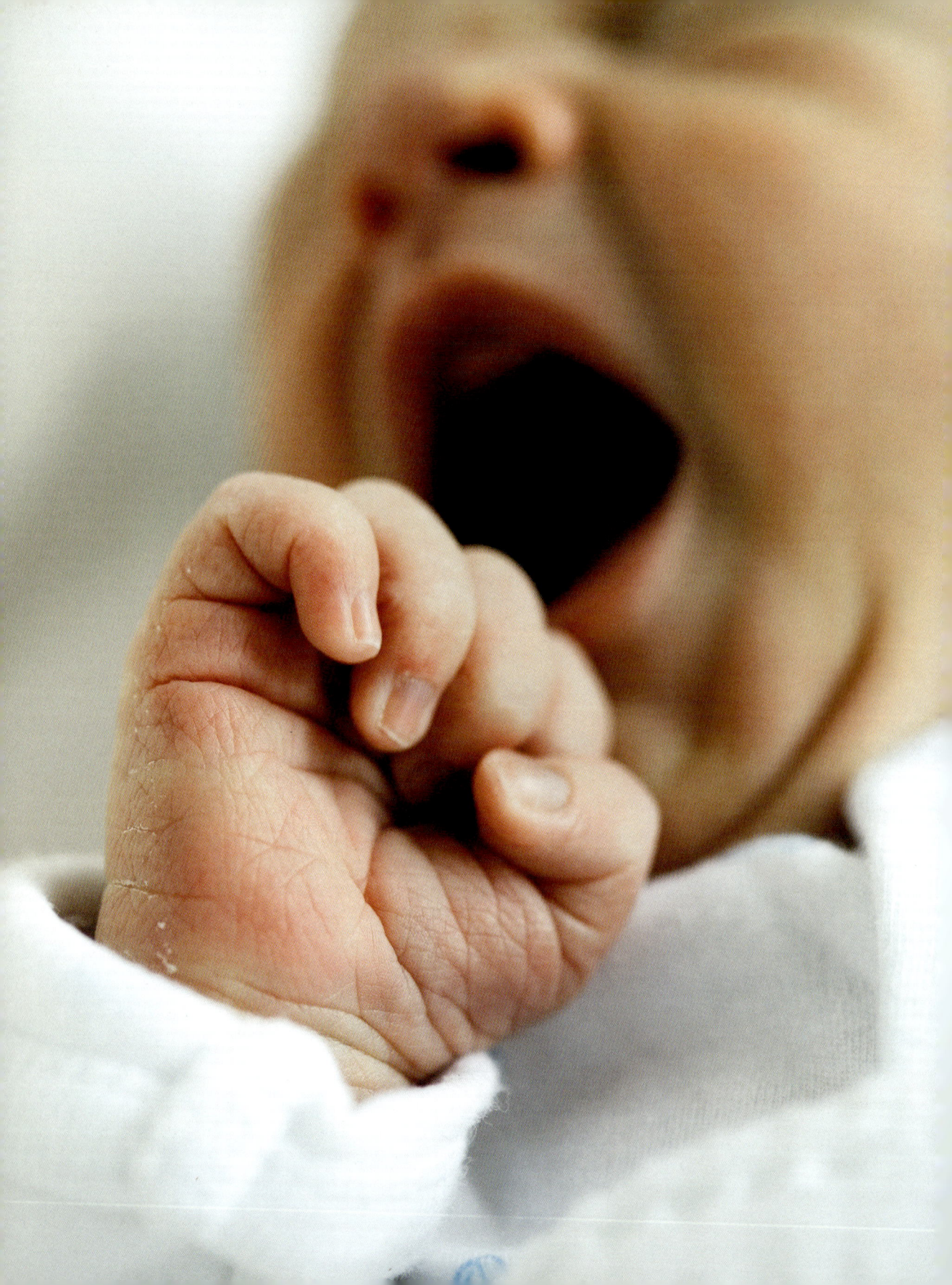

Am Anfang

Die erste Begegnung mit dem Neugeborenen ist eine der
erstaunlichsten Erfahrungen in Ihrem Leben. Sie empfinden
vermutlich eine Mischung aus Erschöpfung, Euphorie und
Schock. Es gibt keine richtige oder falsche Reaktion – leben
Sie den Augenblick und begrüßen Sie Ihr Baby auf Ihre Weise.

Wie Ihr Baby aussieht

Direkt nach der Geburt sieht Ihr Baby vielleicht etwas seltsam aus – anders, als Sie es sich vorgestellt haben. Beim Austritt aus dem Geburtskanal
hat es eine bläulich-violette Farbe, doch keine Sorge – nach dem ersten
Atemzug ist es wieder rosig. Die Extremitäten können wegen des unausgereiften Kreislaufs noch einige Zeit bläulich sein.

Nach einer vaginalen Entbindung ist der Kopf wegen des Weges
durch den Geburtskanal verformt und kann länglich und sogar etwas
spitz wirken. Nach wenigen Tagen hat er jedoch wieder seine normale
Form angenommen. Wurde eine Saugglocke zur Geburt eingesetzt, hat
der Schädel eine kreisförmige Beule dort, wo die Saugglocke befestigt
war. Nach einer Zangengeburt kann das Baby seitlich am Kopf Quetschungen und Schwellungen aufweisen, die aber bald abheilen.

Die Genitalien können geschwollen sein. Mädchen haben manchmal
einen Vaginalausfluss. Bei Jungen wie Mädchen kann die Brust geschwollen sein, und manchmal tritt sogar etwas Milch aus den Brustwarzen aus.
Diese Erscheinungen sind kein Grund zur Sorge – sie sind Folge der müt-
terlichen Hormone, die im Körper Ihres Babys zirkulieren und bald abgebaut werden. Ihr Baby ist vielleicht noch mit Käseschmiere (Vernix), einer
weißen, fettigen Substanz, die die Haut im Fruchtwasser schützt, bedeckt.
Ohne diese Schicht wäre seine Haut im Fruchtwasser aufgeweicht. War
Ihr Baby überfällig, ist seine Haut vermutlich recht trocken, weil die Käseschmiere absorbiert wurde. Bei manchen Babys ist der Körper bei der
Geburt mit Haarflaum, Lanugo, bedeckt. Er fällt bald ab. Je früher ein
Baby geboren wird, umso mehr Flaum ist vorhanden. Hellhäutige Babys
haben bei der Geburt blaue Augen, Babys aus dem asiatischen und afro-

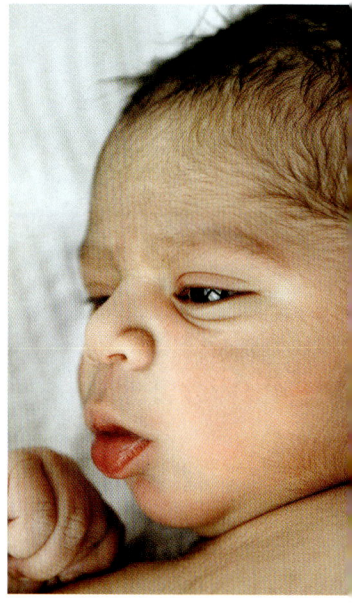

ERSTE STUNDEN *Häufig
haben Neugeborene
kleine Flecken und
weiches Flaum-
haar; Gesicht und
Augen können etwas
geschwollen sein.*

karibischen Raum oft dunkelgraue oder braune Augen. In der zwölften Woche hat sich die Augenfarbe Ihres Babys verändert, die endgültige Farbe erlangt es jedoch erst mit einem Jahr.

Ihre Gefühle für Ihr Baby

Diese kleine Person hat monatelang in Ihrem Bauch gelebt, Sie getreten und vielleicht sogar Schluckauf gehabt. Bestimmt haben Sie schon eine Vorstellung von seinem Charakter. Aber was, wenn Sie ein Mädchen erwartet haben, und nun ist es ein Junge? Oder wenn Ihr Baby anders aussieht als erwartet? Sie können emotional völlig überwältigt sein – oder auch gar nicht viel empfinden. Manche Eltern verlieben sich auf

Kleine »Schönheitsfehler« bei Neugeborenen

Kleinere Flecken oder Geburtsmale sind ganz normal.

▸ **Storchenbisse** (*Naevus flammeus*) sind kleine rote Flecken, meist auf Lidern, Stirn und Nackenansatz. Es handelt sich um erweiterte Kapillargefäße oder sehr kleine Blutgefäße. Sie sind harmlos und verschwinden von selbst, oft innerhalb der ersten beiden Lebensjahre und fast immer bis zum fünften Lebensjahr.

▸ **Portweinflecken** (kavernöses Hämangiom) sind Folge einer anomalen Entwicklung der Blutgefäße in einem Hautbereich. Sie verblassen nicht, können aber durch eine möglichst frühe Laserbehandlung, die sich über zwei bis vier Jahre erstrecken kann, entfernt werden. Die Lasertechnik macht enorme Fortschritte, sodass

das Risiko der Narbenbildung immer geringer wird.

▸ **Mongolenflecken** sind bläulich-graue Pigmentansammlungen in der Gesäßgegend, aber auch auf der Beinrückseite und an Armen und Händen, vorwiegend bei Babys aus dem asiatischen, slawischen und südeuropäischen Raum. Sie verschwinden ohne Behandlung meist in den ersten Lebensjahren.

▸ **Blutschwämme** (Hämangiome) erscheinen in den ersten Tagen oder Wochen. Sie sind erhaben und leuchtend rot, weil sie sich aus vielen kleinen Blutgefäßen zusammensetzen. Auch wenn sie anfangs weiter wachsen, verschwinden sie meist bis zum fünften Lebensjahr vollständig.

▸ **Hackenfuß** bedeutet, dass bei der Geburt ein Fuß am Knöchel nach innen oder auch nach außen gedreht ist. Meist wurde der Fuß in der Gebärmutter gegen Ende der Schwangerschaft zusammengedrückt. Ein Hackenfuß sieht zwar erschreckend aus, ist in den meisten Fällen jedoch nicht schlimm. Im Gegensatz zum Klumpfuß kann er durch Druck auf die Fußsohle in eine normale Lage gebracht werden. Durch eine regelmäßige, sanfte Massage wird der Fuß angeregt, seine korrekte Position einzunehmen. Ein Krankengymnast bringt Ihnen die Massagetechniken bei. Wenn der Fuß wächst und das Kind später steht, nimmt der Fuß eine normale Stellung ein.

der Stelle in ihr Baby, bei anderen dauert dies länger. Das ist völlig normal – Sie kennen Ihr Baby nicht, und es kann für Sie wie ein Fremder sein. Lassen Sie den Dingen ihren Lauf. Die Beziehung zwischen Ihnen wird sich nach und nach entwickeln.

Eine Bindung entwickeln

Es gibt keinen festen Zeitpunkt für den Bindungsprozess, aber es gibt Wege, ihn zu fördern. Wenn Sie Ihr Baby direkt nach der Geburt an Ihre Brust legen, ist dies ein hervorragender Start für Ihre Beziehung. Forschungen zeigen, dass ein entspannter, möglichst früher Hautkontakt zwischen Ihnen beiden erfolgreiches Stillen begünstigt. Wenn Sie Ihr Baby nicht gleich in den Arm nehmen können, z. B. bei einem Kaiserschnitt, streicheln und liebkosen Sie es, sobald Sie dazu in der Lage sind. Stillen ist gleich nach der Geburt möglich, da viele Babys direkt nach der Entbindung sehr munter sind. Nutzen Sie diese frühe Chance, eine Beziehung herzustellen. Doch machen Sie sich keine Sorgen, wenn es zu schläfrig ist, oder Sie zu erschöpft sind. Wichtig ist, dass Ihnen jemand helfen kann, Ihr Baby richtig anzulegen, wenn Sie dies wollen (s. S. 31). Das kann einige Zeit dauern – beim ersten Baby muss das Stillen erst gelernt werden.

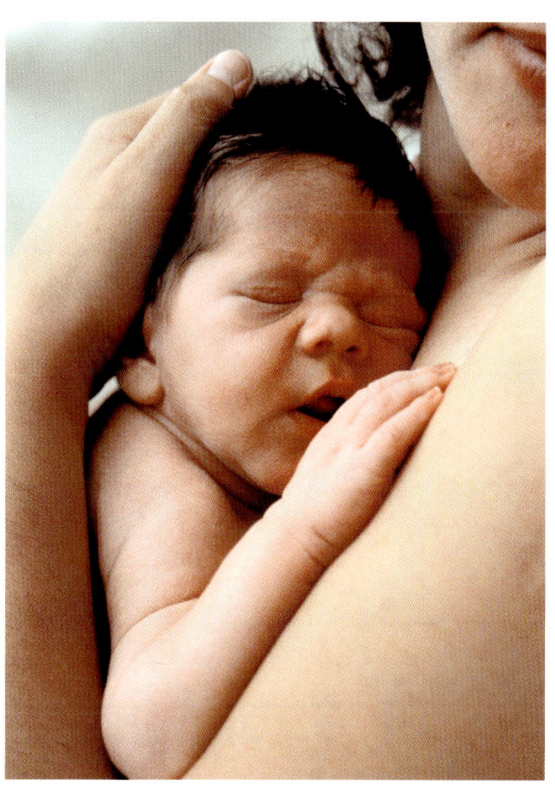

ENGER KONTAKT
Körperkontakt – Haut an Haut – fördert den Bindungsprozess und trägt zur Entwicklung des Neugeborenen bei.

Häufiger Hautkontakt ist nicht nur schön, sondern auch wohltuend für Ihr Baby und verstärkt Ihre Nähe zu ihm. Achten Sie darauf, dass Ihr Baby trocken und der Raum warm ist. Keine Angst, dass ihm kalt wird: Wenn Sie es an Ihren Körper halten, hält es seine Körpertemperatur aufrecht; Sie können sich aber zu Ihrer Beruhigung gemeinsam in ein Handtuch oder eine leichte Decke wickeln.

In der Schwangerschaft hat sich Ihr Baby bereits an Ihre Stimme gewöhnt und findet sie beruhigend. Sprechen Sie also mit ihm. Von Geburt an interessiert es sich für Gesichter; wenn Sie es anschauen und Ihre Zunge herausstrecken, macht es dies vielleicht nach.

Aus Vaters Sicht

Die Aussicht auf ein Baby kann ziemlich verunsichern, zumal dieses kleine Wesen ohne Bedienungsanweisung daherkommt. Da Wöchnerinnen heute bald nach der Geburt aus dem Krankenhaus entlassen werden, erfolgt der Schritt von der Paar- zur Familienbeziehung rasant.

Als unsere Tochter geboren wurde, kam ich um 17 Uhr im Entbindungszimmer an und scherzte, dass ich zu einer Fernsehsendung um 22 Uhr wieder zu Hause sein wollte. Und tatsächlich saß ich um 22 Uhr total verblüfft mit einer Pizza vom Italiener auf dem Sofa; meine neugeborene Tochter schlief neben mir. Irgendwie schien es, als hätten wir das Baby kurz im Krankenhaus geholt, so wie die Pizza. Es war ein so kleiner Schritt, und doch gab es nun einen neuen Menschen in unserem Leben.

Ich bin mir natürlich darüber im Klaren, dass nicht jede Geburt so einfach ist (bei unserem zweiten Baby musste ein Not-Kaiserschnitt gemacht werden), aber der Schritt vom Paar zur Familie erfolgt bei jeder Geburt unvermittelt. Es kann Wochen oder sogar Monate dauern, zu dem Baby eine Bindung aufzubauen. Dabei sind Gefühle wie Eifersucht, Frustration und Angst normal. Seien Sie nicht zu streng mit sich selbst. Sprechen Sie mit Ihrer Partnerin – es ist wichtig, einander in dieser Übergangsphase zu unterstützen. Für die meisten Eltern ist es gleichwohl eine magische Zeit. Ich war ein wenig skeptisch, welche »Auswirkungen« das Baby auf unser Leben haben würde. Aber ich verliebte mich sofort in unser Kind.

AUS VATERS SICHT

Nach einem Kaiserschnitt

Ein Kaiserschnitt ist ein umfassender operativer Eingriff; Sie brauchen danach mehr Zeit, um sich zu erholen. Erwarten Sie nicht zu früh zu viel von sich. Ich konnte damals kaum ein Glas Wasser halten, geschweige denn mein Baby! Positiv gesehen bietet eine Kaiserschnittgeburt dem Vater eine wunderbare Gelegenheit, sich in den ersten Stunden und Tagen mit dem Baby und all den dazugehörigen Pflichten vertraut zu machen.

Ihre Naht wird anfangs wehtun, bitten Sie bei Bedarf um ein Schmerzmittel. Auch wenn sie im Moment sehr auffällig ist, wird sie zu einer hellen, kaum wahrnehmbaren Linie verblassen. Bewegungen fallen Ihnen schwer, doch man wird Sie auffordern, bald aufzustehen, um die Genesung zu beschleunigen. Bitten Sie um Hilfe beim Stillen. Es gibt besonders geeignete Stillpositionen. Sie können das Baby z. B. neben sich legen oder den Rückengriff anwenden (s. S. 53). Nach einem Not-Kaiserschnitt sind Sie vielleicht aufgewühlt, enttäuscht oder meinen, versagt zu haben. Sprechen Sie mit Hebammen und Geburtshelfern darüber. Sie sind nicht schuld – am wichtigsten ist, dass Ihr Baby sicher zur Welt kam.

Erste Untersuchungen

Ihr Baby wird direkt nach der Geburt (U1) und nochmals zwischen dem dritten und zehnten Lebenstag (U2) untersucht. Direkt nach der Geburt wird der Apgar-Test durchgeführt. Das Baby wird gewogen und gemessen – Ausgangspunkte für die Wachstumskurven (s. S. 62 f.).

Der Apgar-Test

Der Apgar-Test dient zur Beurteilung des Gesundheitszustandes von Neugeborenen, damit ggf. sofort eine Behandlung eingeleitet werden kann. Atmung, Herzschlag, Hautfarbe, Muskeltonus und Reflexreaktion werden unmittelbar nach der Geburt bestimmt. Der Test wird nach fünf sowie nach zehn Minuten wiederholt. Die Hebamme führt die Tests so schnell und effizient durch, dass Sie sie vielleicht gar nicht bemerken.

Apgar-Test: Auswertung

Jedes der fünf Kriterien wird mit einer Punktzahl von 0 bis 2 bewertet; die Werte werden addiert. Die meisten Babys erreichen Werte zwischen 7 und 10. Liegt der Wert unter 7, ist meist medizinische Hilfe erforderlich.

WAS BEWERTET WIRD	0	1	2
▸ Atmung	Das Baby atmet nicht	Langsame, unregelmäßige oder erschwerte Atmung	Normale Atmung, ohne Anstrengung
▸ Herzschlag/Puls	Fehlt	Weniger als 100 Schläge in der Minute	Mehr als 100 Schläge pro Minute
▸ Hautfarbe	Bläulich-grau	Rosig, mit bläulichen Extremitäten (Hände und Füße)	Rosig am ganzen Körper, einschließlich der Extremitäten
▸ Muskelspannung	Schlaff, keine Bewegungen	Geringe Bewegung der Extremitäten	Aktive, spontane Bewegungen
▸ Reflexreaktion	Keine Reaktion auf Stimulation wie leichtes Zwicken	Grimassen als Reaktion auf Stimulation	Aktive Reaktion auf Stimulation – zieht weg, niest, hustet oder schreit

Neugeborenen-Basis-Untersuchung

Diese gründliche Untersuchung zur Bestimmung der Gesundheit bzw. zum Erkennen möglicher Probleme oder Anomalien findet zwischen dem dritten und zehnten Lebenstag statt. Der Kinderarzt untersucht Herz und Lunge, Kopf, Mund, Hände, Füße, Hüften und Wirbelsäule (s. u.). Die Augen werden auf auffällige Anomalien oder Ausfluss untersucht; mithilfe einer Lichtquelle kann man eine mögliche Linsentrübung erkennen. Der Bauch wird untersucht und abgetastet, das gesunde Aussehen des Nabelstumpfs kontrolliert. Man zählt die Zehen und untersucht die Füße auf Anzeichen eines Hacken- oder Klumpfußes (s. S. 22). Die Haut wird auf Geburtsmale (s. S. 22) abgesucht und die Reflexe werden getestet.

Genitalien und After werden auf ihre normale Ausbildung hin untersucht. Bei einem Jungen kontrolliert man, ob sich die Hoden in den Hodensack gesenkt haben und ob die Penisöffnung oben liegt und nicht an der Unterseite. In seltenen Fällen lässt sich nur schwer entscheiden, ob es sich um ein Mädchen oder einen Jungen handelt. In diesem Fall müssen Ärzte Tests vornehmen, um das Geschlecht zu bestimmen.

Man wird Sie fragen, ob Ihr Baby in den letzten 24 Stunden Wasser gelassen und Stuhlgang gehabt hat. Bei manchen Babys enthält der Urin rötliche Kristalle, die wie Ziegelmehl aussehen. Das ist normal, kann aber ein Anzeichen dafür sein, dass Ihr Baby leicht dehydriert ist, nicht genug Milch bekommt und evtl. zusätzliche Mahlzeiten braucht.

UNTERSUCHUNGEN

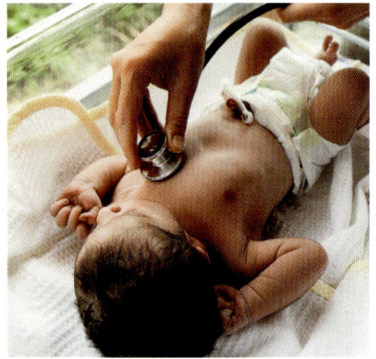

HERZ UND LUNGE *werden auf ungewöhnliche Geräusche untersucht.*

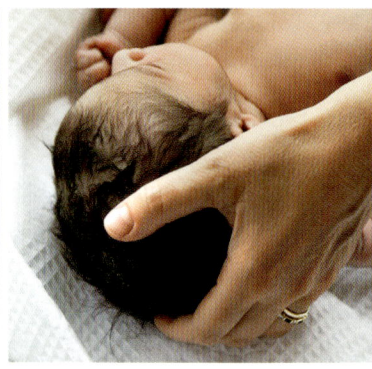

KOPFFORM *und Fontanellen werden untersucht.*

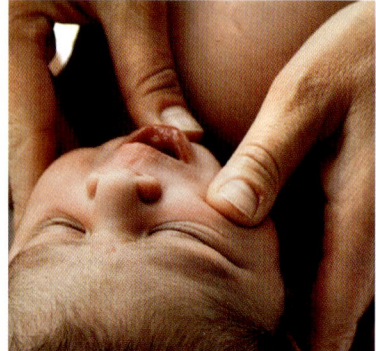

MUND UND GAUMEN *– die getrennten Bereiche sollten sich verbunden haben.*

Die Reflexe Ihres Babys

Ihr Baby weist mehrere angeborene Reflexe, wie Saugen, Greifen und Suchen, auf – wenn Wange oder Lippen berührt werden, wird es den Kopf drehen und den Mund öffnen. Diese Reaktionen stellen unter Beweis, dass sein Nervensystem hervorragend funktioniert.

Der Moro-Reflex tritt ein, wenn es vorsichtig (und sicher) nach hinten in die bereitgehaltene Hand geneigt wird. Es wirft die Arme nach außen, um sich selbst zu schützen. Wenn es aufrecht gehalten wird und seine Füße eine ebene Fläche berühren, macht es Schreitbewegungen.

Die Evolution macht Säugetierbabys durch diese Reflexe fürs Überleben fit. Manche, wie der Schreitreflex, sind für menschliche Babys nicht sonderlich wichtig, unabdingbar aber für Tierbabys, die unmittelbar nach der Geburt laufen können müssen. Andere, wie der Saug- oder Suchreflex, sind für alle Babys lebensnotwendig.

Diese angeborenen Reflexe müssen abklingen, damit eine normale Entwicklung stattfinden kann; dies geschieht in den ersten Monaten.

Hörtest bei Neugeborenen

Durch ein Neugeborenen-Hörscreening lässt sich eine angeborene Hörbehinderung ausschließen. Dabei gibt es zwei Methoden:

■ **Otoakustische Emissionen (OAE):** Dem Neugeborenen wird in das Ohr eine Sonde eingeführt; sie sendet Schallwellen an das Trommelfell. Kann das Kind hören, werden diese Schallwellen zurückgeschickt.

■ **Hirnstammmessung (ABR-Messung/Auditory Brainstem Response):** Diese Messung mit Elektronen am Kopf untersucht zusätzlich die Hörbahn über den Hörnerv bis hin zum Hirnstamm.

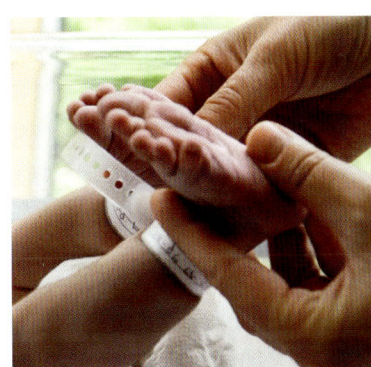

HÄNDE UND FÜSSE *werden kontrolliert und Finger und Zehen gezählt.*

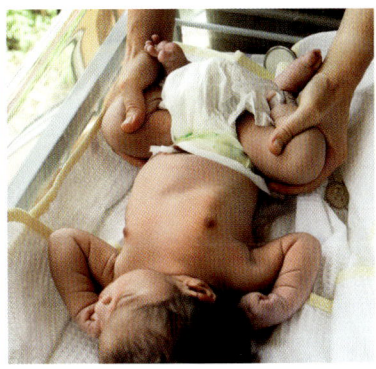

DIE HÜFTEN *werden untersucht; sie müssen fest in der Gelenkpfanne sitzen.*

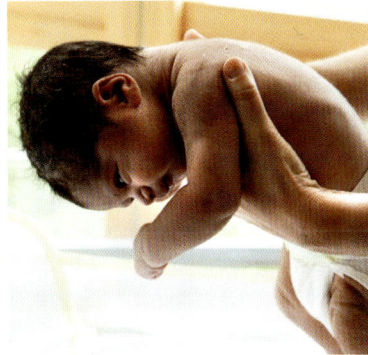

DIE WIRBELSÄULE *soll gerade sein und keine Fehlbildungen aufweisen.*

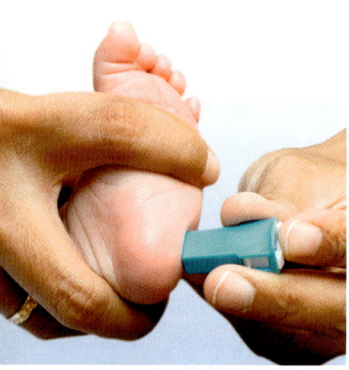

Guthrie-Test/Neugeborenenscreening

Für diesen Frühtest zur Erkennung von mehr als 20 genetisch bedingten, seltenen Stoffwechselstörungen wird dem Neugeborenen, in den meisten Fällen im Rahmen der U2, Blut an der Ferse entnommen. Bei der Mehrzahl der betroffenen Babys kann eine frühzeitige Behandlung schweren Behinderungen vorbeugen und lebensrettend sein. Dazu gehören u. a. folgende Erkrankungen –

■ **Phenylketonurie (PKU):** Bei dieser Störung des Aminosäurestoffwechsels kann eine bestimmte Aminosäure aus der Nahrung nicht verarbeitet werden. Babys mit PKU erhalten eine spezielle Diät. Unbehandelt kann PKU irreversible geistige Schädigungen verursachen.

■ **Kongenitale Hypothyreose (CHT):** Bei dieser angeborenen Schilddrüsenunterfunktion verursacht ein Mangel an dem Hormon Thyroxin eingeschränktes Wachstum und mangelhafte Gehirnentwicklung. Betroffenen Babys wird Thyroxin zugeführt.

■ **Galaktosämie:** Bei der klassischen Galaktosämie führt eine erhöhte Konzentration des Milchzucker-Bestandteils Galaktose zu einer Trübung der Augenlinse und zu einer gravierenden Schädigung der Leber und des Gehirns.

■ **Sichelzellanämie:** Diese Erbkrankheit führt zu einer sichelförmigen Missbildung der roten Blutkörperchen; sie passen nicht mehr durch kleine Blutgefäße, was zu starken Schmerzen, Infektion und manchmal sogar zum Tod führt.

■ **Androgenitales Syndrom (AGS):** Durch einen Defekt der Bildung von Steroidhormonen kann es zur Vermännlichung weiblicher Kinder und einer verfrühten Pubertät bei beiden Geschlechtern sowie zu Todesfällen im Babyalter kommen. Die Behandlung erfolgt durch eine frühzeitige Hormonersatztherapie.

Vitamin-K-Gabe

Vitamin K wird zur Bildung von Gerinnungsfaktoren benötigt. Ein Mangel an Vitamin K kann zu lebensbedrohlichen Blutungen, z. B. im Gehirn, führen. Neugeborene weisen oft einen Mangel an diesem Vitamin auf, daher erhalten sie am ersten Lebenstag zwei Milligramm in Form von Tropfen verabreicht, ebenso am fünften bis siebten Lebenstag und am Ende der vierten Lebenswoche.

Die erste Mahlzeit

Das Stillen in den ersten Tagen ist sehr wichtig für Ihr Baby. Bevor die reife Muttermilch einschießt (um den dritten Tag nach der Geburt), erhält es so Kolostrum, eine gelbliche Flüssigkeit voller Antikörper und Nährstoffe, die von höchstem Nutzen für Ihr Baby sind.

DER BESTE START *Muttermilch ist optimal für Ihr Baby. Auch wenn Sie nicht stillen wollen – tun Sie es in den ersten Tagen. Vielleicht ist es ja leichter, als Sie denken.*

Unterstützung finden

Bei meinem ersten Kind war ich überhaupt nicht darauf gefasst, dass das Stillen keineswegs von selbst funktioniert. Meine Brüste entzündeten sich, und bald griff ich zum Fläschchen. Beim zweiten Mal war ich entschlossen, es anders zu machen, und nahm während der Schwangerschaft an einem Still-Vorbereitungskurs teil. Dann bat ich eine Hebamme, mir das Baby nach der Geburt an die Brust zu legen. Und bald stillte ich voller Selbstvertrauen!

Stillen ist ein natürlicher Vorgang, spielt sich aber nicht immer problemlos ein. Doch dank entsprechender Unterstützung und Geduld werden Sie das Stillen meistern. Vielleicht sind Sie bald überwältigt von der Nähe, die das Stillen bietet. Und wenn nicht, dann geben Sie Ihrem Baby zumindest einen fantastischen Start ins Leben. Am meisten half mir der Rat einer Krankenschwester: »Stecken Sie den Warzenhof so weit wie möglich in den Mund Ihres Babys, und halten Sie es fest an Ihre Brust, bis es die Sache heraushat.« Bei mir funktionierte das.

Anfangs haben Sie beim Stillen vielleicht Wehen, weil die Hormone, die den Milchfluss auslösen, auch die Gebärmutter kontrahieren lassen. Das dauert nur einige Tage.

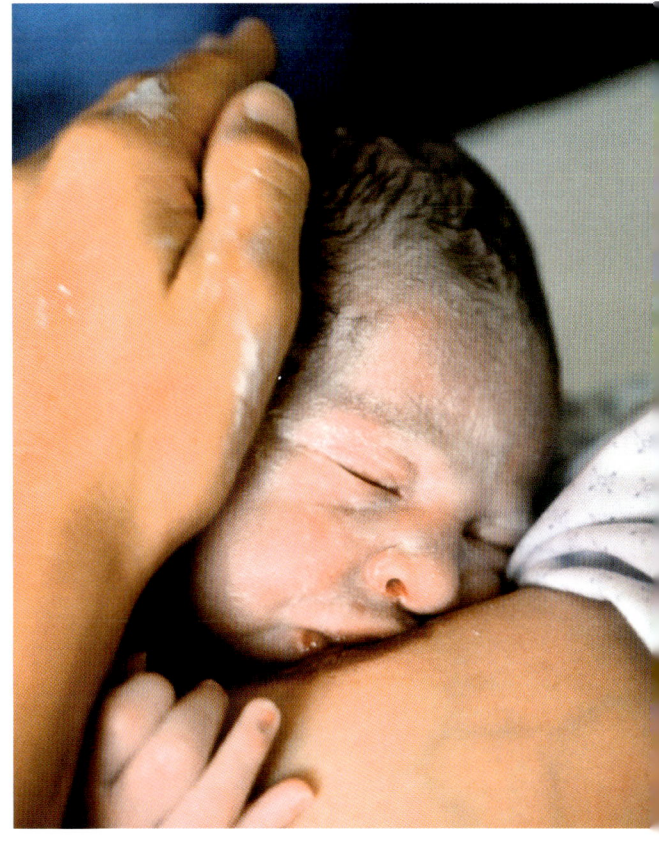

Warum stillen?

Das Stillen bietet Ihrem Baby viele Vorteile. Es ist –

■ **Nährstoffreich:** Muttermilch enthält alle Nährstoffe, die Ihr Baby braucht; sie ist leicht verdaulich, sodass das Kind keine Verstopfung bekommt und vermutlich süßlich riechende Windeln produziert.

■ **Schützend:** Ihr Baby erhält über die Muttermilch Antikörper, die einen Schutz vor Krankheiten wie Ohrinfektionen, Durchfall, Harnwegsinfektionen, Husten und Erkältungen bieten. Forschungen zeigen, dass bei Stillbabys ein geringeres Risiko für den Plötzlichen Säuglingstod (s. S.39) besteht. Das Stillen fördert zudem Wachstum und Entwicklung und beugt der Entstehung von Allergien vor.

FACHMÄNNISCHE HILFE

Haben Sie keine Scheu, Hilfe in Anspruch zu nehmen. Die richtige Technik erhöht die Chance für erfolgreiches und angenehmes Stillen.

■ **Bequem:** Sobald Sie und Ihr Baby das Stillen beherrschen, ist es sehr einfach und praktisch. Wie viel einfacher ist es, mit dem Baby unterwegs zu sein, wenn Sie nur eine Windel statt all der Utensilien für die Flaschenernährung mitnehmen müssen.

■ **Gut für Sie:** Stillen unterstützt die Rückbildung der Gebärmutter nach der Geburt und unterstützt die Gewichtsabnahme (es sei denn, Sie essen zu viele Süßigkeiten). Wissenschaftliche Untersuchungen zeigen, dass das Risiko für Brustkrebs mit der Stilldauer und Stillhäufigkeit sinkt.

Auch wenn das Stillen einige Nachteile hat, lassen sich diese zumeist überwinden. Die Nachteile sind –

■ **Es erfordert Geduld:** Ohne Anleitung und Unterstützung kann das Stillen schwierig sein und einige Unsicherheit verursachen. Bitten Sie Ihre Hebamme oder eine Stillberaterin (s. S.312) um Hilfe.

■ **Es kann anfangs wehtun:** Schmerzende Brüste sind in der Eingewöhnungsphase (etwa eine Woche) beinahe unvermeidlich. Vorbeugend wirkt, wenn das Baby richtig angelegt wird (s. S.31).

■ **Es ist zeitaufwendig:** Bei der Flaschenernährung können Sie sich mit Ihrem Partner abwechseln und selbst eine Auszeit nehmen.

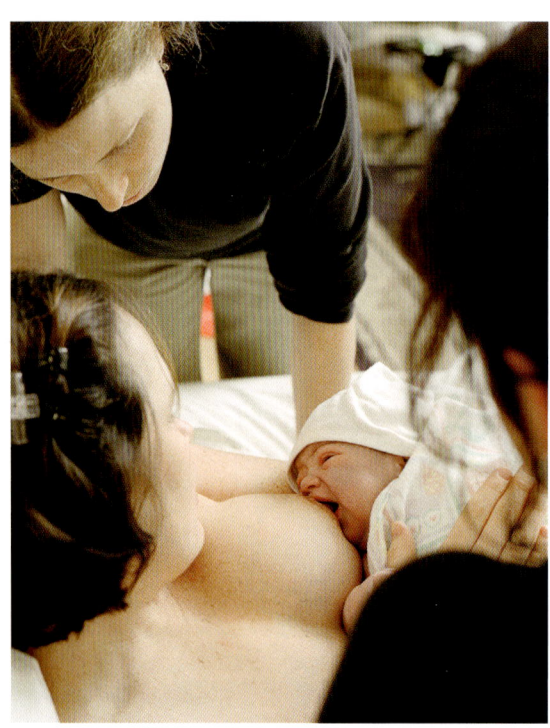

Ihr Baby stillen

Ich hoffe, dass ich Sie mit meinen bisherigen Ausführungen davon überzeugen konnte, dem Stillen zumindest eine Chance zu geben. Im Folgenden erfahren Sie, wie Sie Ihr Baby richtig anlegen und was Sie bei Stillproblemen tun können. Auf Seite 52 f. finden Sie eine Übersicht über Stillpositionen und Hinweise zur richtigen Ernährung in der Stillzeit.

Auf der Bildfolge unten sehen Sie, wie Sie Ihr Baby anlegen und von der Brust nehmen. Damit es richtig trinkt und Ihre Brustwarzen sich nicht entzünden (s. S. 32), sollten Sie darauf achten, dass es die ganze Brustwarze und einen Großteil des umgebenden Warzenhofs im Mund hat. Der Unterkiefer Ihres Babys tut einen Großteil der Arbeit und »melkt« die Milch heraus. In der richtigen Position trinkt das Kind rhythmisch, und Sie sehen, wie sich sein Unterkiefer beim Schlucken gleichmäßig bewegt. Wenn es nicht richtig angelegt ist, kann es nicht richtig trinken, und Ihre Brustwarze entzündet sich. In diesem Fall schieben Sie Ihren Finger in seinen Mund, um das Saugen zu unterbrechen (s. u.), und versuchen es erneut. In den ersten Tagen wird Ihr Baby sehr häufig trinken, um Ihre Milchbildung anzuregen; wenn Sie oft stillen, werden die Brüste angeregt, mehr Milch zu bilden.

DER RICHTIGE START

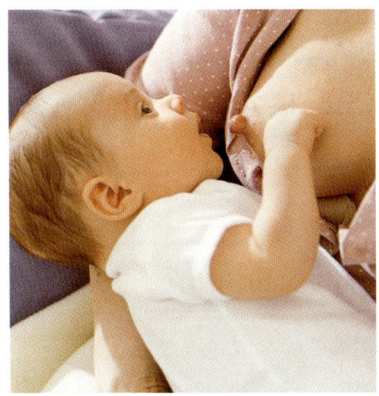 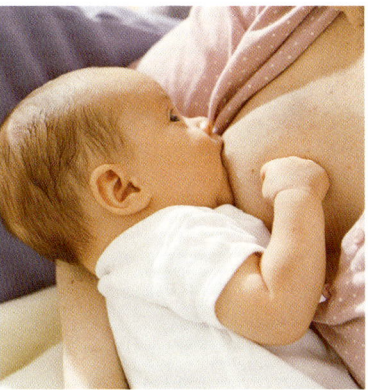 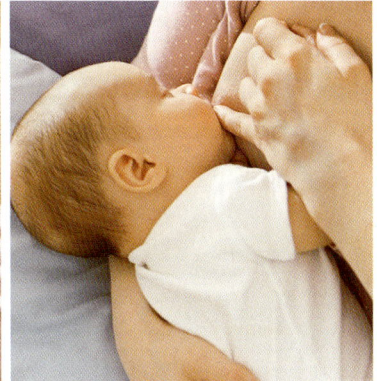

1 DAS BABY AN DIE BRUST LEGEN *Sie wenden Gesicht und Körper Ihres Babys vollständig der Brust zu. Ihre Brustwarze zeigt auf seine Nase.*

2 ANLEGEN *Wenn Ihr Baby richtig angelegt ist, ist seine Unterlippe unter Ihrer Brustwarze nach hinten gerollt. Seine Ohren bewegen sich beim Saugen.*

3 VON DER BRUST NEHMEN *Wenn Ihr Baby nicht mehr trinkt, schieben Sie Ihren kleinen Finger in seinen Mundwinkel. So lösen Sie das Vakuum, das der Mund bildet.*

Stillprobleme

▶ **Meine Brüste sind geschwollen und tun weh. Was kann ich tun?**
Geschwollene, harte, gestaute Brüste sind zu Beginn des Stillens sehr typisch. Linderung verschafft das Einlegen von kalten Kohlblättern (aus dem Kühlschrank) in den Büstenhalter. Wenn Sie vor dem Stillen etwas Milch ausdrücken (s. S. 89), können Sie Ihr Baby besser anlegen. Stellen Sie sich im Vorhinein unter die warme Dusche, und massieren Sie Ihre Brüste vorsichtig von oben oder von der Seite zur Brustwarze hin. Das bringt den Milchfluss in Gang.

▶ **Warum hat mein einwöchiges Baby abgenommen?**
Es ist normal, dass Babys in den ersten Tagen bis zu zehn Prozent ihres Geburtsgewichts verlieren. Dies geschieht meist, bevor die Milch am dritten oder vierten Tag einschießt. Das Gewicht wird wieder aufgeholt, sobald Ihr Baby sich ans Stillen gewöhnt hat. Die Hebamme oder der Kinderarzt wiegt Ihr Baby bei den Vorsorgeuntersuchungen. Verliert es mehr als zehn Prozent des Geburtsgewichts, wird seine Ernährung besprochen, und man beobachtet die Entwicklung des Babys genau; in der Regel ist es nichts Ernstes.

▶ **Mein Baby hat eine Blase auf der Lippe. Besteht Anlass zur Sorge?** Diese Saugblase wird durch das Reiben der Lippe beim Stillen verursacht. Sie kann in den ersten Wochen öfter auftreten und verschwinden, stört Ihr Baby jedoch nicht und heilt ohne Behandlung ab.

▶ **Ist es normal, dass ein Neugeborenes regelmäßig Milch erbricht?**
Ja – dieses Aufstoßen ist kein Anlass zur Sorge. Ihr Baby scheint vielleicht große Mengen zu erbrechen, doch das beeinträchtigt seine Nährstoffversorgung nicht, und es nimmt weiterhin zu. Wenn Ihnen die Menge Sorge bereitet, fragen Sie Ihren Kinderarzt.

Verschlimmert sich das Erbrechen oder tritt es schwallartig auf (wobei das Baby krank wirkt und die Milch durch den Raum schießt), bringen Sie es zum Arzt, um eine gastroösophageale Refluxerkrankung oder eine Magenpförtnerverengung (s. S. 275) auszuschließen. Ist das Erbrochene in der ersten Woche gelb oder grün, wenden Sie sich sofort an den Arzt, da ein Darmverschluss die Ursache sein kann. Bei älteren Babys geht eine Verfärbung meist auf eine Darmverstimmung zurück, nicht aber bei Neugeborenen.

▶ **Was tun bei entzündeten Brustwarzen?**
Bitten Sie die Hebamme oder Stillberaterin, das Anlegen des Babys an Ihre Brust zu kontrollieren, da falsches Anlegen die häufigste Ursache für entzündete Brustwarzen ist. Tragen Sie nach dem Stillen Brustsalbe (mit Lanolin oder Ringelblume) auf. Zur Linderung der Schmerzen nehmen Sie, wenn nötig, Paracetamol oder Ibuprofen ein. Beugen Sie entzündeten Brustwarzen vor, indem Sie sie nach dem Stillen an der Luft trocknen lassen. Überprüfen Sie, ob Ihr Büstenhalter richtig passt, und verwenden Sie keine plastikbeschichteten Stilleinlagen, die die Brustwarzen feucht halten. Es gibt Brusthütchen, durch die Ihr Baby trinken kann, ohne die Brustwarze zu berühren. Feuchte Umschläge können bei gesprungenen Brustwarzen helfen. Besteht das Problem weiter, haben Sie vielleicht eine Pilzinfektion (s. S. 283); wenden Sie sich an Ihren Frauenarzt.

FRAGEN&ANTWORTEN

Dem Baby die Flasche geben

Wenn Sie Ihr Baby nicht stillen wollen oder es aus irgendwelchen Gründen nicht klappt, lesen Sie im Kasten unten nach, wie Sie mit der Flaschenernährung beginnen. Wenn Sie Stillprobleme hatten, wenden Sie sich zunächst an eine Hebamme oder Stillberaterin, die Ihnen Tipps geben kann. Wenn das Stillen trotz alledem einfach nicht funktioniert, machen Sie sich keine Vorwürfe. Es ist besser für Ihr Baby, entspannte, glückliche Eltern zu haben, die ihm liebevoll das Fläschchen geben.

Säuglingsmilch ist im Nährstoffgehalt der Muttermilch so weit wie möglich angepasst, sodass Ihr Baby auf jeden Fall einen guten Start ins Leben hat. Flaschenernährung hat den Vorteil, dass man sich beim Geben der Flasche abwechseln kann. Auf diese Weise können Sie sich erholen, während der Vater oder die Großmutter dem Baby die Flasche gibt. Der Nachteil besteht darin, dass mehr Organisation erforderlich ist. Kontrollieren Sie, ob Sie alles – Flaschen, Sauger und Milchpulver – eingekauft und bei Ausflügen alles dabei haben. Hinweise zur Sterilisation der Flasche finden Sie auf S. 58f.

Richtig die Flasche geben

Bakterien können sich in der fertigen Milchnahrung vermehren. Bereiten Sie jedes Fläschchen neu zu. Wenn Ihr Baby seine Flasche nicht leer getrunken hat, schütten Sie den Rest nach einer halben Stunde weg.

1 Waschen Sie Ihre Hände, und füllen Sie die Flasche mit abgekochtem, abgekühltem Wasser in der erforderlichen Menge.

2 Geben Sie die richtige Menge Milchpulver dazu; verwenden Sie den beiliegenden Messlöffel, den Sie mit einem Messer abstreichen (s. rechts). Nehmen Sie exakt die vorgeschriebene Menge, da zusätzliches Milchpulver zu Problemen, z. B. mit der Verdauung, führen kann.

3 Verschließen Sie die Flasche, und schütteln Sie sie kräftig.

4 Sie müssen die Flasche nicht erwärmen; ggf. stellen Sie sie einige Minu-

ten in einen Krug mit heißem Wasser, dann kontrollieren Sie die Temperatur an der Innenseite Ihres Handgelenks (die Milch sollte etwa Körpertemperatur haben). Die Mikrowelle ist zum Erwärmen von Fläschchen nicht geeignet, da die Milch nicht gleichmäßig erhitzt wird. Wenn Sie sie dennoch benutzen, schütteln Sie die Flasche anschließend kräftig und kontrollieren die Temperatur genau.

5 Neigen Sie die Flasche, damit Milch in den Sauger fließt, bevor Sie Ihr Baby füttern. Sonst schluckt es zu viel Luft.

Die ersten Fragen

Es ist ganz normal, sich um die Gesundheit des Neugeborenen zu sorgen – schließlich sind Sie verantwortlich für dieses kleine Wesen. Im Hinblick auf die Babypflege hilft es zu wissen, was »normal« ist und was nicht. In den ersten Wochen können Sie sich immer an Hebamme und Kinderarzt wenden.

Stuhlgang

Die ersten Stuhlgänge des Babys sind klebrig, teerig und dunkelgrün. Dieser erste Stuhlgang ist das Mekonium, das Kindspech, das sich in der Schwangerschaft in den Därmen des Babys angesammelt hat. Sie können in den ersten Tagen vor dem Anlegen der Windel etwas Vaseline auf den Babypopo auftragen, damit sich das Mekonium besser wegwischen lässt. Scheidet das Baby in den ersten 24 Stunden kein Mekonium aus, hat es möglicherweise einen Darmverschluss. Informieren Sie den Arzt.

Der Nabelstumpf

Die Nabelschnur sieht aus wie weißes Gummiband, etwa 4 cm lang, das am späteren Bauchnabel heraushängt. Bei der Geburt wird sie mit einer Plastikklemme abgeklemmt, die man erst entfernt, wenn die Schnur völlig trocken ist. In den nächsten sieben bis zehn Tagen trocknet der Nabelschnurrest aus, wird braun und fällt dann ab. Gelegentlich wird der Nabelstumpf klebrig, und ganz selten einmal entzündet er sich. Gewöhnlich ist dies völlig harmlos, Sie sollten ihn nur mit abgekochtem, abgekühltem Wasser und etwas Watte säubern. Die Hebamme kontrolliert den Nabel bei ihren Besuchen.

Wenn der Nabelschnurrest trocknet, heilt der Nabel darunter ab, und es bildet sich ein normal aussehender Nabel. Gelegentlich ist die Haut unter dem Nabelstumpf pinkfarben und ziemlich feucht; in diesem Fall behandelt der Kinderarzt ihn mit einer speziellen Tinktur.

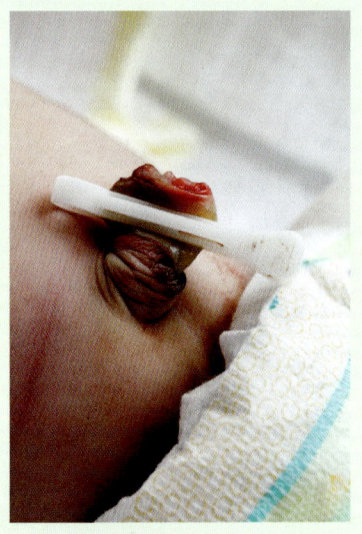

Sobald die Muttermilch eingeschossen ist oder das Baby die Flasche bekommt, verändert sich der Stuhlgang. Farbe und Beschaffenheit können sehr unterschiedlich sein: von gelb oder orange bis braun, flüssig oder halbfest. Während der Stuhlgang von Stillbabys mild und süßlich riecht, riecht er bei Flaschenbabys intensiver.

Gelbsucht

Nicht selten bekommt ein Baby am dritten oder vierten Lebenstag Gelbsucht. Betroffen ist etwa die Hälfte aller termingerecht geborenen Babys. Die unreife Leber kann bestimmte Abfallprodukte des Körpers noch nicht abbauen. Eine leichte Gelbsucht erfordert keine Behandlung; manche Babys benötigen eine UV-Fototherapie, bei der die Abfallprodukte abgebaut werden. Dazu muss das Baby kurzzeitig ins Krankenhaus, meist nur für 48 Stunden.

Tritt eine Gelbsucht innerhalb von 24 Stunden nach der Geburt auf oder besteht sie länger als zehn Tage, müssen weitere Tests zur Bestimmung anderer seltener Ursachen wie Leberkrankheit, Infektion, Schilddrüsenunterfunktion und Blutkrankheiten vorgenommen werden.

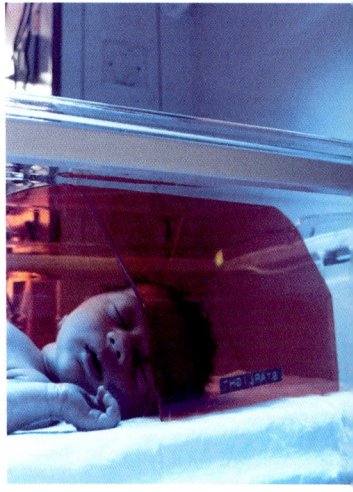

FOTOTHERAPIE *Wenn sie behandelt wird, verläuft eine Gelbsucht ohne Probleme.*

Häufige Fragen

▶ **Ist es normal, dass ein Baby Pickel hat?**

Ja, viele Neugeborene haben in den ersten Wochen harmlose weiße Pickel (Milien, Hautgrieß). Säubern Sie das Gesicht des Babys ganz normal und drücken Sie die Pickel nicht aus. Ein anderer häufiger Ausschlag ist das Neugeborenenexanthem, bei dem die Pusteln eine erhabene gelbliche Mitte mit einem roten Ring haben. Es muss ebenfalls nicht behandelt werden.

▶ **Die Augen meines Neugeborenen sind verklebt. Ist das ernst?**

Verklebte Augen sind häufig und werden meist durch einen Kontakt mit Scheidenbakterien während der Geburt verursacht. Wischen Sie den Ausfluss mit abgekochtem, abgekühltem Wasser und Watte (einen neuen Bausch für jedes Auge) aus. Das Problem sollte sich in wenigen Tagen geben. Zur Sicherheit fragen Sie beim nächsten Besuch den Arzt oder die Hebamme. Manchmal sind verklebte

Augen Folge verlegter Tränengänge. Dies gibt sich meist ohne Behandlung.

▶ **Mein Baby schnieft immer. Hat es eine Erkältung?**

Ihr Baby kann noch nicht durch den Mund atmen; wenn es Schleim in der Nase hat, schnieft es. Das kommt häufig vor und ist, solange es ihm sonst gut geht, kein Grund zur Besorgnis. Bestehen jedoch Schwierigkeiten beim Füttern oder Atmen, wenden Sie sich an den Kinderarzt.

Auf der Intensivstation

Manche Babys benötigen eine besondere medizinische Versorgung und müssen einige Zeit auf der Neugeborenen-Intensivstation bleiben. Auch für die Eltern ist das eine schwierige Zeit.

WARUM INTENSIVPFLEGE?

Für die Notwendigkeit einer Intensiv-pflege kann es viele Gründe geben:

▶ Wenn Ihr Baby vor der 35.–36. Woche geboren wurde, kommt es vermutlich auf die Intensivstation, da es infekt-anfällig ist und durch die Lungen-unreife Atemprobleme hat.

▶ Wenn es termingerecht geboren wurde, aber sehr klein ist, kann auf der Intensivstation überwacht werden, ob es sich an das Leben außerhalb der Gebärmutter anpasst.

▶ Wenn Sie Diabetikerin sind, benötigt Ihr Baby möglicherweise eine spezielle Pflege. Infolge einer Glukose-Über-versorgung infolge Ihrer Stoffwechsel-probleme ist es vielleicht sehr groß.

▶ Hat Ihr Baby eine schwere Gelbsucht, erhält es auf der Intensivstation eine Fototherapie (s. S. 35).

▶ Babys, die nach der Geburt operiert werden mussten, kommen immer auf die Intensivstation.

▶ Zwillinge oder Mehrlinge werden häufig zu früh geboren und werden dann auf der Intensivstation gepflegt.

WAS IST EINE INTENSIVSTATION?

Es ist außerordentlich belastend, sein winziges Baby in einer solch fremden, hoch technisierten Umgebung zu sehen. Emotionale Verunsicherung ist in die-sem Fall anfangs ganz normal.

Doch Sie gewöhnen sich bestimmt rasch an die Technik, die Ihr Baby umgibt. Zunächst ist es sicherlich hilfreich zu wissen, wozu bestimmte Geräte dienen:

▶ **Inkubator** (Brutkasten): Dabei han-delt es sich um ein spezielles Bett, das das Baby durch eine Plexiglashaube von der Umwelt abschirmt. Durch seitliche Luken kann es versorgt und von Ihnen gestreichelt werden. Im Inkubator wird ein eigenes Mikroklima (Wärme, Feuch-tigkeit, Sauerstoffgehalt) aufrechterhal-ten, und er schützt das Baby vor Lärm und Infektionen.

▶ **Respirator:** Ein Gerät zur Unterstüt-zung der Atemtätigkeit. Der Respirator besteht aus einer Pumpe, die über einen Schlauch (Tubus) Luft in die Lunge bringt und verbrauchtes Atem-gas wieder abtransportiert.

▶ **Monitor:** Gerät zur Überwachung der Lebensfunktionen. Dabei werden Herztätigkeit, Sauerstoffgehalt im Blut, Atemtätigkeit und Hauttemperatur als Kurven bzw. Zahlen auf einem Monitor angezeigt.

FÜR IHR BABY SORGEN

Auch wenn Ihr Baby Intensivpflege benötigt, wird das Klinikteam Sie auf-fordern, mit Ihrem Baby zu sprechen, wenn es nicht zu schwach ist, und es möglichst bald auf dem Arm herum-zutragen. Selbst wenn das Baby mit einem Atemgerät verbunden ist, kann es liebkost werden, und es wird bald Ihre Stimme erkennen.

Wenn es zu krank oder zu klein ist, um zu trinken, wird ihm durch eine weiche Sonde über die Nase Milch zugeführt. Sie werden angeleitet, Muttermilch auszudrücken, was Ihre Milchbildung zusätzlich anregt, bis Ihr Baby in der Lage ist zu saugen. Sehr früh geborene oder kranke Babys werden mit einer Pipette ernährt (par-enterale Ernährung).

»Die Zeit, als mein Baby auf der Intensivstation war, war furchtbar schwer. Doch es tat gut, es mit zu versorgen.«

Wenn Ihr Baby kräftig genug ist, profitiert es von Ihrer Nähe, unter Ihrem T-Shirt oder Pulli an Ihre Brust geschmiegt. Das nennt man die »Känguru-Methode«; sie ermöglicht, sich auf zärtliche Weise an den Umgang mit dem Baby zu gewöhnen. Allmählich können Sie immer mehr Pflegeaufgaben übernehmen.

Wie können Sie die langen Stunden auf der Intensivstation sinnvoll füllen? Es ist nie zu früh, dem Baby vorzulesen. Ihre Stimme beruhigt es, und die Kindergeschichten lenken Sie ab. Beruhigend ist auch das Vorsingen von Kinderliedern – also nur keine Hemmungen!

ACHTEN SIE AUF SICH

Wenn Sie während der Schwangerschaft erfahren, dass Ihr Baby vermutlich zu früh zur Welt kommt oder eine Erkrankung hat, die Intensivpflege erfordert, können Sie die Intensivstation schon vorab besichtigen und sich entsprechend vorbereiten. Meist tritt diese Notwendigkeit jedoch als unerwarteter Schock auf.

Auf einer Intensivstation erleben Sie Höhen und Tiefen; das Personal wird Ihnen alles erklären und Sie unterstützen. Es kann eine sehr sorgenreiche, stressige Zeit sein; fragen Sie ruhig alles, was Sie wissen wollen – auch mehrmals. Wenn Sie Genaueres über den Zustand Ihres Babys wissen wollen, bitten Sie den Arzt um einen Gesprächstermin.

Gehen Sie in dieser belastenden Zeit auch sorgsam mit sich selber um – das gilt genauso für Väter. Natürlich wollen Sie so oft wie möglich bei Ihrem Baby sein, aber Sie brauchen selbst Pausen, um durchhalten zu können. Wenn sich das Kind in einer lebensbedrohlichen Situation befindet, werden Sie sofort benachrichtigt.

BAUCHLAGE *Frühgeborene liegen oft lieber auf dem Bauch, müssen aber vor der Entlassung lernen, auch auf dem Rücken zu liegen.*

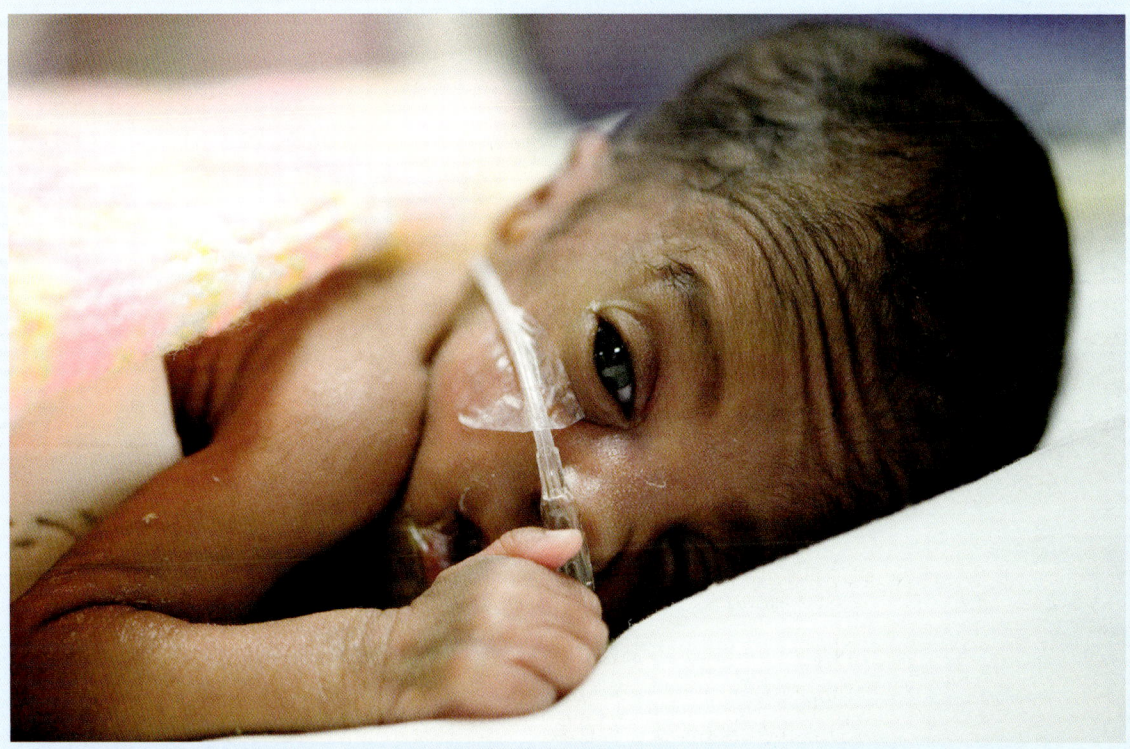

Nach Hause kommen

Die ersten Tage zu Hause können sehr aufreibend sein, vor allem, wenn Sie nach einer ambulanten Geburt schon nach wenigen Stunden entlassen werden. Nehmen Sie alle Hilfs-angebote an, besonders im Haushalt, und überfordern Sie sich in diesen Tagen nicht.

Die Fahrt von der Klinik nach Hause

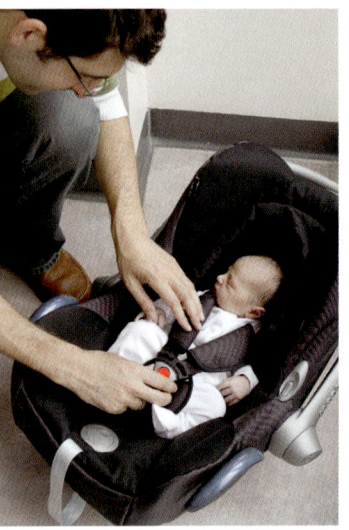

DIE ERSTE FAHRT *Sie brauchen einen Auto-Babysitz für Ihr Kind, der entgegen der Fahrt-richtung angebracht wird. Achten Sie darauf, dass der Kopf gut abge-polstert ist.*

Wenn Sie mit dem Auto oder Taxi nach Hause fahren wollen, benötigen Sie einen Auto-Babysitz. Sie müssen ihn also schon vor der Geburt besor-gen. Sicherheit ist oberstes Gebot; verwenden Sie einen gebrauchten Sitz nur dann, wenn Sie sicher wissen, dass er in keinen Unfall verwickelt war – sonst bietet er keinen ausreichenden Schutz. Die Babyschale darf nur auf Sitzen angebracht werden, auf denen kein Airbag aktiviert ist, da dieser das Baby verletzen könnte.

Kleiden Sie Ihr Baby dem Wetter entsprechend; Strampelanzug und Pulli, mit Jacke und Mütze, wenn es kalt ist, sind richtig. Mit einer Baby-decke können Sie es ggf. zusätzlich zudecken.

Unterstützung für Sie

Die erste Zeit mit dem Baby kann ziemlich chaotisch und eine echte Her-ausforderung sein; Sie müssen ständig Neues lernen und bekommen ver-mutlich viel Besuch, der Ratschläge erteilt und Kaffee erwartet. Besucher sollten in den ersten Tagen mehr helfen als zur Last fallen. Bitten Sie Nahe-stehende um bestimmte Hilfeleistungen, z. B. kochen. In den ersten zehn Tagen hat jede Frau Anspruch auf einen täglichen Besuch der Hebamme, anschließend bis acht Wochen nach der Geburt auf weitere 16 Hausbe-suche. Die Hebamme kümmert sich um Sie und um Ihr Baby.

Schlaf

Neugeborene schlafen im Allgemeinen etwa 16 Stunden am Tag – aller-dings nicht mehrere Stunden am Stück und gewiss nicht Ihren bisherigen Schlafgewohnheiten entsprechend. Dank meines jahrelangen Nachtdienstes im Krankenhaus hielt ich mich für eine Expertin in Sachen Schlafmangel. Doch ich war es nicht. Die Erkenntnis, dass man mit einem neugeborenen Baby die ganze Nacht, jede Nacht, Bereitschaft hat, war erschreckend. Versuchen Sie, tagsüber zu schlafen, sobald Ihr Baby schläft. In den ersten sechs Wochen sollte es alle sechs Stunden gefüttert werden. Wecken Sie es auf, wenn es so lange geschlafen hat. Danach kann es länger am Stück schlafen. Ihr Neugeborenes windet sich vielleicht im Schlaf und zuckt. Keine Sorge, das ist normal.

Ein Stubenwagen oder eine Wiege mit entsprechender Bettausstattung und eine leichte Zudecke sind für ein Neugeborenes ideal. Ein unruhiges Baby kann in ein Laken gewickelt werden (s. S. 64 f.). Am besten schläft Ihr Baby in den ersten sechs Monaten mit Ihnen in einem Zimmer.

Sicherer Schlaf

Der unerwartete und unerklärliche Tod eines Babys ist etwas Furchtbares. Der Plötzliche Säuglingstod, das »Sudden infant death syndrom« (SIDS), ist selten, aber gefürchtet. Es gibt allerdings Vorbeugemaßnahmen.

Was Sie nicht tun sollten:

▶ Rauchen (das gilt auch für den Vater). Besucher sollten in Anwesenheit des Babys nicht rauchen.

▶ Ihr Baby schwitzen lassen – verzichten Sie auf Federbetten, Steppbetten und Kissen. Ziehen Sie Ihrem Baby drinnen Mütze und Jacke aus.

▶ in den ersten drei Monaten mit Ihrem Baby in einem Bett schlafen; das gilt noch länger für Frühgeborene oder sehr kleine Babys. (Legen Sie es nach dem Stillen in sein Bettchen.) Schlafen

Sie nicht mit ihm auf der Couch. Teilen Sie auch später Ihr Bett nie mit Ihrem Baby, wenn Sie oder Ihr Partner Alkohol getrunken oder Beruhigungsmittel genommen haben, erschöpft sind oder geraucht haben.

Was Sie tun sollten:

▶ Legen Sie Ihr Baby in der richtigen Position in sein Bett (s. rechts).

▶ Stillen Sie Ihr Baby.

▶ Lassen Sie Ihr Baby in den ersten sechs Monaten in Ihrem Schlafzimmer schlafen.

▶ Wenden Sie sich sofort an den Arzt, wenn Ihr Baby krank wirkt.

Weitere Informationen erhalten Sie bei der »Gemeinsamen Elterninitiative Plötzlicher Säuglingstod (GEPS) Deutschland e. V.« (s. S. 312).

RICHTIG LIEGEN

Legen Sie Ihr Baby zum Schlafen auf den Rücken. Die Füße sollten unten den Bettrand berühren. Dann kann es sich nicht unter die Decke strampeln.

Tägliche Pflege

Anfangs sind Sie im Umgang mit Ihrem Baby noch etwas unsicher, aber die Hebammen und Krankenschwestern werden Ihnen helfen. Bald geht Ihnen die Versorgung Ihres Babys ganz selbstverständlich von der Hand. Legen Sie am Anfang immer alles Erforderliche bereit.

Das Baby hoch nehmen und halten

Mit einem Neugeborenen müssen Sie zwar vorsichtig umgehen; andererseits sind Babys auch schon recht robust. Haben Sie Zutrauen zu sich selbst und vertrauen Sie darauf, dass Sie Ihrem Kind keinen Schaden zufügen werden.

Denken Sie vor allem daran, dass der Kopf Ihres Babys schwer ist. Es beherrscht seine

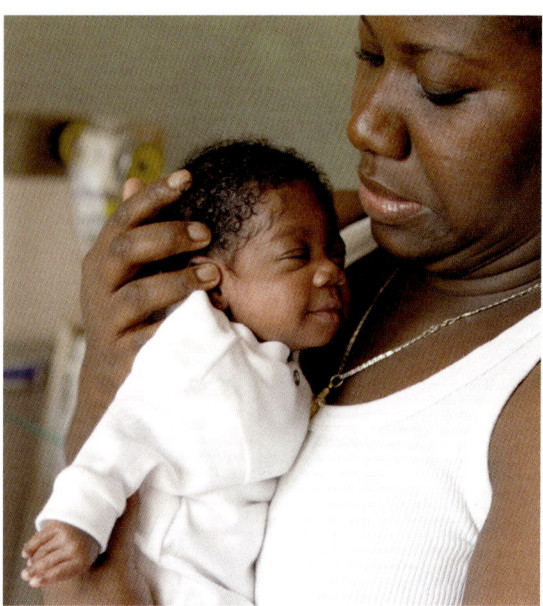

ERSTE ZÄRTLICHKEITEN *Nehmen Sie Ihr Neugeborenes eng an Ihren Körper, so wie es für Sie bequem ist; stützen Sie immer seinen Kopf und Nacken ab.*

Nackenmuskeln noch nicht; dies gelingt erst ab etwa vier Wochen. Stützen Sie daher immer seinen Kopf ab. So geht's –

■ **Aufnehmen:** Sie umfassen es entweder unter den Armen, wobei Ihre Finger hinter seinem Kopf liegen, oder schieben eine Hand unter seinen Po und die andere unter Schultern und Kopf.

■ **Halten:** Lehnen Sie es gegen Ihre Schulter, wobei Sie seinen Po mit einer Hand und den Kopf mit der anderen halten, oder schmiegen Sie es in Ihre Armbeuge. Auch wenn es beim Getragenwerden gern Ihr Gesicht sieht, mag es auch mit dem Kopf nach unten in Ihren Armen gehalten werden, wobei Kinn und Wange an Ihrer Armbeuge liegen.

■ **Hinlegen:** Wenn Sie Ihr Baby hinlegen, müssen Sie seinen Kopf weiter abstützen. Halten Sie es mit einer Hand unter dem Po und mit der anderen unter Kopf und Nacken, dann legen Sie es vorsichtig hin.

■ **Der Moro-Reflex:** Wenn Sie Ihr Baby plötzlich und unerwartet hoch nehmen oder hinlegen, erschrickt es, wirft die Gliedmaßen nach außen und beginnt zu weinen. Dies ist ein natürlicher Reflex (s. S. 27).

Wenn Ihr Baby etwas schreckhaft ist, sprechen Sie mit ihm, während Sie es hoch nehmen. Dann weiß es, dass Sie da sind, und Ihre Stimme beruhigt es.

Windeln wechseln

Sie müssen die Windel Ihres Babys nur wechseln, wenn sie nass, also schwer, voll oder ausgelaufen ist. Allgemein gilt, dass Sie weniger Wegwerfwindeln (etwa vier bis sechs am Tag) als Stoffwindeln benötigen, aber das soll Sie nicht von der umweltfreundlicheren Lösung abhalten (s. S. 67). Legen Sie alles bereit, auch Wischtücher für Ihre Hände, wenn Sie eine Wundschutzcreme verwenden. Wenn Sie Ihr Baby wickeln, bleiben Sie immer bei ihm; es ist bald so aktiv, dass es sich bewegen und herunterfallen kann. Zum Windelnwechseln –

■ **Entfernen Sie die alte Windel:** Wischen Sie damit möglichst viel Stuhlgang weg. Jungen lassen gern Wasser, sobald die Windel ausgezogen wird; halten Sie daher Papiertücher bereit oder bedecken Sie den Penis so lange mit der Windel.

■ **Säubern Sie den Po gründlich:** Nehmen Sie dazu Wasser und Watte oder Wischtücher. Bei einem Mädchen wischen Sie von vorne nach hinten, damit keine Keime aus dem After in die Scheide oder Harnröhre gelangen. Die Schamlippen bzw. den Bereich unter der Vorhaut bei einem Jungen brauchen Sie nicht zu säubern. Ist der Windelbereich stark verschmutzt, waschen Sie ihn in einer Schüssel mit warmem Wasser.

■ **Creme auftragen:** Unter Stoffwindeln tragen Sie eine Wundschutzcreme mit Zink auf. Bei Höschenwindeln verzichten Sie auf Creme, sofern der Po nicht entzündet ist. Creme beeinträchtigt die Saugfähigkeit der Windel.

■ **Windel anlegen:** Wenn der Po sauber und trocken ist, legen Sie eine frische Windel an.

Anziehen

Solange Ihr Baby ganz klein ist, brauchen Sie hauptsächlich Bodys und Strampelanzüge –

■ **Bodys:** Dehnen Sie den Halsausschnitt und nehmen Sie den restlichen Stoff auf. Heben Sie den Kopf des Babys sachte an, und schieben Sie den hinteren Halsausschnitt dahinter. Nun ziehen Sie das Vorderteil über den Kopf. Dehnen Sie einen Ärmel und greifen darin durch nach Babys Hand. Streifen Sie den Ärmel über Hand und Arm. Ziehen Sie den Body nach unten, und schließen Sie die Druckknöpfe.

■ **Strampelanzüge:** Breiten Sie den geöffneten Anzug aus. Legen Sie Ihr Baby darauf. Schieben Sie seine Beine hinein, dann krempeln Sie jeden Ärmel hoch und schieben ihn über Babys Arm. Schließen Sie die Druckknöpfe.

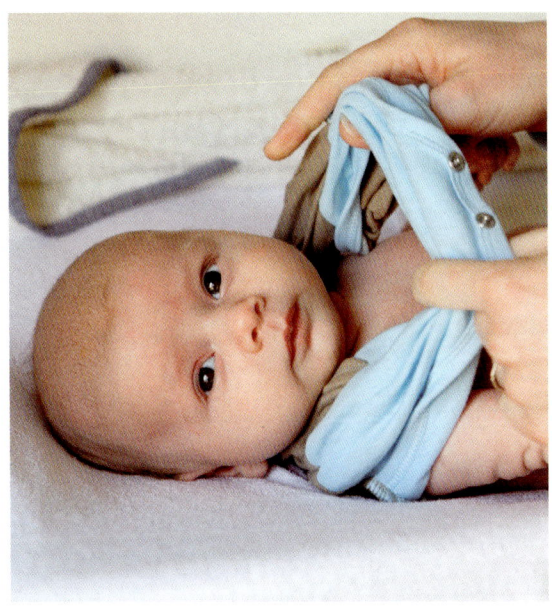

NEUE FÄHIGKEITEN *Anfangs ist es ziemlich kniffelig, dem Baby einen Body oder Strampler anzuziehen; doch bald sind Sie geschickt im An- und Ausziehen.*

Babys Körperpflege

Setzen Sie sich in der ersten Woche nicht dem Stress aus, Ihr Baby zu baden. Kleine Babys werden im Unterschied zu Erwachsenen und älteren Kindern nicht so schnell schmutzig; Waschen reicht also völlig aus. Die meisten Neugeborenen sind außerdem sehr ungern nackt. Es genügt, wenn Sie Ihr Baby gelegentlich baden und sonst nur da waschen, wo es nötig ist. Eine »Katzenwäsche« – Gesicht, Hände und Windelbereich – ist ausreichend. Dazu brauchen Sie eine Schüssel mit Wasser, Watte, einen weichen Waschlappen oder Schwamm und ein Handtuch. Seife oder Badezusatz sind

überflüssig; wenn Sie etwas in der Art verwenden wollen, nehmen Sie ein spezielles, hautschonendes Babyprodukt. Waschen Sie nur einfach zugängliche Bereiche – das Innere von Nase und Ohren und die versteckten Bereiche der Genitalien reinigen sich selbst. Beginnen Sie mit dem Gesicht und waschen Sie als Letztes den Po, um keine Keime zu übertragen. Keine Angst vor den Fontanellen. Diese weichen Bereiche auf dem Kopf sind fester, als sie aussehen. Daher können Sie den Kopf ebenso waschen wie den Körper. Trocknen Sie das Baby gründlich ab, insbesondere in den Hautfalten am Nacken und im Windelbereich, um Wundsein vorzubeugen.

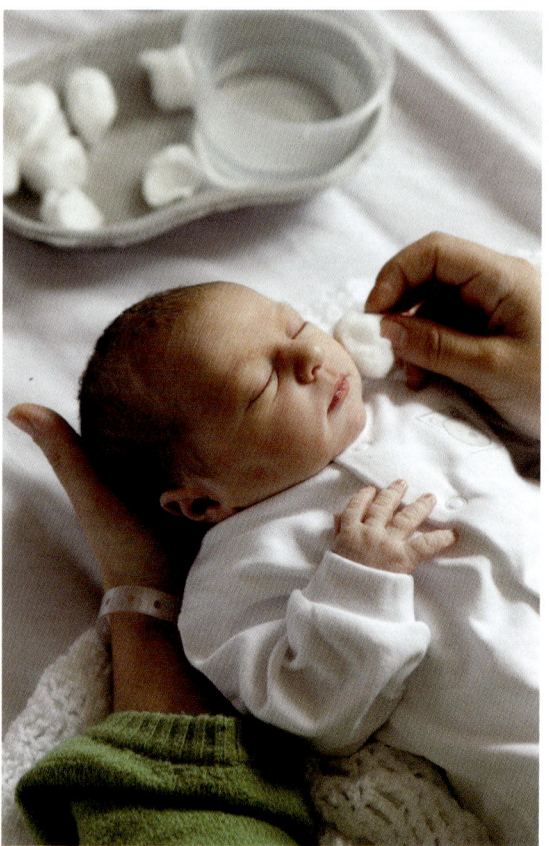

»Als ich mein erstes Kind in der Klinik unter Beobachtung der Hebamme baden sollte, war ich total nervös. Mein zweites Kind wurde dann nur gewaschen, bis es gern badete – das schadete ihm nicht.«

KATZENWÄSCHE *Eine Wäsche mit Watte und Wasser reicht völlig aus, bis die Zeit für das erste Bad gekommen ist. Verwenden Sie für Gesicht und Genitalien jeweils frische Watte.*

Häufige Fragen

▶ **Wie weiß ich, ob es meinem Baby warm genug ist?**
In den ersten Wochen kann das Baby seine Körpertemperatur so gut wie gar nicht kontrollieren. Da es kleiner und weniger aktiv ist als Sie, kühlt es auch schneller aus. Ziehen Sie es am besten so an, wie Sie sich anziehen würden, wenn Sie in der gleichen Umgebung still sitzen müssten.

Auf keinen Fall dürfen Sie das Baby zu dick einpacken, da sich das Risiko für den Plötzlichen Säuglingstod dadurch erhöhen kann (s. S. 39). Verwenden Sie nur eine Decke; wenn Sie nicht sicher sind, ob ihm warm genug ist, fühlen Sie seinen Nacken – er sollte angenehm warm, nicht heiß und nicht feucht sein. Wenn sein Körper warm ist, aber Hände und Füße kalt sind, machen Sie sich keine Sorgen; das liegt am noch unausgereiften Kreislauf.

▶ **Mein Neugeborenes ist außerordentlich unruhig. Kann das mit der vergleichsweise schwierigen Geburt zusammenhängen?**
Geboren zu werden ist zweifellos traumatisch. Selbst bei der sanftesten Entbindung muss ein Baby viele Stunden Wehen und den Durchgang durch den engen Geburtskanal überstehen. Werden auch noch Zangen oder Saugglocke eingesetzt, kann ein Baby danach durchaus traumatisiert sein.

Meist erholt sich das Baby sehr schnell; manche Babys bleiben allerdings noch eine Zeit lang reizbar und brauchen eine Weile, um zur Ruhe zu finden und zu trinken. Hier kann eine Craniosakral-Behandlung hilfreich sein; dabei werden Störungen, die aus dem Geburtsstress resultieren, auf sanfte Weise diagnostiziert und korrigiert.

▶ **Ich bin fast ununterbrochen am Weinen, vor allem abends. Ist das normal?**
Ja, viele junge Mütter sind anfangs niedergeschlagen und weinerlich. Der Körper stellt sich auf das Ende der Schwangerschaft und den Beginn der Stillzeit ein. Vermutlich sind der plötzliche Abfall der Schwangerschaftshormone und die hormonellen Veränderungen bei der Milchbildung verantwortlich für die Weinerlichkeit, die sich am dritten oder vierten Tag nach der Geburt einstellt. Bekannt als »Babyblues« geschieht dies oft nach der Euphorie der Geburt. Auf die Freude, das Baby endlich bei sich zu haben, folgt der Schock, Tag und Nacht all seine Bedürfnisse erfüllen zu müssen.

Auch geringe Wut auf das Baby ist völlig normal, besonders nach einer schwierigen Geburt oder bei einer noch fehlenden Bindung. Meist legt sich dieses Problem schnell von selbst. Die Hebamme und der Frauenarzt können Unterstützung, Rat und Zuversicht geben, also sprechen Sie mit ihnen, ebenso wie mit Ihrem Partner. Bleiben die Symptome weiter bestehen, leiden Sie vielleicht an einer Wochenbettdepression (s. S. 101). Wenden Sie sich an den Arzt.

▶ **Draußen ist es kalt und nass. Erkältet sich mein Neugeborenes, wenn ich mit ihm hinausgehe?**
Babys bekommen keine Erkältung, nur weil es kalt ist. Packen Sie es warm ein, und setzen Sie ihm eine Mütze auf, damit es nicht so schnell auskühlt. Ziehen Sie ihm mehrere Schichten Kleidung an, dann können Sie rasch auf veränderte Temperaturen reagieren.

ES LERNT SIE KENNEN

SCHLAFMÜTZE IHR BABY SCHLÄFT GERN, ABER ES DAUERT EINIGE ZEIT, BIS ES ZWISCHEN TAG UND NACHT UNTERSCHEIDEN KANN.

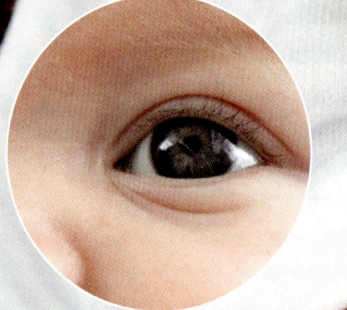

AUGENFARBE DAS PIGMENT IN DEN AUGEN DES NEUGEBORENEN IST NICHT VOLL ENTWICKELT. DIE FARBE VERÄNDERT SICH ALLMÄHLICH IN DEN KOMMENDEN WOCHEN UND MONATEN.

ICH HABE HUNGER WENN SIE IHR BABY BESSER KENNEN, WISSEN SIE IMMER SCHNELLER, WAS ES DURCH SEIN SCHREIEN MITTEILT.

TRINKEN BIS DAS STILLEN KLAPPT, DAUERT ES ETWAS, ABER SIE WERDEN IN DIESEM ERSTEN MONAT VIEL ÜBUNG BEKOMMEN.

»Im ersten Monat schläft oder schreit Ihr Baby die meiste Zeit – aber Sie werden bald dafür entschädigt.«

GREIFEN IHR BABY UMKLAMMERT INSTINKTIV IHREN FINGER. DIESEN ANGEBORENEN REFLEX BEHÄLT ES ETWA ZWEI MONATE BEI.

Ins Leben finden

Es dauert etwa zwei Wochen, bis das Baby sich an seine neue Umgebung gewöhnt hat; dann wird es allmählich lebhafter und immer kommunikativer. Auch Sie passen sich an: Sie beherrschen bald die »Basics«, wie Wickeln und Füttern, und werden sogar zum Multitalent.

Die Sinne Ihres Babys

Zur Anpassung an die Welt außerhalb der Gebärmutter und für den Bindungsprozess ist Ihr Baby ganz auf seine fünf Sinne angewiesen –

■ **Sehen:** Jedes Neugeborene kann anfangs auf eine Distanz von etwa 30 cm fokussieren – die perfekte Entfernung, um Sie beim Trinken oder Getragen-Werden zu betrachten. Gesichter faszinieren Ihr Baby; es beobachtet Ihres aufmerksam. Gegen Ende dieses Monats verfolgt es Ihr Gesicht vielleicht schon mit den Augen, wenn Sie sich in seinem Gesichtsfeld bewegen.

■ **Riechen:** Der Geruchssinn ist für ein Neugeborenes sehr wichtig. Bereits wenige Stunden nach der Geburt wendet es seinen Kopf einer Stilleinlage mit der Milch seiner Mutter zu, und nicht der einer anderen Mutter. Ihr Baby erkennt Ihren Geruch und bevorzugt ihn.

■ **Schmecken:** Das Geschmacksvermögen Ihres Babys entwickelt sich schon in der Gebärmutter. Wissenschaftler sind davon überzeugt, dass Ungeborene in der Lage sind, zwischen unterschiedlichen Geschmacksnuancen im Fruchtwasser zu unterscheiden, und schneller schlucken, wenn es süßer ist, bzw. langsamer, wenn es bitter schmeckt. Ihr Baby erkennt geringfügige, ernährungsbedingte Veränderungen der Muttermilch; daher glauben Wissenschaftler, dass Stillbabys nach dem Abstillen eher eine abwechslungsreichere Kost akzeptieren als Flaschenbabys.

■ **Hören:** Ihr Baby konnte schon in der Gebärmutter hören, daher waren Ihre Stimme und die Ihrer Mitmenschen ihm direkt nach der Geburt vertraut. Nun freut es sich, wenn Sie sprechen, singen und ihm vorlesen. Sein Gehör ist bereits in diesem frühen Stadium gut entwickelt; andere Geräusche als Stimmen beachtet es aber noch kaum. Plötzliches, lautes Knallen und Krachen erschrecken es jedoch, und es beginnt zu weinen.

FOKUSSIEREN *Es dauert einige Wochen, bis Ihr Baby weiter als 30 cm gut sehen kann. Wenn es fokussiert, könnte man meinen, es schiele, doch alles ist normal.*

■ **Fühlen/Berühren:** Der Tastsinn Ihres Babys hilft ihm, sich beim Tragen sicher und geborgen zu fühlen; daher tut ihm Hautkontakt gut. Sehr schwache Frühgeborene können durch sachte Berührung beruhigt und getröstet werden. Manche Babys mögen eine sanfte Massage (s. S. 84 f.), manche entspannen sich beim Pucken (s. S. 64 f.), möglicherweise da Letzteres an den festen Halt in der Gebärmutter erinnert.

Das Aussehen Ihres Babys

Mit etwa zehn Tagen hat Ihr Baby sein Geburtsgewicht wiedererlangt und nimmt nun kontinuierlich zu. Dadurch verändert es sich rasch. Haare, die es bei der Geburt hatte, gehen zum Teil aus, und eventuell wächst eine ganz andere Haarfarbe nach. Mögliche Beulen und Quetschungen von der Geburt heilen ab. Das Baby kann jedoch eine ausgeprägte Neugeborenen-Akne oder Milien (s. S. 35) haben. Meine Kinder hatten in dieser Zeit viele Pickel. Es kann sich Milchschorf bilden (s. S. 97), und die Haut kann gesprenkelt aussehen.

Die tägliche Pflege

Ihr Baby kennt noch keinen Unterschied zwischen Tag und Nacht. Sein winziger Magen (gefüllt ist er etwa so groß wie eine kleine Zitrone) muss kontinuierlich gefüllt werden; daher wacht es tags wie nachts regelmäßig auf und will gefüttert werden. Stillbabys trinken auch so oft, damit die Milchbildung in Gang kommt – manche Babys trinken alle zwei Stunden etwa eine Stunde lang. In den ersten Wochen müssen Sie das schlicht und ergreifend hinnehmen – es geht vorüber. Mit sechs bis zehn Wochen schlafen viele Babys nachts schon längere Phasen am Stück. Sie können die Unterscheidung zwischen Tag und Nacht fördern, wenn Sie bei den Nachtmahlzeiten das Licht gedämpft lassen, leise reden und Ihr Baby ruhig versorgen.

Ich fand die Aussicht auf andauernde Nachtschichten in dieser Phase erschreckend, doch andererseits war da die überwältigende Liebe zu meinen Babys – sie half mir durch diese Zeiten hindurch. Und ich konnte die Last mit meinem Mann teilen. Wenn Sie Ihr Baby gestillt haben, kann Ihr Partner es wieder ins Bett bringen oder, wenn es munter ist, bei ihm bleiben. Es ist ganz wichtig, essenzielle Aufgaben zu teilen – und es ist eine gute Übung für später, wenn Sie außer Haus sind und Ihr Partner den Babysitter gibt. Er braucht Gelegenheit, diese Fähigkeiten zu erlernen.

TROCKENE HAUT *Es ist normal, dass sich die Haut des Babys in den ersten Wochen schält. Das gibt sich von selbst. Sie brauchen Ihr Baby nicht einzucremen.*

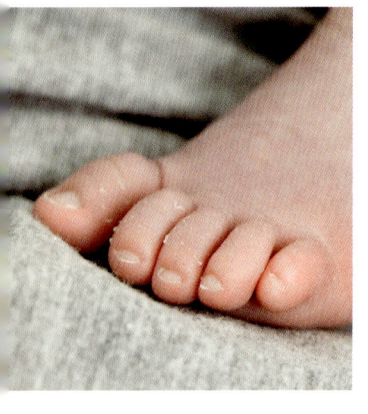

Sie können Ihrem Partner später keine Vorwürfe machen, dass er nicht hilft, wenn er nie
die Gelegenheit dazu hatte. Wenn Sie alleinerziehend sind, suchen Sie sich tagsüber Unterstützung, um Schlaf nachzuholen.

Egal, ob Ihr Baby die Brust oder die Flasche
bekommt – Sie fragen sich bestimmt, wie viel
und wie oft Sie es füttern sollten und ob nach
festem Rhythmus oder nach Bedarf. Das ist
vor allem Ansichtssache – es gibt keine defi-
nitive Antwort. Richtig für Ihr Baby ist in der
Regel das, womit Sie selbst gut zurechtkommen – wenn Sie gerne einen festen Rhythmus
haben, wird Ihnen das Füttern nach Bedarf eher
unangenehm sein. Wenn Sie aber in den ersten
Wochen instinktiv auf die innere Uhr Ihres
Babys hören, wollen Sie es sicher nicht schreien

lassen und lieber nach Bedarf stillen. Babys geben normalerweise die Stim-
mung ihrer Eltern genau wieder; wenn Sie unzufrieden sind, wird es Ihr
Baby auch sein; wenn Sie entspannt sind, ist es eher ruhig und zufrieden.

Das Baby beruhigen

Jedes Baby schreit, und es gibt immer einen Grund dafür. In den ersten
Tagen sind die Kommunikationsmöglichkeiten Ihres Babys noch sehr
begrenzt, also schreit es, wenn es hungrig oder müde ist, ihm unwohl oder
langweilig ist oder wenn es Zuwendung benötigt. Sobald Sie es besser kennen, erkennen Sie die Unterschiede in seinem Schreien und können rasch
reagieren; auf diese Weise wird es immer weniger schreien.

Schmerzensgeschrei ist normalerweise leicht zu erkennen. Wenn Ihr
Baby z. B. unter Koliken leidet (s. S. 98), schreit es laut und zieht die Beine
an. Dieses wütende, schrille, untröstliche Weinen ist aufwühlend, und Sie
wissen anfangs kaum, wie Sie reagieren sollen.

Es gibt viele Wege, ein weinendes Baby zu beruhigen. Versuchen Sie es
mit Bewegung (in ein Tragetuch legen oder eine Autofahrt machen) oder
monotonen Geräuschen (die Waschmaschine im Schleudergang oder der
Störsender im Radio) oder mit einem Schnuller.

ENTSPANNTE ELTERN

*Sie müssen Ihr Baby
nicht nach Schema X
versorgen. Gehen Sie
in aller Ruhe auf Ihr
Kind ein, dann wissen
Sie bald instinktiv, was
es braucht.*

Manchmal wird das Baby Ihren eigenen Stress aufnehmen; je mehr Sie es beruhigen wollen, umso aufgedrehter wird es. Ist es satt, sauber und hat keine Schmerzen, probieren Sie aus, ob es an einem ruhigen Ort einschläft – vielleicht braucht es Ruhe. Oder Sie übergeben es kurz an eine andere Person, die distanzierter ist, damit Sie etwas Luft holen können.

»Gute« Ratschläge

Bestimmt treffen Sie völlig vernarrte Großeltern, Freunde oder auch zufällig vorbeikommende Fremde, die Ihnen sagen, was das Beste für Ihr Baby ist. Wenn auch gut gemeint und manchmal hilfreich, widersprechen sich diese Ratschläge oft und verwirren Sie eher. Natürlich müssen Sie Ihren Eltern gegenüber höflich und taktvoll bleiben, auch wenn Sie in der Babypflege anderer Meinung sind, aber es ist auch wichtig, dass Sie auf Ihre Fähigkeiten als Eltern vertrauen und es so machen, wie Sie es für richtig halten. Sicher machen Sie Fehler, doch wenn Sie Ihr Baby besser kennen und seine Reaktionen verstehen, werden Sie die für Sie beste Form der Babypflege finden. Sie können sich in Elternratgebern, Zeitschriften und im Internet über bestimmte Themen informieren. Es gibt viele Chatrooms für junge Eltern, wo Sie sich mit anderen Eltern in der gleichen Situation austauschen können. Und wenn Sie sich irgendwelche Sorgen machen, wenden Sie sich an den Kinderarzt.

Wenn alles zu viel wird

Manchmal scheint Ihr Baby endlos zu schreien – vor allem, wenn keine Unterstützung da ist. Das kennen alle Eltern. Wichtig ist zu erkennen, wann Sie so wütend werden, dass Sie Ihr Baby grob anfassen könnten. Schütteln kann das Gehirn des Babys schwer schädigen. Wenn Sie mit den Nerven am Ende sind und Angst haben, dem Baby wehzutun, legen Sie es an einen sicheren Ort, z. B. in den Stubenwagen, und gehen zehn Minuten hinaus. Trinken Sie eine Tasse Kaffee. Sie brauchen keine Schuldgefühle zu haben, wenn Sie es einige Minuten allein lassen – es macht ihm nichts. Schlechte Tage und Wutanfälle hat jeder einmal (s. S. 43); haben Sie jedoch ernsthafte Probleme, sprechen Sie mit jemanden darüber.

Papas erste Schritte

Es ist eine hervorragende Idee, Elternzeit zu nehmen, entweder gemeinsam mit Ihrer Partnerin oder abwechselnd. Oder Sie nehmen für die ersten Wochen Urlaub. Ihre Partnerin wird erschöpft sein und froh, wenn Sie da sind. Es gibt zu Hause eine Menge zu tun, vom Telefonieren über Kaffeekochen für Gäste und Entlastung der Partnerin bis zur Beschäftigung mit dem Baby (vergessen Sie das nicht).

Viele erstmalige Väter sehen alldem angespannt entgegen, aber dazu besteht keine Veranlassung – Babys sind erstaunlich robust. Manche Väter finden Neugeborene nicht besonders interessant; aber der Schein trügt: Schon Babys tun mehr, als Sie vielleicht denken. Ihr Baby beginnt sehr schnell, mit Ihnen in Kontakt zu treten; versäumen Sie diese unwiederbringliche Zeit nicht. Sie ist ebenso spannend wie später der Kauf der ersten Eisenbahn. Wenn Ihre Partnerin stillt, können Sie das Baby zwischendurch und danach aufstoßen lassen. Ermöglichen Sie Ihrer Partnerin Auszeiten – ich ging gern nach den Mahlzeiten mit meiner Tochter im Tragetuch hinaus.

Nehmen Sie nochmals Urlaub, wenn Ihr Baby einige Wochen alt ist. Mütter fühlen sich in dieser Phase oft etwas vernachlässigt, und Sie erleben nun eine wunderbare Zeit als neue Familie.

Ihr Baby kennenlernen

Auch wenn Sie nur wenig Erfahrung mit Babys haben: Vertrauen Sie Ihrem Instinkt und versuchen Sie, die Versorgung Ihres Neugeborenen entspannt anzugehen. Es fühlt sich sicher, wenn Sie es herumtragen, es studiert Ihr Gesicht und lauscht Ihrer Stimme. Haben Sie keine Scheu, mit ihm zu kommunizieren: Die meisten Babys lieben die Interaktion. Wenn Sie mit ihm sprechen, Ihr Gesicht an seinem, damit es Sie betrachten kann, wird es sich sehr schnell beruhigen. Imitieren Sie seine Mimik, das findet es toll. Sie werden Ihr Baby schnell kennenlernen; finden Sie heraus, wie Sie es am besten ver-

sorgen können. Haben Sie keine Schuld- oder Wutgefühle, wenn manches anfangs nicht so gut klappt. Interessanterweise geben viele Eltern an, dass ihre Erstgeborenen ihnen mehr Sorgen bereiteten als ihre jüngeren Kinder, die einfach mitziehen müssen, weil die elterliche Zeit knapper bemessen ist. Diese zweiten und dritten Babys sind oft ruhiger und »einfacher«.

PAPA-ZEIT *Sie sind ein eigenständiger Elternteil und nicht nur Mamas Handlanger.*

Richtig stillen

Auch wenn das Stillen anfangs schwierig scheint, werden Sie und Ihr Baby in wenigen Wochen zu echten Experten. Wichtig ist eine angenehme Haltung; Ihr Rücken und Ihre Arme sind abgestützt, und das Baby liegt ganz bequem. Suchen Sie aus den Stellungen rechts die für Sie beste heraus.

Der Milchspendereflex

Das Saugen des Babys regt den Körper zur Bildung zweier Hormone an. Das eine, Prolaktin, veranlasst die Milchbildung, und das andere, Oxytozin, ist für den Milchfluss verantwortlich, sodass Milch in die Brustwarze freigesetzt wird. Wenn Ihr Baby oft trinkt, wie in den ersten Tagen, bilden Sie so viel Milch, wie es benötigt.

Wenn Sie sich aufs Stillen vorbereiten, spüren Sie ein kribbelndes, ziehendes Gefühl in Ihren Brüsten. Dies wird durch die Freisetzung von Oxytozin verursacht und als »Milchspendereflex« bezeichnet. Es funktioniert besser, wenn Sie entspannt sind. Aus diesem Grund kann sich das Stillen abends, wenn Sie müde sind, manchmal schwierig gestalten.

Sobald sich das Stillen eingespielt hat, wird der Milchspendereflex schon ausgelöst, wenn Sie Ihr Baby weinen hören oder auch nur ans Stillen denken. Durch die Verwendung von Stilleinlagen beugen Sie nassen Flecken auf Ihrer Kleidung vor.

Muttermilch ist dünnflüssiger als das cremige Kolostrum der ersten Tage, enthält aber genau die richtigen Nährstoffe für Ihr Baby. Wenn Sie Ihr Baby anlegen, stillt es seinen Durst und den ersten Hunger mit der Vormilch, die schon in der Brust vorrätig ist. Im weiteren Verlauf der Mahlzeit nimmt es dann die nahrhaftere, reichhaltigere Hintermilch zu sich.

Lassen Sie es an der ersten Brust, bis es genug hat, damit es genügend Hintermilch bekommt. Wenn Sie es zu früh an die andere Brust legen, bekommt es nur Vormilch. Das Stillen kann anfangs lange dauern, aber bald wird Ihr Baby tüchtig trinken.

Ihr Baby ist einzigartig

Sie müssen evtl. je nach Stimmung oder Temperament Ihres Babys stillen.

▸ Ein leicht erregbares Baby rudert vielleicht wild herum und kommt an der Brust kaum zur Ruhe. Einwickeln (s. S. 64 f.) kann es beruhigen, sodass es die Brustwarze fasst.

▸ Ein schläfriges Baby muss zum Trinken animiert werden; klopfen Sie sachte gegen seine Füße, wenn es aufhört zu trinken.

▸ Bei großem Hunger ist es vielleicht zu hektisch, um zu trinken. Beruhigen Sie es durch Schmusen, Wiegen oder Singen, und legen Sie es dann nochmals an.

GANZ BEQUEM

WIEGEHALTUNG *Halten Sie Ihr Baby in Ihrer Armbeuge; Kopf und Körper sind Ihnen zugewandt. Sie können es auch in Brusthöhe auf ein Kissen legen.*

NEBENEINANDERLIEGEN *Legen Sie sich auf die Seite und Ihr Baby mit Ihnen zugewandtem Körper neben sich. Diese Stellung ist nach einem Kaiserschnitt zu empfehlen, weil das Baby nicht auf Ihrem Bauch liegt.*

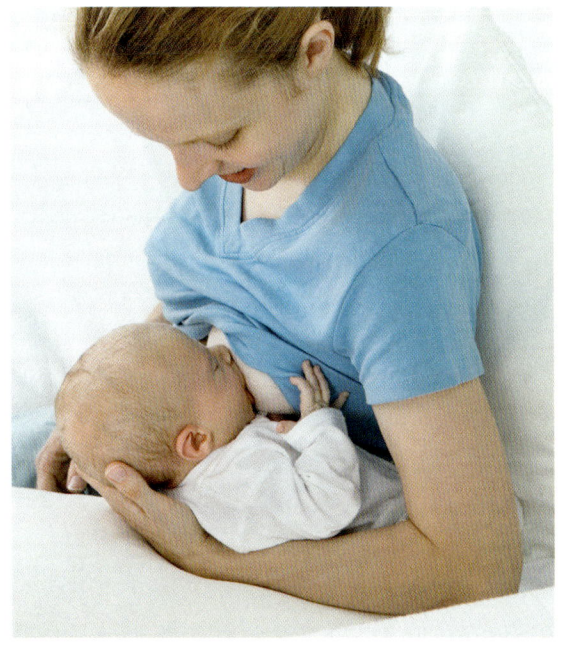

RÜCKENGRIFF *Sie sitzen, und Ihr Baby liegt an Ihrer Seite mit den Füßen nach hinten, sein Kopf liegt in Ihrer flachen Hand. Sie können das Baby mit Kissen stützen. So lassen sich gut zappelnde Babys und Zwillinge stillen.*

Ernährung in der Stillzeit

Eine gesunde Ernährung ist wichtig, weil Sie viel Energie benötigen, um für sich und Ihr Baby zu sorgen und die Milch zu bilden, die Ihr Kind für sein Wachstum benötigt. Eine ungesunde Ernährung kann Ihre Genesung nach der Geburt verzögern und zu Erschöpfung führen. Gesund essen steigert Ihre Energie, verleiht Haut und Haar wieder Glanz und schützt Ihre Knochen und Zähne langfristig.

Auch wenn Sie sich um Ihre Figur sorgen, versuchen Sie nicht, in der Stillzeit abzunehmen. Sie brauchen eine ausgewogene Ernährung mit viel frischem Obst und Gemüse, verschiedenen Kohlenhydraten aus Brot, Reis, Nudeln und Kartoffeln (am besten langsam abbaubare Kohlenhydrate wie Naturreis und Vollkornbrot), Milchprodukten wie Käse, Joghurt und Milch und Eiweiß aus Fleisch, Fisch und Hülsenfrüchten.

Sie müssen keine großen Mahlzeiten zu sich nehmen – häufige, kleine Mahlzeiten halten Ihren Energiepegel genauso konstant. Stellen Sie zum Stillen ein Getränk und einen Imbiss bereit.

Worauf Sie besser verzichten

Es gibt nur wenige Nahrungsmittel, die man nicht essen sollte, wenn man stillt; manche Lebensmittel wollen Sie vielleicht nur in Maßen genießen und auf andere ganz verzichten. Scharfe Gerichte und blähende Speisen, z. B. Bohnen oder Kohl, führen beim Baby zu auffälligem Stuhlgang. Über die Muttermilch verursachen diese Nahrungsmittel im Babybauch eine ähnliche Reaktion wie in Ihrem und können zu Blähungen und weichem Stuhl führen. Gegebenenfalls stellen Sie Ihre Kost eine Zeit lang um.

Wenn Ihrem Baby ganze Nahrungsgruppen wie Milchprodukte Probleme bereiten, sprechen Sie mit dem Kinderarzt, ob Sie probehalber darauf verzichten sollten. In diesem Fall müssen Sie die fehlenden Nährstoffe anderweitig ergänzen. Wenn Sie z. B. keine Milch mehr trinken, müssen Sie genügend Kalzium aus anderen Quellen zu sich nehmen (grünes Blattgemüse und Sojaprodukte). Der Verzehr von Nüssen in der Stillzeit kann das Allergierisiko bei entsprechend veranlagten Babys erhöhen. Wenn atopische (allergische) Erkrankungen (s. S. 279 f.) in Ihrer Familie auftreten, verzichten Sie in der Stillzeit besser auf Nüsse.

Getränke

In der Stillzeit müssen Sie viel Flüssigkeit zu sich nehmen; trinken Sie vor allem Wasser. Meiden Sie koffeinhaltige Getränke, die entwässernd wirken. Geringe Mengen Alkohol sind vertretbar, größere Mengen können die Milchbildung beeinträchtigen. Trinken Sie maximal zwei- bis viermal in der Woche ein Glas Wein. Alkohol geht in kleinen Mengen in die Muttermilch über; trinken Sie ihn daher zwei bis drei Stunden, bevor Sie stillen.

Medikamente

Alle Medikamente gehen in die Muttermilch über; fragen Sie aus diesem Grund vor einer Einnahme den Arzt. Paracetamol, Ibuprofen und viele Antibiotika sind ungefährlich. Nehmen Sie aber auf keinen Fall Drogen!

Fragen rund ums Stillen

▶ **Wie weiß ich, ob mein gestilltes Baby genug Milch bekommt?**

Sie können nicht genau wissen, wie viel Milch es trinkt; entscheidend ist, dass es gesund ist und gut gedeiht. Regelmäßiges Wiegen – alle zwei Wochen – durch die Hebamme oder den Kinderarzt stellt sicher, dass das Baby genug zunimmt. Stillen ist für Ihr Baby beruhigend, sodass es vielleicht gerne weiternuckelt, auch wenn es schon satt ist. Als Richtlinie gilt: Wenn sich das Stillen eingespielt hat, wird Ihr Baby während der ersten 10–15 Minuten an jeder Brust genug trinken, sodass Sie nicht stundenlang stillen müssen.

▶ **Kann ich meinem Baby gelegentlich ein Fläschchen geben?**

Ja, es kann ausgedrückte Milch oder Milchnahrung aus der Flasche bekommen, aber besser erst, wenn sich das Stillen eingespielt hat. Denn während Sie beide das Stillen erlernen, weist das Baby sonst vielleicht die Brust zurück, weil das Trinken mit dem Flaschensauger einfacher ist. Denken Sie auch daran, dass die Technik des Milchsaugens aus der Brust die richtige Kieferbildung des Babys fördert und zu geraderen

Zähnen und kräftigeren Gesichtsmuskeln führt. Sobald das Stillen funktioniert, können Sie Milch mit der Hand oder einer Milchpumpe abnehmen (s. S. 89).

▶ **Ich habe auf einer Brust einen schmerzhaften, roten Fleck. Was ist das?**

Es handelt sich um eine Mastitis, eine Entzündung des Brustgewebes. Dabei ist ein Milchgang in der Brust gestaut. Die Milch ist infiziert, breitet sich ins Brustgewebe aus und verursacht Schmerzen und Rötung. Die Brust ist heiß und gestaut. Gehen Sie sofort zum Frauenarzt, da Sie vielleicht Antibiotika zur Abheilung der Infektion benötigen. Sie können Ihr Baby während der Behandlung weiter stillen; dies fördert sogar die Heilung. Weder die Infektion noch die Antibiotika schaden Ihrem Baby. Das Auflegen von kühlen Waschlappen oder Kohlblättern auf die Brust lindert die Schmerzen; Sie können auch Paracetamol oder Ibuprofen nehmen. Nehmen Sie kein Aspirin, das für Babys gefährlich ist (s. S. 262).

▶ **Kann ich unbedenklich stillen, wenn ich krank bin?**

Ja, die meisten Krankheiten werden nicht über Muttermilch übertragen, und Ihr Baby besitzt durch Ihre Antikörper eine Immunität gegenüber vielen Erkrankungen. Es gibt einige wenige Ausnahmen, wie den HI-Virus, der in seltenen Fällen über die Muttermilch übertragen werden kann. Wenn Sie HIV-positiv sind, werden Sie schon in der Schwangerschaft beraten, ob das Stillen für Ihr Baby ungefährlich ist.

▶ **Meine Milch sprudelt sehr schnell heraus, sodass sich mein Baby verschluckt. Was kann ich machen?**

Zu Beginn der Milchbildung kann es zu einer Überproduktion kommen. Ihre Brüste sind sehr voll, und die Milch schießt hervor. Dies legt sich mit der Zeit von selbst; versuchen Sie bis dahin, vor dem Stillen ein wenig Milch auszudrücken.

▶ **Macht es etwas, wenn mein Baby beim Stillen einschläft?**

Wenn Ihr Baby sich gut entwickelt, nicht. Babys bekommen in der Regel in 10–15 Minuten genügend Milch. Wenn es an einer Brust eingeschlafen ist, geben Sie ihm das nächste Mal erst die andere.

Die Flasche geben

Das Fläschchen zu geben kann ebenso beglückend sein wie das Stillen und zärtliche, intensive Nähe schaffen. Lassen Sie Ihr Baby nicht beim Trinken allein; es könnte sich verschlucken. Bereiten Sie die Nahrung entsprechend der Anleitung zu (s. S. 33) und achten Sie penibel auf Sauberkeit.

Säuglingsnahrung wählen

Zwischen den Marken der Milchnahrung auf Kuhmilchbasis bestehen aus ernährungswissenschaftlicher Sicht kaum Unterschiede. Es sind auch weitere Milchsorten im Handel, z. B. Soja- oder Ziegenmilch. Für die meisten Babys ist Kuhmilchnahrung am besten. Bei Verdacht auf eine Kuhmilchallergie (s. Kasten unten), lassen Sie eine genaue Diagnose stellen und sich vom Kinderarzt hinsichtlich der richtigen Milchnahrung beraten.

Milchpulver für junge Babys enthält Weizenprotein, das besonders leicht verdaulich ist. Folgenahrungen für Babys ab etwa sechs Monaten enthalten Eiweiß auf Kasein-Basis, das im Magen des Babys gerinnt und so länger sättigt – sie kann jedoch Verstopfung verursachen; geben Sie Ihrem Baby daher besser weiterhin die übliche Milchnahrung auf Weizenbasis und füttern Sie es lieber häufiger.

Spezielle Milchnahrungen

Bei Verdacht auf Kuhmilchallergie kann der Kinderarzt eine Sojamilchnahrung empfehlen. Manche Babys reagieren allergisch auf Sojaeiweiß; in diesem Fall wird eine hypoallergene Milch verschrieben. Diese ist auch aus dem Grunde empfehlenswerter, weil hormonähnliche Bestandteile der Sojamilch die spätere Fruchtbarkeit von Jungen beeinträchtigen könnten. Bei einer Ernährung mit Sojamilch müssen Sie Ihrem Baby die Zähne nach dem Füttern besonders gründlich bürsten.

Ziegen- oder Schafsmilch eignet sich aufgrund ihrer Zusammensetzung nicht für Babys. Wenn Sie Ihrem Baby diese Milcharten geben, könnte es zu Mangelerscheinungen und Mangelkrankheiten kommen. Für Babys, die an einer Refluxstörung leiden, sind ebenfalls spezielle, sämigere Milchnahrungen erhältlich.

Kuhmilchallergie

Mögliche Symptome einer Kuhmilchallergie:
▶ Durchfall – insbesondere, wenn Blut im Stuhl des Babys auftritt.
▶ Mangelnde Gewichtszunahme und Erbrechen – obwohl Erbrechen selten durch Kuhmilchallergie verursacht wird.
▶ Schwere Ekzeme – auch wenn die meisten Babys, die an Ekzemen leiden, keine Kuhmilchallergie haben.
▶ In seltenen Fällen rasch auftretendes Keuchen, Nesselsucht, Schwellungen (s. S. 280).

Blähungen und Aufstoßen

Jedes Baby hat gelegentlich Blähungen (Luft im Bauch); manche Babys sind öfter als andere davon betroffen. Bei richtig angelegten Stillbabys ist dies seltener ein Problem als bei Flaschenbabys, die Luft schlucken, wenn der Sauger nicht ganz voll Milch ist.

Lassen Sie Ihr Baby nach der halben Trinkzeit und noch mal am Ende aufstoßen. Kommt kein »Bäuerchen«, ist es vielleicht nicht nötig. Hat das Baby dennoch Blähungen, stößt es vielleicht später auf. Dabei kann etwas Milch hochkommen (s. S. 32). Das ist bei kleinen Babys normal. Wenn das Verdauungssystem ausreift, schließt das Ventil am Magenausgang besser. Beim Aufstoßen halten Sie das Baby aufrecht, damit die Luftblasen nach oben steigen und ausgestoßen werden können, ohne dass gleichzeitig viel Milch erbrochen wird.

Lassen Sie Ihr Baby auch aufstoßen, wenn es schläfrig ist. Das ist besser, als wenn es später wegen Bauchschmerzen aufwacht.

Wie in allen Bereichen der Babypflege werden Sie bald die für Sie beste Methode des »Bäuerchen-Machens« finden. Zwei typische Stellungen dazu finden Sie unten; Sie können das Baby auch bäuchlings über Ihren Schoß oder Unterarm legen.

SO LASSEN SIE IHR BABY AUFSTOSSEN

NEHMEN SIE ES AN IHRE SCHULTER *Reiben oder tätscheln Sie sanft seinen Rücken, damit die Luft aufsteigt – das sollte problemlos geschehen. Ihre Kleidung können Sie mit einer Mullwindel schützen.*

SETZEN SIE ES AUF IHREN OBERSCHENKEL *Beugen Sie es leicht nach vorne, und reiben oder tätscheln Sie sanft seinen Rücken, bis es aufstößt. Stützen Sie dabei seinen Kopf mit Ihrer Hand ab.*

Sterilisieren

Sauberkeit ist bei der Flaschenernährung oberstes Gebot; man braucht aber nicht das gesamte Zubehör zu sterilisieren, wenn man einige einfache Regeln befolgt. Ich habe für meine Babys nie irgendetwas sterilisiert – und kann dies Eltern durchaus empfehlen.

Eine Vielzahl von Wissenschaftlern ist der Meinung, dass eine weniger sterile Umgebung für Babys von Vorteil ist, und dass der Kontakt zu Keimen möglichen allergischen Reaktionen vorbeugen kann. Die T-Zellen unseres Körpers spielen eine Schlüsselrolle im Immunsystem. Diese Zellen bekämpfen Infektionen, doch da wir uns eine immer sterilere Umgebung schaffen, gibt es nicht viele Keime, die sie aktivieren können, und so haben sie nichts zu bekämpfen. Daher reagieren die T-Zellen im sich entwickelnden Immunsystem eines Babys manchmal auf harmlose Substanzen wie Nahrungsmittel, was zu einer allergischen Reaktion führt. Konsequenterweise wird das Fernhalten aller Keime vom Verdauungssystem eines Babys mit einer Zunahme atopischer (allergischer) Erkrankungen wie Asthma und Ekzem in Verbindung gebracht. Untersuchungen zeigten, dass Kinder, die vielen Bakterien ausgesetzt waren, wie Geschwisterkinder oder Kinder auf einem Bauernhof, seltener eine Allergie bekommen.

Wenn Sie das Zubehör nicht sterilisieren möchten, befolgen Sie folgende Richtlinien –

■ **Gründlich spülen:** Reinigen Sie alle Teile in der Spülmaschine. Festhaftende Milchreste in den Flaschen und Saugern entfernen Sie mithilfe einer Flaschenbürste.

■ **Richtig aufbewahren:** Lassen Sie Flaschen mit Milchnahrung nicht bei Zimmertemperatur stehen. Wenn Sie mit dem Baby das Haus verlassen, nehmen Sie die abgemessene Menge Milchpulver in einer Flasche mit und fügen direkt vor der Mahlzeit die erforderliche Menge warmes, zuvor abgekochtes Wasser aus der Thermoskanne hinzu. Milchreste schütten Sie weg.

Wenn Sie das Zubehör sterilisieren wollen

Im Allgemeinen wird empfohlen, das Zubehör in den ersten sechs Monaten zu sterilisieren, damit Babys nicht durch Bakterien in der Flasche infiziert werden. Dies dient der Vorbeugung vor Magen-Darm-Problemen. Dabei gibt es verschiedene Methoden, u. a. –

AM KÖRPER HALTEN

Auch bei der Flaschenernährung sind Sie Ihrem Baby nahe. Sie bietet den Vorteil, dass auch der Vater das Füttern übernehmen kann.

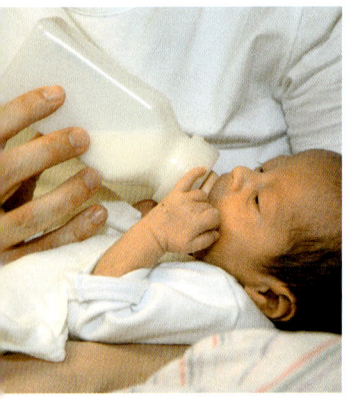

Fragen zur Flaschenernährung

‣ **Wie viel Milchnahrung sollte ich meinem Baby geben?**

Richtlinien geben 150 ml pro Kilogramm Körpergewicht an; wenn Ihr Baby allerdings munter und gesund ist und seine Windel häufig einnässt, können Sie davon ausgehen, dass es die richtige Menge erhält. Wenn Sie unsicher sind, wenden Sie sich an den Kinderarzt oder die Hebamme.

‣ **Ist es besser, bei der gleichen Milchsorte zu bleiben?**

Es ist zwar wichtig, darauf zu achten, dass Sie Ihrem Baby Milchpulver auf Kuhmilchbasis geben, sofern der Kinderarzt nichts anderes rät, aber Sie können zwischen den Marken wechseln; das schadet dem Baby nicht. Stillbabys sind daran gewöhnt, dass sich der Geschmack der Milch mit der Kost der Mutter verändert, und entsprechend kann auch ein Flaschenbaby mit einer anderen Milchnahrung zurechtkommen.

‣ **Kann ich Fertigmilch verwenden?**

Ja. Fertigmilch in Kartons ist ausgesprochen praktisch, wenn Sie mit Ihrem Baby unterwegs sind. Sie ist allerdings teurer.

■ **Elektrische Dampfsterilisiergeräte:** Diese Geräte erzeugen Dampf und sterilisieren auf diese Weise das Zubehör in etwa zehn Minuten.

■ **Sterilisiergeräte für die Mikrowelle:** Die Flaschen kommen auf ein Gestell. Das Gerät wird unten mit Wasser gefüllt und verschlossen. Beim Erhitzen entsteht Dampf, der den Inhalt sterilisiert.

■ **Sterilisierlösung für kaltes Wasser:** Dabei wird eine chemische Sterilisierlösung (flüssig oder als Tablette) in Wasser aufgelöst. Dazu brauchen Sie einen großen Behälter mit Deckel und einen schweren Gegenstand, z. B. einen Teller, damit die Gegenstände in der Lösung untertauchen. Die Lösung ist zwar ungiftig, hat aber einen starken chemischen Geruch, der auch nach dem Ausspülen der Flaschen bestehen bleibt.

■ **Auskochen:** Geben Sie das Zubehör in einen Topf mit Wasser, und kochen Sie es mindestens zehn Minuten lang aus. Sauger, die häufig ausgekocht wurden, werden rissig und müssen häufiger ersetzt werden.

Flaschen und Sauger

Sauger mit unterschiedlicher Lochgröße sorgen für einen unterschiedlich starken Milchfluss. Spezielle Sauger sollen verhindern, dass das Baby zu viel Luft schluckt. Flaschen gibt es in verschiedener Größe und Formen, aus Glas oder Plastik. Leichter zu befüllen sind sogenannte Weithalsflaschen. Babys, die aus Anti-Kolik-Flaschen trinken, schlucken weniger Luft.

Die Entwicklung dokumentieren

Gewicht und Körpergröße werden im Vorsorgeheft in Tabellen dokumentiert, um den Wachstumsverlauf zu zeigen. Wenn Ihr Baby gesund ist und gut trinkt, entwickelt es sich auch gut. Machen Sie sich nicht wegen wöchentlicher Schwankungen verrückt.

WIE IHR BABY GEMESSEN WIRD

Wachstumstabellen verwenden sogenannte »Perzentilenkurven« oder Somatogramme, um Gewicht, Längenwachstum und Kopfumfang aufzuzeichnen. Dieses System der Durchschnittswerte ermöglicht dem Kinderarzt festzustellen, ob das Baby erwartungsgemäß wächst. Wenn es auf der 50. Perzentile liegt, liegt es mit seinen Maßen genau im Durchschnitt für sein Alter. Babys haben eine unterschiedliche Gestalt und Größe; manche liegen bei Gewicht und Länge auf verschiedenen Perzentilen. Ein Baby, das im Gewicht auf der 50. Perzentile und in der Größe auf der 70. liegt, ist größer und dünner als der Durchschnitt; ein Baby, das bei Gewicht und Länge auf der 15. liegt, ist klein. Sorgen Sie sich nicht, wenn Ihr Baby auf dem leichteren oder schwereren Ende der Skala liegt.

Die meisten Babys wachsen von Geburt an entlang der gleichen Perzentile, auch wenn es Schwankungen geben kann. Wenn ein Baby sich zwei Perzentilen nach unten oder oben bewegt, wird der Kinderarzt dies sorgfältig überwachen. Bei einer Veränderung um mehr als zwei Perzentilen kann eine umfassende Untersuchung vorgenommen werden; meist gibt es keinen Grund zur Sorge. Perzentilenkurven sind eine hilfreiche, aber nicht unfehlbare Richtlinie für das Wachstum des Babys.

Die Größe ist weitgehend erblich bedingt, kann in der Kindheit aber durch Ernährung und emotionale Gesundheit beeinflusst werden. Für Jungen und Mädchen gibt es unterschiedliche Wachstumstabellen, weil sie zu verschiedenen Zeiten wachsen. Für Babys mit

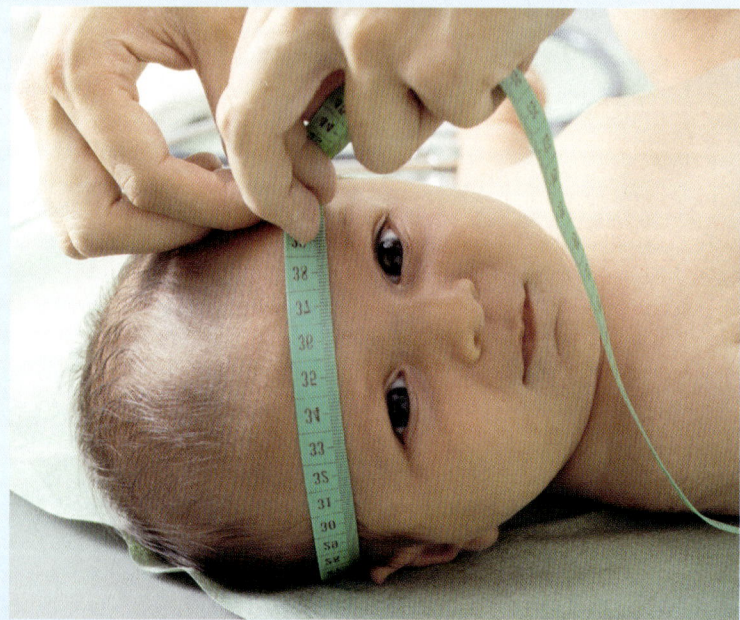

»Mein Partner und ich sind eher klein, ich machte mir keine Sorgen, als mein Baby auf der 15. Größenperzentile lag.«

KOPFUMFANG *Auch der Kopfumfang wird zur Gesundheitskontrolle beurteilt. Langsames Wachstum weist evtl. auf Probleme bei der Gehirnentwicklung hin, schnelles Wachstum evtl. auf Flüssigkeitsansammlungen im Gehirn.*

einer Behinderung wie dem Down-Syndrom (s. S.307) gibt es spezielle Tabellen.

IHR KINDERARZT

Der Kinderarzt ist während der gesamten Kindheit ein wichtiger Begleiter Ihres Kindes. Er überwacht die Entwicklung des Babys und ist bei Fragen und Unsicherheiten immer Ihr erster Ansprechpartner. Bei besonderen Problemen wird er Ihr Baby an Spezialisten überweisen bzw. die erforderliche Therapie in die Wege leiten. Fachlich sind alle Kinderärzte gleich gut ausgebildet. Worin sie sich unterscheiden, sind ihre menschlichen Qualitäten, ihre Sensibilität und ihr Vermögen, mit Kindern umzugehen und Geduld an den Tag zu legen. Zu Ihrem Kinderarzt sollten Sie unbedingtes Vertrauen, einen »guten

Draht« und das Gefühl haben, in guten Händen zu sein. Der Kinderarzt wird die erforderlichen Impfungen bei Ihrem Kind durchführen; das geschieht in der Regel im Rahmen der Vorsorgeuntersuchungen. Bei diesen Terminen wird Ihr Baby regelmäßig gewogen, gemessen (s. S.60) und sein gesamtes Organsystem wird gründlich untersucht.

Bei einem Neugeborenen und jungen Baby ist es sehr wichtig, eine mögliche Erkrankung schnell und frühzeitig zu erkennen. Gleichzeitig haben junge Eltern kaum Erfahrungen mit kranken Babys und wissen meist nicht, ob eine Situation ernst ist. Wenn Sie den Eindruck haben, dass Ihrem Baby etwas fehlt, zögern Sie nicht, sich an den Kinderarzt zu wenden. Schon Fieber und Durchfall sind bei Neugeborenen immer ein ernstes Signal.

DAS WACHSTUM BEOBACHTEN *Beim Kinderarzt wird Ihr Baby regelmäßig gewogen und man berät Sie zu evtl. Wachstumsproblemen.*

Vorsorgeuntersuchungen

In Deutschland sind für jedes Kind von der Geburt bis ins Jugendalter zehn Vorsorgeuntersuchungen vorgesehen, bei denen mögliche Krankheiten oder Fehlentwicklungen rechtzeitig erkannt werden sollen. Die ersten sechs dieser Untersuchungen finden im ersten Lebensjahr statt. Die Ergebnisse werden im gelben Vorsorgeheft dokumentiert.

U1: unmittelbar nach der Geburt; U2: Neugeborenen-Basisuntersuchung (3.–10. Lebenstag); U3: 4.–6. Lebenswoche; U4: 3.–4. Monat; U5: 6.–7. Monat; U6: 10–12. Monat; U7: 21.–24. Monat; U8: 43–48. Monat; U9: 60.–64. Monat; U10: 12–14 Jahre.

Gehen Sie mit Ihrem Baby immer zum Arzt, wenn es:

▶ Fieber hat,
▶ Probleme beim Atmen hat,
▶ bei den Mahlzeiten stark schwitzt,
▶ wenig trinkt oder ungewöhnlich unruhig ist,
▶ benommen und schlaff wirkt.

Notrufnummer: 112

Wenn Ihr Baby Atemnot hat, seine Lippen oder andere Körperteile blau sind, es sehr benommen oder wirr wirkt (und Fieber hat), kalt und feucht ist oder einen blutgussähnlichen Ausschlag hat (s. S.270), rufen Sie den Notarzt.

GESTILLTE BABYS

Seit vielen Jahren basieren die Wachstumstabellen auf der durchschnittlichen Gewichtszunahme von Babys, die mit der Flasche ernährt werden. Doch es wird immer deutlicher, dass gestillte Babys nicht unbedingt im gleichen Maße zunehmen wie Flaschenbabys.

Die Weltgesundheitsorganisation hat Wachstumstabellen wie die hier abgebildete veröffentlicht, die auf der voraussichtlichen Gewichtszunahme von Stillbabys basieren.

GEWICHT VON JUNGEN UND MÄDCHEN

Der einzige Unterschied zwischen den beiden Tabellen besteht darin, dass Jungen in einem bestimmten Alter etwas schwerer sind als Mädchen. Wenn Sie Ihr Baby stillen, können Sie sein Wachstum entsprechend dieser Tabellen mit dem in seinem Vorsorgeheft (s. S. 80) vergleichen.

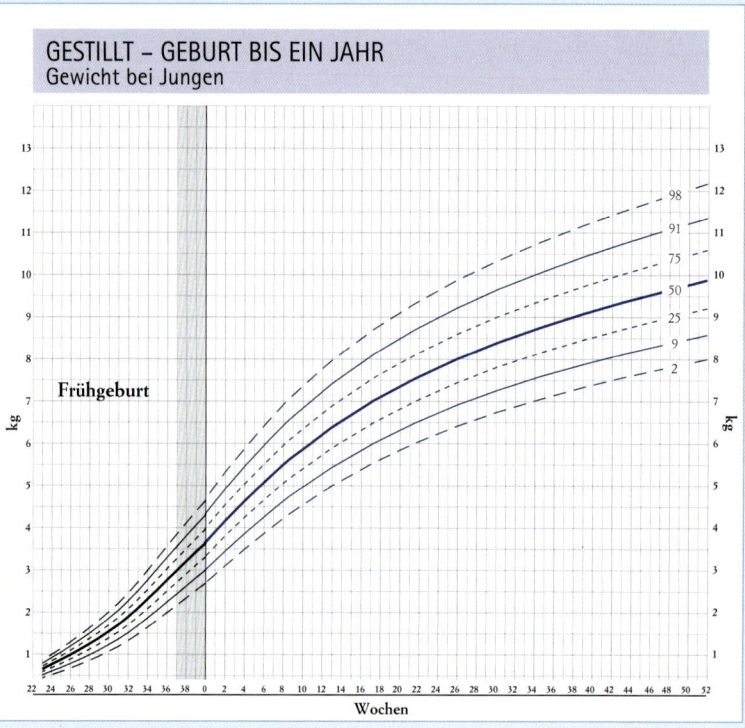

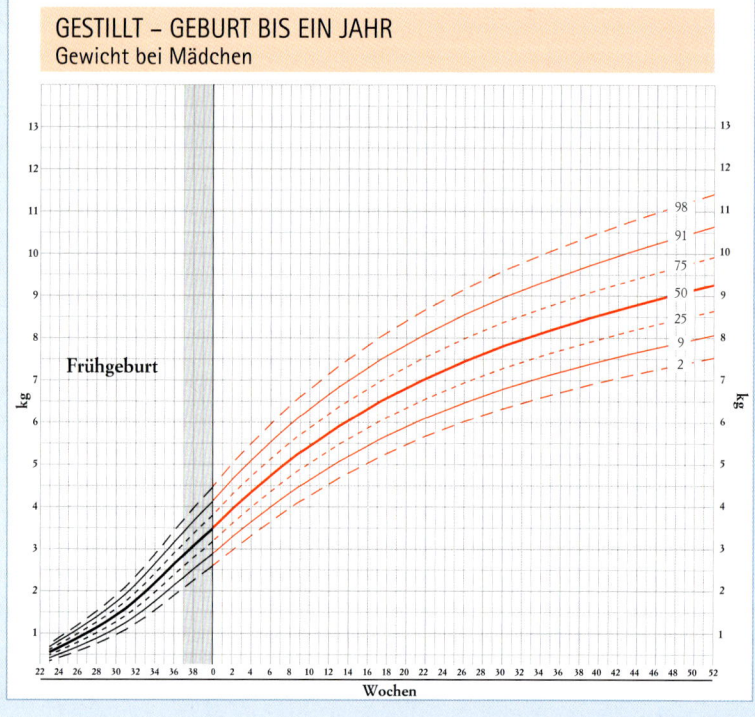

DAS ERSTE JAHR

Die Standard-Wachstumstabelle für das erste Jahr zeigt unterschiedliche Werte für Jungen und Mädchen. Ihr Kinderarzt wird die Werte für Kopfumfang, Gewicht und Körperlänge und den Entwicklungstest eintragen. Die 50. Perzentile bezeichnet den Durchschnittswert; in Abhängigkeit von genetischen Faktoren werden die Werte Ihres Babys vermutlich darüber oder darunter liegen. Es ist egal, auf welcher Perzentile es sich befindet, solange die Kurve ein gleichmäßiges Wachstum anzeigt.

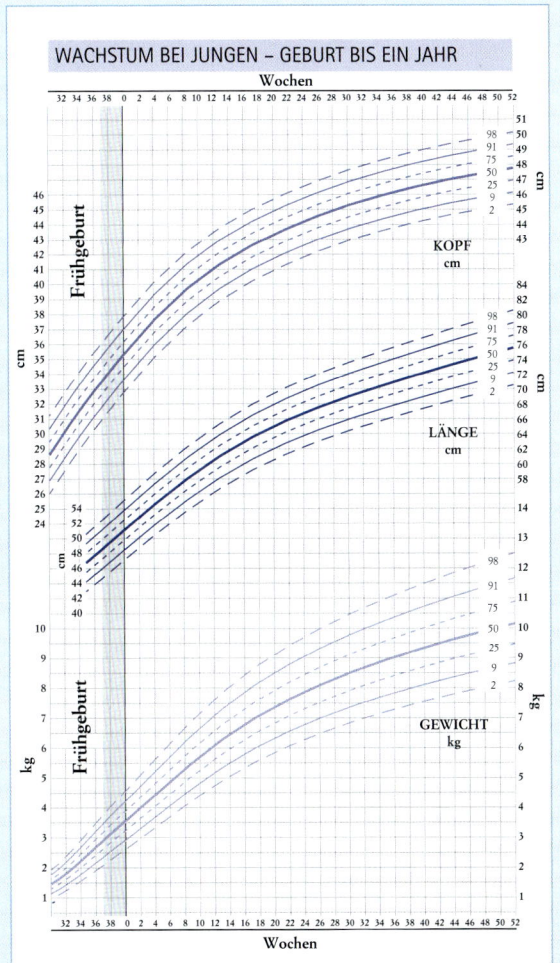

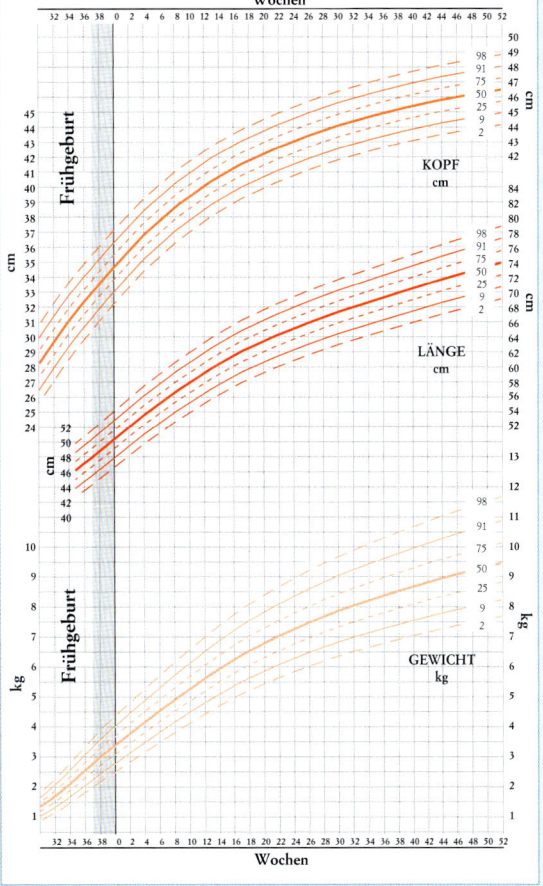

PERZENTILEN *96 % der Kinder, die sich normal entwickeln, liegen zwischen der 2. und 98. Perzentile bei Körpergröße (Längenwachstum), Gewicht und Kopfumfang. Ein Baby mit groß gewachsenen Eltern wird auf einer hohen Längenperzentile liegen; für ein Baby mit zierlichen Eltern ist eine niedrige Gewichtsperzentile normal.*

WACHSTUMSKURVEN *Jedes Baby hat Wachstumsschübe und Phasen langsamen Wachstums, daher müssen die Werte über längere Zeit betrachtet werden. Ein Baby, dessen Gewicht um zwei Perzentilen absinkt, das dann aber entsprechend dieser Perzentile weiterwächst, macht weniger Sorgen als eins, dessen Gewicht weiter sinkt.*

Tägliche Pflege

Im Umgang mit dem Neugeborenen sind Sie nun schon etwas routinierter. Sie müssen aber weiterhin seinen Kopf abstützen. Vielleicht weint das Kind noch beim Ausziehen. Wenn Sie mit Selbstvertrauen an die Aufgaben herangehen, ist die Babypflege eine wunderbare Zeit intensiver Nähe.

Einen Rhythmus finden

Ihr Baby wird schlafen, und zwar dann, wenn es nötig ist. Auch wenn es die ersten Wochen nachts nicht ohne Mahlzeit durchschläft, können Sie schon ein Einschlafritual einführen – Baden oder Waschen, dann eine Mahlzeit.

Auch eine Geschichte oder ein Lied kann dazugehören. Bringen Sie ihm schon jetzt bei, wie es allein einschlafen kann – das wird auf lange Sicht sehr hilfreich sein. Wenn das Baby getrunken hat und müde ist, legen Sie es wach ins Bett; so lernt es allmählich einzuschlafen,

PUCKEN – DIE WICKELTECHNIK

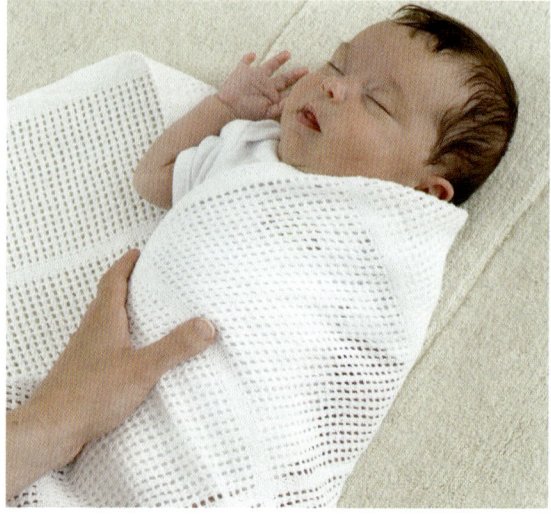

1. LEGEN SIE DIE DECKE GLATT AUS UND SCHLAGEN SIE EINE ECKE NACH UNTEN *Verwenden Sie eine luftdurchlässige Decke, z. B. ein Leintuch. Legen Sie Ihr Baby mit dem Kopf über der eingeschlagenen Ecke darauf. Denken Sie daran, dass es nach der Zeit in der Gebärmutter immer noch gekrümmt liegt, also versuchen Sie nicht, es zu strecken.*

2. SCHLAGEN SIE DIE RECHTE ECKE EIN *Schlagen Sie die rechte Ecke des Tuchs über Ihr Baby, und schieben Sie sie unter seinen Körper. Sein linker Arm liegt fest unter der Decke. Vielleicht stellen Sie fest, dass sein rechter Arm dabei um sich schlägt, aber es fühlt sich schon sehr bald geborgen.*

ohne dass Sie es herumtragen. Wenn es in der Nacht kurz aufwacht, schläft es dann auch eher wieder allein ein – sofern es nicht hungrig ist. Das Pucken (s. u.) hilft ihm, zur Ruhe zu finden. Aber nicht alle Babys mögen es. Wenn das Baby eingeschlafen ist, wickeln Sie es wieder aus, damit ihm nicht zu warm wird.

Wo sollte es schlafen?

Ihr Baby kann im Kinderwagenaufsatz, einem Stubenwagen oder einer Wiege schlafen. Wenn Sie eine Secondhand-Wiege erwerben, kaufen Sie aus gesundheitlichen Gründen eine neue Matratze. Sie sollte genau in die Wiege passen, ohne Spalt.

Sicher schlafen

Die Gesellschaft zur Erforschung des Plötzlichen Säuglingstods (GEPS) (s. S. 312) empfiehlt, ein Baby in den ersten sechs Monaten im Elternschlafzimmer schlafen zu lassen. Studien zufolge verringert dies das Risiko des Plötzlichen Säuglingstods. Damit Ihrem Baby nicht zu heiß oder zu kalt wird, sollte die Temperatur in seinem Schlafraum 16–20° C betragen. Sie müssen also nur in kalten Wintern nachts heizen.

In den ersten Monaten sollten Sie nicht mit dem Baby das Bett teilen. Sicherer ist es, wenn Sie es in Ihrem Bett stillen und dann in die Wiege neben Ihrem Bett legen. Auf Seite 39 finden Sie weitere Hinweise zu sicherem Schlaf.

3. SCHLAGEN SIE DIE UNTERE ECKE HOCH *Nehmen Sie die untere Ecke unter den Füßen des Babys, legen Sie sie über seine Brust und schlagen Sie sie unter die andere Kante.*

4. SCHLAGEN SIE DIE LINKE SEITE HERÜBER *Schieben Sie sie dann unter das Baby. Gut möglich, dass das Baby jetzt bald gähnt. Sobald es schläft, wickeln Sie es aus.*

Erste Bettwäsche

Sie brauchen Laken und Decken in Kinderbettgröße. Alternativ sind auch Schlafsäcke für Neugeborene empfehlenswert. Diese sind in vielerlei
Ausführungen erhältlich. Das Baby sollte darin
Strampelanzug und Hemdchen tragen. Eine
Decke ist nicht mehr erforderlich. Schlafsäcke
sind praktisch, weil das Baby sie nicht weg-
strampeln kann und es darin eigentlich überall
schlafen kann. Verwenden Sie aber keinen zu
großen Schlafsack, in dem das Baby nach unten
rutschen könnte. Achten Sie auch darauf, dass
ihm darin nicht zu warm wird.

Erste Kleidung

Sie benötigen Bodys, Hemdchen und Strampelanzüge oder Schlafanzüge, die sich vorne
leicht öffnen lassen und nicht über den Kopf
gezogen werden müssen. Alles andere bekommen Sie vermutlich sowieso von Verwandten
oder Freunden geschenkt. Bestimmt sind Sie
versucht, eine Menge reizender Babykleidung
zu kaufen, aber Vorsicht: Babys wachsen
schnell, und bestimmt haben Sie bald ein oder
zwei Lieblingsstücke, die Sie Ihrem Baby die
meiste Zeit anziehen. Hüten Sie sich vor sehr
modischen Stücken – Sie laufen beim Waschen
ein und müssen gebügelt werden!

Bei kalter Witterung empfehle ich kleine
Schuhe mit elastischen Bändern am Knöchel
statt Strümpfe – meine Babys strampelten ihre
Socken immerzu weg. Ob Schlafanzugfüß-
linge, Socken oder Schühchen – alles muss
locker sitzen, da die Füße des Babys außer-

Für Ihr Baby einkaufen

Ihr Baby braucht nur vergleichsweise wenig für sein Wohlbefinden und seine Sicherheit. Da die Neugeborenenausstattung nur für kurze Zeit gebraucht wird, kann sie problemlos weitergegeben werden. Secondhand-Kleidung und -Ausstattung gibt es in Babybasaren, Secondhand-Läden, über Kleinanzeigen oder das Internet. Vieles können Sie später selbst wieder weiterverkaufen.

Bei einem gebrauchten Baby-Autositz müssen Sie sicher sein können, dass er in keinen Unfall verwickelt war und die Bedienungsanleitung noch vorhanden ist.

WÜNSCHENSWERT, ABER NICHT UNVERZICHTBAR

In einer Babywippe liegen Babys außerordentlich gern; durch eigene Bewegungen werden sie dabei leicht geschaukelt. Es gibt auch Babyschaukeln mit Wiegemechanismus, die Wiegelieder abspielen; viele Babys finden darin zur Ruhe. Eine Wickeltasche ist zwar praktisch; es reicht aber auch eine geräumige Tasche (vor allem wenn Sie stillen und keine Fläschchen benötigen) für eine Windel, einen Ersatzstrampler und einige Wischtücher aus.

ÜBERFLÜSSIG

In den ersten Wochen braucht Ihr Baby kein Spielzeug. Sinnvoll ist lediglich ein Mobile, das das Baby gut sehen kann (in einer Entfernung von etwa 30 cm).

Babys reagieren besonders auf Kontraste, also sind vor allem Schwarz-Weiß-Muster geeignet.

ordentlich biegsam sind und leicht gequetscht werden können.

Hinsichtlich der Kleidung Ihres Babys müssen Sie sich oft zwischen praktischen und modischen Gesichtspunkten entscheiden. Sie tun sich selbst etwas Gutes, wenn Sie pflegeleichte Kleidung wählen.

Windeln

Sie haben zwei Möglichkeiten: Wegwerfwindeln oder Stoffwindeln (s. S. 95). Wegwerfwindeln sind in den ersten Wochen sehr praktisch; wenn Sie von Anfang an Stoffwindeln verwenden wollen, ist ein Windelservice eine Überlegung wert.

Die Anschaffungskosten für Stoffwindeln sind höher, da Sie etwa 18–24 Stück kaufen müssen. Doch selbst wenn Sie die Kosten für das Waschen berücksichtigen, sind sie, auf die Windelzeit Ihres Babys berechnet, letztlich billiger. Bei einem weiteren Kind können Sie sie wieder verwenden und sparen so noch mehr. Stoffwindeln sind zudem umweltfreundlicher. Höschenwindeln sind schneller und einfacher anzulegen, vor allem unterwegs, werden aber zu einem globalen Abfallproblem. Egal, welche Windelart Sie verwenden, die drei entscheidenden Punkte sind Bequemlichkeit, Passgenauigkeit und Saugfähigkeit. Es gibt unterschiedliche Größen und Formen; Sie müssen wahrscheinlich etwas experimentieren, bis Sie die beste Marke für Ihr Baby gefunden haben.

Eine Wickelauflage ist nützlich, aber nicht unverzichtbar – ein Handtuch leistet auch gute Dienste. Außerdem brauchen Sie weiche Papiertücher oder Watte und Wasser oder Babyöl zum Saubermachen.

Baden

Vielleicht bevorzugen Sie immer noch die »Katzenwäsche« (s. S. 42); sobald Sie Ihr Baby baden, müssen Sie alles Nötige griffbereit haben, da Sie es festhalten und seinen Kopf abstützen müssen. Kontrollieren Sie die Wassertemperatur mit Ihrem Ellenbogen – das Wasser sollte angenehm warm, aber nicht heiß sein. Sie brauchen nicht viel Wasser. Babybadeprodukte können Sie verwenden, müssen es aber nicht.

Trocknen Sie Ihr Baby nach dem Baden gründlich ab, da andernfalls seine Hautfalten wund werden können. Verzichten Sie auf Puder; er verstopft die Poren, kann in die Atemwege gelangen und auf diese Weise Atemprobleme verursachen.

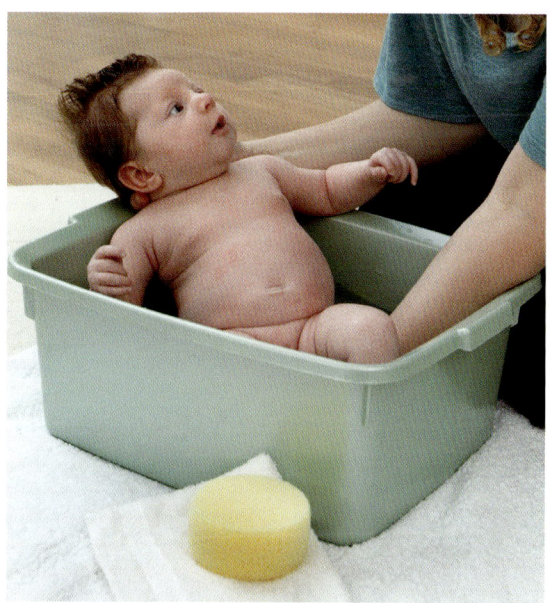

IN DER WANNE *Sie brauchen keine Babywanne – eine Waschschüssel ist gut geeignet. Oder Sie baden das Baby im Waschbecken und decken die Hähne mit einem Handtuch ab.*

Häufige Fragen

▸ **Wie wasche ich meinem Neugeborenen die Haare?**

Anfangs müssen Sie sich nur wenig um die Haare Ihres Babys kümmern. Wenn Sie sie waschen, können Sie Ihr Baby zur Sicherheit fest in ein weiches Handtuch einwickeln, damit es nicht um sich schlagen kann. Beim Baden können Sie zuerst die Haare waschen; andernfalls brauchen Sie eine Schüssel mit warmem Wasser und einem Spritzer Babybad. Stützen Sie die ganze Zeit über den Kopf des Babys; halten Sie das Kind in Ihrer Armbeuge und geben Sie von hinten Wasser auf seinen Kopf, damit keine Spritzer ins Gesicht gelangen. Anschließend trocknen Sie sein Gesicht vorsichtig ab.

▸ **Wie schneide ich meinem Baby die Nägel?**

Am besten verwenden Sie einen Nagelknipser oder eine Baby-Nagelschere mit abgerundeten Enden, damit Sie die Haut nicht verletzen. Wenn Sie befürchten, dass das Kind zappelt, schneiden Sie die Nägel, wenn es schläft. Die Zehennägel können lang, seltsam geformt und brüchig sein und am Ende ziemlich wellig. Diese Merkmale sind allesamt normal. Schneiden Sie die Nägel gerade ab.

▸ **Mein Baby hatte bei der Geburt einen Zahn. Ist das normal?**

Bei der Geburt sind die Milchzähne im Kiefer bereits ausgebildet: Manchmal ist ein Zahn zu der Zeit bereits durchgebrochen. Ist er locker oder behindert er das Trinken, empfiehlt der Arzt evtl., ihn zu entfernen. Andernfalls gibt es keinen Grund zur Sorge.

▸ **Soll ich meinem Baby einen Schnuller geben?**

Babys haben von Geburt an ein Saugbedürfnis. Ihr Baby beruhigt sich beim Saugen; beim Stillen nuckelt es gern an der Brust weiter, obwohl es schon satt ist. Manche Babys entdecken in diesem Alter ihren Daumen (viele Babys lutschen schon in der Gebärmutter am Daumen). Wenn nicht, können Sie ihm einen Schnuller geben. Wenn es Ihr Baby beruhigt, spricht nichts dagegen. Schnuller brauchen Sie nicht zu sterilisieren. Fällt der Schnuller auf den Boden, waschen Sie ihn ab. Stecken Sie ihn aber nicht zum Saubermachen in Ihren Mund. Bei älteren Babys kann die ständige Verwendung des Schnullers Sprachprobleme verursachen (es ist schwer, mit einem Schnuller im Mund zu sprechen); geben Sie Ihrem Baby daher nur einen Schnuller, wenn nichts anderes hilft.

▸ **Ich glaube, mein Baby hat Verstopfung. Was soll ich tun?**

Ein gestilltes Baby leidet kaum an Verstopfung, weil Muttermilch leicht verdaulich ist. Flaschenbabys haben eher seltener Stuhlgang, manchmal nur zweimal in der Woche. Das muss keine Verstopfung sein. Seien Sie nicht überrascht, wenn der Stuhlgang Ihrem Baby große Anstrengung abverlangt; es sollte aber keine Schmerzen haben. Wenn doch (oder wenn es wenig und harten Stuhlgang hat), kann eine Verstopfung vorliegen (s. S. 276). Geben Sie ihm bei Stuhlproblemen zusätzlich abgekochtes, abgekühltes Wasser zu trinken. Bei der Ernährung mit der Flasche achten Sie darauf, nicht zu viel Pulver in die Flasche zu geben, da konzentriertes Milchpulver Verstopfung verursachen kann.

Ihr neues Leben als Eltern

Schon nach einem Monat Ihres jungen Elterndaseins können Sie sich nicht mehr vorstellen, ein Leben ohne Baby zu führen. Natürlich steht Ihr Baby im Mittelpunkt, aber nehmen Sie sich auch Zeit für sich selber und für Ihre Beziehung. Ein guter Anfang ist es, regelmäßig das Haus zu verlassen.

Unterwegs

Unternehmen Sie sowohl allein wie auch als Paar etwas oder besuchen Sie mit Ihrem Baby Freunde. Ich hatte meine Babys auf Spaziergängen, in Bussen und U-Bahnen, auf Partys, in Restaurants und Museen dabei. Nutzen Sie die unproblematische Transportfähigkeit Ihres kleinen Babys.

    In den ersten Wochen brauchen Sie, wenn Sie unterwegs sind, nicht viel – vor allem, wenn Sie stillen. Ihr Baby ist in seinem Autositz oder der Babytrage zufrieden. Es erlebt neue Eindrücke, Geräusche und Orte und passt sich verschiedensten Umgebungen an.

    Viele frischgebackene Eltern fragen sich, ob sie ein winziges Baby der Außenwelt aussetzen können. Ich schlage Folgendes vor –

■ **Meiden Sie eine verrauchte Umgebung:** Lassen Sie niemanden im Beisein Ihres Babys rauchen.

■ **Ziehen Sie Ihr Baby passend an:** Wenn es kalt ist, Sie sich aber in Läden oder Cafés aufhalten werden, kleiden Sie das Baby in Schichten, die Sie je nach Temperatur an- oder ausziehen können. Nehmen Sie Ersatzkleidung mit.

■ **Meiden Sie starke Sonneneinstrahlung:** Die Haut Ihres Babys ist sehr empfindlich.

■ **Gut ausgerüstet:** Nehmen Sie Windeln, Tücher und ggf. Flaschen mit Milchpulver mit, das Sie mit abgekochtem, abgekühltem Wasser anrühren können.

FREIE HÄNDE *Ein Tragetuch oder -sitz ist praktisch. Kopf und Rücken Ihres Babys müssen abgestützt sein.*

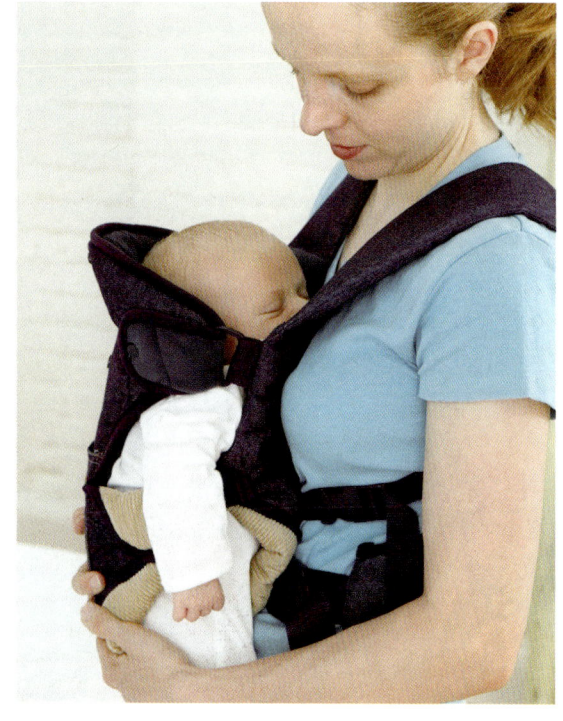

Tragetücher und Babytragen

Ihr Baby mag es, eng an Ihrem Körper getragen zu werden, und auch für Sie wird es ein Vergnügen sein. Wählen Sie eine weiche, bequeme Babytrage, die Babys Kopf abstützt. Wenn Sie eine gebrauchte kaufen, lassen Sie sich die Bedienungsanleitung mitgeben, da vor allem manche Tragetücher gar nicht so einfach anzulegen sind. Kürzlich gestand mir eine Kollegin (Kinderpsychologin und Kinderärztin), dass sie mit ihrem einmonatigen Baby nicht weggehen konnte, weil sie es nicht schaffte, das Tragetuch anzulegen!

Kinderwagen

Es gibt eine riesige Auswahl an Kombiwagen, Kinderwagen, Buggys und Travel-Systemen. Bei manchen lässt sich der Sitz als Liegefläche einrichten, andere haben eine abnehmbare Tragetasche und/oder einen Autositz (achten Sie darauf, dass er in Ihr Auto passt), der sich auf ein Gestell anbringen lässt. Es gibt Wagen mit drei oder vier Rädern, und daneben gibt es auch noch Tandem- bzw. Zwillings- oder Drillingswagen.

Sie können einen leichten Buggy verwenden, der zu einer flachen Liegefläche verstellbar ist oder für Neugeborene einen Autositz oder eine Befestigungsmöglichkeit für eine Tragetasche hat. Die Preisunterschiede sind groß; hier müssen Sie sich von Ihrem Budget leiten lassen. Grundüberlegungen beim Kauf eines Wagens sind –

SPORTJOGGER *Dreirädrige Buggys sind gut für Wege mit Gras oder Matsch, also hervorragend für Spaziergänge. In Bussen oder Läden können sie unhandlich sein.*

■ **Einfache Handhabung:** Es nutzt nichts, einen schicken Wagen zu haben, wenn er sich nur schwer zusammen- und aufklappen lässt. Achten Sie auf leichte Handhabung.

■ **Manövrierfähigkeit:** Kontrollieren Sie, wie sich der Wagen fahren lässt, ob er wendig ist und Sie Stufen leicht bewältigen können.

■ **Griffhöhe:** Sie können chronische Rückenschmerzen bekommen, wenn Sie beim Schieben des Wagens gebückt gehen müssen. Wenn Sie und Ihr Partner unterschiedlich groß sind, kaufen Sie ein Modell mit verstellbarer Schiebestange.

■ **Größe:** Stellen Sie sicher, dass der Wagen in den Wohnungsflur und den Kofferraum passt.

Sich aufs Elternsein einstellen

▶ Ich stille nach Bedarf, aber mein Partner findet das viel zu zeitaufwendig. Er möchte, dass wir uns nach einem bestimmten Zeitplan richten. Ist da irgendein Kompromiss denkbar?

Versuchen Sie, dem Problem auf den Grund zu kommen. Ist Ihr Partner generell gut organisiert, oder will er Sie nur nicht mit dem Baby »teilen«? Geben Sie ihm etwas über die Vorteile des Stillens nach Bedarf zu lesen. Es ist außerordentlich wichtig, sich dem Thema zu stellen und einen Weg zu finden, mit dem beide Partner einverstanden sind.

▶ Unsere Gäste machen immer einen Wirbel um das Baby und mich, erwarten aber selbstverständlich, dass mein Partner Kaffee kocht! Ich verstehe, dass er sich vernachlässigt fühlt, aber was kann ich tun?

Sprechen Sie mit Ihrem Partner über seine Gefühle. Er ist vermutlich ebenso aufgeregt, glücklich, erschöpft und auch bange – aber Sie bekommen die Bewunderung und Geschenke, da Sie Schwangerschaft und Geburt durchlebt haben. Solange Ihr Partner weiß, dass

Sie seine Gefühle verstehen und Sie beide die Veränderung Ihres Lebens bewusst erfahren, können Sie bestimmt gemeinsam über die mangelnde Sensibilität anderer Leute lachen.

Wichtig ist, dass sich auf keiner Seite Groll aufbaut. Sie sind beide müde und müssen sich gegenseitig unterstützen.

▶ Ich habe mir ein Mädchen gewünscht und bin enttäuscht, dass es ein Junge geworden ist. Natürlich schäme ich mich, das zuzugeben. Werde ich eine Beziehung zu ihm aufbauen können?

Jede schwangere Frau macht sich ein Bild von ihrem ungeborenen Baby, von Charakter, Größe, Aussehen oder Geschlecht. Auch Schwierigkeiten, sich von dem Bild zu verabschieden und auf das reale Baby einzustellen, sind normal. Schämen Sie sich nicht – das kommt viel häufiger vor, als Sie denken. Viele Frauen (und Männer) hoffen insgeheim auf ein Baby eines bestimmten Geschlechts. Doch wenn Sie Ihren Sohn besser kennenlernen und ihn umsorgen, wird Ihre Liebe wachsen. Egal, ob

es Wochen oder Monate dauert, Sie werden eine ganz enge Beziehung zu ihm aufbauen und sich ein Leben ohne ihn nicht mehr vorstellen können.

▶ Ich bin alleinerziehend. Die Anforderungen des Mutterseins sind härter als erwartet. Meine Mutter hilft mir gern, aber ich will sie nicht zu stark beanspruchen. Was kann ich tun?

In diesen ersten Wochen müssen Sie auch etwas Ruhe finden und Hilfe annehmen, wenn sie gebraucht wird. Das bedeutet nicht zwingend, dass Sie Ihr Baby die ganze Zeit »abgeben«; doch wenn Ihre Mutter gern hilft, nutzen Sie die Chance und vereinbaren Sie regelmäßige Babysitterzeiten. Dann können Sie auch mal eine Stunde weggehen oder einfach schlafen.

Es kann hilfreich sein, andere junge Mütter in Ihrer Situation zu treffen. Erkundigen Sie sich, welche Krabbelgruppen es vor Ort gibt. Hier finden Sie Kontakte, Unterstützung und die Gelegenheit, sich auszutauschen. Auch das Gespräch mit anderen Alleinerziehenden tut gut, z. B. in einem Internet-Chatroom.

Zwillinge versorgen

Wenn Sie Zwillinge bekommen haben, wussten Sie vermutlich seit der ersten Ultraschalluntersuchung, dass Sie nicht nur ein Baby erwarten; die Versorgung zweier Neugeborener kann dennoch eine Art Schock sein.

Sie haben die gleichen Sorgen und Ängste wie Eltern eines einzigen Babys, aber noch viele weitere, z. B. »Besteht die Gefahr der Überwärmung, wenn ich sie zusammen in eine Wiege lege?«, oder »Wie kann ich stillen?«. Und vor allem: »Wie schaffen wir das?«. Bei eineiigen Zwillingen fragen Sie sich, wie Sie sie auseinanderhalten können. Das wird Ihnen schon bald gelingen. Vorläufig können Sie die Namensbändchen anlassen.

DIE ERSTEN TAGE BEWÄLTIGEN

Sie brauchen viel praktische Unterstützung, um zwei Babys zu füttern, zu wickeln und diese ganz unterschiedlichen Persönlichkeiten kennenzulernen. Der Vater ist in den meisten Fällen an allen Bereichen der Babypflege beteiligt, schon einfach weil es anders gar nicht machbar wäre. Waren Ihre Zwillinge auf der Intensivstation, brauchen alle zu Hause eine gewisse Eingewöhnungszeit.

Schlafmangel wird zum Problem, wenn die Babys nicht gleichzeitig schlafen, ebenso wie die schiere Menge praktischer Arbeiten wie Waschen, Wickeln und Füttern. Bitten Sie um Hilfe und lehnen Sie Hilfsangebote nicht ab! Treten Sie einer Selbsthilfegruppe für Zwillingseltern bei. Hier erhalten Sie praktische Tipps und kommen mit anderen Zwillings- und Mehrlingseltern in Kontakt.

BINDUNGSPROZESS

Auch eineiige Zwillinge sind individuelle Persönlichkeiten – Sie werden bald jedes Baby als Individuum wahrnehmen. Vielleicht finden Sie es hilfreich, wenn Sie mit jedem Baby etwas Zeit allein verbringen können – und Sie brauchen unbedingt gelegentlich eine Auszeit von beiden Babys, und sei es nur zu einem kurzen Spaziergang an der frischen Luft.

INTENSIVPFLEGE

Zwillinge werden oft zu früh geboren. Häufig ist die Geburt schwierig. Daher brauchen sie manchmal Intensivpflege. Eineiige Zwillinge wurden in der Gebärmutter vielleicht ungleichmäßig mit Blut versorgt, sodass einer akut gefährdet ist. Zwillinge liegen gewöhnlich in getrennten Inkubatoren, werden aber möglichst oft zusammengelegt.

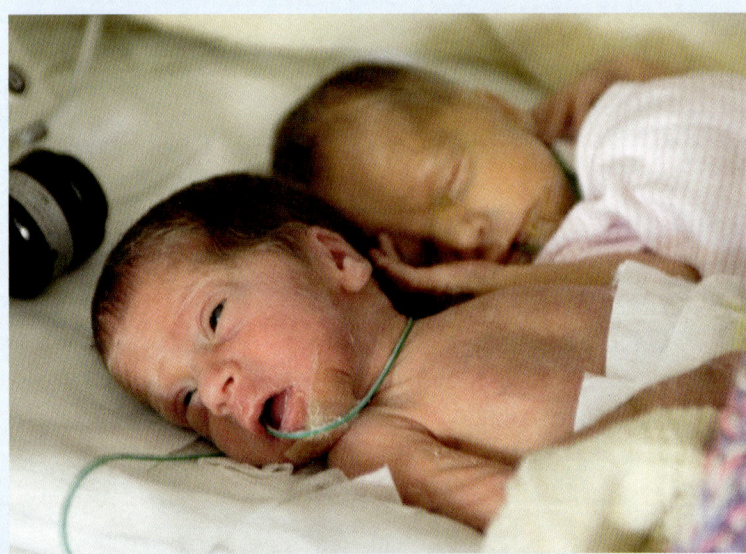

SCHLAFEN

Ihre Zwillinge können im gleichen Bett oder auch getrennt schlafen. Wissenschaftliche Studien lassen darauf schließen, dass das Risiko des Plötzlichen Säuglingstods nicht erhöht ist, wenn Zwillinge in den ersten Monaten zusammen schlafen. Allerdings müssen sie richtig hingelegt werden, mit den Füßen am Bettende. Das Bett sollte in den ersten sechs Monaten in Ihrem nicht zu warmen Schlafzimmer stehen. Auf Seite 39 finden Sie weitere wichtige Informationen zur Vermeidung des Plötzlichen Säuglingstods.

ZWILLINGE ERNÄHREN

Sie können Ihre Zwillinge durchaus stillen, es erfordert nur ein klein wenig mehr Geduld als das Stillen eines einzelnen Babys. Sie können die Babys nacheinander oder gleichzeitig stillen. Der Rückengriff (s. S. 53) ist eine hervorragende Stellung zum gleichzeitigen Stillen. Spezielle Stillkissen halten die Babys in Brusthöhe, damit es für Sie bequemer ist.

Das vordringlichste Problem beim Stillen von Zwillingen besteht darin, zwei Babys gleichzeitig zu halten und auf die richtige Weise anzulegen. Die Hebamme oder Stillberaterin wird Ihnen dabei helfen; wenn sie nicht anwesend ist, können Ihr Partner, Ihre Mutter oder Freundin Sie unterstützen. Sie selbst legen das eine Baby an, während die Hilfsperson das andere

Kind auf dem Arm hält und Ihnen dann gibt.

Fühlen Sie sich um Himmels willen nicht als Versagerin, wenn Sie Ihren Babys letztlich doch die Flasche geben – die meisten Zwillingsmütter geben zumindest zeitweilig die Flasche, weil in diesem Fall auch andere Personen das Füttern übernehmen können.

Wenn Sie Stillen und Flaschenernährung kombinieren, müssen Sie sicherstellen, dass beide Babys von beidem die gleiche Menge bekommen. Am einfachsten ist das zu realisieren, wenn Sie einem Baby die Brust und dem anderen Baby die Flasche geben und bei der nächsten Mahlzeit wechseln. In dieser Situation kann es durchaus sinnvoll sein, die Babys schon sehr bald nach einem Zeitplan zu füttern, denn wenn Sie Ihre Babys nach Bedarf stillen, sind Sie beinahe ständig damit beschäftigt.

GENUG FÜR ZWEI *Sie meinen vielleicht, nicht genug Milch zu haben, doch das Gesetz von Angebot und Nachfrage garantiert, dass Sie, je mehr Sie stillen, umso mehr Milch produzieren.*

ACHTEN SIE AUF SICH SELBST

Zwei Neugeborene zu versorgen bedeutet eine außerordentliche Belastung. Sie dürfen nicht zu viel von sich selbst verlangen. Reduzieren Sie die Arbeit im Haushalt auf ein Minimum – noch besser, lassen Sie sie von freiwilligen Helfern oder, wenn Sie es sich finanziell leisten können, von bezahlten erledigen. Nehmen Sie eine möglichst lange Elternzeit – in den ersten Monaten »existieren« Sie einfach nur noch und brauchen Zeit, bis Sie das Positive sehen und sich auf die Aufgabe, zwei Babys zu versorgen, eingestellt haben.

IHR KLEINES BABY

BETRACHTEN EINE NEUE WELT ERÖFFNET SICH IHREM BABY, WENN ES IN DIE WEITE SEHEN KANN – BALD WIRD ES VERSUCHEN, NACH DINGEN ZU GREIFEN.

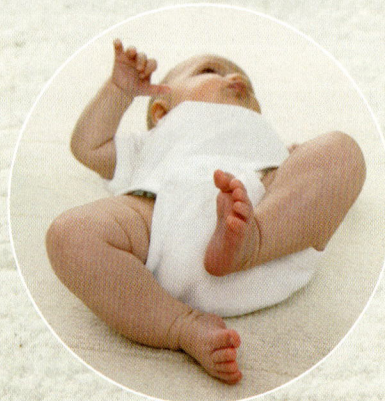

STRAMPELMAX IHR BABY WIRD KÖRPERLICH GESCHICKTER UND STRAMPELT AUFGEREGT, WENN ES SIE SIEHT.

ICH HABE HÄNDE SOBALD IHR BABY SEINE HÄNDE ENTDECKT, WERDEN SIE STÄNDIG AM MUND SEIN.

EIN BESONDERES BAND SIE SIND
DIE WELT IHRES BABYS – AM LIEBSTEN
SCHAUT ES SIE AN UND HÖRT IHNEN ZU.

»Fasziniert erleben Sie,
wie Ihr Baby seine Welt
wahrnimmt.«

MEINS IN DEN NÄCHSTEN
BEIDEN MONATEN LERNT ES, EIN
SPIELZEUG FESTZUHALTEN.

Die Entwicklung Ihres Babys

Zwischen der vierten und zwölften Woche erleben Sie rapide Veränderungen an Körper und Persönlichkeit Ihres Babys. Aus einem hilflosen Bündel wird ein kleines, komplettes Individuum. Das erste Lächeln, sein entzücktes Strahlen – Sie werden hingerissen sein.

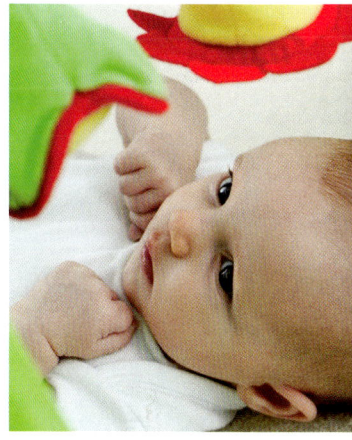

Körperliche Aktivitäten

Die Bewegungen Ihres Babys werden immer gezielter. Im dritten Monat rollt es vielleicht schon vom Rücken auf die Seite; lassen Sie es daher nie unbeaufsichtigt auf einer erhöhten Fläche liegen. Es wird kräftiger und kickt, wenn es aufgeregt ist, mit den Beinen und rudert mit den Armen.

Irgendwann in diesem zweiten Monat entdeckt Ihr Baby seine Hände und Füße, und mit zwölf Wochen kann es seine Hände zusammenführen. Es versteht aber noch nicht, dass Hände und Füße zu ihm gehören; geraten sie zufällig in sein Blickfeld, betrachtet es sie fasziniert. Nutzen Sie in dieser Phase seine Talente: Kaufen Sie ihm Schuhe und Armbänder mit Rasseln; wenn Sie ihm diese anziehen (anfangs nur eines), ist es fasziniert von dem Geräusch, das es erzeugt, sobald es den Arm bewegt oder strampelt – der Lernprozess von Ursache und Wirkung beginnt.

ERSTES SPIEL *Legen Sie Ihr Baby unter ein Babytrapez. Wenn Sie ein Spielzeug in seinem Gesichtsfeld bewegen, folgt es ihm mit den Augen.*

Der instinktive Greifreflex verliert sich im zweiten Monat und wird allmählich durch einen willentlichen Griff nach Gegenständen ersetzt. Die Hände des Babys entspannen und öffnen sich. Wenn Sie eine leichte Rassel an seine Handfläche halten, hält es sie vielleicht kurz fest. Es beginnt nach Gegenständen zu greifen, z. B. nach einem Mobile, das über seinem Bett hängt. Ihr Baby versucht auch, nach Dingen zu fassen, die sich in seiner Reichweite befinden – mit wechselndem Erfolg. Es wird noch einige Zeit dauern, bis es in der Lage ist, zielgenau nach Dingen zu greifen.

Wenn Ihr Baby zu früh geboren wurde, wird es all diese Meilensteine entsprechend dem errechneten Geburtstermin erreichen. Kam es z. B. einen Monat zu früh, wird es erst im dritten Monat lächeln. Mögliche Bedenken können Sie bei den Vorsorgeuntersuchungen mit Ihrem Kinderarzt besprechen.

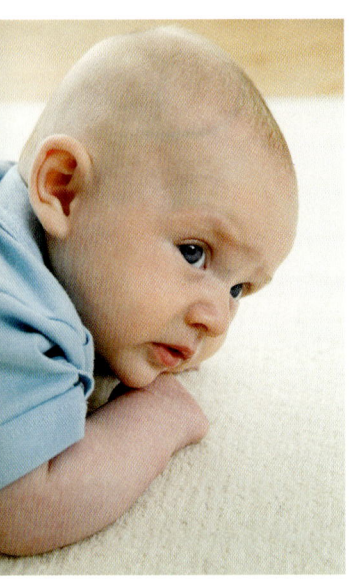

Kopfkontrolle

Ihr Baby gewinnt zunehmend die Kontrolle über seinen Kopf, wenn sich seine Nackenmuskulatur kräftigt. Anfangs kann es seinen Kopf nur ganz kurz ohne Hilfe halten, mit etwa zwölf Wochen dann zuverlässig. Das Baby sitzt gern in seiner Wippe; liegt es in einer Tragetasche, erhöhen Sie das Oberteil durch ein gefaltetes Kissen unter der Matratze, damit es seine Umgebung besser überblicken kann.

Sobald Ihr Baby über eine gewisse Kopfkontrolle verfügt, legen Sie es, wenn es wach ist, regelmäßig für einige Zeit auf den Bauch. Ich erlebe so viele Babys mit missgestaltetem Kopf, weil sie immer auf dem Rücken liegen. Dadurch können sich der Hinterkopf oder die Kopfseiten abflachen. Auch wenn es wichtig ist, dass Ihr Baby auf dem Rücken schläft, braucht es die Bauchlage in wachem Zustand unter Ihrer Beaufsichtigung für seine gesunde Entwicklung. Babys, die viel auf dem Rücken liegen, rollen und krabbeln oft später. Wird ein Baby in den ersten Wochen überhaupt nicht auf den Bauch gelegt, verursacht ihm diese Lage später Probleme. Die Bauchlage ist für ein Baby auch bequemer, wenn es unter Reflux (s. S. 98) leidet.

In Bauchlage ist Ihr Baby bald in der Lage, seinen Kopf etwas anzuheben, bevor er wieder nach unten sinkt. Legen Sie eine Rassel oder ein Stofftier vor das Kind, um es anzuregen, seinen Kopf zu heben. Etwa ab der siebten Woche beginnt das Baby, seine Beine in Bauchlage zu strecken, statt sie wie bisher unter den Körper zu ziehen. Mit zwölf Wochen kann es seinen Kopf höher heben und möglicherweise die Brust anheben, indem es sich mit den Armen abstützt.

Verbessertes Sehvermögen

Das Sehvermögen Ihres Babys verbessert sich; es kann nun weiter sehen. Gern liegt es unter einem Mobile oder Babytrapez. Allmählich verfolgt es auch Ihre Bewegungen mit seinen Augen. Fördern Sie dies, indem Sie seine Aufmerksamkeit wecken und sich dann langsam in seinem Gesichtsfeld bewegen. Schauen Sie, ob seine Augen Ihnen folgen.

Unterschiedliche Umgebungen regen das Sehvermögen Ihres Babys sowie andere Sinne an; so gewöhnt es sich an neue Orte und unbekannte Menschen. Sie müssen es also keineswegs vor Menschen oder schlechtem Wetter schützen.

Sie und Ihr Baby

Wenn Sie Ihr Baby noch besser kennenlernen, finden Sie heraus, wie Sie am besten mit ihm umgehen und spielen. Sie erkennen auch, wann es ihm zu viel wird und es Ruhe braucht. Ist Ihr Baby ängstlich und schreckhaft, gehen Sie eher vorsichtig und leise mit ihm um. Ist es sehr aktiv und munter, verschaffen Sie ihm oft die Gelegenheit, das Treiben in seiner Umgebung zu beobachten. Sie stellen bald fest, was es mag und was es unruhig macht; lassen Sie sich von Ihrem Baby leiten, und reagieren Sie entsprechend.

Ihr Baby ist am glücklichsten, wenn es mit Ihnen zusammen ist. Auch wenn Sie es nicht auf Ihrem Arm tragen, können Sie mit ihm sprechen oder ihm etwas vorsingen. Egal, wie viel Sie zu tun haben, nehmen Sie sich Zeit für Ihr Baby, um sich über sein neues Lächeln zu freuen, das sich in den kommenden Wochen immer häufiger zeigt.

In diesen beiden Monaten beginnt Ihr Baby, sich zu Geräuschen in seiner Umgebung hinzuwenden. Es schreit nicht mehr nur, sondern bildet zunehmend andere Laute, z. B. weiche Vokale, die als Gurren bezeichnet werden. Mit etwa zwölf Wochen beginnt es zu kichern und zu lachen.

Auf der Krabbeldecke

Sie können Ihr Baby nicht die ganze Zeit über mit sich herumtragen; es liegt auch gern auf einer Decke in Ihrer Nähe. Krabbeldecken sind zu diesem Zweck außerordentlich gut geeignet. Auf Lamm- und Schaffellen kann es dem Baby in Bauchlage zu warm werden; legen Sie es zum Schlafen nie auf ein Fell.

In Rückenlage kann das Baby Arme und Beine bewegen. Das macht ihm ohne Windel noch mehr Spaß. Legen Sie es zu diesem Zweck auf ein Handtuch. Dies tut auch bei Windelausschlag gut. Achten Sie immer darauf, dass Ihr Baby eine Beschäftigungsmöglichkeit hat – Spielsachen zum Betrachten an einem Babytrapez oder der Wippe. Ihr Baby schaut Ihnen auch gerne bei Ihren Tätigkeiten zu; sprechen Sie dabei mit ihm. Aus Sicherheitsgründen stellen Sie die Wippe nie auf eine erhöhte Fläche, da sie sich durch Babys Bewegungen bewegen und herunterfallen könnte.

Die U 3 (4.–6. Woche)

In der vierten bis sechsten Lebenswoche steht die dritte Vorsorgeuntersuchung Ihres Babys an. Der Kinderarzt kontrolliert die körperliche Entwicklung, das Verhalten und den allgemeinen Gesundheitszustand. Bei Ihnen ist die Nachsorgeuntersuchung beim Frauenarzt fällig.

Die Untersuchung des Babys

Der Arzt überprüft wie bei allen Vorsorgeuntersuchungen die körperliche Entwicklung und die Reaktionen. Er achtet besonders auf das Seh- und das Hörvermögen. Zudem wird spätestens jetzt eine Ultraschalluntersuchung der Hüftgelenke vorgenommen. Bei Jungen kontrolliert er, ob sich die Hoden in den Hodensack gesenkt haben. Auch folgende Entwicklungs-Meilensteine werden überprüft –

DIE GESUNDHEIT IHRES BABYS *Bei Ihrem Baby wird eine gründliche körperliche Untersuchung durchgeführt. Sprechen Sie mögliche Ängste und Sorgen an.*

■ **Sehvermögen:** Ihr Baby sollte ein Gesicht fixieren und verfolgen können, auch wenn es noch nicht auf jede Distanz deutlich sieht.

■ **Gehör:** Bei lauten Geräuschen sollte das Baby immer noch erschrecken und sich durch Ihre Stimme beruhigen lassen.

■ **Lächeln:** Die meisten Babys lächeln mit sechs bis acht Wochen.

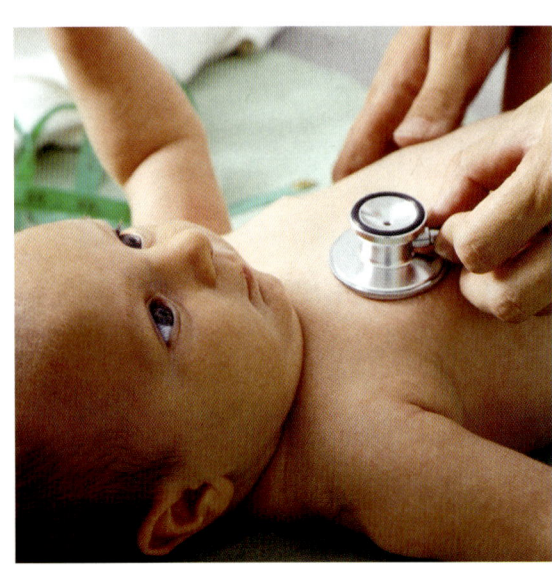

■ **Körperkontrolle:** Es wird untersucht, ob sich Arme und Beine gleichförmig bewegen und ob es den Kopf schon kurze Zeit halten kann.

■ **Ernährung:** Das allgemeine Wachstum des Babys wird überprüft, und man fragt Sie, ob es gut trinkt.

■ **Impfungen:** Der Kinderarzt informiert Sie über anstehende Impfungen.

Vorsorgeheft

Die Ergebnisse dieser Untersuchung werden in das gelbe Vorsorgeheft eingetragen, das ein wichtiges Dokument der Entwicklung und Gesundheit Ihres Babys ist.

Das Baby auf dem Standesamt anmelden

Ihr Baby muss innerhalb von sieben Tagen beim für den Geburtsort zuständigen Standesamt angemeldet werden. Zu diesem Zweck brauchen Sie Personalausweis, Heiratsurkunde bzw. Familienstammbuch. Ledige Mütter benötigen die eigene Geburtsurkunde und möglichst die des Kindsvaters. Vielerorts kann man das Kind bereits im Krankenhaus anmelden und braucht die Geburtsurkunde dann nur noch auf dem Standesamt abzuholen.

Die Auswahl eines Namens für das Baby ist für viele Eltern eine langwierige und schwierige Angelegenheit. Die einen lassen sich von der Mode leiten, andere suchen einen ganz ausgefallenen oder ungewöhnlichen Namen.

Doch beziehen Sie bei Ihren Überlegungen unbedingt ein, wie Ihr Baby später mit seinem Namen leben wird. Einen heute modernen Namen werden viele Kinder tragen; bei einem sehr altmodischen oder unge-

wöhnlichen Namen wird Ihr Kind später vielleicht von seinen Freunden und Klassenkameraden gehänselt; und Zwillinge zeigen sich später nur wenig dankbar für Namenskombinationen wie Max und Moritz.

Namen, die schwer auszusprechen oder zu buchstabieren sind, können Ihrem Kind lebenslang Probleme verursachen. Denken Sie auch daran, wie der Name des Kindes abgekürzt werden könnte – aus Sebastian wird schnell Bastian.

Nachsorgeuntersuchung beim Frauenarzt

Etwa sechs Wochen nach der Geburt findet beim Frauenarzt die Nachsorgeuntersuchung statt. Sie soll sicherstellen, dass Sie sich vollkommen von der Geburt erholt haben. Folgende Untersuchungen werden dabei durchgeführt: Der Blutdruck wird gemessen. Ihr Urin darf weder Eiweiß noch Blut enthalten. Sie werden gewogen und erhalten ggf. eine Ernährungsberatung. Brüste und Brustwarzen werden untersucht. Der Bauch wird abgetastet, um zu kontrollieren, ob sich die Gebärmutter zurückgebildet hat. Wenn ein Kaiserschnitt vorgenommen wurde, wird die Narbe kontrolliert. Es wird überprüft, ob ein Ausfluss oder eine Blutung vorliegt.

Viele frisch entbundene Mütter leiden an leichter Inkontinenz (Blasenschwäche) – sprechen Sie, wenn nötig, mit dem Arzt darüber. Auch die Durchführung von Beckenbodenübungen, die Sie in der Schwangerschaft erlernt haben, schafft in diesem Fall Abhilfe. Teilen Sie dem Arzt auch mit, wenn Sie unter großer Müdigkeit, Erschöpfung oder gar Depressionen leiden.

Der Arzt spricht mit Ihnen auch über das Thema Verhütung. Noch bevor Ihre Periode wieder einsetzt, können Sie erneut schwanger werden.

Die Kommunikation mit dem Baby

Auch wenn es noch Monate dauern wird, bis Ihr Baby das erste Wort ausspricht, ist Ihre Beziehung zu ihm reine Kommunikation – es aktiviert Sie durch sein Schreien, es entzückt Sie mit seinem Lächeln, und es spricht mit Ihnen mittels Laute, Spiel und Körpersprache.

Sprechen

DAS MACHT SPASS *Mit 8–12 Wochen beginnt Ihr Baby zu glucksen. Bald entdecken Sie Möglichkeiten, es zum Lachen zu bringen.*

Die meisten Eltern sprechen viel mit ihrem Baby; wenn das bei Ihnen nicht der Fall ist, sollten Sie sich mehr darum bemühen. Machen Sie beim Sprechen regelmäßig Pausen, um dem Baby Zeit zu geben, als Antwort Laute zu bilden. Dann beantworten Sie diese durch Rückfrage: »Hast du wirklich?«, »Ja, es ist Zeit für unser Bad!«, »Schau, hier ist deine Windel!«. Ihr Baby versteht zwar die Worte nicht, aber den Tonfall und Ihre Kommunikationsabsicht. Eltern sprechen von selbst rhythmisch, in einer höheren Stimmlage und verstärken ihre Mimik im Gespräch mit ihrem Baby. Man nennt dies Parentese. Der Herzschlag von Babys erhöht sich, während sie diese Sprachform hören. Sie beschleunigt den Prozess der Verbindung zwischen Worten und den Objekten.

Körpersprache

Wenn sich der Körper Ihres Babys streckt, erlangt es mehr Kontrolle darüber und kann Ihnen zunehmend Hinweise auf sein Befinden geben. Der Moro-Reflex – eine sehr deutliche Art, Angst mitzuteilen – verliert sich. Das Baby drückt Glücksgefühle durch Strampeln und Lächeln aus, Zufriedenheit, indem es sich in

Die Persönlichkeit Ihres Babys

Inzwischen gibt es schon ganz klare Anhaltspunkte für die Persönlichkeit Ihres Babys; etikettieren Sie es aber nicht einfach als »schwierig« oder »zufrieden«. Babys verändern sich. Manche sind von Anfang an ruhig, andere ruhelos und quengelig. Aus manchen »schwierigen« Babys werden unproblematische Kleinkinder, also keine Panik, wenn Sie ein Schreibaby haben. Vielleicht ist ein sehr forderndes Baby einfach sehr gesellig und entfaltet seine wahre Persönlichkeit im zweiten Jahr.

Ein sehr aktives Baby ist anfangs oft frustriert oder unruhig und ein schlechter Schläfer – meist wird es zufriedener und ruhiger, wenn es mehr Kontrolle über seinen Körper hat. Und schließlich: Jedes Baby hat, wie ein Erwachsener auch, manchmal einfach einen schlechten Tag.

Ihrem Arm entspannt, und Anspannung oder Wut, indem es seine Gliedmaßen versteift und schreit. Es lässt Sie deutlich wissen, wann es genug gespielt oder getrunken hat, indem es seinen Kopf wegdreht.

Die Bedeutung des Spiels

Mit Ihnen als Spielkamerad fühlt sich Ihr Baby geborgen und entwickelt eine intensive Beziehung zu Ihnen. Es erforscht seine Welt durch das Spiel; das Spiel ist der Schlüssel zu seiner Entwicklung. Ihr Kind erwirbt dabei motorische Fertigkeiten, Koordination und soziale Fähigkeiten.

Es mag leichtes Wiegen, Unterhaltungen und das Vorsingen von Kinderliedern. Mit etwa zwölf Wochen nimmt das Baby vielleicht schon ein hingehaltenes Spielzeug, kann aber noch lange nicht bewusst loslassen. Es nimmt den Zusammenhang von Ursache und Wirkung wahr, wenn es eine Rassel hält und hört, wie sie klingt, sobald es den Arm bewegt. Es gilt allerdings: aus den Augen, aus dem Sinn. Sobald das Baby abgelenkt wird, fällt ihm das Spielzeug aus der Hand und existiert nicht mehr für es.

»Ich trage mein Baby gern im Arm; wenn es plappert, antworte ich und sehe, wie es sich freut. Das ist wunderbar.«

Babymassage

Die wohltuende Berührung einer Massage wird seit Jahrtausenden genutzt. Sie ist eine wunderbare Form der Kommunikation mit dem Baby. Eine Massage kann beruhigend wirken und Koliken oder Blähungen lindern. Studien zeigen, dass massierte Babys oft besser schlafen.

Babymassage erlernen

Vielleicht werden in Ihrer Nähe Kurse zur Babymassage angeboten. Erkundigen Sie sich beim Kinderarzt, der Krankenkasse oder der Volkshochschule. Sie massieren Ihr Baby aber auch ganz unbewusst – wenn Sie zur Beruhigung seinen Rücken reiben, über seinen Kopf streichen oder mit seinen Händen und Füßen spielen.

Machen Sie sich nicht zu viele Gedanken um die Details der Technik – wichtig ist, dass Sie und Ihr Baby Spaß haben und die Bewegungen sanft sind.

Was Sie benötigen

Ein Massageöl ist nicht unbedingt erforderlich, doch lässt es Ihre Hände ohne Reibung leicht über den Körper Ihres Babys gleiten.

RICHTIG MASSIEREN

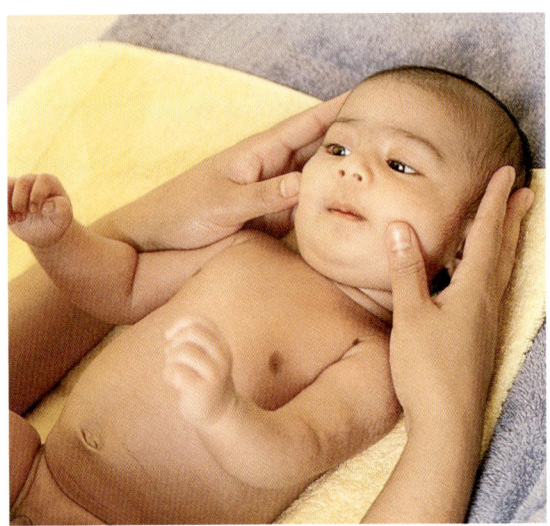

1. KOPFMASSAGE *Legen Sie Ihr Baby auf ein Handtuch. Massieren Sie leicht seine Schädeldecke (die Fontanellen sparen Sie aus), dann streichen Sie seitlich die Wangen hinunter. Halten Sie Blickkontakt.*

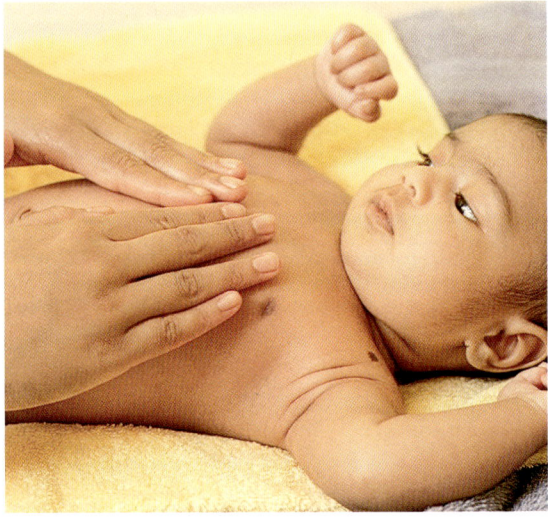

2. BRUST UND BAUCH *Streichen Sie sanft über den Bauch nach unten. Massieren Sie den Bauch in einer kreisförmigen Bewegung im Uhrzeigersinn und dann mit den Fingerspitzen vom Bauchnabel nach außen.*

Olivenöl ist gut geeignet; verzichten Sie aber auf aromatisierte sowie auf Nussöle; Nussöle begünstigen möglicherweise die Ausbildung einer Nussallergie. Legen Sie Ihr Baby auf einer weichen Oberfläche auf eine Windel oder ein Handtuch, falls es einnässt oder Stuhlgang hat. Oder lassen Sie ihm die Windel an. Wenn es nicht gerne nackt ist, lassen Sie es bekleidet.

Der Raum muss unbedingt warm sein, damit das Baby während der Massage nicht auskühlt. Es gibt Zeiten, zu denen es eher entspannt ist und die Massage genießen kann; massieren Sie es nicht direkt nach einer Mahlzeit oder wenn es hungrig ist. Wählen Sie eine Zeit, zu der auch Sie selbst entspannt sind, denn Babys nehmen instinktiv die elterliche Stimmung auf.

Anfangen

Eine Massage sollte anfangs, wenn sich Ihr Baby noch an die neue Erfahrung gewöhnt, nur ein paar Minuten dauern. Sie können zunächst seine Arme und Beine ausstreichen und dann den Bauch im Uhrzeigersinn massieren.

Sprechen Sie während der Massage mit Ihrem Baby, und achten Sie auf seine Reaktion. Mit etwas sanfter Musik können Sie eine noch entspanntere Atmosphäre schaffen. Scheint es Ihrem Baby gar nicht zu behagen, beenden Sie die Massage. Ihr Baby wird Ihnen mitteilen, ob ihm die Massage gefällt, z. B. durch Augenkontakt, entspannte Haltung und Lächeln oder Gurren. Wenn es genug von der Massage hat, dreht es evtl. den Kopf weg, schließt die Augen, und quengelt oder schreit.

3. BEINE, FÜSSE UND ZEHEN *Streichen Sie in einer Bewegung von den Oberschenkeln hinab zu den Knien. Heben Sie jedes Bein an, und drücken Sie sanft das Schienbein. Reiben Sie Knöchel, Sohlen und jeden Zeh.*

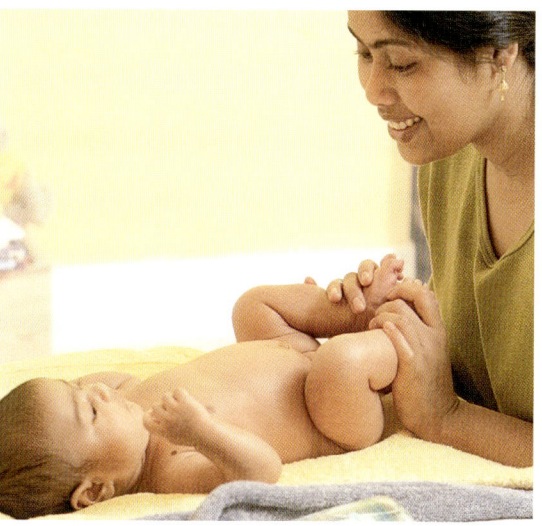

4. INTERAKTION *Fesseln Sie das Interesse des Babys, indem Sie es anlächeln, mit ihm sprechen oder ihm vorsingen. Wenn Sie die gesamte Körpervorderseite massiert haben, drehen Sie es um und massieren den Rücken vom Kopf nach unten.*

Ein fester Rhythmus?

In der Babypflege wird oft pedantisch mit festen Zeiten und einem geregelten Rhythmus argumentiert; ich halte dies für überflüssig, sofern Sie nicht generell stark nach Plan leben. Wenn Sie sich auf die Bedürfnisse Ihres Babys einstellen, können Sie Ihren eigenen Stil finden.

Schlafenszeiten

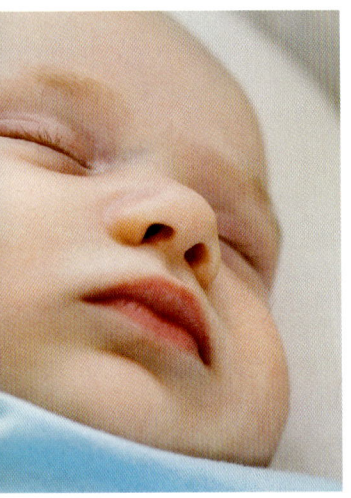

NACHTSCHLAF *Ein Einschlafritual hilft Ihrem Baby, den Unterschied zwischen Tag und Nacht zu lernen – je früher dies geschieht, umso früher werden auch Sie nachts wieder mehr schlafen können.*

Im dritten Lebensmonat des Babys sehnen Sie sich bestimmt nach dem Tag, an dem Ihr Baby nachts durchschläft, und beneiden die Eltern, die das scheinbar schon geschafft haben. Der früheste Zeitpunkt, zu dem ein Baby körperlich in der Lage ist, die Nacht ohne Mahlzeit zu überstehen, ist mit etwa sechs Wochen. Babys sind jedoch sehr verschieden, und Ihres benötigt nachts vielleicht länger Milch. Manche sechswöchigen Babys schlafen nachts nach einer Spätmahlzeit jedoch fünf bis sechs Stunden durch. Geben Sie Ihrem Baby die Brust oder Flasche, bevor Sie selbst zu Bett gehen. Dann haben Sie vielleicht den Eindruck, nachts »durchgeschlafen« zu haben.

Es ist interessant, dass frischgebackene Eltern einen Sechs-Stunden-Schlaf schon als »die Nacht durchgeschlafen« bezeichnen. Das will gefeiert werden! Überlisten Sie Ihr Kind, einen Schlafrhythmus zu finden. Macht Ihr Baby noch keinen Unterschied zwischen Tag und Nacht (wie in diesem Alter üblich), liefern ihm ein Einschlafritual mit Anziehen des Schlafanzugs, Baden oder Waschen, einer Geschichte, Schmusen und einer letzten Mahlzeit »Hinweise«, dass Schlafenszeit ist. Sobald es von seiner Entwicklung her so weit ist, wird es diese verstehen.

»Ich brachte es einfach nicht fertig, mein Baby auf eine Mahlzeit warten zu lassen. Also stillte ich es monatelang auch nachts. Diese Flexibilität war für mich okay. Ich würde es wieder so machen.«

Mahlzeiten nach Bedarf oder nach Plan

Manche Eltern füttern ihr Baby alle drei oder vier Stunden, andere Tag und Nacht nach Bedarf. Jede Familie und jedes Baby sind anders; die meisten Eltern finden einen Mittelweg irgendwo zwischen diesen Extremen. Es kommt darauf an, was für ein Mensch Sie sind und wie Ihre Lebensweise aussieht. Wie in allen Bereichen des Elternseins gilt: Machen Sie es so, wie es für Sie am besten ist.

Flaschenbabys brauchen länger, um die Milch zu verdauen, als Stillkinder; daher finden sie nach einigen Wochen leichter in einen gewissen Mahlzeitenrhythmus. Ein Stillbaby muss anfangs sehr häufig gestillt werden, weil es schnell wächst und auf diese Weise die Milchbildung entsprechend seinen Bedürfnissen zunimmt.

Mit wachsender Entwicklung Ihres Babys stellen Sie vielleicht fest, dass seine Mahlzeiten immer länger auseinanderliegen. Sein Magen ist größer und fasst mehr Milch, die länger zum Verdauen braucht. Da seit der letzten Mahlzeit mehr Zeit vergangen ist, hat das Baby mehr Hunger und trinkt mehr, was es wiederum länger sättigt. Auf diese Weise wird es von selbst mit zunehmendem Alter zwischen den Mahlzeiten länger durchhalten. Eine Ausnahme sind jene Stillbabys, die nur zur Beruhigung öfter und länger trinken. In diesem Fall will das Baby die Brust häufig, tags wie nachts. Sie können entscheiden, ob Sie das zulassen oder ob Sie eine andere Beruhigungsmethode anbieten. Hat Ihr Baby keinen Hunger, können Sie ihm anstelle der Brust einen Schnuller geben oder ihm viel Zuwendung und Zärtlichkeit schenken.

Wollen Sie die Mahlzeiten lieber nach einem festen Zeitplan geben, wird sich Ihr Baby daran gewöhnen. Regelmäßige Mahlzeiten können zu einer problemloseren Alltagsroutine und festen Schlafenszeiten beitragen. Aber gegen Flexibilität spricht auch nichts. Stellen Sie sich auf Ihr Baby ein; es wird bald seinen eigenen Mahlzeitenrhythmus entwickeln.

FLASCHENBABYS *Bei einem Flaschenbaby ist die Einführung eines festen Mahlzeitenrhythmus meist einfacher, weil Säuglingsnahrung länger sättigt.*

»Tagsüber stillte ich mein Baby nach Bedarf, nachts gab ich ihm nur das Allernotwendigste. So gewöhnte es sich bald an einen Schlafrhythmus. Ich kam damit besser klar und war nicht ständig müde.«

Wenn das Baby größer wird

Mittlerweile haben Sie sicherlich die schlimmsten Stillprobleme überwunden. Vielleicht machen Sie sich aber immer noch Sorgen, ob Ihr Baby genug Milch bekommt, und fragen sich manchmal, ob es Hunger hat oder einfach nur schmusen will. Manche Mütter fühlen sich durch die Bedürfnisse ihres Babys zu stark eingeschränkt. Vielleicht sind Sie versucht, Ihrem Baby eine Flasche mit Säuglingsmilch anzubieten. Tun Sie es nicht – denn all diese Probleme geben sich mit der Zeit. Sie haben es schon so weit geschafft, da lohnt es sich, noch länger zu stillen. Wenn Sie Ihrem Baby bisher noch keine Säuglingsmilch gegeben haben und es sich gut entwickelt, sind Sie eine Stillexpertin, und nun sollte alles problemlos verlaufen.

Wenn Sie Ihrem Baby die Brust geben, sobald es hungrig ist, und zu stillen aufhören, wenn es satt ist, bilden Sie so viel Milch, wie Ihr Baby braucht. Sie müssen es nicht zum Trinken animieren, es sei denn, der Kinderarzt hat diesbezügliche Empfehlungen ausgesprochen. Babys wachsen nach ihrem individuellen »Bauplan«. Wenn Sie die Flasche geben, geben Sie kein zusätzliches Milchpulver in die Flasche, in der Hoffnung, Ihr Baby würde dann nachts durchschlafen. Zusätzliche Kalorien können Übergewicht und Verstopfung verursachen. Vertrauen Sie den Instinkten Ihres Babys – es weiß, wann es Hunger hat. Wenn Sie auf seinen Appetit hören, wird es das mit zunehmendem Alter auch selbst können.

»Mein Baby ist zwei Monate alt und saugt viel kräftiger. Es ist auch nicht mehr so lange an der Brust.«

Zusätzliche Fläschchen

Auch gesunde Babys sind von höchst unterschiedlicher Gestalt und Größe: Manche sind von Natur aus pummelig, andere schlank. Manchmal sehe ich jedoch Babys, die wirklich untergewichtig sind und apathisch und elend wirken. Man spricht dann von einer »Gedeihstörung«. Besteht kein organisches Problem, geht dies gewöhnlich auf unzureichende Kalorienzufuhr zurück. Der Kinderarzt wird die Gabe zusätzlicher Fläschchen empfehlen, um das Stillen wieder in Gang zu bekommen. Denn durch die Zusatznahrung hat das Baby wieder Energie, stärker zu saugen, was wiederum die Milchbildung fördert.

Wird eine derartige Vorgehensweise bei Ihrem Baby empfohlen, bedeutet das aber keineswegs, dass Sie irgendetwas falsch gemacht hätten!

Milch abnehmen und aufbewahren

Wenn sich das Stillen eingespielt hat, können Sie Milch für Ihr Baby ausdrücken, die es aus einer Flasche bekommen kann. So werden Sie flexibler, und Ihr Partner hat die Chance, sich am Füttern zu beteiligen. Und sie haben so die Möglichkeit, abends allein wegzugehen, ohne die Sorge, dass Ihr Baby aufwacht und Hunger hat.

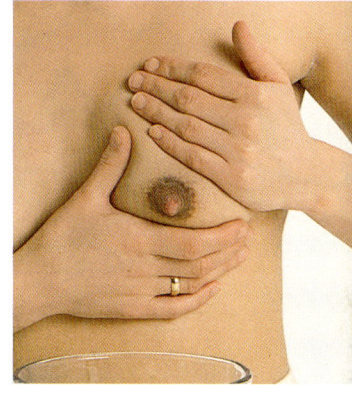

Um Milch mit der Hand auszudrücken, legen Sie Ihre Hand etwa zwei Zentimeter vom Warzenhof (der dunkle Bereich um die Brustwarze) entfernt um Ihre Brust. Der Daumen liegt oben, die Finger unterhalb. Streichen Sie nach unten und vorne zur Brustwarze, wobei Sie leichten Druck ausüben, um das Saugen des Babys zu imitieren. Bewegen Sie Ihre Hand im Kreis, und fangen Sie die Milch in einem sauberen, breiten Gefäß auf.

Wenn Sie eine Milchpumpe verwenden, stülpen Sie den Trichter über Ihre Brust und schalten die elektrische Pumpe an bzw. betätigen den Heber der Handpumpe. Die Pumpen funktionieren mittels Sogwirkung und imitieren die Vorgehensweise des saugenden Babys. Im angeschlossenen Behältnis wird die Milch gesammelt. Manchmal kann direkt ein Fläschchen befestigt werden, sodass Sie nur noch einen Sauger aufschrauben müssen und die Milch dem Baby geben können. Funktioniert die Milchabnahme nicht richtig, lesen Sie die Anleitungen des Herstellers nach, um sicherzugehen, dass die Pumpe richtig angebracht ist. Bereitet Ihnen die Milchabnahme Schmerzen (das dürfte sie nicht), fragen Sie den Kinderarzt, die Hebamme oder eine Stillberaterin um Rat.

MILCH AUSDRÜCKEN

Auch in einer »Stillpause« können Sie dem Baby Muttermilch zukommen lassen. Nehmen Sie mit der Hand oder einer manuellen oder elektrischen Pumpe Milch ab.

Muttermilch muss im Kühlschrank oder in der Tiefkühltruhe aufbewahrt werden. Im Kühlschrank (unter 5°C) hält sie sich drei bis fünf Tage, in der Tiefkühltruhe (unter –18°C) drei Monate (schreiben Sie das Datum auf die Flasche). Tauen Sie tiefgefrorene Milch über Nacht im Kühlschrank auf, oder stellen Sie sie in eine Schüssel warmes Wasser. Aufgetaut kann sie im Kühlschrank 24 Stunden aufbewahrt werden. In der Mikrowelle sollte Muttermilch besser nicht erwärmt werden, da sie darin nur ungleichmäßig erhitzt wird; auch die Antikörper in der Muttermilch können so zerstört werden.

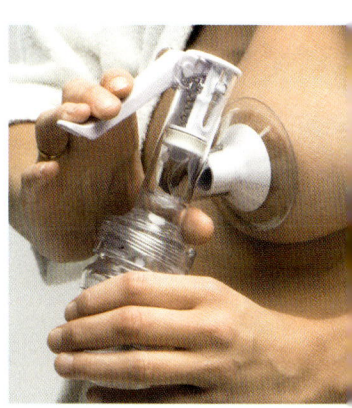

Stillen und Flaschennahrung kombinieren

Wenn Sie nicht zu jeder Mahlzeit bei Ihrem Baby sein können oder sich das Füttern mit Ihrem Partner teilen wollen, können Sie Stillen und Fläschchen kombinieren. Hat sich das Stillen gut eingespielt, wird die Milchbildung durch regelmäßiges Anlegen aufrechterhalten. Wenn Sie einige Stillmahlzeiten durch die Flasche ersetzen, kommt es vielleicht einige Tage lang zu gestauten Brüsten, bis Ihr Körper die Milchbildung verringert hat; dies gibt sich aber sehr schnell.

Haben Sie Ihr Baby bis jetzt voll gestillt, muss es vielleicht erst animiert werden, an der Flasche zu saugen. Es gibt Sauger, die der Brustwarze nachgebildet und für Babys gedacht sind, die an die Brust gewöhnt sind. Damit kann das Baby so saugen wie an der Mutterbrust. Lehnt es die Milchnahrung zunächst ab, gewöhnen Sie es mit ausgedrückter Muttermilch an die Flasche und wechseln dann zu Milchnahrung.

Will Ihr Baby die Flasche nicht von Ihnen nehmen, dann wahrscheinlich, weil Sie das Stillen verkörpern, das es bevorzugt. Ihr Partner, eine Freundin oder Angehörige kann mehr Erfolg haben; vielleicht müssen Sie so lange außer Sichtweite bleiben; das Baby darf Sie auch nicht hören oder Ihre Milch riechen. Haben Sie schon ältere Kinder, können Sie sie hier gut einbeziehen – Ihr Baby nimmt die Flasche eher von einem älteren Bruder oder einer Schwester (evtl. mit Vaters Hilfe) als von Ihnen. Auf diese Weise fördern Sie auch die Geschwisterbeziehung.

In der Öffentlichkeit stillen

Man kann beinahe überall diskret stillen; Sie müssen sich an einem öffentlichen Ort nicht wegschleichen, um Ihr Baby zu stillen. Ein locker fallendes T-Shirt erlaubt leichten Zugang zur Brust, ohne viel nackte Haut zu zeigen. Sie können auch einen Schal oder ein Tuch um sich und das Baby legen. Je mehr Frauen in der Öffentlichkeit stillen, umso mehr Menschen gewöhnen sich an den Anblick, und das ermutigt weitere Mütter, diesem Vorbild zu folgen. Es ist normal, anfangs etwas befangen zu sein, aber das werden Sie bald überwinden. Stillen Sie für den Anfang an einem Ort, wo andere Mütter und Babys sind, z. B. im Stillraum eines Kaufhauses.

Die Impfdebatte

Impfungen regen den Körper an, Antikörper gegen Krankheiten zu bilden, sodass er dagegen immun wird. Es gab und gibt Kontroversen hinsichtlich bestimmter Impfungen, doch generell sind sie eine sichere und wirksame Methode, Kinder vor gefährlichen Krankheiten zu schützen.

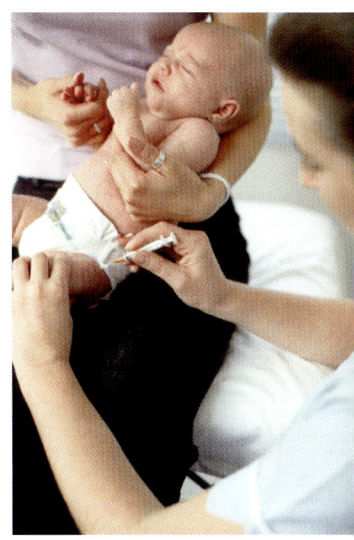

Das Risiko abwägen

Noch vor zwei Generationen erkrankten regelmäßig Kinder an Kinderlähmung. Heute tritt diese Krankheit dank wirksamer Impfungen in den Industrienationen so gut wie nicht mehr auf. Früher verursachte sie Lähmung, Behinderung und manchmal den Tod. Da immer wieder Bedenken hinsichtlich der Sicherheit von Impfungen geäußert werden, kann die Entscheidung, das eigene Baby impfen zu lassen, schwierig sein. Doch das Risiko einer ernsten Reaktion auf einen Impfstoff ist unvergleichlich gering, insbesondere im Vergleich mit dem Risiko einer Erkrankung. Unsere drei Kinder sind geimpft.

Nach 1970 gab es Bedenken, dass der Impfstoff gegen Keuchhusten (Pertussis) bei manchen Kindern Krampfanfälle auslösen könnte; viele Eltern ließen ihre Babys daher nicht impfen. Dies führte bei ungeimpften Kindern zu einem epidemieartigen Auftreten von Keuchhusten; manche erlitten Hirnschädigungen oder starben sogar daran. Heute wissen wir, dass der Keuchhustenimpfstoff keine Krampfanfälle verursacht; das Leid und die Todesfälle waren unnötig.

Bei Babys mit Krampfneigung (s. S. 259) besteht das Risiko eines Krampfanfalls nach einer MMR-Impfung. Es ist allerdings gering und liegt bei etwa 1 : 1000. Bei einem ungeimpften, an Masern erkrankten Baby besteht ein Risiko von 1 : 200 für Krampfanfälle sowie ein bedeutendes Risiko für andere schwere Komplikationen oder sogar den Tod. Leider haben Vermutungen über einen möglichen Zusammenhang der MMR-Impfung mit Autismus und Darmproblemen zu einem Rückgang dieser Impfung geführt, obwohl nachfolgende Forschungen keinerlei Verbindung nachweisen konnten. Dies führte zu einer unvermeidlichen Zunahme von Krankheitsfällen mit den dazugehörigen Gefahren.

ERSTE IMPFUNG *Die Impfungen erhält Ihr Baby in der Regel bei den Vorsorgeuntersuchungen durch den Kinderarzt; Sie können es im Arm halten.*

»Es war schwer anzusehen, wie mein Baby geimpft wurde, aber ich wusste, dass es richtig war.«

Überlegen Sie: Jede Autofahrt birgt ein Risiko. Wenn Sie zwischen einem Oberklasse-Wagen mit Airbag, Knautschzonen und ABS (also hoher Sicherheit) oder einer alten Rostlaube (also mit Unfallrisiko) wählen können, sollte die Entscheidung doch klar sein.

Was richten die Krankheiten an?

Die Ständige Impfkommission in Deutschland gibt zweimal im Jahr Leitlinien für sinnvolle Impfungen heraus. Sie empfiehlt Impfungen gegen folgende Krankheiten, die tödlich verlaufen können –

■ **Diphtherie** ist eine bakterielle Infektionskrankheit, die Atemprobleme verursacht und Herz, Nerven und Drüsen schädigen kann.

■ **Tetanus** ist ein in der Erde vorkommendes Bakterium, das durch Schnitte und Kratzer in den Körper eindringen kann. Es verursacht Lähmung, Muskelkrämpfe und kann tödlich sein.

■ **Keuchhusten (Pertussis)** (s. S. 274) ist eine hochinfektiöse Krankheit, die schwere Hustenanfälle verursacht, mit einem charakteristischen Keuchen, wenn das Kind um Luft ringt. Sie kann zu Lungenentzündung, Hirnschädigung und bei jungen Babys zum Tod führen.

■ **Polio (Kinderlähmung)** ist ein außerordentlich ansteckender Virus, der das Zentrale Nervensystem befällt und Lähmungen verursachen kann.

■ **Hib (Hämophilus influenza Typ b)** ist ein Bakterium, das Meningitis, Blutvergiftung und Lungenentzündung verursachen kann.

■ **Pneumokokken** sind Bakterien, die u. a. Pneumokokken-Meningitis, Lungenentzündung und Blutvergiftung verursachen.

■ **Meningokokken** können Meningitis und Blutvergiftung verursachen.

■ **Masern** (s. S. 271) sind eine hochansteckende, bakterielle Erkrankung, die Ohrentzündungen, Nervenprobleme, Hirnschädigungen und Lungenentzündung verursachen kann.

■ **Mumps** (s. S. 272) ist eine Virusinfektion mit möglichen Komplikationen wie Meningitis, Taubheit, bei Jungen Unfruchtbarkeit.

■ **Röteln** (s. S. 273) sind eine leichte Virusinfektion. Erkrankt die werdende Mutter, kann es zu schweren Schädigungen des Ungeborenen kommen.

Geimpft werden

Ihr Baby ängstigt sich vermutlich, wenn es geimpft wird. Es beruhigt sich sicherlich schneller wieder, wenn Sie mit ihm schmusen oder ihm die Brust oder Flasche anbieten. Bei den meisten Babys treten keinerlei offensichtliche Reaktionen auf die Impfung auf; manche bekommen allerdings in den darauffolgenden 24 Stunden leichtes Fieber und sind unter Umständen etwas reizbarer als gewöhnlich. In diesem Fall können Sie dem Baby eine niedrige Dosis Paracetamol geben. Gelegentlich ist die Einstichstelle etwa einen Tag lang gerötet; dies ist völlig unbedenklich. Wenn sich die Reizung jedoch nicht legt oder mehr als münzgroß ist, wenden Sie sich an den Arzt.

Sehr selten infiziert sich die Einstichstelle; dann ist die Gabe von Antibiotika erforderlich. Noch seltener tritt eine heftige Impfreaktion auf. In diesem Fall wird Sie der Kinderarzt beraten, ob Ihr Baby überhaupt die Wiederholungsimpfungen erhalten soll.

Der Impfplan Ihres Babys

Die Impfungen erfolgen zu festgelegten Zeiten (Lebensmonate/Lebensjahre) im Rahmen der Vorsorgeuntersuchungen.

KRANKHEIT/IMPFSTOFF	WANN
▶ 1. Impfung Diphtherie, Keuchhusten, Tetanus, Hib, Kinderlähmung, Hepatitis B	2 Monate
▶ 1. Impfung Pneumokokken	2 Monate
▶ 2. Impfung Diphtherie, Keuchhusten, Tetanus, Hib, Kinderlähmung, Hepatitis B	3 Monate
▶ 2. Impfung Pneumokokken	3 Monate
▶ 3. Impfung Diphtherie, Keuchhusten, Tetanus, Hib, Kinderlähmung, Hepatitis B	4 Monate
▶ 3. Impfung Pneumokokken	4 Monate
▶ 4. Impfung Diphtherie, Keuchhusten, Tetanus, Hib, Kinderlähmung, Hepatitis B	11 Monate–14 Monate
▶ 4. Impfung Pneumokokken	11 Monate–14 Monate
▶ 1. Impfung Masern, Mumps, Röteln (MMR)	11 Monate–14 Monate
▶ 1. Impfung Windpocken	11 Monate–14 Monate
▶ 1. Impfung Meningokokken	11 Monate–14 Monate
▶ 2. Impfung Masern, Mumps, Röteln	15 Monate–23 Monate

Tägliche Pflege

Die Pflege des Babys wird nun immer einfacher, da es über eine bessere Körperkontrolle verfügt und z. B. beim Wickeln mitmachen kann. Bestimmt haben Sie inzwischen auch einen gewissen Tagesrhythmus und können seine Bedürfnisse besser vorhersehen.

Zusammen sein

Tätigkeiten im Haushalt können Sie oft mit der Beschäftigung Ihres Babys verbinden – wenn Sie Staub saugen oder die Wäsche sortieren, kann es Ihnen aus seiner Wippe heraus zuschauen. Aber natürlich müssen Sie manchmal auch Dinge ohne Ihr Baby erledigen. Keine Sorge, wenn es dann schreit und Sie nicht sofort zu ihm kommen können – es schadet ihm nicht, wenn es einige Minuten auf Ihre Aufmerksamkeit wartet: Sie müssen nicht alles stehen und liegen lassen, sobald es muckt, und zu ihm eilen.

Ihr Baby tragen

Sobald Ihr Baby seinen Kopf aufrecht halten kann, etwa am Ende des dritten Monats, können Sie es mit dem Gesicht nach vorne im Tragetuch oder Tragesitz tragen, wenn das Modell dies ermöglicht. Viele Babys lieben diese neue Perspektive auf die Welt. Ihr Kind ist nah bei Ihnen und kann gleichzeitig eine Menge neue, interessante Dinge betrachten.

Sie können das Tragetuch auch bei Arbeiten im Haus einsetzen. Auf diese Weise haben Sie beide Hände frei, und gleichzeitig ist Ihr Baby beschäftigt.

Windelausschlag

Wundsein und Entzündungen im Windelbereich treten vergleichsweise häufig auf. Ursache sind Urin und Kot auf der Haut. Die zarte Haut auf Babys Popo und Genitalien kann auch pickelig sein und feucht aussehen. Am besten und schnellsten heilt sie, wenn der Windelbereich sauber und trocken gehalten wird. Lassen Sie Ihr Baby möglichst oft ohne Windel, damit Luft an die Haut kommen kann. Legen Sie es dabei auf ein Handtuch oder eine Windel.

Selbst die saugfähigsten Windeln schaffen ein feuchtes Klima; wenn Ihr Baby wund ist, wechseln Sie seine Windel regelmäßig und nach einem Stuhlgang sofort, damit sich der Ausschlag nicht verschlimmert. Wenn Sie mit Stoffwindeln wickeln, verwenden Sie eine Wundschutzcreme, die eine Barriere auf der Haut schafft und sie vor Feuchtigkeit schützt. Die Windel darf nicht zu eng anliegen – die Luft muss zirkulieren können.

Ist der Windelausschlag sehr intensiv oder anhaltend, kann es sich um eine Pilz- oder bakterielle Infektion handeln (s. S. 283). Wenden Sie sich an den Kinderarzt. Er wird eine entsprechende Salbe verschreiben.

Stoffwindeln

Wegwerfwindeln sind in den ersten Wochen nahezu unverzichtbar, aber vielleicht wollen Sie jetzt Stoffwindeln verwenden. Es gibt verschiedene Wickelsysteme, u. a. –

■ **Faltwindeln (Mullwindeln)** können auf verschiedene Weise zu Windeln gefaltet werden, abhängig von Größe und Geschlecht des Babys. Diese Windeln werden mit einer Windelklammer zusammengehalten.

■ **Höschenwindeln** sind ähnlich wie Wegwerfwindeln, mit Gummibündchen und Klettverschluss. Bei Kletthosensystemen werden Windeln ohne Verschluss in die Kletthose gelegt und diese wird geschlossen.

Ein dünnes (wegwerfbares) Windelvlies kommt am besten als Schutz direkt unter Babys Po. Einlagewindeln geben nachts einen zusätzlichen Schutz. Für die schmutzigen Windeln brauchen Sie einen Eimer mit Deckel.

EINE STOFFWINDEL ANLEGEN

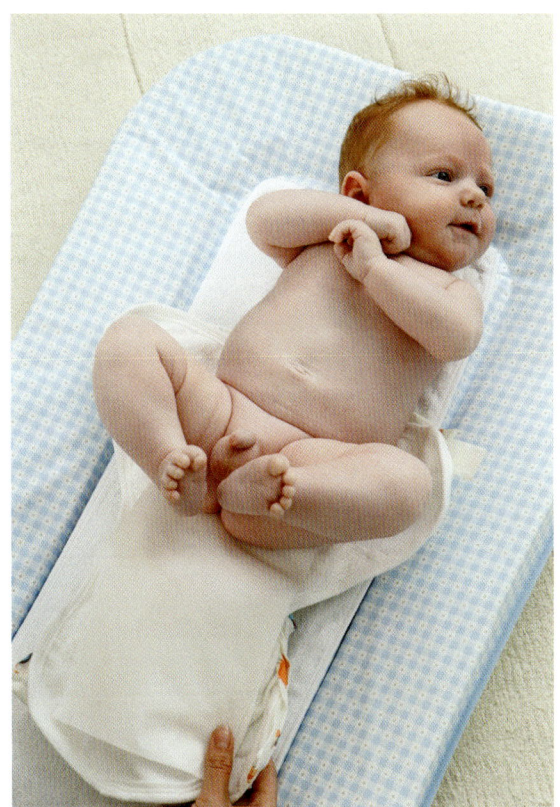

EINLAGEWINDEL *Eine Einmal-Einlagewindel kann bei jeder Windelart verwendet werden. Legen Sie die Windel auf die Wickelauflage und die Einlage darauf. Nasse oder verschmutzte Einlagen werfen Sie weg.*

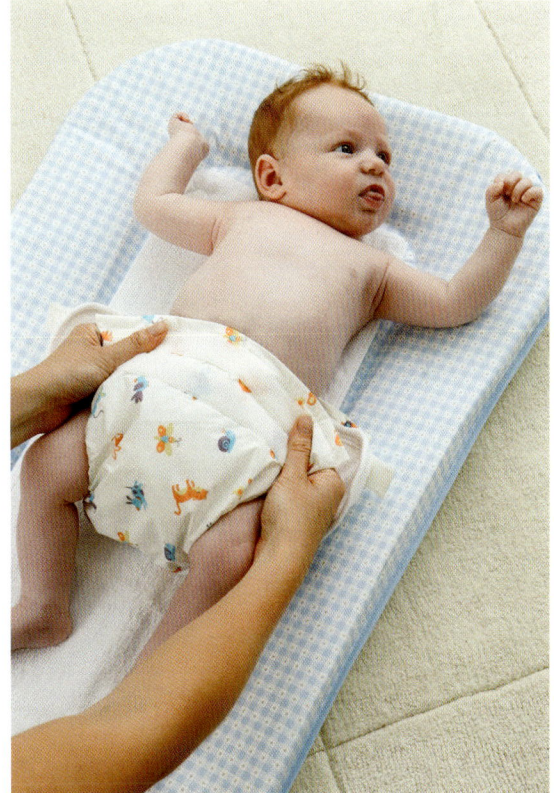

WINDELHOSE *Meist sind Saugeinlage und Schutzhülle kombiniert, manche Windelhosen haben ein Saugpolster im Hauptnassbereich. Bei manchen Höschen saugen hauptsächlich getrennte Einlagen. Sie trocknen schneller.*

Die Badezeit

Viele Babys lieben das Baden inzwischen und empfinden die Badezeit als echtes Vergnügen. Wenn Ihr Baby gerne im Wasser planscht und spielt, kann das Bad ein gelungener Auftakt des Einschlafrituals werden; es hilft dem Baby, zur Ruhe zu kommen. Wenn Ihr Baby nicht gebadet werden will, waschen Sie einfach weiterhin die Bereiche, die es nötig haben, und versuchen es später wieder.

Es gibt verschiedene Badehilfen, in die man das Baby setzen kann, sodass man die Hände frei hat. Natürlich müssen Sie trotzdem die ganze Zeit über bei Ihrem Baby bleiben. Es sind mehrere Modelle aus unterschiedlichen Materialien erhältlich; informieren Sie sich ggf. im Fachgeschäft, welches Modell Ihren Bedürfnissen am besten entspricht. Außerdem gibt es sogenannte Badeeimer (Tummytub) für Babys bis etwa sechs Monate. Darin wird das Baby in einer fetalen oder sitzenden Position gebadet. Sie können auch mit Ihrem Baby gemeinsam in der Wanne baden. Nehmen Sie es auf den Schoß, mit dem Gesicht zu Ihnen; Ihr Partner reicht Ihnen das Baby und nimmt es Ihnen wieder ab.

DAS BABY IN DER WANNE HALTEN

 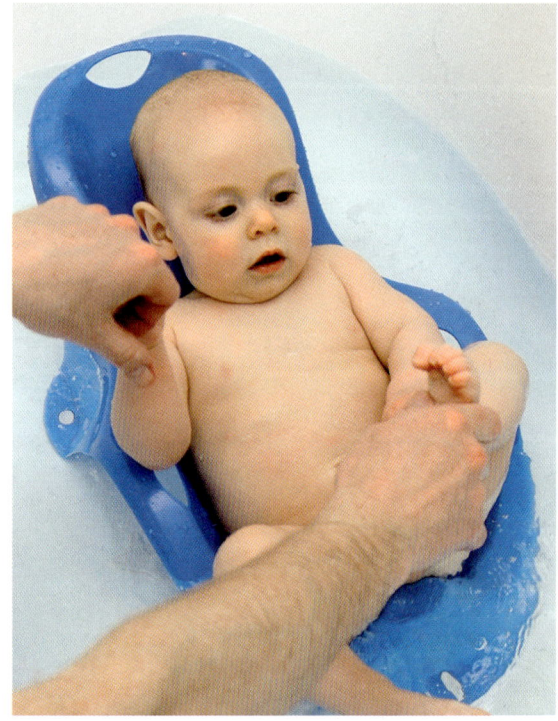

SICHERER HALT *Stützen Sie Kopf und Nacken die ganze Zeit über mit einer Hand ab, und waschen Sie das Baby vorsichtig mit der anderen Hand.*

BADESITZ *In einem Badewannensitz ist Ihr Baby in der Wanne gut abgestützt; Sie können es leichter waschen, weil Sie beide Hände frei haben.*

Häufige Fragen

▶ **Mein Baby spuckt nach den Mahlzeiten immer noch ein wenig. Ist das schlimm?**

Wenn ein junges Baby lediglich aufstößt, ist das normal. Das legt sich in einigen Monaten. Wenn es jedoch plötzlich erbricht, obwohl es das bisher nicht getan hat, oder sich beim Erbrechen sichtlich schlecht fühlt oder wenn das Erbrechen heftiger wird, wenden Sie sich an den Arzt (s. S. 258). Das gilt auch, wenn Ihr Baby nicht zunimmt und beim Füttern oder Aufstoßen gequält wirkt.

▶ **Mein Baby hat gelbliche Schuppen auf dem Kopf. Was ist das? Soll ich versuchen, sie zu entfernen?**

Man bezeichnet diese Schuppenbildung als Milchschorf oder Kopfgneis, eine vergleichsweise häufige, aber harmlose Erscheinung. Eine Behandlung ist nicht erforderlich; wenn Sie die Schuppen entfernen wollen, tragen Sie etwas Olivenöl auf und lassen es über Nacht einwirken. Am Morgen waschen Sie die Haare mit mildem Babyshampoo. Möglicherweise müssen Sie die Behandlung mehrmals wiederholen;

kratzen Sie die Schuppen aber auf keinen Fall ab; sonst riskieren Sie eine Entzündung und Infektionsanfälligkeit der Kopfhaut. Normalerweise verschwindet Milchschorf ganz von selbst.

▶ **Manchmal stelle ich beim Waschen meines Babys fest, dass es eine Erektion hat. Ist das normal?**

Ja, das ist normal und kein Grund zur Sorge. Der Penis ist ein sensibles Organ; alle männlichen Babys haben gelegentlich eine Erektion – man konnte dies schon bei Jungen in der Gebärmutter feststellen.

▶ **Warum ist die Haut meines Babys immer so trocken, und was kann ich dagegen tun?**

Trockene Haut ist bei kleinen Babys sehr verbreitet und normalerweise kein Grund zur Sorge. Wenn ein Baby später als berechnet geboren wird, ist die schützende Käseschmiere meist schon absorbiert. Dann ist die Haut in den ersten Wochen trocken und schuppt sich. Bei anderen Babys gehört die trockene Haut einfach zum Umstellungsprozess des Körpers, bis er sich an die Welt außerhalb der Gebärmutter gewöhnt hat.

Sie können Babys Haut mit Olivenöl einreiben oder zweimal die Woche ein Ölbad machen. Gibt es keine Verbesserung oder wird die Haut sogar wund, wenden Sie sich an den Kinderarzt.

▶ **Ich nehme mein Baby immer auf meinen Arm, sobald es schreit. Verwöhne ich es?**

Man kann ein Baby in diesem Alter nicht »verwöhnen«, wenn man rasch auf seine Bedürfnisse reagiert: Sie zeigen ihm vielmehr, dass es sich darauf verlassen kann, dass Sie kommen, wenn es ruft, und so wird es vermutlich seltener schreien. Ihr Baby will von Natur aus bei Ihnen sein – das ist unerlässlich für sein Überleben –, und Ihre Aufmerksamkeit gibt ihm Sicherheit. Ist es sehr aufgewühlt, beruhigt es sich vielleicht, wenn Sie mit ihm einen Spaziergang machen oder es im Tragetuch tragen.

Aber natürlich können Sie auch einige Momente abwarten, wenn Ihr Baby anfängt zu wimmern. Vielleicht beruhigt es sich, wenn Sie da sind und mit ihm sprechen. Dann braucht es im Grunde nur die Gewissheit, dass Sie da sind.

Was das Schreien bedeutet

Jedes Baby schreit zuweilen, manche allerdings deutlich mehr als andere. Schreien ist völlig normal; schreit das Baby jedoch wegen Schmerzen oder Unwohlsein oder andauernd und exzessiv, sollte den Ursachen nachgegangen werden.

MÖGLICHE GRÜNDE FÜR DAS SCHREIEN

Es gibt verschiedene Ursachen für das Schreien Ihres Babys –

▸ **Hunger:** Dies ist der häufigste Grund. Er kann auch am leichtesten erkannt werden.

▸ **Langeweile:** Ihr Baby braucht vielleicht Gesellschaft. In einem Tragetuch oder Tragesitz kann es bei Ihnen sein, wenn Sie Ihren Tätigkeiten nachgehen.

▸ **Überreizung:** Manchmal braucht Ihr Baby ein wenig Ruhe – z.B. Stillen in einem anderen Zimmer.

▸ **Müdigkeit:** Auch Babys geraten an einen Punkt, an dem sie kaum mehr einschlafen können – legen Sie es in den Stubenwagen, wo es abschalten kann.

▸ **Unwohlsein:** Dies ist kein richtiges Schmerzensgeschrei, kann sich aber dazu steigern, wenn Sie die Ursache nicht herausfinden.

▸ **Schmerzen:** Das Schreien klingt durchdringend und kann gellend werden. Sie können es nicht ignorieren und reagieren instinktiv darauf.

EXZESSIVES SCHREIEN

So werden Schreiphasen bezeichnet, die in 24 Stunden über mehr als drei Stunden gehen. Es entsteht der Eindruck, als schreie das Baby ununterbrochen; vermutlich stellen Sie fest, dass es letztlich insgesamt doch weniger als drei Stunden sind. In seltenen Fällen weist der Arzt ein Baby ins Krankenhaus ein, um eine organische Ursache auszuschließen.

REFLUX

Die häufigste Ursache für exzessives Schreien ist ein gastroösophagaler Reflux. Das Ventil, das den Magen verschließt, ist noch nicht ausgereift, und es kommt es zu einem Zurückfließen von Nahrung in die Speiseröhre. Die Magensäure brennt in der entzündeten Speiseröhre, das Baby schreit. Es krümmt den Rücken vor Schmerzen und will nicht flach liegen. Vielleicht erbricht sich das Baby auch. Die Schmerzen verschlimmern sich gewöhnlich nach den Mahlzeiten. Zwar ist der Reflux für Ihr Baby und Sie schlimm, doch nichts Ernstes. Er kann behandelt werden (s. S. 275) und verliert sich mit zunehmendem Alter.

KOLIKEN

Das mit Koliken verbundene Schreien kennen viele Eltern nur allzu gut. Es tritt häufig in den Abendstunden auf. Weil man selbst müde ist, erscheint es oft besonders dramatisch. Man weiß noch nicht genau, was diese Bauchschmerzen bei kleinen Babys verursacht; Koliken treten jedoch vor allem im zweiten, dritten Lebensmonat auf. Vielleicht gehen sie auf zu viel Luft im Verdauungssystem oder eine Laktoseintoleranz (Milchzuckerunverträglichkeit) zurück. Schreit Ihr Baby stundenlang und zieht es die Beine an den Bauch, leidet es möglicherweise unter Koliken.

Ich persönlich glaube, dass sogenannte Koliktropfen den Eltern mehr helfen als den Babys (weil sie das Gefühl haben, etwas zu tun). Manche Eltern schwören auf ein teures Kolikmittel, das die Laktose in der Milch aufspaltet. Es könnte einen Versuch wert sein. Fragen Sie den Kinderarzt oder Apotheker um Rat. Versuchen Sie es auch mit den auf Seite 99 abgebildeten Beruhigungsmethoden. Jedes Baby ist anders; Sie werden bestimmt bald die Methode herausfinden, die bei Ihrem Baby funktioniert.

Es hilft, möglichst ruhig zu bleiben. Das ist leichter gesagt als getan; Ihr kleines Baby nimmt jedoch Ihre Anspannung auf, und dies kann das Schreien verstärken. Lassen Sie Ihren Partner oder eine Freundin eine »Schicht« übernehmen, und nehmen Sie eine Auszeit. Trösten Sie sich damit, dass Koliken nur wenige Monate dauern und dem Baby letztlich keinen Schaden zufügen.

DAS SCHREIENDE BABY BERUHIGEN

Wenn Ihr Baby viel schreit, ist das schlimm – auch für Sie. Doch verzweifeln Sie nicht. Mein Jüngster war als Baby ein richtiger Schreihals. Heute ist er ein charmantes, zufriedenes Kind.

Es gibt viele Methoden, Ihr Baby zu beruhigen. Wahrscheinlich findet es sehr schnell zur Ruhe, sobald der Schreizyklus erst einmal durchbrochen ist und Sie die Gewissheit haben, dass ihm nichts fehlt. Hoffen wir, dass Ihr Baby auf eine oder mehrere der folgenden Techniken anspricht –

▶ **Kuscheln:** Ihr Baby beruhigt sich vielleicht, wenn Sie es eng an sich halten und sachte schaukeln. Sie finden schnell die wirksamste Position heraus.

▶ **Bewegung:** Legen Sie Ihr Baby ins Tragetuch, oder fahren Sie es im Kinderwagen oder Auto umher. Aber Vorsicht: Lassen Sie es nicht zur Gewohnheit werden, Ihr Baby durch Herumfahren zu beruhigen. Diese Methode sollte der letzte Ausweg sein, sonst fahren Sie bald jeden Abend Ihr schreiendes Baby durch die Gegend.

▶ **Gleichmäßige Geräusche:** Stellen Sie Ihr Baby vor die Waschmaschine, und stellen Sie den Schleudergang ein. Auch wenn es seltsam klingt: Viele Eltern schwören darauf. Der Staubsauger oder ein Störsender im Radio sind ebenfalls beruhigende Geräusche. Sie können auch beim Wiegen leise eine Eisenbahn nachahmen.

▶ **Nuckeln:** Babys wollen saugen; vielleicht beruhigt es sich an der Brust, auch wenn es nicht hungrig ist, oder es lutscht am Daumen, den Fingern oder am Schnuller.

▶ **Massage:** Massieren Sie vorsichtig seinen Bauch im Uhrzeigersinn (s. S. 84 f.), was ihm Erleichterung verschaffen kann.

▶ **Pucken:** Wenn es zappelig ist, kann ihm das Einwickeln (s. S. 64 f.) helfen, zur Ruhe zu kommen.

▶ **Mit ihm sprechen:** Sprechen Sie in Ihrer Augenhöhe mit ihm.

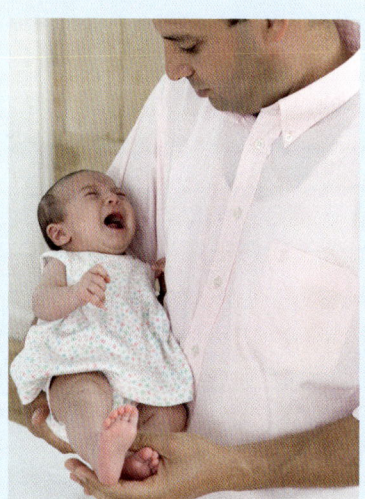

WIEGEN *Einfaches Hin-und-her-Wiegen kann ausreichen, das Schreien zu beenden. Singen Sie dabei ein Wiegenlied oder sprechen Sie mit dem Baby.*

»FLIEGERSTELLUNG« *Legen Sie Ihr Baby auf Ihren Unterarm mit seinem Kopf in Ihrer Hand. Sanftes Streichen über den Rücken wirkt beruhigend.*

TRAGETUCH *Das Tragen am Körper gibt ein Gefühl der Sicherheit und lindert das Schreien. Außerdem haben Sie die Hände frei.*

Eltern sein

Alle Eltern sprechen davon, wie sehr sich ihr Leben durch das Kind verändert hat, überlegen aber kaum, wie sie damit umgehen. Sie gehen davon aus, dass sich die Beziehung an das Baby anpassen wird, doch in Wirklichkeit müssen sie alles organisieren und babyfreie Zeiten sorgsam planen.

Auszeit nehmen

Es ist erstaunlich, wie befreiend schon zwei Stunden ohne Baby sein können. Sie sind keine schlechten Eltern, nur wenn Sie einmal ohne Ihr Baby sein wollen – es kommt vielmehr allen zugute, wenn Sie sich Zeit für sich selbst nehmen, die Beziehung zu Ihrem Partner pflegen und sich wieder auf Ihr Baby freuen. Weil Spontaneität schwierig ist, sollten Sie Ausgehzeiten planen. Wenn Sie einen Babysitter buchen, ist es viel wahrscheinlicher, dass Sie tatsächlich ausgehen. Wer alles im Ungewissen lässt, bleibt letztlich dann doch zu Hause.

GEMEINSAME ZEIT

Babyfreie Zeiten sind kein Grund für Schuldgefühle.

Fragen zur Gesundheit

▶ **Ich kann nicht mit dem Rauchen aufhören. Fügt das meinem Baby Schaden zu?**

Ja, Zigarettenrauch schadet Ihrem Baby. Er erhöht das Risiko für den Plötzlichen Säuglingstod (s. S. 39) und für wiederkehrende Ohr- und Brustinfektionen. Wenn Sie bisher noch nicht aufhören konnten, so versuchen Sie es jetzt unbedingt. Wenden Sie sich an eine Selbsthilfeorganisation. Es reicht nicht aus, in einem anderen Zimmer zu rauchen. Auch dann gelangen Rauchpartikel in die Lunge Ihres Babys, da sie an Ihrer Kleidung und Ihrem Haar festsitzen.

▶ **Kann ich in der Stillzeit die Pille nehmen?**

Ja, Sie müssen unbedingt verhüten, sobald Sie wieder Geschlechtsverkehr haben. Auch wenn Sie voll stillen, können Sie schon bald nach der Geburt wieder schwanger werden. Die kombinierte Östrogen-Progesteron-Pille kann die Milchbildung beeinträchtigen und ist während der Stillzeit nicht zu empfehlen. Eine Minipille, die nur Progesteron enthält, ist dagegen bedenkenlos anzuwenden. In den ersten Tagen, bis die Pille wirksam wird, müssen Sie unter Umständen auf eine andere Verhütungsmethode, z. B. Kondome, zurückgreifen.

Babyblues oder Wochenbettdepression?

Wenn Sie immer noch niedergeschlagen sind, müssen Sie sich an den Frauenarzt wenden, da der »Babyblues« (s. S. 43) inzwischen vorüber sein sollte. Sie leiden vielleicht an einer Wochenbettdepression, die etwa eine von zehn Müttern befällt. Mütter von Zwillingen oder Babys mit besonderen Bedürfnissen sind besonders gefährdet. Die Wochenbettdepression kann bis zu einem Jahr nach der Geburt auftreten. Symptome sind Niedergeschlagenheit, Angst, Schlaflosigkeit, Appetitlosigkeit und das Gefühl der Überforderung. Diese Gefühle können erdrückend sein und von Schuldgefühlen und Panikattacken begleitet werden.

Von Müttern wird nun einmal erwartet, dass sie mit ihrem Baby glücklich sind, und so schämen sich betroffene Frauen häufig für ihre Traurigkeit; eine Wochenbettdepression kann jedoch jede junge Mutter betreffen und muss so früh wie möglich behandelt werden. Beratung und/oder medikamentöse Behandlung sind äußerst wirksam; leiden Sie also nicht unnötigerweise. Unbehandelt kann die Wochenbettdepression Ihnen die Freude an Ihrem neugeborenen Kind nehmen, den Bindungsprozess beeinträchtigen und destruktive Erziehungs- und Beziehungsmuster aufbauen. Suchen Sie möglichst schnell Hilfe.

Vater-Blues

Dass Mütter den Babyblues bekommen, weiß fast jeder, doch der Vater-Blues ist weitaus weniger bekannt. Auslöser ist die völlige Veränderung des Lebens, die ein Baby mit sich bringt, insbesondere die Veränderung der partnerschaftlichen Beziehung. Während die Mütter in vielen Fällen das Gefühl haben, dass ihr Körper nicht mehr länger ihnen gehört, leidet der Partner vielleicht unter Zurücksetzung.

Die körperliche und emotionale Nähe, die Sex bringen kann, mag noch fehlen; oft fühlt sich die Mutter wenig attraktiv. Das Gefühl des Ausgeschlossen-Seins, zusammen mit der Erschöpfung und der Tatsache, dass manche Männer ein Baby eher uninteressant finden (sodass es kein Ersatz für die veränderte Beziehung ist), kann dieses neue Elternsein zu einer gefährlichen Zeit für die Partnerschaft machen.

Versuchen Sie unbedingt miteinander im Gespräch zu bleiben. Probleme müssen diskutiert, geteilt und verstanden werden, damit sich weder Unverständnis noch Groll festsetzen. Schenken Sie Zärtlichkeit und körperliche Nähe – auch wenn sie keinen Sex will, braucht Ihre Partnerin Ihre Zuwendung. Beteiligen Sie sich an der Babypflege, und verbringen Sie Zeit allein mit dem Baby.

AUS VATERS SICHT

IHR LIEBENSWERTES BABY

1 | 2 | 3 | **4** | **5** | **6** | 7 | 8 | 9 | 10 | 11 | 12

MONATE

»Ihr Baby begrüßt Sie mit Gurren und Lächeln und weint nur noch selten.«

SPIEL MIT MIR DAS ELTERNSEIN WIRD NOCH BEGLÜCKENDER, SOBALD IHR BABY SPIELEN UND »PLAUDERN« LERNT.

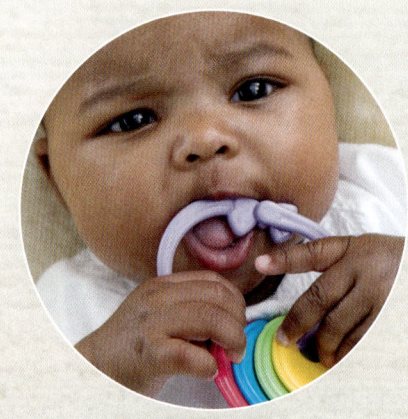

ICH HABE FÜSSE SOBALD IHR BABY SEINE FÜSSE ENTDECKT, BESCHÄFTIGT ES SICH MIT IHNEN, WILL SIE FESTHALTEN UND DARAN NUCKELN.

DAS SCHMECKT IHR BABY LERNT MEHR ÜBER UNTERSCHIEDLICHE BESCHAFFENHEITEN, WENN ES GEGENSTÄNDE MIT DEM MUND STATT MIT DEN HÄNDEN UNTERSUCHT.

SCHLAFMÜTZE NACH DEM DRITTEN
MONAT SCHLÄFT IHR BABY VERMUTLICH
NACHTS LÄNGER UND TAGSÜBER
WENIGER.

KLEINER NIMMERSATT
WENN ES HUNGER HAT, TRINKT IHR
BABY DIE FLASCHE SCHNELL LEER.

Eine Persönlichkeit

Vom vierten bis zum sechsten Lebensmonat erleben Sie aufregende Veränderungen, da Ihr Baby immer geselliger wird,
körperlich geschickter ist und zu interagieren beginnt. Es
reagiert immer deutlicher, beginnt zu gurren und zu lachen
und reagiert entzückt auf Guck-Guck-Spiele.

Körperliche Entwicklung

Wenn Sie Ihr drei Monate altes Baby in eine sitzende Position bringen,
kann es zwar seinen Kopf aufrecht, den Rücken aber noch nicht gerade
halten. Mit vier Monaten hält es den Kopf in einer Linie mit dem Körper,
wenn Sie es an den Händen zum Sitzen hochziehen. Mit fünf Monaten
können einige Babys schon selbstständig sitzen, allerdings nur für kurze
Zeit. Stützen Sie das Baby rundum mit Kissen ab, damit es sich beim
Umfallen nicht wehtut.

ANREGENDES SPIEL

*Fördern Sie die emo-
tionale und körperliche
Entwicklung Ihres
Babys. Helfen Sie ihm,
Kraft zu entwickeln
– aber nur, wenn es
gerne mitmacht.*

Dem Baby gefällt es, dass es schon einen Teil seines eigenen Gewichts
ausbalancieren kann, wenn Sie es aufrecht auf Ihrem Schoß halten. Gelingt
es ihm, mit seinen Füßen gegen Ihre Beine zu drücken, hat es großen Spaß.
Drängen Sie es aber nicht zum Stehen. Keine Sorge, wenn Ihr Baby in
diesem Alter noch kein Gewicht auf seine Beine verlagern will. Das gilt für
viele Babys in diesem Stadium. Sehr gerne wird Ihr Baby auf dem Rücken
liegend strampeln; es strampelt auch gern während des Bades, also halten
Sie viele Handtücher bereit. Regelmäßige Spielzeiten in Bauchlage tun
Ihrem Kind gut, es sollte aber weiterhin in Rückenlage schlafen.

Jeder hat sein eigenes Tempo

Ihr Baby lernt und wächst auf seine individuelle Art, in seinem eigenen
Tempo. Babys folgen zwar der gleichen Entwicklungskurve, doch gibt es
eine große Variationsbreite. Manches Baby ist körperlich schon besonders
weit, andere sind geistig lebhaft und kommunikativ, aber langsamer in der
körperlichen Entwicklung. Beides ist völlig normal. Jedes Baby ist ein Individuum, also ziehen Sie keine Vergleiche mit anderen Babys, und sorgen
Sie sich nicht unnötig über das Erreichen von Meilensteinen.

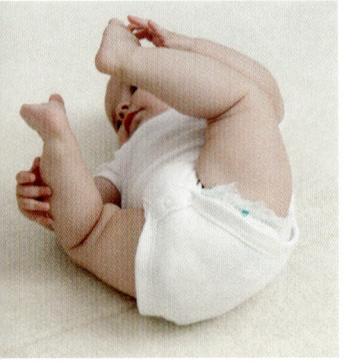

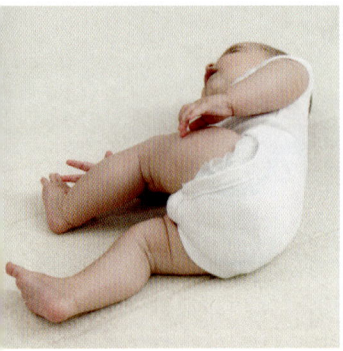

ROLLEN *Allmählich lernt das Baby, sich vom Rücken auf den Bauch zu rollen.*

Wie Ihr Baby die Welt sieht

Da sich sein Sehvermögen verbessert, betrachtet Ihr Baby jetzt gerne unterschiedliche Dinge. Allerdings sehen Babys in diesem Alter immer noch nicht sehr gut in die Weite. Die Tiefenschärfe entwickelt sich jedoch; dadurch kann das Baby Dinge viel deutlicher sehen und danach tasten. Wenn es darin geübter wird, gelingt es ihm auch, die Dinge zu ergreifen.

Mit etwa fünf Monaten betrachtet das Baby voller Interesse kleinere Objekte und versucht, nach ihnen zu greifen. Es will alles, was es in Händen hält, mit dem Mund untersuchen, daher müssen Sie es sorgfältig überwachen. Das Baby darf nichts zu greifen bekommen, das es verschlucken könnte, z. B. Münzen oder Knöpfe. Es interessiert sich auch für unterschiedliche Texturen – Seidenpapier, Seifenblasen im Badewasser und glänzende Stoffe. Alles ist neu und will erforscht werden.

Seine Sinne stimmen sich aufeinander ab. Wenn drei und vier Monate alte Babys ihre Mutter und ihren Vater sehen und ihnen dabei die Stimme eines Elternteils aus deren Mitte vorgespielt wird, schauen sie zu dem Elternteil, dessen Stimme sie hören konnten.

Ursache und Wirkung

Ein enormer Fortschritt in der geistigen Entwicklung bedeutet das Verständnis, dass Dinge durch eigene Handlungen geschehen – Ursache und Wirkung. Das Baby begreift, dass eine Rassel ein Geräusch macht, wenn es sie schwenkt; es erkennt, dass Sie antworten, wenn es mit Ihnen »spricht«, oder es füttern, wenn es vor Hunger schreit. Auf diese Weise entwickelt es nach und nach ein gewisses Gefühl der Kontrolle über die Welt. Sie können diese Entwicklung fördern, indem Sie begeistert reagieren, wenn es eine Handlung initiiert, z. B. ein Spielzeug drückt, das ein Geräusch erzeugt.

Das Verständnis von Ursache und Wirkung hilft auch, Abläufe vorauszusehen. Beim Einschlafritual weiß das Baby bald, dass auf das Baden und die Geschichte nun noch eine Mahlzeit folgt und es dann ins Bett gelegt wird. Nutzen Sie dieses Verständnis, indem Sie ihm jeden Abend die gleiche Gute-Nacht-Geschichte vorlesen oder das gleiche Lied vorsingen; so erhält Ihr Baby Hinweise darauf, dass bald Schlafenszeit ist. Es findet in einen Rhythmus, den es versteht und der ihm Sicherheit gibt.

Kommunizieren

Ihr Baby beginnt eine soziale Interaktion, indem
es seine Arme schwenkt, um auf den Arm
genommen zu werden, und Sie anlächelt, wenn
Sie in sein Blickfeld gelangen.

Wenn Sie mit Ihrem Baby interagieren, geben
Sie ihm Zeit zu reagieren. Seine Reaktionen sind
nicht so schnell wie die eines älteren Kindes;
wenn Sie mit ihm sprechen, machen Sie einige
Sekunden Pause und lassen ihm seinen Anteil
an der »Unterhaltung«. Es beginnt zu babbeln,
indem es Vokale und Konsonanten miteinander
verbindet, z. B. »dada« oder »jaja«.

Es gefällt dem Baby bestimmt, wenn Sie seine
Laute wiederholen. Es lässt Sie wissen, wann es
genug hat, indem es sich wegdreht, den Blickkontakt abbricht oder quengelig wird. Dies ist seine
Art, Ihnen mitzuteilen, dass es müde ist. Ihr Baby
lernt gerade, dass Kommunikation etwas Zwei-

seitiges ist. In diesem Alter verwöhnen Sie es nicht mit zu viel Zuwendung
– genießen Sie seine Gesellschaft.

BABYPOWER *Das Baby
lernt, dass es Einfluss
auf seine Welt hat – es
lächelt – Sie lächeln; es
schwenkt eine Glocke
– sie klingelt.*

Die Gedanken und das Verhalten Ihres Babys

Wenn Sie wissen, wie Ihr Baby denkt, können Sie sein Verhalten verstehen.
Das trägt dazu bei, entspannter zu reagieren. Der Instinkt Ihres Babys ist
darauf ausgerichtet, eine Beziehung zu Ihnen einzugehen und sicherzustellen, dass es das, was es braucht, von Ihnen bekommt – Nahrung, Wärme
und Liebe. Jegliches Verhalten, das dies sicherstellt, wird verstärkt.

Forschungen zeigen, dass schon sechs Monate alte Babys eifersüchtig
sind, wenn ihre Mütter ihre Aufmerksamkeit anderen Babys zuwenden. Sie
treten und schreien, bis sie wieder die volle Aufmerksamkeit erhalten. Die
Mütter waren schockiert über die Intensität der Emotionen ihrer Babys. Sie
zeigten ihrem Baby ihre Liebe – das, was die Babys brauchten. Zwar können
Babys eine ganze Palette an Emotionen zeigen, doch sie haben keine Vorstellung von gutem oder schlechtem Benehmen und sollten nie bestraft werden.

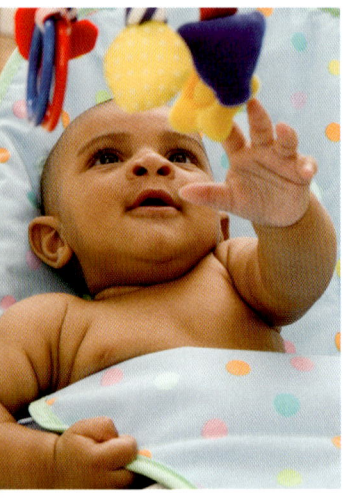

Es ist Spielzeit

Mit drei Monaten kann Ihr Baby weiter entfernte Gegenstände fokussieren und immer zielgenauer nach ihnen greifen. Jetzt können Sie ihm Spielsachen kaufen; alles, was es ungefährdet halten und mit dem Mund untersuchen kann, ist gut geeignet.

Spielsachen werden interessant

Haben Sie Geduld, wenn Sie Ihrem Baby ein Spielzeug hinhalten – mit seinen vier Monaten übt es weiterhin, die Entfernung zu einem Objekt abzuschätzen. Vor dem Greifen schaut es von seiner Hand zu dem Spielzeug und wieder zurück. Mit etwa fünf Monaten ist das vorüber; nun greift und hält es Dinge viel genauer und leichter und passt beim Ausstrecken seine Hand der Größe des Gegenstandes an. Bitte Vorsicht: Es greift genauso nach Ihrem heißen Getränk wie nach einem Spielzeug, also halten Sie alles Gefährliche außerhalb seiner Reichweite.

Ihr Baby liebt verschiedenste Geräusche – bekannte wie neue. Eine Spieldecke mit vielen Spielmöglichkeiten, die knistern, rasseln und quietschen, wenn es danach greift oder sich rollt, ist nun sehr willkommen. Spaß macht ihm auch ein »Regenmacher«, ein röhrenförmiges, mit Rasselkörpern aus verschiedenen Materialien gefülltes Instrument. Dreht man den Regenmacher um, macht die Füllung beim Herunterrutschen interessante Geräusche. Reiskörner in einem verschlossenen Plastikgefäß haben den gleichen Effekt. Rascheln Sie mit Papier, klatschen Sie zu Liedern und Kinderreimen, oder spielen Sie dem Baby Musik vor. Ein CD-Spieler kann das Einschlafritual bereichern.

Babyhopser

Babys lieben diese Schaukeln, die Sie im Türrahmen oder an einem Gestell befestigen können. Sobald Ihr Baby seinen Kopf selbstständig halten kann, verschafft ihm ein Babyhopser eine ganz neue Perspektive auf die Welt. Mit den Zehenspitzen sollte es den Boden erreichen können, sodass es sich abstoßen und drehen kann. Lassen Sie Ihr Baby aber nicht zu lange darin,

ICH WILL DAS! *Was Ihr Baby sehen kann, will es auch haben. Mit sechs Monaten kann es nach Gegenständen greifen. Halten Sie also alles Gefährliche aus seiner Reichweite.*

zehn Minuten sind genug. Es ermüdet schnell und die Stellung ist auch nicht optimal für seine Wirbelsäule. Fragen Sie im Zweifelsfall Ihren Kinderarzt.

Guck-Guck-Spiele

Dieses Spiel lieben Babys auf der ganzen Welt; Versionen davon gibt es in beinahe allen Kulturen. Ihr Baby weiß noch nicht, dass Dinge weiterhin existieren, wenn es sie nicht sieht – man nennt dies Objektpermanenz. Dieses Spiel hilft ihm, davon eine Vorstellung zu entwickeln. Bestimmt gehört es in den nächsten Monaten zu seinen Lieblingsspielen.

Wenn Sie Ihr Gesicht mit Ihren Händen bedecken, quietscht es bald voll Aufregung, weil es wartet, dass Sie hervorschauen und »Guck-guck« sagen. Sie können auch eine Decke über ein Spielzeug legen und sie dann wieder wegnehmen. Seine aufgeregte Vorahnung beim Wegnehmen zeigt, dass es zu verstehen beginnt, dass Dinge immer noch da sind, auch wenn wir sie nicht sehen können.

WO IST MAMA? Mit dem Guck-Guck-Spiel vermitteln Sie Ihrem Baby die Gewissheit, dass etwas immer noch da ist, auch wenn man es nicht mehr sehen kann.

Ihr kluges Baby

Es gibt ein riesiges Angebot an Förderspielen für die geistige Entwicklung Ihres Babys, von Mobiles und Rasseln bis zu Büchern, Elektronikspielwaren und DVDs. Jedes Jahr kommen andere »unverzichtbare« Spielsachen oder Fördermethoden auf den Markt, die garantieren, dass Ihr Baby der nächste Einstein wird. So soll z. B. das Hören von Mozart-Stücken das räumliche Vorstellungsvermögen fördern. Beweise konnten allerdings nicht erbracht werden, auch wenn Musik natürlich förderlich für die Entwicklung Ihres Babys ist (s. S. 219).

Am wichtigsten ist, dass Sie gern mit Ihrem Baby spielen, sodass es regelmäßig gefordert wird. Babys, die keine Anregungen erfahren, ziehen sich allmählich zurück und kommunizieren nicht mit anderen Menschen. Diese wertvolle Entwicklungschance ist dann für immer vertan.

Leseratte

Forschungen bekräftigen die Bedeutung des Vorlesens für Babys im frühen Alter, weil es seine Entwicklung anregt. Leseförderung sollte schon im Babyalter beginnen. Unter dem Motto »Bücher für alle – von Anfang an« entwickeln manche Städte und Büchereien entsprechende Projekte zur frühkindlichen Förderung. Schon für Babys ab drei Monaten sind spezielle Fühl- oder Tastbücher aus unterschiedlichen Materialien erhältlich, die mehrere Sinne ansprechen. Einfache Motive aus Babys Welt wecken sein Interesse.

Betrachten Sie mit Ihrem Baby diese Bilderbücher und sprechen Sie über die Motive. Wählen Sie auch Bücher mit ersten Geschichten, die Sie laut vorlesen. Auf Reime spricht Ihr Baby besonders gut an. Es gibt zudem spezielle Badewannenbücher oder Spielbücher mit Rasseln, Tönen zum Drücken oder Spiegeln, die das Interesse des Babys fesseln. Schauen Sie sich in der Bücherei oder einem Buchladen um.

Ein versierter Vater

Sie fühlen sich als Vater wohl und kompetent, wenn Sie am Familienleben beteiligt sind und es nicht nur von außen beobachten. Beteiligen Sie sich aus diesem Grund an der Pflege Ihres Babys. Wenn Sie nie damit anfangen, werden Sie es nie lernen. Übernehmen Sie die alltäglichen Aufgaben wie Wickeln, aber auch ganz spezielle Dinge. Als meine Tochter nach der Abendmahlzeit nicht zur Ruhe kam, gewöhnte ich mir an, ein Kaminfeuer zu machen und bei ihr zu sitzen. Zuerst war es eine Notlösung, doch bald spürte ich den Zauber dieser Zeit, die bald vorüber sein würde. Tun Sie das, was für Sie als Vater und für Sie beide als Paar richtig ist. Wir kennen eine Familie mit vier Kindern, in der der Vater nie eine Windel gewechselt hat. Dafür spielte er endlos mit den Kindern und ermöglichte seiner Frau so freie Zeiten.

AUS VATERS SICHT

Ihr Baby füttern

Während dieser drei Monate wird Ihr Baby immer geübter im Trinken; bald trinkt es schnell und effizient an Ihrer Brust. Die Mahlzeiten werden vorhersehbarer; daher können Sie den Tag besser planen, ohne alle Unternehmungen auf die Mahlzeiten abstimmen zu müssen.

Dennoch wird es Zeiten geben, in denen Ihr Baby während der Mahlzeiten abgelenkt ist, da es mittlerweile mehr Interesse am Geschehen rundum hat. In diesem Fall füttern Sie es möglichst an einem ruhigen Ort, fernab vom Trubel. Es wird immer schwieriger, diskret zu stillen, da Ihr Baby das Stillen häufiger unterbricht, um Sie anzulächeln, oder an Ihrem T-Shirt zieht.

    Wollen Sie nach vier, fünf Monaten Elternzeit wieder in Ihren Beruf zurückkehren, müssen Sie sich jetzt darauf vorbereiten. Viele Mütter wechseln in diesem Fall von der Brust- zur Flaschenernährung. Doch Sie müssen das Stillen nicht gänzlich aufgeben; Sie können Milch für Ihr Baby abnehmen, die es in Ihrer Abwesenheit bekommt (s. S. 89), und es weiterhin morgens und abends stillen. Die Weltgesundheitsorganisation empfiehlt Stillen während der ersten sechs Monate; es tut Ihrem Baby gut, wenn Sie es weiterhin zumindest teilweise stillen können. Wenn Sie einige Stillmahlzeiten ausfallen lassen oder ganz abstillen, tun Sie das schrittweise, damit Ihr Körper sich darauf einstellen kann. Dies verringert das Risiko, dass sich die Brüste stauen und Milch austritt.

ZUFÜTTERN *Vielleicht wollen Sie nun zu bestimmten Zeiten die Flasche geben. Wer nach der Rückkehr an den Arbeitsplatz weiter voll stillt, muss Milch abpumpen.*

Flaschen sterilisieren

Bei einem sechs Monate alten Baby müssen die Flaschen nicht mehr sterilisiert werden. Es ist jedoch weiterhin sehr wichtig, die Flaschen gründlich zu reinigen, um Magen-Darm-Probleme vorzubeugen. Auch wenn Sie vom Stillen auf Flaschen umstellen, müssen Sie die Flaschen nicht mehr sterilisieren. Manchmal bekomme ich mit, dass Eltern Schüssel und Besteck ihres Babys sterilisieren, wenn sie Beikost geben. Das ist völlig überflüssig, ebenso wie das Sterilisieren von Plastikspielsachen.

Der richtige Zeitpunkt für Beikost

Wenn Ihr Baby nachts wieder häufiger aufwacht, hat es vielleicht Hunger. Das Gesundheitsministerium empfiehlt jedoch, Beikost am besten erst ab dem sechsten Lebensmonat einzuführen, da der Körper vorher noch nicht auf andere Nahrung eingestellt ist. Zu frühe Beikost kann das Risiko für Zöliakie, Allergien und Nahrungsmittelunverträglichkeit (s. S. 278 f.) bei anfälligen Babys erhöhen. Wenn Sie glauben, Ihr Baby brauche schon vor dem sechsten Monat Beikost, beraten Sie sich mit dem Kinderarzt. Vor dem vierten Lebensmonat sollte auf gar keinen Fall Beikost gegeben werden, Weizenprodukte nicht vor dem sechsten Monat.

Fragen zur Ernährung

▶ **In einigen Wochen gehe ich wieder arbeiten. Mein gestilltes Baby nimmt einfach keine Flasche an. Was kann ich tun?**

Beginnen Sie so früh wie möglich, das Baby an die Flasche zu gewöhnen, damit Sie nicht unter zunehmenden Druck geraten. Ihr Baby hat noch nie Milch aus einem Sauger getrunken. Dazu ist eine andere Saugtechnik erforderlich als beim Stillen. Das Baby braucht mehr Übung. Bleiben Sie hartnäckig, und ermutigen und loben Sie es für seinen Lernprozess.

Infolge des engen Körperkontakts zwischen Ihnen und Ihrem Baby wundert es nicht, wenn es lieber die Brust will und die Flasche ablehnt. Verweigert es die Flasche von Ihnen, überlassen Sie Ihr Baby für 24 Stunden Ihrem Partner. Auf diese Weise bekommen Sie eine Auszeit, und der Vater kann einmal die komplette Versorgung des Babys übernehmen.

▶ **Braucht mein Baby zusätzliche Vitamine?**

Vor dem sechsten Lebensmonat brauchen Babys normalerweise keine Extra-Vitamine. Flaschenbabys benötigen auch danach keine Zusatzpräparate, sofern sie mindestens 500 ml Milch am Tag trinken, da der Milchnahrung bereits Vitamine zugesetzt sind. Wird Ihr Baby auch nach dem sechsten Monat weiterhin überwiegend gestillt, sprechen Sie mit dem Arzt, ob eine Gabe von Vitamin A und C erforderlich ist.

Einjährigen Kindern werden manchmal Vitaminpräparate verschrieben, vor allem, wenn sie sehr einseitig essen. Idealerweise sollten Babys und Kinder jedoch alle benötigten Vitamine über eine ausgewogene Ernährung zu sich nehmen.

Alle Babys bekommen als allgemeine Rachitisprophylaxe ab dem 7.–10. Lebenstag ein Jahr lang täglich eine Vitamin D-Tablette, die in etwas Wasser aufgelöst wird. Häufig wird damit eine Kariesprophylaxe durch die Gabe von Fluorid verbunden, das den Zahnschmelz härtet. Rachitis ist eine Störung des Knochenwachstums und wird durch einen Mangel an Vitamin D hervorgerufen. Muttermilch und Säuglingsnahrung decken den Vitamin-D-Bedarf von Babys nicht ausreichend.

FRAGEN&ANTWORTEN

Der Schlafrhythmus

Allmählich entwickeln sich aus den zufälligen Schlafmustern Ihres Babys verlässliche Schlafrhythmen. Um den vierten Monat schlafen die meisten Babys in 24 Stunden etwa 12–14 Stunden, davon acht bis zehn Stunden nachts. Der Nachtschlaf wird immer noch durch eine Mahlzeit unterbrochen.

Wenn Ihr Baby allmählich »normal« schlafen soll, fragen Sie sich vielleicht, ob Sie es allein in Ihrem Zimmer schlafen lassen können. Das können Sie mit gutem Gewissen. Zwar wird empfohlen, dass Babys in den ersten sechs Monaten im Elternschlafzimmer schlafen, doch kann es dort sehr wohl früher schlafen als Sie. Sie können ein Babyfon verwenden, sodass Sie Ihr Baby hören und ggf. zu ihm kommen können.

Denken Sie daran, dass Sie Ihr Baby nicht in Ihren Armen in den Schlaf wiegen müssen – es ist viel besser, wenn es möglichst früh lernt, selbst einzuschlafen. In diesem Alter sollte Ihr Baby nachts nur noch eine Mahlzeit benötigen (auch wenn es mehr möchte), es sei denn, es wurde zu früh geboren oder der Kinderarzt rät dazu.

Wenn es unruhig ist

Ihr Baby gibt im Schlaf Geräusche von sich – das tun wir alle, und wir wachen alle in der Nacht mehrmals kurzzeitig auf. Eilen Sie nicht beim ersten Mucks an sein Bett, denn dann stören Sie es nur und halten es davon ab, von selbst wieder in den Schlaf zu finden.

Wenn Ihr Baby länger und ruhiger schlafen soll, können Sie ein Schlaftraining in Erwägung ziehen (s. S. 114). Das heißt nicht, dass Sie Ihr Baby schreien lassen sollen; Sie lassen es vielmehr wissen, dass es in Sicherheit ist und Sie bei ihm sind, aber dass es nachts nur minimale Aufmerksamkeit von Ihnen erwarten kann. Wenn Ihr Baby weiß, dass Sie immer für es da sind, es aber auch ohne Füttern und Schmusen einschlafen kann, lernt es bald durchzuschlafen. Ich kann nicht genug betonen, wie vorteilhaft es ist, ein munteres, zufriedenes Baby zu haben und als Eltern entspannt und glücklich zu sein, weil alle durchgeschlafen haben.

»Bei unserem ersten Baby machten wir mit sechs Monaten ein Schlaftraining, beim zweiten mit fünf und beim dritten mit vier. Es wäre besser gewesen, wir hätten es bei allen mit vier Monaten getan.«

Schlaftraining

Ihrem Baby schadet es nicht, wenn Sie es quengeln lassen. Es ist nachgewiesen, dass übermüdete, gestresste Eltern ihr Baby emotional nur unzureichend versorgen können. Man kann Babys, die zwei Drittel ihres Schlafbedarfs nachts decken sollten, das Schlafen »beibringen«, selbst wenn sie häufig aufwachen. Sie wollen Ihrem Baby dabei verständlich machen, dass Sie immer für es da sind, aber dass nachts Schlafenszeit ist. Manche Babys sind dazu erst etwas später reif; beim ersten Kind versuchen die Eltern das Schlaftraining oft erst mit sechs Monaten. Doch wenn Sie das Gefühl haben, Ihr Baby sei so weit – oder wenn Sie verzweifelt nachts wieder schlafen wollen –, versuchen Sie es. Sie müssen allerdings konsequent sein. Es kann mehrere Tage dauern, bis Ihr Baby nicht mehr automatisch nach Ihnen schreit, wenn es in seinem Bett aufwacht. Nach einem beruhigenden Einschlafritual versuchen Sie eine der folgenden Schlaftraining-Methoden –

BERUHIGUNG *Manchmal muss Ihr Baby nur wissen, dass Sie da sind. Wenn es unruhig wird, gehen Sie hin und beruhigen es. Nehmen Sie es nicht auf Ihren Arm, und regen Sie es nicht zu sehr an.*

■ **Langsamer Rückzug:** Legen Sie Ihr Baby nach dem gewöhnlichen Ritual ins Bett, geben Sie ihm einen Gute-Nacht-Kuss und bleiben Sie bei seinem Bett. Wenn es schreit, streicheln Sie seine Hand, aber nehmen es nicht hoch. Bleiben Sie bei ihm, bis es einschläft. Sobald es einschläft, wenn Sie an seinem Bett stehen, setzen Sie sich auf einen Stuhl auf der anderen Zimmerseite.

Der nächste Schritt besteht darin, in der Nähe zu sein, wenn Ihr Baby einschläft. Gehen Sie im Zimmer ein und aus, z. B. beim Aufräumen; so weiß es, dass Sie in der Nähe, aber nicht direkt bei ihm sind. Diese Methode kann länger dauern als der schnelle Rückzug (s. u.), ist aber für Ihr Baby sanfter und sicherlich schonender für Ihre Nerven.

■ **Schneller Rückzug:** Nach dem Gute-Nacht-Kuss verlassen Sie das Zimmer. Wenn das Baby schreit, kehren Sie zurück, versichern ihm, dass Sie da sind – ohne es auf ihren Arm zu nehmen –, und gehen wieder hinaus. Oft wird empfohlen, die Phasen zwischen dem Zurückkommen zu verlängern,

Der Umzug in ein Kinderbett

Mit etwa vier Monaten ist Ihr Baby vielleicht schon aus der Wiege oder dem Stubenwagen herausgewachsen und bereit für den Umzug in ein Kinderbett. Bei der Auswahl sollten Sie auf wichtige Sicherheitskriterien achten, die durch das Siegel »GS« für Geprüfte Sicherheit gewährleistet sind. Verwenden Sie im ersten Jahr keine Kissen, Bettnestchen und Daunendecken. Bei einem gebrauchten Bett achten Sie darauf, dass die Gitterstäbe nicht weiter als 6,5 cm auseinander sind (damit das Baby den Kopf nicht einklemmen kann), keine Spalten zwischen Matratze und Bettseiten sind und die Farbe ungiftig ist.

Irgendwann dreht sich Ihr Baby in seinem Bett. Legen Sie es wieder auf den Rücken, doch Sie müssen das nicht die ganze Nacht über tun. Legen Sie es zu Beginn der Schlafenszeit immer auf den Rücken, sobald es vom Rücken auf den Bauch rollen kann und dann wieder zurück auf den Rücken. Dann kann es seine eigene Schlafposition finden.

aber das ist nicht notwendig – irgendwann schläft Ihr Baby ein. Es fühlt sich sicher, weil Sie immer dann zu ihm kommen, wenn es unglücklich ist. Langsam lernt es, dass Sie nachts kommen, wenn es Sie braucht, dass Sie es aber nicht füttern oder mit ihm spielen werden.

Seien Sie darauf gefasst, dies bis zu einer Woche lang jede Nacht viele Male zu wiederholen. Bei vielen Babys dauert es aber nur zwei oder drei Nächte. Wenn Sie zwei oder mehr Kinder haben, stellen Sie vielleicht fest, dass Sie beim Schlaftraining widerstandsfähiger werden. Unser drittes Kind kontrollierte ich einmal und ließ es dann schreien. In der ersten Nacht schrie er lange, in der zweiten weniger, in der dritten schlief er durch.

Damit es funktioniert

Sie müssen beide mit der angewandten Methode einverstanden sein. Wenn ein Elternteil Bedenken gegen das Schlaftraining hat, wird er das Baby unweigerlich aus dem Bett nehmen, und es wird niemals lernen, ohne Schmusen einzuschlafen. Wenn Ihre Wohnung hellhörig ist, informieren Sie Ihre Nachbarn über das Schlaftraining. Als wir unseren Jüngsten trainierten, ließ ich unseren Dreijährigen zum ersten Mal bei Freunden übernachten. Jede Unterbrechung Ihrer Gewohnheiten, z. B. ein Urlaub oder eine Krankheit des Babys, bedeutet vermutlich, dass Sie seinen Schlafrhythmus wieder neu herstellen müssen. Seien Sie also darauf gefasst, das Schlaftraining mehr als einmal anpacken zu müssen.

Baby und Job

Auch wenn die Elternzeit insgesamt drei Jahre dauern kann, kehren viele Frauen – aus finanziellen Gründen, aus Sorge um Aufstiegschancen oder einfach, weil sie ihre Arbeit lieben – schon bald wieder in ihren Beruf zurück. Doch nicht immer fällt diese Entscheidung leicht.

Die Rückkehr in den Beruf

Manche Mütter wollen nun nicht mehr länger zu Hause bleiben, egal, wie sehr sie ihr Baby lieben. Dann ist das auch richtig so. Entscheidend ist, sicherzustellen, dass es auch für das Baby richtig ist. Sie brauchen natürlich keine Schuldgefühle zu haben, weil Sie gerne wieder arbeiten würden. Sofern Sie die richtige Betreuung finden, wird Ihr Baby nicht darunter leiden.

Wenn Sie arbeiten gehen, werden Sie sich abends darauf freuen, Ihr Baby zu sehen, und ihm die intensive Zuwendung geben, die es braucht. Die Kehrseite ist natürlich, dass Sie einige Aspekte seiner Entwicklung verpassen, die in diesen ersten Monaten sehr rasant verläuft. Ein Kompromiss besteht für viele Mütter darin, Teilzeit zu arbeiten. Hüten Sie sich allerdings davor zu meinen, Sie könnten in Teilzeit einen Ganztagsjob erledigen und sogar noch Arbeit mit nach Hause nehmen, und das Ganze zum Teilzeitgehalt. Vielleicht teilen Sie die Elternzeit auch mit Ihrem Partner, sodass er zunächst zu Hause beim Baby bleibt, während Sie wieder arbeiten gehen. Dank der Elterngehaltregelung steigt der Anteil der Väter, die diese einmalige Erfahrung machen. Auf diese Weise können Sie Ihr Baby zumindest während der ersten ein, zwei Lebensjahre zu Hause betreuen.

Wenn das nicht möglich ist, sollten Sie bedenken, dass sich ein Baby mit fünf Monaten leichter an eine Fremdbetreuung gewöhnt als in der Fremdelphase ab etwa acht Monate. So kann nach etwa fünf, sechs Monaten der beste Zeitpunkt für die Rückkehr in den Beruf gekommen sein; wenn die Fremdelphase einsetzt, hat sich Ihr Baby dann schon an die Betreuungsperson gewöhnt, sodass ihm die Trennung von Ihnen einfacher fällt.

Formen der Kinderbetreuung

Die Person, die Ihr Baby betreut, muss Erfahrung in der Kinderbetreuung haben, sich mit Ihnen und Ihrem Baby gut verstehen und Ihre Ansichten zur Kindererziehung teilen. Wenn es jemand Fremdes ist, sollte er entsprechend ausgebildet sein und Referenzen vorweisen können. Denken Sie daran, dass Ihr Baby seine Betreuungsperson lieben soll und wird. Ihr Baby braucht eine glückliche Beziehung zu allen seinen Betreuungspersonen. Für Sie ist es dann problematisch, wenn Sie das Gefühl haben, bei Ihrem Baby etwas zu versäumen, was andere genießen können.

Die Wahl der Kinderbetreuung hängt von zahlreichen Faktoren ab, z. B. von Kosten, regionalen Angeboten und den Bedürfnissen Ihres Babys. Ihr Bauchgefühl ist ein wichtiger Faktor bei der Auswahl. Ich erinnere mich, dass ich in eine Krippe trat und sofort vom Geruch und den gelangweilten Gesichtern der Kleinkinder zurückgestoßen wurde. Wenn Sie bei einer Betreuerin oder einer Krippe kein gutes Gefühl haben, lassen Sie sich erst gar nicht darauf ein. Sie können nicht in Ruhe arbeiten, solange Sie sich um das Wohlergehen Ihres Babys sorgen. Die wesentlichen Möglichkeiten sind –

■ Familienangehörige oder Freundin: Können Sie einer nahestehenden Person Ihr Baby anvertrauen, ist das eine große Erleichterung, besonders bei einem sehr kleinen Baby. Denken Sie jedoch daran, dass Großeltern oder andere Verwandte ganz andere Vorstellungen zur Babypflege haben können. Diskutieren Sie dies daher im Detail, bevor Sie etwas vereinbaren. Wenn eine innerfamiliäre Betreuung nicht funktioniert, wird die Situation sehr schwierig. Besprechen Sie gleich zu Anfang, wie man dieses Problem lösen könnte. Denken Sie daran, dass Ihr Baby von Familienmitgliedern ganz formlos betreut werden kann; eine Freundin oder Nachbarin, die Ihr Kind regelmäßig mehr als 15 Stunden in der Woche versorgt, muss dagegen beim Jugendamt angemeldet werden.

■ Tagesmutter: Tagesmütter betreuen häufig mehrere (darunter oft eigene) Kinder in ihrer Wohnung. Wer Kinder länger als 15 Stunden wöchentlich in Tagespflege hat, muss eine

IN DER FAMILIE *In vieler Hinsicht bieten Großeltern die perfekte Betreuung. Besprechen Sie aber alle Aspekte der Versorgung, um Meinungsverschiedenheiten vorzubeugen.*

Pflegeerlaubnis vom Jugendamt besitzen. Der Vorteil einer Tagesmutter bzw. eines Tagesvaters besteht darin, dass das Baby in einer familiären Situation betreut wird, wahrscheinlich mit Kindern verschiedenen Alters, was interessant und lustig ist. Die Kosten werden ausgehandelt, orientieren sich aber an Richtlinien, die Sie beim Jugendamt erfragen können. Auf jeden Fall sollte die Tagesmutter zu Ihnen und Ihrer Familie »passen«. Kümmern Sie sich beizeiten um eine Tagespflegestelle, damit Sie sich nicht überhastet entscheiden müssen.

■ **Kinderfrau:** Eine Kinderfrau ist die teuerste Alternative; sie kann bei Ihnen oder in ihrer eigenen Wohnung wohnen und versorgt Ihr Baby bei Ihnen zu Hause so, wie Sie es wünschen. Bei mehr als einem Kind wird diese Alternative günstiger. Kinderfrauen haben idealerweise eine Ausbildung als Kinderpflegerin oder Erzieherin und müssen entsprechend bezahlt werden. Vielleicht können Sie sich ja mit einer befreundeten Familie eine Kinderfrau teilen.

■ **Kinderkrippen:** Sie sind eine Form der Kindertagesbetreuung für Kinder unter drei Jahren. Die Nachfrage nach diesen Plätzen ist weit größer als das Angebot. Diese Einrichtungen sind auf die besonderen Bedürfnisse von Babys und Kleinkindern abgestimmt und werden von Erzieherinnen geführt. Sie stehen unter unterschiedlicher Trägerschaft und haben deswegen unterschiedliche pädagogische Ausrichtungen. Träger können z. B. die Stadt, Kirchengemeinde, Träger der freien Jugendhilfe, Verbände der freien Wohlfahrtspflege sein. Manchmal entstehen sie auch aus Elterninitiativen.

■ **Au-pair:** Au-pairs sind junge Menschen aus der ganzen Welt, die eine bestimmte Zeit in einer Familie leben. Sie wollen ihre Sprachkenntnisse verbessern und stehen der Familie halbtags für Kinderbetreuung und leichte Hausarbeiten zur Verfügung. Ein Au-pair verfügt aber über keine spezielle Qualifikation.

»Bei jedem meiner drei Babys kehrte ich bald in den Beruf zurück, und das war für mich die absolut richtige Entscheidung. Ich kann ehrlich sagen, dass ich jede Minute mit meinen Kindern genieße.«

Beim Baby zu Hause bleiben

Dank dem Elterngehalt fällt vielen Müttern heute die Entscheidung leicht, das Baby in den ersten Jahren selbst zu versorgen; doch auch Vollzeitmütter können unter Schuldgefühlen leiden, ebenso wie berufstätige Mütter. Es gibt Frauen, die das Muttersein mit der gleichen Perfektion angehen wie ihren Beruf und immer alles 150 %ig erledigen wollen. Sie gönnen sich keine Abwechslung von der Hausarbeit, wenn ihr Baby schläft, weil sie sofort ein schlechtes Gewissen hätten, »nichts« zu tun. Schließen Sie sich Mutter-Kind- bzw. Krabbelgruppen an. Ihr Baby mag diese neue Erfahrung, und Sie finden Kontakte und Austausch. Für Alleinerziehende ist dies besonders wichtig.

Denken Sie daran, dass die Versorgung Ihres Babys ein Vollzeitjob ist, für den Sie eine andere Person bezahlen würden. Jede Familie ist einzigartig; wenn Sie sich für diese Aufgabe entscheiden, sollten Sie nicht der Meinung sein, Sie müssten den ganzen Tag über Pflichten erfüllen. Ich habe eine Freundin, die sich den ganzen Tag um ihr Baby kümmert und es als Vergehen betrachtet, sich Zeit für einen Kaffee mit Freundinnen zu nehmen. Im Büro würden Sie auch Pausen einlegen, mit anderen reden, Kaffee- und Mittagspause machen und eine bestimmte Anzahl Stunden arbeiten. Denken Sie daran, dass Ihnen auch zu Hause mit Ihrem Baby Pausen zustehen!

Sobald sich eine gewisse Routine eingespielt hat, kann es bereichernd sein, einen Abendkurs oder Ähnliches zu belegen. Das Verfolgen anderer Tätigkeiten lässt Sie die Zeit mit Ihrem Baby wieder besonders genießen.

VOLLZEITMUTTER *Wer als Mutter zu Hause bleibt, stellt die eigenen Bedürfnisse leicht zurück. Es ist wichtig, sich Pausen zu gönnen und regelmäßigen Kontakt mit anderen Erwachsenen zu pflegen.*

»Manchmal habe ich das Gefühl, von Freundinnen, die bald wieder arbeiteten, belächelt zu werden. Doch ich bereue es nicht, zu Hause zu bleiben, auch wenn es finanziell manchmal eng ist.«

Einander unterstützen

Egal, ob Sie wieder arbeiten gehen oder fürs Erste zu Hause bleiben: Sie sollten sich darüber im Klaren sein, dass beide Rollen Belastungen, aber auch Vorteile mit sich bringen. Wichtig ist, dass Sie und Ihr Partner nicht in Streit darüber geraten, wer mehr arbeitet oder die wichtigere Aufgabe hat. Wenn einer berufstätig ist und sich einer zu Hause ums Baby kümmert, muss sich auch der Berufstätige regelmäßig an der Babypflege beteiligen.

Sowohl Peter als auch ich hatten das Glück, in dieser Zeit beide regelmäßig bestimmte Wochentage freizuhaben. Es war schön, diese Extra-Zeit für die Kinder und einen anspruchsvollen Beruf zu haben, aber wir freuten uns auch jedes Mal abends, dass derjenige, der sich tagsüber um die Kinder gekümmert hatte, vom anderen entlastet wurde.

Ihr Leben als Paar

Wahrscheinlich waren Sie beide bisher berufstätig und kamen etwa gleichzeitig nach Hause. Die Tatsache, dass nun einer den ganzen Tag zu Hause ist und der andere bei der Arbeit, kann Ihre Beziehung infrage stellen. Sie brauchen Zeit für die Umstellung. Plötzlich bedeutet das Heimkommen, dass Sie bei der Zubereitung des Abendessens helfen, Windeln wechseln und Ihre Partnerin unterstützen müssen. Egal, wie müde Sie sind: Denken Sie daran, dass auch sie den ganzen Tag gearbeitet hat und eine Pause braucht. Freuen Sie sich auf die Zeit mit Ihrem Baby. Entscheidend ist, dass Sie die Bedürfnisse des anderen ernst nehmen und frühere Erwartungen revidieren.

SEX? WAS IST DAS?

Für die meisten Männer bedeutet Elternschaft eine Einschränkung ihres Sexuallebens. Bei Frauen, die vor kurzer Zeit entbunden haben, steht Sex meist ganz unten auf der Prioritätenliste. Das ist ein Problem, denn Sex ist eine wichtige Form, Liebe und Intimität auszudrücken. Der offensichtliche Entzug ist daher schwer zu ertragen. Haben Sie sich körperlich auch sonst von Ihrer Partnerin zurückgezogen, kann sie das Gefühl bekommen, Sie hätten kein Interesse mehr an ihr. Eine Umarmung kann Wunder wirken.

Sprechen Sie darüber und drücken Sie Ihre Bedürfnisse aus; respektieren Sie aber auch die Ihrer Partnerin. Seien Sie zärtlich zu ihr, ohne mehr zu erwarten – die Intimität wird sich wieder einstellen, auch wenn sie für sie jetzt nicht das Wichtigste ist. Hormone können die Libido der Frau noch mehrere Monate lang beeinträchtigen; das Stillen und die Babypflege geben ihr vielleicht das Gefühl, dass ihr Körper nun eine andere Funktion zu erfüllen hat als früher. Dies ist eine Phase, und in einigen Monaten wird Ihre Beziehung (und ihr Körper) wieder zur Normalität zurückkehren.

AUS VATERS SICHT

Häufige Fragen

▶ **Ich will nicht mehr arbeiten gehen, obwohl wir das Geld brauchen. Ist das egoistisch?**

Dieses Gefühl ist ganz natürlich. Sie sind nicht egoistisch. Besprechen Sie es mit Ihrem Partner, und machen Sie deutlich, welche Vorteile es hat, wenn Sie zu Hause bleiben. Ihrem Baby kommt eine kontinuierliche Betreuung durch den Menschen, den es am meisten liebt, zweifelsohne zugute. Sie müssen es nicht an eine fremde Betreuung gewöhnen. Sie können Ihr Baby weiterhin voll genießen. Und vielleicht sieht es dank des Elterngehalts finanziell ja gar nicht so schlecht aus, zumal Sie auch Kosten, die Sie durch die Berufstätigkeit hätten, sparen, wie Kinderbetreuung, Fahrt, Mahlzeiten. Vielleicht wäre auch Teilzeitarbeit eine Alternative.

▶ **Die Tagesmutter meiner Freundin hat einen freien Platz, und meine Freundin drängt mich, ihn zu nehmen. Ich weiß aber nicht, ob mir die Tagesmutter liegt. Soll ich es versuchen?**

Ganz klar: Nein. Sie müssen mit der Tagesmutter Ihres Babys zufrieden sein, und es ist wichtig, dass Sie dabei Ihrem Bauchgefühl folgen. Die Tagespflege kann völlig in Ordnung sein, mag aber einfach nicht zu Ihnen und Ihrem Baby passen. Suchen Sie weiter, vertrauen Sie Ihrem Instinkt – es ist schwer, wieder arbeiten zu gehen, wenn man sich um das Wohlergehen des Babys sorgt. Notfalls müssen Sie bereit sein, Ihre ursprünglichen Vorstellungen hinsichtlich Tagesmutter, Kinderfrau oder Krippe zu ändern.

▶ **In der Krabbelgruppe scheinen alle das Elternsein locker zu bewältigen. Nur ich nicht. Stimmt mit mir etwas nicht?**

Vielen Müttern geht es anfangs so, vor allem wenn sie übermüdet sind, in einer schwierigen familiären Situation leben oder ein besonders anspruchsvolles Baby haben. Dann fühlen sie sich niedergeschlagen und unsicher, weil das Leben mit einem Baby anders ist als erwartet.

Ich hatte bei meinem dritten Baby einen Not-Kaiserschnitt, was ein riesiger Schock war. Mehrere Wochen lang war ich ein körperliches und emotionales Wrack. Entsprechend war Eddie als Baby unglaublich launisch; ich konnte es kaum erwarten, ihn Peter zu geben, wenn er heimkam. Jetzt jedoch ist er ein charmantes, zärtliches Kind, und ich kann mich kaum erinnern, keine gute Beziehung zu ihm gehabt zu haben. Kämpfen Sie nicht allein damit – je früher Sie Hilfe suchen, umso schneller können Sie das Leben mit Ihrem Baby genießen. Vielleicht leiden Sie an einer Wochenbettdepression (s. S. 101); sprechen Sie mit einer vertrauenswürdigen Person, die dafür geschult ist. Der Frauenarzt oder Hausarzt kann Ihnen weiterhelfen und Sie ggf. zu einem Psychologen überweisen.

Ein Adoptivbaby versorgen

Egal, was die Gründe für die Adoption waren: Plötzlich eine Familie zu sein bedeutet Glück und Herausforderung zugleich. Suchen Sie Information, Rat und Unterstützung, damit Sie das Leben mit Ihrem Baby genießen können.

IHR ADOPTIERTES BABY

Wenn Sie ein Baby adoptieren, teilen Sie viele Erfahrungen, Freuden und Sorgen von leiblichen Eltern. Doch Sie erleben vielleicht auch, dass nach einer sehr langen Wartezeit Ihr Baby dann doch mehr als plötzlich in Ihr Leben tritt und Sie ganz unvorbereitet trifft. Besonders machen Sie sich Sorgen, wie es sein wird, wenn das Baby älter ist, einen schwierigen Start ins Leben hatte oder Sie anfangs nicht so viel für es empfinden. Diese Ängste sind völlig normal – schließen Sie sich einer Selbsthilfegruppe an und sprechen Sie mit anderen Betroffenen. Es gibt spezielle Beratungsstellen für Adoptiveltern und Kinder mit schweren Startbedingungen.

DIE BINDUNG ZU IHREM BABY

Der Druck, sofort eine Beziehung zum Baby aufzubauen, ist für leibliche Eltern schon groß genug, aber natürlich leichter, weil eine genetische Verbindung besteht. Bei leiblichen Müttern tragen auch die Hormone zum Bindungsprozess bei; wenn dies also bei Ihnen und Ihrem adoptierten Baby nicht sofort der Fall ist, machen Sie sich keine Sorgen.

Lassen Sie sich wie alle anderen Eltern Zeit, das Baby kennenzulernen, mit ihm zu sprechen, ihm vorzusingen, es zu versorgen, mit ihm zu schmusen, dann wird die Beziehung wachsen. Sie entwickelt sich mit Sicherheit!

MEDIZINISCHE UNTERSUCHUNGEN

Wurde Ihr Baby in Deutschland geboren, gibt es Dokumente über die ersten Untersuchungen. Lassen Sie das Baby gründlich von Ihrem Kinderarzt untersuchen, und nehmen Sie die üblichen Vorsorgeuntersuchungen wahr. Bei einem Baby, das aus dem Ausland stammt, können umfangreichere Untersuchungen erforderlich sein.

LERNEN, FÜR DAS BABY ZU SORGEN

Sofern Ihr Baby nicht von Anfang an bei Ihnen ist, sind Sie nicht von Geburt an mit der Babypflege befasst. Die Hebamme kann Ihnen aber auch später die Grundlagen des Wickelns, Fütterns und den allgemeinen Umgang mit dem Baby beibringen. Keine Panik, wenn es eine Weile dauert, bis Sie es heraushaben – auch leibliche Eltern sind Neulinge und genauso unsicher wie Sie.

Ihr Baby braucht eine Weile, sich an Sie zu gewöhnen. Das macht nichts – zeigen Sie ihm einfach, wie sehr Sie es lieben und wünschen, dann fühlt es sich bald geborgen.

Die meisten Adoptivkinder sind Flaschenbabys und erleben körperlich und emotional eine normale Entwicklung. Vielleicht haben sie anfangs etwas Kolostrum von der Mutter bekommen. Unter Umständen können

»Viele Leute im Vorbereitungskurs betrachteten eine Adoption als letzten Ausweg aus der Unfruchtbarkeit. Für uns war Adoption aber die erste Wahl.«

Sie jedoch ein adoptiertes Neugeborenes oder sehr junges Baby auch
stillen. Sprechen Sie mit dem Frauenarzt und einer Stillberaterin, wie die
Milchbildung mit einer Milchpumpe
und ggf. auch medikamentös angeregt
werden kann. Mit einem sogenannten
Brusternährungsset erhält ein Baby,
das beim Stillen nicht genügend Milch
bekommt, während des Stillens Milch
aus der Brust und zusätzliche Milch
durch einen dünnen Silikonschlauch.
Das regt das Baby dazu an, intensiver
und länger an der Brust zu saugen;
auf diese Weise wird wiederum auch
die Milchbildung angeregt.

empfindlicher und stärker in der Defen-
sive, was Ihr Baby und Ihren Erziehungsstil anbelangt, besonders wenn
die Adoption lang und mühsam war.

Bei Problemen wenden Sie sich
möglichst bald an den Kinderarzt,
er kann Ihnen wertvolle Ratschläge
geben oder wird Sie an eine Fachkraft
überweisen.

Wenn Sie alleinerziehend sind
oder in einer gleichgeschlechtlichen

WAS ES BRAUCHT *Nahrung, Wärme,
Liebe und Zuwendung können Sie
einem Baby auch als Adoptiveltern
schenken.*

»Oft hört man, gleichgeschlechtlichen Paaren sollte keine
Adoption erlaubt sein; wir müssen sehen, wie sich diese
Haltung auf lange Sicht auf unsere Kinder auswirkt.«

Wenn Ihr Baby anfangs mit der Flasche
ernährt wurde und an einen Sauger
gewöhnt ist, weiß es vielleicht nicht,
wie es an der Brust saugen soll – das
»Melken« ist anders als das eher passive
Trinken aus der Flasche. Hier sind fach-
kundiger Beistand, praktische Hilfe und
moralische Unterstützung durch eine
Stillberaterin unverzichtbar.

Partnerschaft leben, brauchen Sie
angesichts von möglichen Reaktionen
aus Ihrem gesellschaftlichen Umfeld
besonders viel Selbstbewusstsein.
Doch Familienzusammensetzungen
sind heuzutage ganz unterschiedlich,
und Ihr Kind wird sich dank Ihrer
Liebe und Fürsorge sicherlich gut
entwickeln.

UMGANG MIT DEN MITMENSCHEN

Jeder hat eine eigene Meinung zum
Elternsein – das gilt für das Adoptivel-
ternsein genauso. Vielleicht sind Sie aber

TEAMWORK *Die Adoption ist eine
Entscheidung, die vermutlich Ihre
Beziehung als Paar stärken wird.*

IHR BABY WÄCHST

1 2 3 4 5 6 **7 8 9** 10 11 12

MONATE

DAS SCHMECKT GUT. AB DEM SECHS-
TEN LEBENSMONAT ERWACHT DIE LUST AUF
BEIKOST.

IHR KLUGES KIND DAS GLEICH-
ZEITIGE HANTIEREN MIT ZWEI DINGEN
GEHÖRT ZU DEN FÄHIGKEITEN, DIE ES
IN DIESEN MONATEN ENTWICKELT.

ICH WILL ZU MAMA IHR BABY HÄNGT NUN BESONDERS AN IHNEN UND IST AUSSER SICH, WENN ES SIE NICHT SIEHT.

»Wenn sich neue Fähig-keiten ausbilden, werden Sie Ihr Baby ohne Unter-lass beobachten.«

Ihr geschicktes Baby

Die Zeit zwischen sechs und neun Monaten ist besonders aufregend. Ihr Baby macht ständig neue Erfahrungen und entwickelt Fertigkeiten. Kaum eine Woche vergeht, ohne dass es wieder etwas Neues kann. Ihre Aufgabe besteht darin, Schritt zu halten, vor allem, wenn Ihr Baby mobil wird.

So vieles tut Ihr Baby nun zum ersten Mal: frei sitzen, krabbeln (oder anderswie vorankommen) und sich in den Stand hochziehen. Es probiert zum ersten Mal Beikost, und vielleicht brechen seine ersten Zähne durch. Genießen Sie jeden einzelnen dieser Momente. Er geht viel zu schnell vorüber. Jeder Meilenstein ist faszinierend – und der nächste noch viel erstaunlicher.

Körperliche Entwicklung

Viele Babys können mit sechs bis sieben Monaten frei sitzen; manche schon so stabil, dass sie mit einem Spielzeug spielen können, ohne umzukippen. In Rückenlage beginnt Ihr Baby, Kopf und Schultern anzuheben. In Bauchlage kann es die Knie anziehen oder beim Flachliegen mithilfe der Arme den Oberkörper heben.

Die meisten Babys versuchen zu krabbeln, aber keine Sorge, wenn nicht; manche rutschen stattdessen einfach auf ihrem Po durch die Gegend und gehen vom Sitzen geradewegs zum Laufen über. Andere rollen sich durch das Zimmer oder robben auf dem Bauch umher. Wie auch immer Ihr Baby von A nach B gelangt: Sobald es mobil ist, müssen Sie noch besser auf seine Sicherheit achten (s. S. 134 f.).

Im Rahmen der ersten Krabbelversuche kann es sein, dass Ihr Baby beim Versuch, vorwärts zu krabbeln, in die entgegengesetzte Richtung gelangt. In diesem Alter ist die Armkoordination besser als die Beinkoordination; schiebt Ihr Baby sich mit Armen und Beinen, bewegt es sich rückwärts. Das ist anfangs frustrierend, doch bald gelingt es besser.

Die feinmotorischen Fähigkeiten verbessern sich; Ihr Baby kann ein Spielzeug halten und von einer in die andere Hand nehmen. Es lernt,

IHNEN AUF DEN FERSEN … *Beim Abstützen bringt Ihr Baby sich in Krabbelposition. Regen Sie es dazu an, indem Sie in seiner Nähe ein Spielzeug hinlegen.*

in jeder Hand ein Spielzeug zu halten und beide aneinanderzuschlagen, damit ein Geräusch entsteht. Mit acht Monaten kann es willentlich loslassen, was zum Lieblingsspiel wird und für Sie ziemlich nervtötend sein kann. Das Baby ist nun in der Lage kleinere Gegenstände aufzuheben, z. B. Rosinen. Während es im Alter von sechs Monaten noch mit der ganzen Hand greift, verwendet es ab dem achten Monat den viel zielgenaueren Pinzettengriff (Daumen und Zeigefinger).

Baby-Gespräche

Mit sechs bis sieben Monaten reiht Ihr Baby wahrscheinlich einzelne Silben wie »bababa« aneinander und prustet und schnaubt begeistert. Mit etwa acht Monaten beginnt es, Laute und Silben aneinanderzufügen wie »ah-ba-lu«; sein Babbeln wird so gesprochener Sprache ähnlicher. Es »ruft« Sie vielleicht auch, damit Sie auf es aufmerksam werden. Viele Babys mögen den Klang ihrer eigenen Stimme so sehr, dass sie Laute immer wieder wiederholen.

Psychologen haben herausgefunden, dass die meisten Eltern im Gespräch mit ihrem Baby automatisch Gesten einsetzen, z. B. zeigen, Tätigkeiten nachahmen (etwa tun, als würden sie von einem Löffel essen, um so die Essenszeit zu signalisieren) und beim »Ja-« oder »Nein-«Sagen mit dem Kopf nicken bzw. ihn schütteln. Vielleicht wollen Sie auch die Baby-Zeichensprache (s. S. 133) ausprobieren. Diese Gesten, meinen Forscher, beschleunigen die Sprachentwicklung und fördern Babys Wortverständnis.

Was es versteht

Das Verständnis Ihres Babys wächst erstaunlich schnell: Es imitiert Laute, die Sie bilden, und liebt es, wenn Sie es kopieren; es versteht zunehmend den Tonfall Ihrer Stimme. Vielleicht weint es, wenn Sie verärgert oder aufgebracht sind. Es beobachtet fasziniert Ihre Gespräche mit anderen Menschen und wendet dabei dem jeweils Sprechenden den Kopf zu.

Das Baby lernt, Ihrem Blick zu folgen, und betrachtet das, was Sie ansehen. Es weiß nun um die Objektpermanenz. Lässt es einen Gegenstand fallen, sucht es danach, statt ihn gleich zu vergessen. Wenn Sie es vor einen Spiegel setzen, ist es anfangs fasziniert von dem »anderen« Baby, versteht aber bald, dass es sich selbst betrachtet. Beim Guck-Guck-Spiel versucht es vielleicht, Sie nachzumachen und es selbst zu spielen. Sein Kommunikationsrepertoire gedeiht prächtig. Bald streckt es Ihnen die Arme entgegen, wenn es auf den Arm genommen werden will. Einige wenige Babys zeigen bereits – anfangs mit dem ganzen Arm statt mit einem Finger; bei vielen entwickelt sich diese Fähigkeit jedoch erst später.

Verlustangst

Eine neue Entwicklung in diesen Monaten besteht darin, dass Ihr Baby fremdelt. Mit sechs Monaten lächelt es noch jeden freundlich an und lässt sich streicheln, mit sieben Monaten kann es schon etwas widerwilliger sein, und mit acht Monaten sind Sie seine absolute Bezugsperson. Es reagiert verängstigt und aufgeregt, wenn Sie das Zimmer verlassen. Dies nennt man »Verlustangst« bzw. »Fremdelphase«. Sie ist ein wichtiger Schritt zur sozialen und emotionalen Entwicklung Ihres Babys. Für Sie ist es eine besonders anstrengende Phase, weil Ihr Baby plötzlich die ganze Zeit bei Ihnen sein will, selbst wenn Sie zur Toilette gehen.

> »Es war süß, als mein Baby so anhänglich war, aber ich konnte kaum noch den Haushalt machen.«

Nach und nach legt sich die Verlustangst, weil Ihr Baby aus Erfahrung weiß, dass Sie immer zurückkommen, wenn Sie es allein lassen. Sobald es mobil ist, kann es Ihnen folgen, wenn Sie das Zimmer verlassen. Dies trägt zur Überwindung seiner Angst bei. In der Zwischenzeit behalten Sie es möglichst bei sich. Bitten Sie andere Personen, sich zurückzuhalten und Ihrem Baby die Initiative zu einer Interaktion zu überlassen, statt es zum Reagieren zu zwingen.

Fragen zur Entwicklung

Die Entwicklung Ihres Babys wird bei den Vorsorgeuntersuchungen regelmäßig überprüft. Doch auch zwischen den Untersuchungen sollten Sie sich bei möglichen Auffälligkeiten bzw. Sorgen oder Fragen jederzeit an den Kinderarzt wenden. Achten Sie vor allem auf –

■ **Hörprobleme:** Falls Sie in irgendeiner Weise den Eindruck haben, dass Ihr Baby schlecht hört, z. B. wenn es nicht angemessen auf Geräusche oder Ihre Ansprache reagiert, wenden Sie sich an den Arzt. Er kann Sie ggf. zu einem Facharzt überweisen.

■ **Sehvermögen:** Wenn Sie den Eindruck haben, dass Ihr Baby schielt oder nicht gut sieht, z. B. weil es größere Probleme mit der Augen-Hand-Koordination hat oder nicht sofort reagiert, wenn Sie den Raum betreten, oder Sie den Eindruck haben, dass es Entfernungen schlecht einschätzt, wenden Sie sich ebenfalls an den Kinderarzt.

■ **Wachstum und Entwicklung:** Wenn Sie befürchten, Ihr Baby könnte über- oder untergewichtig sein, wird der Kinderarzt mit Ihnen die Ernährung besprechen und Ihnen ggf. Empfehlungen geben. Scheint es bestimmte körperliche Meilensteine verzögert zu erreichen, kontrolliert der Kinderarzt seine Fähigkeiten. Falls Sie sich wegen der Sprachentwicklung oder der sozialen Interaktion Sorgen machen, überprüft er, ob das Baby plappert, Blickkontakt herstellt, bewusst Ihre Aufmerksamkeit erregt und in Ihren »Unterhaltungen« seinen Part übernimmt.

Eine neue Rolle für Papa

Ihr Baby erlebt eine regelrechte Übergangszeit: die erste Beikost, das eigene Schlafzimmer, vielleicht die Rückkehr der Mutter an den Arbeitsplatz und das Abstillen. Sie als Vater können Ihrer Partnerin und Ihrem Baby allerdings auf vielfältige Weise helfen, sich an all die Neuerungen zu gewöhnen und einen neuen Rhythmus zu finden.

Weil Sie für Ihr Baby nicht das beruhigende Stillen verkörpern, können Sie es vielleicht besser an sein neues Kinderzimmer oder veränderte Schlafenszeiten gewöhnen. Es nimmt wahrscheinlich auch seine ersten Flaschen und die erste Beikost bereitwilliger von Ihnen an als von der Mutter.

Es fällt Ihrer Partnerin sicherlich nicht leicht, wieder arbeiten zu gehen. Unterstützen Sie sie nach Kräften bei der Auswahl und Organisation der Kinderbetreuung sowie emotional und praktisch in der Eingewöhnungsphase am Arbeitsplatz. Helfen Sie bei der Babypflege, aber nehmen Sie sich darüber hinaus Zeit für Spiel und Spaß. Ihr Baby reagiert positiv auf all diese Zuwendung. Sie werden Augen machen, wie gut es sich weiterentwickelt.

AUS VATERS SICHT

Häufige Sorgen

▶ **Ich bin Deutsche, mein Mann ist Franzose, und wir würden unser Baby gern zweisprachig erziehen. Sollen wir jetzt schon in beiden Sprachen mit ihm sprechen?**

Studien beweisen, dass ein Baby am besten zweisprachig aufwächst, wenn man von Anfang an mit ihm in beiden Sprachen kommuniziert. Ermutigen Sie also Ihren Mann, mit Ihrer Tochter nur französisch zu reden. Manchmal sprechen zweisprachige Babys etwas später als andere, da sie zunächst einmal mehr Informationen verarbeiten müssen. Das ist jedoch kein Grund zur Sorge, weil sie die Verzögerung bald aufholen.

▶ **Mein Sohn und meine Nichte sind beide sieben Monate alt, aber meine Nichte ist viel gesprächiger und offener als mein Sohn. Wie kann ich ihm helfen?**

Jedes Baby ist anders. Machen Sie nicht den Fehler, Ihren Sohn mit Ihrer Nichte zu vergleichen. Ein geschlechtsbedingter Unterschied ist in diesem Alter nichts Ungewöhnliches; Jungs erwerben körperliche Fähigkeiten schneller, und Mädchen sind eher in sprachlichen und sozialen Bereichen voran. Das ist aber nicht immer der Fall. Babys konzentrieren sich jeweils auf eine Fähigkeit; wahrscheinlich meistert Ihr Sohn gerade einen körperlichen Meilenstein, und danach gibt es einen Durchbruch in der Sprachentwicklung. Mein ältester Sohn sagte, bis er zwei war, gar nichts, während die Babys meiner Freundinnen bereits Monate zuvor Kinderreime aufsagten. Ich machte mir aber keine Sorgen, weil ich wusste, dass mein Sohn alles verstand.

Sprechen und singen Sie im Tagesverlauf viel mit Ihrem Baby; lassen Sie ihm dabei Raum zum »Antworten«. Auch Kinderreime hört es sehr gern.

▶ **Mein Baby keucht bei Erkältungen. Kann das daran liegen, dass ich rauche?**

Keuchen kommt bei Babys häufig vor, aber die Tatsache, dass Sie rauchen, ist in keiner Weise förderlich und wird die Häufigkeit seiner Erkältungen erhöhen. Forschungen haben gezeigt, dass Kinder von Rauchern mehr keuchen als Kinder von Nichtrauchern. Das Wichtigste, was Sie bzw. Ihr Partner tun können, ist, das Rauchen aufzugeben. Es reicht nicht aus, nur im Freien zu rauchen, da der Rauch in Ihrem Haar und in Ihrer Kleidung festsitzt.

▶ **Der Kinderarzt meint, mein achtmonatiges Baby sei ziemlich übergewichtig. Aber es wirkt so gesund und zufrieden, macht das wirklich etwas aus in diesem Alter?**

Zwar sehen pummelige Babys oft niedlich aus, doch sollte das Gewicht eines Babys im richtigen Verhältnis zur Körpergröße stehen. Frühes Übergewicht führt leicht zu langwierigen Gesundheitsproblemen, wie Diabetes und Bluthochdruck, und ebenso zu kurzfristigen Problemen, wie verspätetes Drehen und Krabbeln.

Wenn Ihr Baby stark übergewichtig ist, müssen Sie überprüfen, ob Sie ihm mehr Kalorien geben, als es benötigt. Ein Baby, das drei Mahlzeiten am Tag erhält, braucht nicht mehr als insgesamt einen halben Liter Milch. Voll gestillte Babys werden selten übergewichtig. Wenn ein Baby nur leicht übergewichtig ist, besteht kein Grund zur Sorge. Wahrscheinlich nimmt es ab, sobald es mobil wird.

Spielen macht Spaß

Alltagsgegenstände und Spielsachen findet Ihr Baby vom sechsten Monat ab faszinierend; alles, was es in die Finger bekommen kann, will es untersuchen und in den Mund stecken. Es lernt noch mehr, wenn Sie mit ihm spielen und seine Lieblingsspiele immer wieder aufs Neue machen.

Lieblingsspielsachen

ÜBERRASCHUNG! *Ihr Baby merkt schnell, wie interaktive Spiele funktionieren.*

Spielsachen, bei denen Ihr Baby Ursache und Wirkung erfährt, sind ab sechs Monaten ein besonderer Hit. Wenn Sie z. B. einen Springteufel in eine Schachtel stecken und mit Ihrem Baby den entsprechenden Knopf drücken, hat es sehr viel Spaß. Wiederholungen sind für Babys wichtig, weil sie Vorstellungen und neue Fertigkeiten verinnerlichen müssen; seien Sie also nicht überrascht, wenn Ihr Baby immer wieder sehen will, wie ein bestimmtes Spielzeug funktioniert. Sie müssen nicht viele Spielsachen für Ihr Baby kaufen – es hat genauso viel Spaß, wenn es mit Haushaltsgegenständen wie Löffel, leere Joghurtbecher, Streichholzschachteln und Schlüsseln spielt. Mit Sicherheit will es alles haben, was Sie halten oder tragen.

In diesem Alter lieben Babys das Kramen und Wühlen; füllen Sie einen Behälter mit einigen kleinen Spielsachen und anderen ungefährlichen Sachen, und lassen Sie es alles untersuchen. Das Baby hat noch ein kurzes Gedächtnis; wenn Sie einige Spielsachen versteckt halten und regelmäßig austauschen, hat es immer wieder Neues zu entdecken.

Es kann sich allerdings nur auf eine Aufgabe konzentrieren; wenn es in jeder Hand ein Spielzeug hält und Sie ihm ein weiteres anbie-

Baby-Zeichensprache

Baby-Zeichensprache bedeutet, dem Baby nonverbale Formen der Kommunikation beizubringen, damit es seine Bedürfnisse und Gefühle ausdrücken kann. Wenn Ihr Baby Sie, ohne zu schreien, wissen lassen kann, wann es müde, hungrig oder durstig ist, wird es um einiges zufriedener sein. Bücher und Kurse zur Baby-Zeichensprache, die auch als Zwergensprache bezeichnet wird und in den USA entwickelt wurde, gibt es inzwischen auch in Deutschland. Babys lernen hier einfache Zeichen z. B. für »Milch«, »Schlaf« oder »mehr«. Viele Familien schwören darauf. Manche Babys lernen sie schon mit sechs Monaten, meist aber erst etwas später.

Wenig und oft lautet der Schlüssel zur Baby-Zeichensprache; Sie müssen es ihm viele Male vormachen, bevor es die Sache begreift. Zeigen Sie ihm einfach das Zeichen für eine Sache, wenn sie in der Unterhaltung auftaucht, z. B. für »mehr«, wenn Sie mehr Essen anbieten. Machen Sie daraus aber keine Unterrichtsstunde – das funktioniert nicht. Üben Sie keinen Druck auf Ihr Baby aus; wenn es Ihnen beiden Spaß macht, ist es gut, wenn nicht, lassen Sie es bleiben.

ten, lässt es die Spielsachen, die es in den Händen hält, fallen und greift nach dem neu angebotenen.

Alles, was Ihr Baby hält, wird auch mit dem Mund erforscht. Daher darf es auf keinen Fall kleine Gegenstände, die es verschlucken könnte, in die Finger bekommen. Wenn seine Zähne durchbrechen, wird es auch auf Spielsachen, Kochlöffel und andere harte Gegenstände beißen. Machen Sie sich wegen der Hygiene keine Sorgen, und nehmen Sie Ihrem Baby die Sachen nicht aus dem Mund. Das Untersuchen mit dem Mund gehört zum normalen Erforschen der Welt. Sie können ihm einen Beißring kaufen, wenn Sie möchten. Ungiftige Spielsachen aus Holz oder weichem Kunststoff erfüllen den gleichen Zweck.

Musik machen

Musik fördert Babys in vielfacher Hinsicht – sie unterstützt die Sprach- und Kommunikationsfähigkeit, fördert Entspannung und Schlaf und unterstützt die körperliche, emotionale und soziale Entwicklung.

Ihr Baby mag alle Arten von Musik, von selbst gemachten Rasseln bis zu Ihrem Gesang (auch wenn Sie unmusikalisch sind!) und CDs mit Kinderliedern. Hören Sie nach Lust und Laune CDs mit Babymusik – mit Sicherheit werden die im Auto am häufigsten gespielten CDs Babylieder enthalten.

ZAHNEN *Wenn die Zähnchen durchbrechen, tut es dem Baby gut, auf hartes Spielzeug zu beißen.*

Die Sicherheit Ihres Babys

Im Haushalt lauern viele Gefahren auf ein Baby, z. B. Treppen, Tische mit scharfen Kanten und kleine Gegenstände, die es verschlucken kann. Machen Sie Ihre Wohnung babysicher. Dann sind Sie beruhigt, und Ihr Kind kann seine Umgebung erkunden.

KRABBELN SIE LOS

Gefahren entdecken Sie am besten, wenn Sie ein Zimmer aus der Perspektive Ihres Babys betrachten: Gehen Sie auf alle viere und krabbeln Sie los, um einen neuen Blick auf Ihre Wohnung zu gewinnen.

WICHTIGE SICHERHEITS-MASSNAHMEN

▸ Installieren Sie Rauchmelder.

▸ Bringen Sie an Treppen oben und unten Treppenschutzgitter an, sobald Ihr Baby krabbeln kann. Zeigen Sie ihm, wie es Treppen vorwärts hoch- und rückwärts hinunterkrabbelt, aber bleiben Sie dabei immer bei ihm. Sie können auch den Zugang zur Küche mit einem Türgitter versperren, dann kann Ihr Baby Ihnen beim Kochen ungefährdet zuschauen.

▸ Bringen Sie an scharfkantigen Möbeln Kantenschutz an. Instabile Möbelstücke oder frei stehende Buchregale entfernen Sie oder dübeln sie fest, damit sie nicht umfallen, wenn das Baby sich zum Stehen hochzieht.

▸ Glastüren und -flächen kleben Sie mit Sicherheitsfolie ab; einen offenen Kamin versperren Sie mit einem Gitter.

▸ Vorhangschnüre und Gardinenschals verknoten Sie außer Reichweite Ihres Kindes, da sich ein kleines Baby daran strangulieren kann.

VORSICHT VOR BABYGEHERN

Babygeher bzw. Lauflerngeräte sind nicht empfehlenswert. Diese Gestelle auf Rädern, in denen das Kind sitzt und sich mit den Füßen abstößt, führen häufig zu Stürzen mit oft schweren Folgen und Kopfverletzungen. Außerdem kann das Baby damit an gefährliche Dinge, wie Pfannengriffe und Kochtöpfe, gelangen. Zudem sind die Gestelle nachteilig für die körperliche Entwicklung, da sie eine schlechte Haltung und das Laufen auf Zehenspitzen fördern.

GESICHERTE STECKDOSEN *Sichern Sie alle Steckdosen in Reichweite Ihres Babys, damit es sie nicht mit den Fingern untersuchen kann.*

▶ Heiße Getränke dürfen sich nicht in Reichweite Ihres Babys befinden. Verzichten Sie auch darauf, wenn Sie Ihr Baby auf dem Schoß haben.

▶ In einem Laufgitter (s. S. 159) ist Ihr Baby sicher, wenn Sie an die Haustür oder zur Toilette gehen oder das Abendessen zubereiten.

SICHERHEIT IM BADEZIMMER

Lassen Sie Ihr Baby im Badezimmer keine Sekunde allein, auch nicht im Badesitz. Es könnte umkippen und im wenige Zentimeter hohen Wasser ertrinken. Lassen Sie das kalte Wasser zuerst einlaufen, damit keine Verbrennungsgefahr besteht. Wenn das Baby schon in die große Wanne kann, legen Sie eine Antirutschmatte hinein.

SCHRÄNKE

Sichern Sie Schubladen und Schränke, in denen sich gefährliche Dinge befinden, mit Riegeln. Schließen Sie Medikamente, Ergänzungspräparate und Chemikalien weg – auch scheinbar harmlose Produkte wie Eisentabletten oder Mundduschen sind für Babys äußerst gefährlich. Lassen Sie Ihrem Baby Zugang zu einem Schrank mit Gegenständen, mit denen es ungefährdet spielen kann, wie Kochlöffel und Plastikbecher.

IN FREMDEN WOHNUNGEN

Wird Ihr Baby von einer Tagesmutter betreut, muss deren Wohnung ebenfalls kindersicher sein. Wird es von einer Freundin oder Angehörigen betreut, kümmern Sie sich darum, dass deren Wohnung kindersicher ist – bringen Sie ggf. selbst z. B. ein Treppenschutzgitter mit.

TREPPENGITTER *Sobald Ihr Baby mobil ist, ist es entschlossen, die Wohnung zu erforschen. Ein Gitter sollte Treppen oben und unten sichern.*

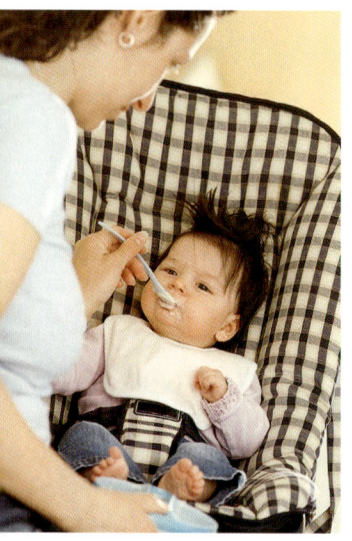

Erste Beikost

Essen macht Spaß. Essen ist Kleckerei. Essen verleiht Macht.
Sie wollen, dass Ihr Baby gut isst, und so wird das Essen seine
stärkste »Waffe«. Das Baby lernt schnell, Nahrungsverwei-
gerung zu seinem Vorteil einzusetzen – vor allem, wenn Sie
ängstlich darauf bedacht sind, dass es so isst, wie Sie wollen.

Neues vorsichtig einführen

Ab dem sechsten Lebensmonat sollte Beikost eingeführt werden, auch
wenn Milch das Hauptnahrungsmittel bleibt.

Beikost bietet eine ganz neue Erfahrung; lassen Sie Ihr Baby den Löffel
erst einmal mit dem Mund erspüren, statt ihm gleich Nahrung zu geben.
Bieten Sie ihm zunächst ein- oder zweimal am Tag zwei bis drei Teelöffel
an. Lassen Sie sich vom Appetit Ihres Babys leiten – es zeigt Ihnen, wenn
es mehr will. Es wird von den neuen Geschmacksrichtungen überrascht
und muss nach jedem Löffel eine Pause machen. Oder es hat gleich genug.
Wenn Ihr Baby keine Beikost will, geben Sie ihm zuerst etwas Milch und
dann wieder einen Löffel Beikost.

Beginnen Sie mit zartem Gemüsebrei aus Karotten oder Kartoffeln,
den Sie mit Milchnahrung oder Muttermilch verflüssigen können. Nach
diesen ersten Kostproben, meist als Mittagsmahlzeit, geben Sie dem Baby
seine übliche Milchmahlzeit.

Sobald Ihr Baby vom Löffel essen kann, füttern Sie ihm einige Tage
lang einen anderen milden Gemüsebrei, z. B. Kohlrabi. So gewöhnt es sich
an neue Geschmacksrichtungen. Sie können auch mildes Obstmus anbieten. Geeignete Obst- und Gemüsesorten sind Erbsen, Spinat, Blumenkohl,
gedämpfter Apfel oder Birne sowie Banane. Wenn das Baby verschiedene
einzelne Nahrungsmittel annimmt und verträgt, können Sie mehrere kombinieren – z. B. Kartoffel-Karotten-Brei. Sie können Gläschenkost verwenden oder selber kochen. Geben Sie jedoch weder Salz noch Zucker dazu.
Selbst gekochten Brei können Sie in Eiswürfelbehältern einfrieren und die
Würfel dann in Gefrierbeuteln als rasch verfügbare Kleinportionen einfrieren. Selbst gekochter Brei aus frischen Zutaten ist geschmackvoller.

Unsere Babys bekamen häufig Gläschenkost und entwickelten sich damit bestens – Sie müssen nicht stundenlang kochen und pürieren. Als Eltern sorgen Sie sich in dieser Zeit immer wieder, ob Ihr Baby genug isst. Denken Sie daran, dass es immer so viel isst, wie es benötigt – sofern Sie nicht zulassen, dass es Sie mit dem Essen manipuliert (s. u.).

Vielseitige Geschmackserlebnisse

Etwa ab dem siebten Monat kann Ihr Baby auch gröbere Kost erhalten; es genügt jetzt, wenn Sie die Speisen gründlich mit einer Gabel zerdrücken. Das Baby bekommt nachmittags einen Obst-Getreide-Brei und abends vielleicht schon einen Milchbrei. Es kann einen Zwieback aus den Händen knabbern. In den nächsten Monaten gewöhnt es sich allmählich an die Lebensmittel aus den drei großen Nahrungsmittelgruppen: Kohlenhydrate (Getreideprodukte, Kartoffeln und Reis, Obst und Gemüse), Eiweiß (Fleisch, Fisch, Sojaprodukte, Käse und Linsen, Bohnenkerne und Kichererbsen) und Fett (vollfette Milch, Käse und Joghurt).

SELBER ESSEN *Bald will das Baby den Löffel selber halten. Unterstützen Sie es dabei.*

Was tun bei Nahrungsverweigerung?

Manche Babys essen von Anfang an alles mit Begeisterung, andere sind vorsichtiger. Bieten Sie ihm neue Geschmacksrichtungen und Konsistenzen an, und – entscheidend wichtig – schimpfen Sie nicht, wenn es vieles nicht mag. Wie lange Sie auch Karotten püriert haben: Wenn es seinen Mund verschließt oder den Kopf wegdreht, stellen Sie den Brei weg und versuchen es am nächsten Tag wieder. Von dieser Reaktion hängt es ab, ob Ihr Baby ein schwieriger Esser wird oder nicht. Wenn Sie es geradezu anflehen, mit dem Löffel Flugzeug spielen und schließlich etwas anderes kochen, wird das zur Gewohnheit. Ihr Baby lernt schnell, dass dies ein höchst unterhaltsames Spiel ist und eine tolle Methode, um Ihre Aufmerksamkeit zu gewinnen. Ein gesundes Baby verhungert nicht freiwil-

lig. Sofern keine körperliche oder geistige Behinderung vorliegt, müssen Babys nicht zum Essen gedrängt werden. Wenn es die angebotene Speise nicht essen will, na gut. Bei der nächsten Mahlzeit wird es wieder etwas geben, also beenden Sie die Mahlzeit und beginnen eine neue Aktivität. Lassen Sie sich nicht auf einen Machtkampf ein, den Ihr Baby gerne die nächsten Jahre weiterführt.

Aus der Hand essen

Sie können Ihrem Baby kleine Snacks geben, die es halten und allein essen kann. Geeignet sind gekochte Nudeln, weiche Obststücke wie Banane oder Melone, Zwieback, Reiswaffeln, Käsewürfel, gekochte Karotten- oder Kartoffelstücke oder Brokkoli. Trauben sollten halbiert werden, weil Ihr Baby an einer ganzen ersticken könnte.

Lassen Sie Ihr Baby niemals unbeaufsichtigt, wenn es etwas isst. Es könnte sich verschlucken (s. S. 289); lassen Sie es aber experimentieren, egal, welche Kleckerei es so verursacht. Beim Füttern geben Sie ihm einen eigenen Löffel in die eine Hand und in die andere etwas Fingerfood. Die Förderung seiner Selbstständigkeit zahlt sich später aus, weil es das Selberessen dann gewohnt ist. Auf diese Weise isst es auch eher entsprechend seinem Appetit und lernt auf diesen zu hören.

Sobald Ihr Baby allein isst, gibt es eine große Kleckerei; ziehen Sie ihm möglichst viel Kleidung aus, und binden Sie ihm ein großes Lätzchen um. Nach dem Essen bringen Sie es wenn nötig direkt ins Bad. Legen Sie eine Plastikplane oder Zeitungspapier unter den Hochstuhl, und setzen Sie das Baby in einiger Entfernung von den Wänden hin. Bananen lassen sich nur schwer aus der Kleidung herauswaschen – es bleiben schwarze Flecken –, ziehen Sie dem Baby daher ein altes Lätzchen oder einen alten Pulli über.

Ökologische und genveränderte Nahrungsmittel

Alle Eltern wollen ihrem Baby den besten Start ins Leben ermöglichen. Für viele gehören dazu biologisch angebaute Nahrungsmittel. Es gibt zwar wenig Beweise, dass eine Kost aus ökologischem Anbau die Gesundheit eines Kindes deutlich verbessert, aber sie bietet durchaus Vorteile: Biologische Produkte werden ohne Einsatz von Pestiziden oder chemischem Dünger angebaut, und das Fleisch stammt von Tieren aus artgerechter Freilandhaltung ohne Wachstumsförderer. Es ist vernünftig, chemische

»Mein sechsmonatiges Baby zeigte erst Interesse an Beikost, als es bei den Mahlzeiten mit uns am Tisch saß. Als es seinen großen Bruder essen sah, wollte es auch etwas.«

Zusätze möglichst zu vermeiden. Biologische Landwirtschaft ist zudem besser für die Umwelt, da sie das Gedeihen von Wildblumen, Vögeln und Insekten fördert. Diese Nahrungsmittel sind jedoch teurer. Als natürlicher Dünger wird Mist eingesetzt, der krankmachende Bakterien enthalten kann. Waschen Sie daher vor allem biologisches Obst und Gemüse immer gründlich. Genveränderte Nahrungsmittel sollen krankheitsresistent sein, oder eine bessere Ernte liefern. Es gibt gegenwärtig keine Beweise, dass sie ein Risiko für Ihr Baby darstellen.

Getränke

Das empfehlenswerteste Getränk zu den Mahlzeiten ist pures Wasser. Mit sechs Monaten kann Ihr Baby aus einem Babybecher mit Trinkschnabel und Henkeln trinken. Fruchtsaft sollten Sie immer im Verhältnis 1 : 10 mit Wasser mischen und nur zu den Mahlzeiten geben. Säuglingsmilch ist für Babys bis zwölf Monate geeignet, danach können sie normale, pasteurisierte Kuhmilch erhalten. Sie können Ihrem Baby ab dem sechsten Monat auch sogenannte Folgemilch geben, was jedoch nicht zwingend erforderlich ist.

Was Ihr Baby nicht essen und trinken darf

Verzichten Sie auf diese Nahrungsmittel; kontrollieren Sie Etiketten.

▸ **Honig** kann Bakterien, die Säuglingsbotulismus verursachen, enthalten.

▸ **Nüsse** erhöhen evtl. das Allergierisiko und können zum Erstickungstod führen. Erdnüsse sind für Babys und Kleinkinder tabu.

▸ **Koffeinhaltige Getränke**, Limonaden und Fruchtnektare. Tee-Phenole behindern die Eisenaufnahme. Limonaden enthalten Zucker und Zusatzstoffe.

▸ **Speisen mit Salz, Zucker und Süßstoffen** tun Ihrem Baby nicht gut.

▸ **Kuhmilch** darf als Getränk erst nach dem ersten Geburtstag gegeben werden; zum Kochen und für Brei können Sie sie verwenden.

Tägliche Pflege

Ihr Baby erlebt in diesen Monaten vielerlei Veränderungen
– den Umzug in sein Kinderzimmer und eine brandneue
Zahnbürste. Doch seine tägliche Pflege verändert sich wenig;
es ist jetzt mit seinem Tages- und Abendrhythmus vertraut
und vermutlicher zufriedener und ruhiger.

Ein eigenes Zimmer

Die Gesellschaft zur Erforschung des Plötzlichen Säuglingstods (s. S.312)
empfiehlt, dass ein Baby in den ersten sechs Monaten im Elternschlafzimmer schläft und danach in sein eigenes Schlafzimmer zieht. Dafür gibt es
mehrere Gründe; ein wichtiger ist, dass Sie für Ihre Partnerschaft wieder
Intimität brauchen. Im eigenen Zimmer schläft Ihr Baby nachts auch länger
durch. Wenn es einen leichten Schlaf hat, stellen Sie vielleicht fest, dass Sie
es stören (und es Sie stört). Es ist schwerer, ihm beizubringen, wieder allein
einzuschlafen, wenn es aufwacht und Sie sieht. Im Elternschlafzimmer sind
Sie auch eher versucht, mit ihm zu schmusen oder es in Ihr Bett zu nehmen.

Häufige Fragen

▶ **Mein Baby hat am Hinterkopf
eine flache Stelle. Stimmt es, dass
dies mit einem speziellen Helm
behebbar wäre?**
Viele Babys haben einen flachen
Hinterkopf, vor allem, weil sie in
Rückenlage schlafen. Das beeinträchtigt weder Wachstum noch
Entwicklung. Sie können gegensteu-
ern, indem Sie Ihr Baby möglichst
oft auf den Bauch legen und es

nicht zu lange in einen Autositz setzen. Sobald es nicht mehr so lange
auf dem Rücken liegt, wird sich die
Kopfform verbessern. Helme werden
von Kinderärzten nicht empfohlen.

▶ **Mein neunmonatiger Sohn
schlägt den Kopf gegen die
Gitterstäbe seines Bettchens.
Muss ich mir Sorgen machen?**
Bei älteren Kindern kann das Kopf-

schlagen Zeichen einer emotionalen
Störung sein, bei einem Baby ist es
häufig ein rhythmisches Trösten. Die
Empfindung wie das Geräusch wirken
auf das Baby beruhigend. Manchmal
sind Schmerzen, z. B. Ohrenschmerzen,
die Ursache. Wenn Ihr Baby krank
wirkt, gehen Sie zum Arzt. Andernfalls seien Sie gewiss, dass es sich
dabei nicht verletzt und sich diese
Gewohnheit auswachsen wird.

FRAGEN&ANTWORTEN

Sie finden die Vorstellung, Ihr Baby in sein eigenes Zimmer zu legen, vielleicht beängstigend und fragen sich, wie schnell es sich daran gewöhnt. Das ist verständlich – viele Eltern machen sich Sorgen, wenn sie nachts nicht in der Nähe ihres Babys sind. Doch das ist keine so große Umstellung, wie es scheint, und fällt häufig leichter als erwartet. Denken Sie daran, dass Ihr Baby Ihre Gefühle aufnimmt, also seien Sie nicht überängstlich. Ein Babyfon im Kinderzimmer gibt Ihnen die notwendige Gewissheit, dass Sie Ihr Baby hören, wenn es Sie braucht. Da Sie außerdem einfach sein Bettchen ins Kinderzimmer schieben werden, hat es immer noch seine vertraute Umgebung.

Wenn es Probleme gibt, geben Sie nicht auf. Es kann einige Nächte dauern, bis Ihr Baby sich eingewöhnt. Trösten Sie es, wenn es unruhig ist, aber geben Sie nicht nach, und holen Sie es nicht wieder in Ihr Schlafzimmer.

Baden und Anziehen

In diesem Alter gehört das Bad zum abendlichen Ritual, und Sie haben beide Spaß daran. Sobald das Baby frei sitzen kann, spielt es gern mit Spielsachen und planscht herum. Sie müssen aber die ganze Zeit über bei ihm bleiben. Wenn Sie einen Badezusatz verwenden, benutzen Sie ein Produkt für Babys, da normale Schaumbäder die Babyhaut reizen können.

Badet Ihr Baby in der großen Wanne, legen Sie eine rutschfeste Matte hinein, damit es nicht wegrutschen kann. Mit Ihrer Hilfe kann es mit Badespielsachen eine Menge lernen, z.B. wie Dinge schwimmen und sinken, und wie man Wasser ausgießt. Knien Sie sich neben die Wanne, um Ihren Rücken zu schonen. Besser noch, baden Sie mit Ihrem Baby und haben Sie gemeinsam Spaß mit den Seifenblasen.

Es gibt ein großes Angebot an Babymode, und bei mir ist es ganz normal, dass meine Kinder schicker gekleidet sind als ich. Das erfordert jedoch keine großen Ausgaben, weil Kleidung hervorragend »vererbt« werden

ABENDRITUAL *Das Baden des Babys bleibt ein wichtiger Teil des beruhigenden Abendrituals.*

kann. Meine Kinder tragen beinahe ausschließlich die Kleidung anderer Kinder. Es gibt unzählige Modestile für Kinder, aber die entscheidenden Faktoren sind Bequemlichkeit, Waschbarkeit und leichter Zugang zum Windelbereich. Jetzt, da Ihr Baby mobil wird, werden die praktischen Gesichtspunkte noch wichtiger. Dehnbare Textilien sind angenehmer als steifer Jeansstoff; Hosen sind beim Krabbeln praktischer als Röcke.

Zahnen

Manche Babys bekommen ihren ersten Zahn schon sehr früh, andere haben am ersten Geburtstag noch keinen. Meist beginnt der Durchbruch der Milchzähne im Alter von etwa sechs Monaten. Keine Sorge, wenn Ihr Baby noch nicht zahnt; es besteht entgegen manchen Ammenmärchen keinerlei Zusammenhang zwischen frühem Zahnen und Intelligenz.

    Zu den Anzeichen des Zahnens gehören starkes Sabbern, eine gerötete Wange, lockerer Stuhl und starkes Kaubedürfnis. Geben Sie Ihrem Baby Gegenstände, auf die es beißen kann, wie Beißringe, harten Zwieback oder Holz- oder Plastiklöffel. Ein großes Stück rohe Karotte aus dem Kühlschrank (nicht aus der Tiefkühltruhe) ist eine wirksame Zahnungshilfe. Bleiben Sie aber immer in der Nähe, falls Ihr Baby ein Stück abbricht – es könnte ersticken. Entzündetes Zahnfleisch können Sie durch Massage mit dem Finger oder das Auftragen von Zahnungsgel, das ein lokales Betäubungsmittel enthält, lindern. Sie erhalten es in der Apotheke. Halten

PRAKTISCHE KLEIDUNG

Sobald Ihr Baby krabbelt, sind Kleidungsstücke wie Latzhosen praktisch. Sie schränken die Beweglichkeit nicht ein.

Was ist mit Schuhen?

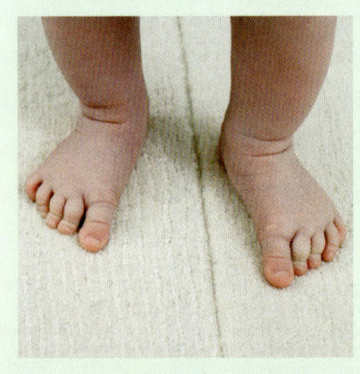

Ihr Baby muss noch keine Schuhe tragen. Es braucht sie erst, wenn es schon mehrere Wochen sicher frei läuft.

    Seine Füße sind noch außerordentlich weich und biegsam; achten Sie daher darauf, dass Schlafanzüge und Socken groß genug und bequem sind. Schutz vor kalten Füßen bieten Velours-Babyschuhe mit Klettverschlüssen und Plüschfutter. Wenn Ihr Baby läuft, reichen Antirutsch-Noppen an den Socken als Halt völlig aus. Schuhe sind erst dann angebracht, wenn ein Kind so gut laufen kann, dass es auch im Freien auf eigenen Füßen vorankommen möchte.

Sie sich dabei an die vorgeschriebene Dosis. Paracetamol hilft Ihrem Baby auch bei Zahnungsschmerzen. Das Zahnen verursacht weder Fieber, Erbrechen noch Durchfall, exzessives Schreien, Lust- oder Appetitlosigkeit. Wenn Ihr Baby krank wirkt, gehen Sie zum Arzt.

Nach und nach bekommt Ihr Baby 20 Milchzähne, die gewöhnlich in einer bestimmten Reihenfolge durchbrechen. Zuerst kommen unten zwei Schneidezähne, dann die beiden oberen; mit etwa zweieinhalb hat es vermutlich alle Zähne. Selbst wenn Ihr Baby noch keinen Zahn hat, ist sein Kiefer hart genug zum Kauen, geben Sie ihm also ruhig gröbere Kost zu knabbern.

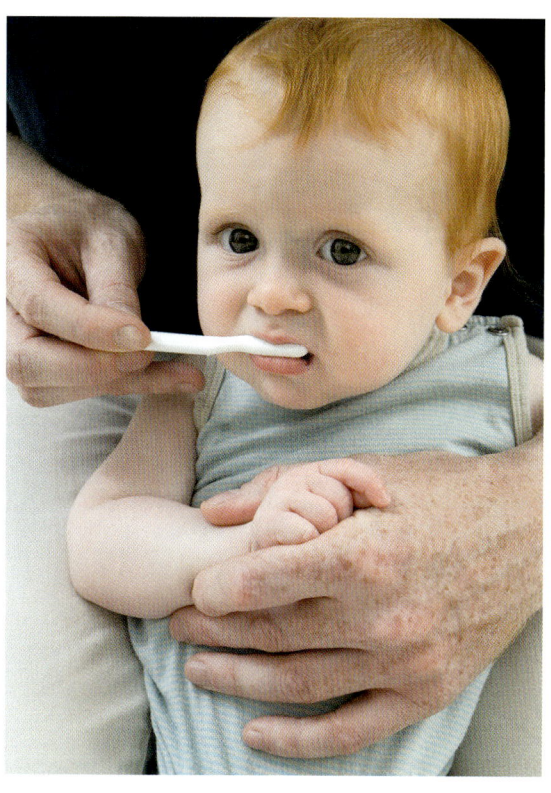

Zahnpflege

Sobald die Zähne durchbrechen, müssen sie gepflegt werden, damit sie kräftig und gesund bleiben. Verwenden Sie zum Zähneputzen Kinderzahnpasta mit niedrigem Fluoridgehalt und eine Babyzahnbürste. Wenn Ihr Baby das Zähneputzen verweigert, setzen Sie es auf Ihren Schoß mit zu Ihnen abgewandtem Gesicht; umfassen Sie es mit einem Arm und putzen mit der freien Hand seine Zähne. Wenn Sie ihm nun angewöhnen, morgens und abends die Zähne zu putzen, wird ihm dieses Ritual im Kleinkindalter vertraut sein.

Natürlich wirkt sich die Ernährung auch bei Ihrem Baby auf die Zahngesundheit aus. Fruchtsäfte und Süßspeisen kleben an den Zähnen und schädigen den Zahnschmelz; geben Sie sie nur zu den Mahlzeiten, da der beim Essen produzierte Speichel hilft, den Zucker zu entfernen. Geben Sie Ihrem Baby keine gesüßten Getränke im Fläschchen. Auf keinen Fall legen Sie es mit einer Saftflasche ins Bett – da ist die Entstehung von Karies quasi vorprogrammiert.

ZÄHNE PUTZEN
Nehmen Sie Ihr Baby auf den Schoß und putzen Sie vorsichtig seine Zähne.

Ausgehen

Ihr Baby interessiert sich nun immer mehr für andere Menschen. Die Teilnahme an einer Krabbelgruppe kann seine sozialen Fähigkeiten enorm fördern. Sie bietet auch eine gute Möglichkeit, andere Mütter zu treffen. Neben allgemeinen Krabbel- oder Mutter-Kind-Gruppen gibt es auch Gruppen mit spezieller Ausrichtung, wie Babymassage, Pekip-Gruppen oder Babyschwimmen. Suchen Sie sich eine Gruppe, die auch Ihren Interessen entgegenkommt und in der Ihr Baby eine Bereicherung erlebt. Adressen erhalten Sie beim Kinderarzt, bei der Gemeindeverwaltung, in Volkshochschulen usw.

Wenn der Besuch einer Krabbelgruppe nicht das Richtige für Sie ist, müssen Sie sich nicht dazu zwingen; bummeln oder in den Park gehen bieten Ihnen beiden auch Abwechslung. Im Park kommen Sie leicht

»Die Teilnahme an einer Krabbelgruppe brachte frischen Wind – für mich und meine achtmonatige Tochter.«

mit anderen Müttern in Kontakt. Über Babys kommt man immer gut ins Gespräch; der Austausch mit Eltern von Babys im gleichen Alter ist äußerst hilfreich, interessant und bringt Abwechslung. Bestimmt treffen Sie bald ähnlich denkende Menschen. Es ist toll, sich über den Nachwuchs auszutauschen, doch lassen Sie sich nicht auf einen Wettbewerb ein. Der kleine pflegeleichte Engel Ihrer Bekannten, der jede Nacht durchschläft, kann sich zu einem unausstehlichen, nervenden Teenager entwickeln und Ihr kleines Monster, das nie schlafen will, zu einem liebenswerten, charmanten Menschen.

»Nein« sagen lernen

Wenn Ihr Baby immer mobiler wird und seine Welt erkundet, müssen Sie zwangsläufig Grenzen setzen. Werden Sie nicht wütend, wenn Ihr Baby immer wieder das macht, was es nicht soll – Babys in diesem Alter haben noch keine Vorstellung von »Richtig« oder »Falsch«; das Baby versteht nicht, warum das schöne Spiel, das es entdeckt hat, unartig sein soll. Es kann Ihr Schimpfen und eine Strafe noch nicht mit seinem Handeln in Verbindung bringen.

Bleiben Sie möglichst ruhig, sagen Sie ganz bestimmt »Nein«, und lenken Sie Ihr Kind dann ab. Verstärken Sie erwünschtes Verhalten – bestrafen Sie Ihr Baby nicht.

Häufige Fragen

FRAGEN&ANTWORTEN

▶ **Mein Baby bekommt einen Zahn. Ich habe Angst, dass es mich beim Stillen beißt. Soll ich abstillen?**

Keine Sorge, Sie können ruhig weiter stillen. Die ersten beiden Zähne im Unterkiefer liegen beim Trinken unter der Zunge, sodass das Baby Sie nicht beißen kann. Sobald die oberen Zähne durchgebrochen sind, werden Sie, falls es Sie tatsächlich beißt, automatisch aufschreien – was es davon abhält, es nochmals zu tun, oder es ermuntert, es wieder zu probieren, um zu sehen, ob die gleiche Reaktion erfolgt. Sobald es in Ihre Brustwarze beißt, halten Sie ihm sanft die Nase zu. Sie brauchen nichts zu sagen. Das Baby erfährt, dass es beim Beißen nicht trinken kann; wahrscheinlich wird es Sie nie wieder beißen.

▶ **Jedes Mal, wenn ich meinem Sohn die Windel abnehme, spielt er mit seinem Penis. Ist das normal?**

Es ist für Jungen wie Mädchen völlig normal, ihre Genitalien zu berühren. Ebenso wie Babys ihre Hände und Füße entdecken, erkunden sie ihre Geschlechtsteile; fühlt sich das Anfassen gut an, machen sie es wieder. Machen Sie sich keine Sorgen und ignorieren Sie das Ganze am besten.

▶ **Mein Baby lutscht immer am Daumen. Sollte ich es davon abhalten?**

Nein. Ihr Baby lernt schnell, dass Sie für es da sind und kommen, wenn es Sie braucht; doch Sie können nicht 24 Stunden am Tag mit ihm schmusen, und manchmal muss es sich selbst trösten. Dann dienen ihm die Finger oder der Daumen oder auch ein Trostobjekt wie Kuscheltier, Tuch oder Decke als Trostspender.

Der Daumen hat den Vorteil, dass er immer zur Verfügung steht und es keine Hygieneprobleme gibt wie beim Schnuller, der auf den Boden fallen kann.

Probleme kann es geben, wenn das Kind nach Durchbruch der bleibenden Zähne immer noch am Daumen lutscht; das kann Zahnfehlstellungen verursachen.

▶ **Ich bin Vollzeitmutter, aber mein Baby zieht seinen Vater mir vor. Was kann ich tun?**

Da Sie die Hauptbetreuungsperson sind, hat Ihr Baby Sie den ganzen Tag. Es weiß, dass Sie immer da sind. Ihre große Vertrautheit ermöglicht ihm, Ihre Anwesenheit als selbstverständlich zu nehmen. Sein Vater ist den ganzen Tag bei der Arbeit und daher beim Heimkommen ein interessanter neuer Spielkamerad.

Ermutigen Sie Vater und Baby, die gemeinsame Zeit zu genießen – aber nehmen Sie manchmal an ihren Spielen teil. Sie können am Wochenende etwas Gleichgewicht herstellen, wenn Ihr Mann stärker die praktische Seite der Babypflege übernimmt und Sie mehr mit dem Baby spielen.

Der erste Familienurlaub

Für kleine Babys sind fast alle Orte geeignet, sofern es dort keine Infektionskrankheiten gibt. Ein Baby unter drei Monaten fühlt sich in heißem Klima nicht wohl. Vor Fernreisen fragen Sie sicherheitshalber den Kinderarzt, vor allem, wenn Sie in die Tropen wollen.

Einer der großen Vorteile des Reisens mit einem kleinen Baby besteht darin, dass Sie es fast überallhin mitnehmen können; es ist schon allein deshalb zufrieden, weil Sie bei ihm sind. In beinahe allen Ländern gibt es spezielle Angebote für Familienferien, und Babys sind in den meisten Hotels gern gesehene Gäste.

In Babys erstem Lebensmonat ist eine Flugreise noch nicht anzuraten, danach aber ist Fliegen ungefährlich. Nichtsdestotrotz sind Schiffs- und Bahnreisen umweltverträglicher und Sie können sich während der Reise ungezwungener bewegen. Babys reisen in Zügen und Fähren und auf manchen Fluglinien kostenfrei, haben aber keinen Anspruch auf einen eigenen Sitzplatz. Sie können Ihr Baby auf Ihrem Schoß mit einem zusätzlichen Sitzgurt anschnallen. Bei längeren Flügen ist es möglich, im Vorfeld ein Babybett zu bestellen, das an der Wand vor den Sitzen aufgehängt wird. Während Start und Landung sollte das Baby aber auf Ihrem Schoß sitzen und zum Druckausgleich an der Flasche oder Ihrer Brust nuckeln. Wenn Sie im Urlaub einen Mietwagen buchen, brauchen Sie einen passenden Auto-Babysitz für Ihr Baby. Nehmen Sie nicht unbedingt Ihren eigenen mit auf

SCHUTZ *Sonnenschutzcreme mit LSF 30 kann ab dem sechsten Monat verwendet werden. Babys jeder Hautfarbe brauchen Schutz.*

REISETIPPS

▶ **Babyartikel:** Artikel wie Windeln sind überall erhältlich – Sie brauchen Ihren heimischen Supermarkt nicht leer zu kaufen. Nehmen Sie nur mit, was Sie für die Reise und die ersten beiden Tage brauchen.

▶ **Ausstattung leihen:** Wenn Sie z. B. Bett und Hochstuhl an Ihrem Zielort leihen möchten, achten Sie darauf, dass sie europäischen Sicherheitsstandards entsprechen. Die Gitterstäbe dürfen nicht weiter als 6,5 cm voneinander entfernt sein, und Ihr Baby darf nicht herausklettern können. Der Hochstuhl sollte einen 5-Punkt-Gurt oder Ringe zum Befestigen eines Gurtes haben.

▶ **Buggy:** Für Babys über sechs Monate, die sicher sitzen können, ist ein leichter Buggy, den Sie mit einer Hand auf- und zusammenklappen können, sehr empfehlenswert. Oder Sie nehmen nur eine Rückentrage, die sich ab etwa sechs Monaten eignet, mit.

▶ **Starten und Landen:** Die Ohren des Babys können beim Starten und Landen zugehen, was unangenehm ist. Es wird wahrscheinlich schreien, wodurch ein Druckausgleich erfolgt. Sie können den Schmerzen vorbeugen, indem Sie es während Start und Landung füttern – das Saugen wirkt druckausgleichend.

die Reise, Sie haben so schon genug Gepäck. Bei manchen Fluglinien kann man den Buggy als Handgepäck mitnehmen. Behalten Sie ihn möglichst bei sich, er ist praktisch, wenn Ihr Baby in der Wartehalle schlafen will – und für Duty-free-Einkäufe!

Ihr Baby muss für Reisen ins europäische Ausland in den Elternpass eingetragen werden. Für Reisen in außereuropäische Länder braucht es einen eigenen, maschinenlesbaren Reisepass, den Sie bei der örtlichen Meldestelle beantragen können.

SPASS IN DER SONNE

Babys unter sechs Monaten sollten nie der direkten Sonne ausgesetzt werden; auch später braucht das Kind guten Schutz durch Sonnencreme (mindestens Lichtschutzfaktor 30); noch besser ist locker fallende, leichte Kleidung. Sonnenhut mit Nackenschutz, langärmeliges T-Shirt und ein Schwimmanzug mit Ärmeln und Beinen schützen Ihr Kleinkind vor Sonnenbrand.

Zwischen 11 und 15 Uhr sollten Sie die Sonne ganz meiden. Geben Sie Ihrem Baby viel Wasser oder stark verdünnten Fruchtsaft zu trinken, um einer Dehydrierung vorzubeugen.

PLANSCHEN *Viele Babys genießen im Wasser die Bewegungsfreiheit und Kontrolle über die Gliedmaßen – die sie an Land noch nicht erfahren haben.*

Am Strand bietet eine Decke unter einem großen Sonnenschirm Ihrem Baby einen schattigen und sicheren Platz zum Spielen oder Schlafen. Ein über den Schirm gehängtes Laken bildet ein Zelt, das zusätzlichen Schutz vor der Sonne bietet. Es gibt auch spezielle, babysichere Strandmuscheln als Sonnenschutz.

WASSERBABYS

In Deutschland ist es ungefährlich, mit dem Baby vor den ersten Impfungen zum Babyschwimmen zu gehen; im Ausland sollten Sie jedoch vorsichtig sein, besonders in Ländern, in denen noch Kinderlähmung auftritt. Lassen Sie Ihr Baby im Ausland erst nach der Grundimmunisierung mit vier Monaten in einen Pool.

Wenn Ihrem Baby das Baden Spaß macht, geht es sicher sehr gern mit Ihnen ins Wasser. Egal, welche Schwimmhilfe es trägt, Sie müssen immer in seiner Nähe sein und es festhalten. Sobald es sich an dieses große Gewässer gewöhnt hat, wird es sicherlich vergnügt strampeln und planschen. Wenn es ein wenig ängstlich ist, drängen Sie es nicht. Kaufen Sie ein aufblasbares Planschbecken und stellen es unter Ihren Strandschirm. Darin kann Ihr Kind ohne oder mit etwas Wasser spielen.

IHR MOBILES BABY

ES PASST NICHT. SPIELSACHEN WERDEN
IMMER WICHTIGER – SIE REGEN BABYS GEHIRN AN
UND VERBESSERN SEINE HANDGESCHICKLICHKEIT.

KITZLE MICH! BEI »WILDEN« SPIELEN
QUIETSCHT IHR BABY VOR ENTZÜCKEN,
UND ES BEKOMMT NICHT GENUG DAVON.

WEG BIN ICH. MANCHE BABYS MACHEN IHRE ERSTEN SCHRITTE VOR DEM ERSTEN GEBURTSTAG, ABER VIELE ERST BEDEUTEND SPÄTER.

»Ob krabbeln oder auf dem Po rutschen, Ihr Baby ist »auf dem Sprung«, und das bedeutet: Sie auch.«

Heranwachsen

In den vergangenen neun Monaten hat Ihr Baby erstaunliche Entwicklungsschübe erlebt. Dank Ihrer Fürsorge ist es zu einer kleinen Person mit sozialen Fähigkeiten herangewachsen, die beginnt, ihren Körper zu kontrollieren, und die ein Grundverständnis ihrer Welt besitzt.

Während der nächsten beiden Monate macht Ihr Baby seine ersten Schritte oder spricht sein erstes Wort; und wenn nicht, ist es auf dem Weg zu diesen wichtigen Meilensteinen. Mit neun Monaten sitzt es bestimmt sicher und ist vielleicht krabbelnd, rollend, robbend oder auf dem Po rutschend unterwegs.

Es beginnt, sich an allem Möglichen zum Stehen hochzuziehen, z. B. am Bettchen oder an den Stäben des Laufgitters, an Möbeln oder Ihrem Bein. Im Stehen ist es aber sehr schwierig, sich wieder hinzusetzen. Ihr Baby ruft um Hilfe, bis es lernt, sich zu bücken und wieder hinzusetzen.

Sobald es die Kunst des Stehens beherrscht, macht es irgendwann einen Schritt, während es sich irgendwo festhält. Es hangelt sich an Gegenständen entlang und wird, gestützt auf günstig stehende Möbelstücke und willige Helfer, bald im Zimmer herumspazieren. Sie können ihm helfen, indem Sie es an beiden Händen halten (an nur einer Hand ist es noch unsicher) oder ihm ein stabiles Schiebefahrzeug mit niedrigem Schwerpunkt geben, damit es nicht umkippt. Einige wenige Babys lassen die Hände schon los und machen mit etwa zehn Monaten die ersten freien Schritte. Bei den meisten dauert es aber noch ein paar Monate. Bald kann Ihr Baby Treppen hochsteigen, aber noch nicht wieder hinuntergelangen; daher bleiben Treppenschutzgitter unverzichtbar.

Unter Kontrolle

Ihr Baby verfeinert seine Handgeschicklichkeit: Es beginnt, auf Dinge zu zeigen, und nimmt sie im Pinzettengriff mit Daumen und Zeigefinger statt mit der ganzen Hand. Sie können diese neue Fertigkeit fördern, indem Sie ihm kleine Lebensmittel wie Rosinen oder Karotten- oder Käsewürfel

SPAZIEREN GEHEN

Ein Schiebefahrzeug macht Ihrem Baby große Freude. Zuerst braucht es Ihre Hilfe, damit es ihm nicht davonrollt.

geben. Bleiben Sie aber immer bei ihm, falls es sich verschluckt. Denken Sie daran, dass es auch einen Knopf, eine Büroklammer oder, besonders gefährlich, eine Knopfbatterie aufheben kann – und es wird alles in den Mund stecken. Lagern Sie solche Dinge also außer seiner Reichweite.

Mit neun Monaten hat Ihr Baby noch Schwierigkeiten, Gegenstände willentlich loszulassen, doch mit zehn oder elf Monaten beginnt es, sie zu werfen. Essen, Tassen, Spielsachen sind gute Wurfgeschosse. Es beobachtet, wo sie landen, und wartet, dass Sie sie aufheben, wenn es sie nicht selbst holen kann. Früher oder später werden Sie von diesem neuen Spiel genug haben. Denken Sie aber daran, dass Ihr Kind noch zu jung ist, um unartig zu sein – es lernt durch das Spiel. Das gehört zu seiner Entwicklung. Wenn Sie die Geduld verlieren, lenken Sie Ihr Kind einfach ab – geben Sie ihm z. B. ein anderes Spielzeug, oder bringen es in ein anderes Zimmer, das Neues bietet.

Neue Fähigkeiten erwerben

Ihr Baby versteht jede Woche mehr: Es dreht sich um und schaut, wenn Sie seinen Namen rufen, und es kann einer Aufforderung folgen, wie »Gib Mama den Ball.« Sie erleichtern ihm dies durch einfache Aufforderungen. Es reagiert viel eher, wenn Sie sagen: »Wink Papa zum Abschied«, statt »Gib Mama die Tasse und wink dann Papa.« Loben Sie Erfolge, aber reagieren Sie nicht negativ, wenn es etwas nicht versteht. Diese neuen Fähig-

SCHAU MAL, DA! *Es beginnt, mit dem Zeigefinger zu zeigen.*

BIN ICH NICHT KLUG? *Wenn Sie klatschen, imitiert es Sie.*

TSCHÜSS *»Ata-ata«-Winken gehört zu seinen neuen sozialen Fähigkeiten.*

keiten eröffnen alle Arten von Spiel- und Kommunikationsmöglichkeiten und bereichern die Interaktion.

Zu gern lässt man das Baby seine Fähigkeiten vor Tanten, Freunden und Nachbarn demonstrieren, doch tun Sie das nicht, wenn Ihr Baby es nicht selber will. Wie bei jedem Spiel gilt: Wenn es nicht spielen mag, zwingen Sie es nicht. Das Erreichen der Meilensteine ist kein Wettbewerb.

Emotionale Bedürfnisse

Vielleicht ist Ihr Baby noch sehr anhänglich und zärtlich, doch es gibt auch Babys, die schon vor Ende des ersten Lebensjahres die ersten Trotzanfälle haben. Denn es erlebt nun zunehmend Frustrationen. Auch die Scheu vor Fremden und die Verlustangst werden intensiver. Mit neun Monaten ist es vielleicht verunsichert, wenn Sie das Zimmer verlassen, mit elf Monaten kann das ein echtes Problem werden und gegen Ende des ersten Jahres eine Katastrophe. Dieses Verhalten ist normal; helfen Sie Ihrem Baby, indem Sie beständig versichern, dass Sie zurückkommen werden. Enge Angehörige und Freunde können sich durch die plötzliche Verweigerung des Babys, zu ihnen auf den Arm zu kommen, abgelehnt fühlen. Das kann auch einem Elternteil passieren – häufig fixiert sich das Baby auf die Hauptbetreuungsperson und lässt sich vom anderen nicht mehr versorgen. Das kann für den »abgelehnten« Elternteil schmerzlich sein, doch diese Phase geht bald vorüber.

WARUM ES SCHREIT *In diesem Alter weint Ihr Baby aus Frustration, besonders wenn es noch nicht so mobil ist, wie es gerne wäre.*

Geburtstagsparty?

Wenn Sie am ersten Geburtstag Ihres Babys ein Fest veranstalten wollen, dann eher für sich selbst als für Ihr Kind. Ihrem Baby gefällt es, wenn es neue Spielsachen bekommt und einige Gäste da sind, aber es hat keine Ahnung, was Geburtstag bedeutet. Wenn Sie erwarten, dass es brav da sitzt, Kuchen isst oder auf Aufforderung mit den Geschenken spielt, könnten Sie ziemlich enttäuscht werden. Diese Situation überfordert ein Einjähriges schnell, und Tränen sind die Folge. Sind andere Babys eingeladen, sind diese vermutlich auch ziemlich aufgedreht.

Besser, Sie machen eine Flasche Sekt auf, wenn Ihr Baby fest schläft, um diesen Meilenstein und den Beginn einer neuen aufregenden Entwicklungsphase zu feiern. Machen Sie sich keine Umstände und sparen Sie Pläne für die perfekte Fete für spätere Jahre auf. Geschenke, die Ihr Baby bekommen hat, geben Sie ihm besser im Laufe der nächsten Wochen statt alle auf einmal.

Erste Wörter

Das Plappern Ihres Babys wird nun differenzierter, und gelegentlich erkennen Sie vielleicht schon ein Wort. Alle Lautgebilde, die es regelmäßig als Bedeutungsträger verwendet, zählen als Wörter. Fördern Sie Ihr Kind, indem Sie mit ihm reden, ihm vorlesen und Dinge benennen.

Egal, ob Ihr Baby vor dem ersten Geburtstag schon ein oder zwei Worte spricht oder erst Monate später – am meisten kommuniziert es weiterhin über Körpersprache, Gestik und ein eigenes Repertoire an »Sprache«. Wenn es z. B. immer »mi« sagt und sein Milchfläschchen meint, ist dies aus seiner Sicht ein Wort. Verwendet es ein solches, selbst kreiertes Wort, versuchen Sie nicht, es zur Verwendung des »richtigen«Wortes zu bewegen. Betonen Sie dieses vielmehr in Ihrer Antwort: »Ja, das ist dein Milchfläschchen.«

In diesen Monaten hören Sie Ihr Baby »dada« und »mama« sagen, bald auch mit richtiger Bedeutung. Meine Freundin führte eine Liste mit den ersten Wörtern und Ausdrücken ihrer Kinder. Ich wünsche oft, wir hätten dies auch getan; es ist erstaunlich, wie schnell man vieles wieder vergisst. Mit etwa zehn Monaten ist Ihr Baby intellektuell so weit, dass es bestimmte Worte, die Sie als Bezeichnung für spezielle Gegenstände, Handlungen oder Personen verwenden, versteht. Es kennt seinen eigenen Namen und kann ihn, wenn er leicht auszusprechen ist, mit elf Monaten vielleicht schon sagen.

Forschungen haben gezeigt, dass ein Baby, egal, ob es taub oder normal hörend ist, mit den Händen »plappern« wird, wenn es mit Zeichensprache in Berührung kam; die frühen Phasen des Spracherwerbs erfolgen bei Hörenden und Hörgeschädigten in einer ähnlichen Reihenfolge (s. S. 310).

Aufforderungen befolgen

Das Verständnis Ihres Babys wächst sprunghaft. Wenn Sie ihm sagen, dass Essenszeit ist, krabbelt es zum Hochstuhl oder hüpft aufgeregt auf und ab. Wenn Sie seinen Mantel nehmen, streckt es nicht nur seine Arme aus, um

Ihnen zu helfen, sondern schaut vielleicht auch zum Buggy oder zur Tür. Es küsst und umarmt Sie, winkt anderen Menschen und liebt die positiven Reaktionen, die dieses soziale Verhalten mit sich bringt.

Bald lernt Ihr Baby, den Kopf zu schütteln, um »Nein« zu sagen, eine Fähigkeit, die es in den kommenden Monaten und Jahren sehr häufig praktizieren wird. Es ist nun nicht mehr so leicht abzulenken wie noch vor einem Monat. Es protestiert eher, wenn Sie ihm ein Spielzeug wegnehmen wollen. Doch es hat noch kein Besitzdenken und lässt andere Babys gerne damit spielen.

Bilderbücher

Ihr Baby schaut gerne mit Ihnen Bücher an und hat bestimmt schon Lieblingsbücher. Es mag den Klang Ihrer Stimme und kann mehrere Minuten bei Ihnen sitzen und die Bilder betrachten. Mit elf Monaten beginnt es vielleicht schon, auf bekannte Motive zu zeigen.

Bei festen Pappbilderbüchern kann es schon die Seiten umblättern. Und wenn Sie ihm abends einige im Bett lassen, können Sie morgens vielleicht ein wenig länger schlafen. Gehen Sie mit ihm in die örtliche Bücherei; lassen Sie sich einen Leseausweis ausstellen, wenn Sie noch keinen besitzen. So können Sie Ihrem Baby neue Bücher zeigen, die Sie ihm der Hygiene wegen aber besser nicht in die Hand geben. In diesem Alter mögen Babys Bücher mit klaren, einfachen Bildern vertrauter Gegenstände und Situationen oder mit Kinderreimen, auch Tast- und Fühlbücher mit verschiedenen Materialien und Spielbücher mit versteckten Quietschtönen oder mit Spiegeln.

GESCHICHTENZEIT
Gemeinsames Bücher-lesen fördert die Sprachentwicklung.

»Am liebsten mag mein Sohn sein Tierbilderbuch. Ich spreche über jedes Tier, und wenn ich die Tierlaute nachahme, versucht er, mich nachzumachen.«

Fröhliche Spielzeit

Ihr mobiles Baby ist ein wahrer Entdecker und will alles untersuchen. Fasziniert von seiner Umgebung, ist es überall unterwegs, auch wenn es sich vor Fremden hütet. Es interessiert sich für andere Babys, spielt aber die nächsten zwei Jahre noch nicht mit ihnen.

Mit Ihnen spielen

Ihr Baby erwirbt immer neue Fähigkeiten und Sie werden feststellen, dass sein Spiel immer komplexer wird. Wenn Sie nicht immer Neues kaufen wollen, erkundigen Sie sich, ob es in Ihrer Gegend eine öffentliche Bibliothek oder ein Spielezentrum gibt, wo man Spiele ausleihen kann. Denken Sie daran, die Spielsachen gut zu reinigen.

Babys sind nun begeistert, wenn etwas nicht zusammenpasst. So finden sie z. B. Papas Hut auf Teddys Kopf total witzig. Sie lieben auch Klamauk, und ein »hinfallender« Stoffhund kann endloses Gelächter auslösen. Das Baby lernt allmählich, die Rolle zu tauschen: Wenn Sie es kitzeln, will es Sie auch kitzeln. Beliebte Spielsachen in diesem Alter sind –

■ **Telefone:** Das Baby findet sie faszinierend und spielt liebend gern damit, mag es aber gar nicht, wenn Sie ausgiebig telefonieren.

■ **Einen Ball zum Hinterherkrabbeln:** Mit neun Monaten kann das Baby ihn wahrscheinlich noch nicht selber rollen, wohl aber mit elf. Dann rollt es ihn Ihnen begeistert zu, und Sie müssen ihn zurückrollen.

■ **Spielzeug zum Nachziehen:** Zuerst zieht das Baby noch im Sitzen an dem rollenden Spielzeug, doch sobald es sicher läuft, zieht es Hund oder Auto begeistert hinter sich her.

■ **Sachen zum Fallenlassen:** Sobald Ihr Baby Dinge willentlich loslassen kann, wird das zum Lieblingsspiel. Befestigen Sie Bücher und Spielsachen beim Ausfahren mit Clips am Buggy. Wenn es sie hinunterwirft, kann es sie wieder hochziehen – und wieder fallen lassen.

■ **Stapelbecher:** Ebenso wie leichte Bauklötze ist alles, was sich stapeln lässt, für dieses Alter geeignet, z. B. Stapelbecher, die ineinander passen oder einen Turm ergeben. In der Badewanne kann man sie füllen und

STAPELBECHER *Ein einfaches Set Plastikbecher lehrt Ihr Baby viel über Farben, Formen und Größen.*

ausgießen. Eine Ringpyramide mit unterschiedlich großen und verschiedenfarbigen
Ringen zum Aufstecken ist ebenfalls ganz
hervorragend geeignet. Am Anfang benötigt
Ihr Baby dabei noch Ihre Hilfe (manche Babys
beißen auch lieber auf den Ringen herum, statt
sie aufzustapeln), doch wenn seine Problem-
lösungsfähigkeiten besser werden, schafft es
das selber.

■ **Behälter:** Ihr Baby füllt liebend gern Dinge
in einen Behälter und holt sie dann wieder
heraus. Sortierboxen mit unterschiedlichen
Formen bieten ihm eine ganz besondere Her-
ausforderung. Zeigen Sie ihm, wie es funktioniert; ist es in diesem Alter noch zu schwierig,
nehmen Sie den Deckel mit den Öffnungs-
schlitzen ab und lassen es die Dinge direkt in
den Behälter legen.

Fernsehsüchtig?

Wenn Ihr Baby gelegentlich mit Ihnen eine
Sendung für Kleinkinder sieht (z. B. Teletub-
bies), schadet ihm das nicht; setzen Sie das
Fernsehen aber auf gar keinen Fall als Babysitter ein. Babys starren oft
gebannt auf den Bildschirm, doch es ergibt für sie keinen Sinn, was sie
sehen. Sie sind schlichtweg gefesselt von dem Lärm und den Bildfolgen,
verstehen aber nichts.

     Wissenschaftliche Studien lassen darauf schließen, dass gegen
Ende des zweiten Lebensjahres kurze, altersgemäße TV-Sendungen der
Sprachentwicklung durchaus förderlich sein können. Das gilt aber nicht
für Babys unter 18 Monaten. Übermäßiges Fernsehen hängt auch mit
dem zunehmenden Übergewicht bei Kleinkindern zusammen. Lassen Sie
Ihr Kind nicht zu einem Couch-Potato werden. Lassen Sie das Fernsehen
auch nicht im Hintergrund laufen, wenn sich Ihr Baby im Zimmer befindet. Auch das Radio kann als Geräuschkulisse die Kommunikation mit
dem Baby erschweren.

IMMER BESCHÄFTIGT

*Ihr Baby freut sich
über Behälter und
kleine, ungefährliche
Gegenstände. Es wird
sie hineinlegen und
herausholen.*

Sand und Wasser

Im Garten sollte Ihr Baby nicht buddeln, weil vielleicht Tiere die Erde verschmutzt haben; doch in einem abdeckbaren Sandkasten kann Ihr Baby nach Herzenslust mit Sand spielen und die Eigenschaften von Sand erforschen. Mit ein wenig Wasser macht das noch mehr Spaß. Füllen Sie einen Eimer mit Wasser und helfen Sie Ihrem Kind, es auszugießen, um den Unterschied zwischen nassem und trockenem Sand zu erleben. Mit Begeisterung wird es den Sand mit den Fingern fühlen. Zwar kann es noch nicht mit Sand bauen, doch Sie können eine Sandburg errichten, die es umwerfen darf – ein Spiel, das Entzücken hervorrufen wird. Da Ihr Kind gerne Behälter füllt und ausleert, sind Eimer, Schaufel und Becher eine prima Investition. Keine Sorge, wenn es sich etwas Sand in den Mund steckt – er schadet ihm nicht und wird in der Windel wieder auftauchen.

DRAUSSEN SPIELEN

Gehen Sie, wann immer möglich, nach draußen, um Ihrem Baby neue Spielerfahrungen und eine anregende Umgebung zu bieten.

Unterwegs

Je mehr Sie mit Ihrem Baby unternehmen, umso besser für Sie beide. Wenn Ihr Baby mobil wird, gibt es draußen zahllose interessantere Spielmöglichkeiten, z.B. bei Ausflügen auf den Spielplatz oder in den Park. Ihr Baby hat Spaß daran, sich im Freien aufzuhalten und Neues zu sehen – Enten auf dem Teich, die Hunde der Nachbarn, andere Babys und die Eindrücke und Geräusche auf einer belebten Straße. In Parks gibt es viel zu entdecken, egal, wie das Wetter ist; Ihr Baby ist fasziniert von raschelndem Herbstlaub, lacht, wenn Sie im Regen mit dem Buggy rennen, und berührt verzückt den ersten Schnee. Natürlich will es auch die Spielgeräte benutzen; stehen Sie immer daneben, um es zu halten oder aufzufangen, wenn es hinfällt. Ein wichtiger Tipp: Achten Sie im Park auf Hundekot, auch wenn Spielplätze eingezäunt sind und Hunde nicht hineindürfen.

Vielleicht gibt es an Ihrem Wohnort ein Spielezentrum, das Sie bei schlechtem Wetter mit Ihrem Baby besuchen können. Oft finden sich auch Spielbereiche in großen Shoppingcentern. Dort findet Ihr Baby auch das allgemeine Treiben höchst interessant, ist aber schnell gelangweilt, wenn Sie zu lange in den Geschäften bummeln. Nehmen Sie es immer wieder aus dem Buggy, machen Sie eine Pause und unterhalten Sie sich mit ihm. Bleiben Sie wachsam und reagieren Sie auf Ihr Baby, wenn Sie unterwegs sind – Untersuchungen haben ergeben, dass Mütter manchmal wie »weggeschaltet« sind von ihren Babys, weil sie iPod hören.

Laufgitter

Babys brauchen Freiheit zum Erkunden; doch solange ein Laufgitter nicht zum »Abstellplatz« wird, kann es sehr praktisch sein. Wenn Ihr Baby sich an den Möbeln entlanghangelt, bietet ein Laufgitter mit vertikalen Stäben einen hervorragenden Halt. Im Laufgitter ist Ihr Baby sicher, wenn Sie kurze Zeit ungestört etwas erledigen müssen. Das Baby kann Ihnen beim Gärtnern oder Kochen zuschauen, und Sie arbeiten ungestört und sorglos. Legen Sie eine Auswahl Spielsachen hinein, damit es sich beschäftigen kann. In ein Laufgitter können Sie abends auch alle Spielsachen räumen, wenn Sie die Wohnung schnell vom Chaos befreien und eine gewisse Ordnung schaffen wollen.

Mit Papa spielen

Ihr Baby ist mittlerweile körperlich viel geschickter; im Freien und bei etwas ungestümeren Spielen kann es seine neuen Fähigkeiten hervorragend trainieren. Doch auch wenn Ihr Kind schon außerordentlich geschickt und erstaunlich robust ist: Denken Sie daran, dass es diese Fähigkeiten gerade erst erworben hat und noch einige Zeit braucht, um sie kompetent und sicher zu beherrschen.

In diesem Alter gibt es zwei bevorzugte »Papa-Spiele«, bei denen ein wenig Vorsicht geboten ist. Zum einen ist es das In-die-Luft-Werfen und zum anderen das An-den Armen-Schwingen. Beide versetzen das Baby zwar in Entzücken, bergen aber auch Gefahren in sich. Im ersten Fall ist extreme Vorsicht geboten – zu schnell lässt man das Kind fallen. Im anderen Fall fassen Sie es unter den Achseln. Schwingen Sie es niemals an den Handgelenken, da dabei der Ellbogen ausgekugelt werden kann. Das ist außerordentlich schmerzhaft, auch wenn ein erfahrener Arzt den Arm wieder einrenken kann.

AUS VATERS SICHT

Tägliche Pflege

Ihr Baby nimmt gern an den Familienmahlzeiten teil und will die Speisen der Erwachsenen probieren. Sie können nun für die ganze Familie kochen. Sein frühes Aufwachen kann anstrengend sein, aber es gibt Methoden, sich eine Extra-Stunde Schlaf zu sichern.

Essgewohnheiten

Familienmahlzeiten unterstützen die soziale Entwicklung Ihres Babys, und es interessiert sich bestimmt dafür, was Sie essen; füttern Sie es also nicht extra, auch wenn Sie dann vielleicht nicht in Ruhe essen können. Isst es zu anderen Zeiten, geben Sie ihm etwas zum Knabbern in die Hand, damit es dabei sein kann.

   Die Speisen, die Sie Ihrem Baby jetzt anbieten, bilden die Basis für seine lebenslangen Essvorlieben. Wenn Sie ihm Süßigkeiten, Kekse, Chips, Weißbrot und Fertigmahlzeiten geben, wird es immer danach verlangen; bekommt es eine ausgewogene Kost, ernährt es sich auch später eher gesund. Sie enthalten ihm nichts vor, wenn Sie ihm keine Schokolade geben – es kennt sie noch gar nicht. Essen Sie auch selbst gesund. Es will Sie nachahmen, daher ist Ihr Vorbild der beste Weg, es zu gesunder Ernährung hinzuführen. Gemüse-Hackfleisch-Auflauf, Hähnchen oder Fisch mit Gemüse, Kartoffelauflauf, Nudelgerichte, vollfette Milchprodukte (Ihr

Typischer Baby-Speiseplan mit 9–12 Monaten

▸ **Frühstück:** Brust oder Flasche, später auch Getreideflocken mit Milch oder Brot und Milch, evtl. Joghurt mit Obst.
▸ **Evtl. Vormittags:** Obst, Zwieback, Reiswaffeln, kleine belegte Brote.

▸ **Mittagessen:** Fleisch, Fisch oder Tofu mit Gemüse und Kohlenhydraten wie Kartoffeln, Nudeln oder Reis.
▸ **Nachmittags:** Obst-Getreide-Brei oder frisches Obst und Vollkornkekse oder Zwieback.

▸ **Abendessen:** Milchbrei. Oder Butterbrot, Käse, Milch.

Baby braucht das Fett) und gekochte Eier sind nahrhafte Speisen für Ihr Baby. Das meiste ist schnell selbst gemacht; Sie können aber auch auf Gläschenkost zurückgreifen, wobei es immer noch wichtig ist, dass sie kein zugesetztes Salz oder Zucker enthält. Ihr Baby kann die normale Familienkost bekommen (mit Ausnahme von Fingerfood muss alles weiterhin zerkleinert bzw. zerdrückt werden). Nehmen Sie seine Portion vor dem Salzen ab. Oder verzichten Sie für die ganze Familie auf Salz.

Wie viel sollte es essen?

Die Menge der Beikost, die Ihr Baby zu sich nimmt, hängt teilweise davon ab, wie viel Mutter- oder Flaschenmilch es bekommt. Es braucht nur eine bestimmte Nahrungsmenge, und wenn es diese als Milchmahlzeiten bekommt, hat es keinen Hunger auf feste Kost. Reduzieren Sie allmählich die Milch, bis es nur noch morgens und vor dem Einschlafen Milch bekommt.

FAMILIENMAHLZEITEN
Ihr Baby kann am Tisch mitessen; salzen Sie seine Portion nicht.

Beginnen Sie bei den Mahlzeiten mit einer kleinen Menge Beikost (etwa zwei Esslöffel), sodass es nicht von der Menge eingeschüchtert wird – es kann auf Wunsch immer noch mehr bekommen. Es kann sein, dass Ihr Baby zu bestimmten Tageszeiten oder an manchen Tagen nicht so hungrig ist. Unsere Tochter aß Frühstück und Abendessen voller Appetit, hatte am Mittagessen aber wenig Interesse. Wir akzeptierten es einfach, und sie entwickelte sich gut. Solange Ihr Baby wächst und altersgemäß zunimmt, ist es egal, wie viel es isst.

Wenn Sie sich wegen einseitigem, unregelmäßigem Essen sorgen, denken Sie an die berühmte Studie aus dem frühen 20. Jahrhundert. Dabei wählten Babys frei unter einem gesunden Angebot an Lebensmitteln aus. Ihre tägliche Nahrungsaufnahme war extrem unausgewogen, aber über die Monate hinweg ernährte sich jedes Kind gesund, und alle wuchsen und entwickelten sich gut. Bieten Sie daher viel Abwechslung, lassen Sie es so viel oder wenig essen, wie es will, und machen Sie sich keine Sorgen.

Ihr vegetarisches oder veganes Baby

Eine vegetarische oder vegane Kost (vegan bedeutet keinerlei tierische Produkte, d.h. auch keine Milchprodukte) muss nicht ausgeschlossen sein, da Ihr Baby Eiweiß aus Tofu und Gemüse aufnehmen kann und die meisten Milchprodukte sich durch Soja ersetzen lassen. Babys brauchen proportional mehr Eiweiß und Kalzium als in jedem anderen Lebensalter – bei vegetarischen Babys ist das kein Problem. Eine Kost ohne Milchprodukte ist dagegen kritisch: Das Baby braucht zusätzliches Kalzium aus Sojaprodukten, grünem Gemüse und Linsen. Mit sechs Monaten werden die Eisenvorräte knapp, daher benötigt das Baby eisenreiche Nahrungsmittel. Eine stark eingeschränkte Kost kann zu Mangelernährung führen, ganz besonders bei einem Baby. Lassen Sie sich von einem Ernährungsexperten beraten, damit sichergestellt ist, dass Ihr Baby alle Nahrungsmittel, die es für ein gesundes Wachstum braucht, bekommt. Der Kinderarzt kann Ihnen sicher einen Spezialisten empfehlen.

Frühes Aufwachen

ICH BIN WACH *Vielleicht schläft das Baby nachts durch, wacht aber früh auf und will den Tag beginnen.*

Manche Babys wachen schon im Morgengrauen auf, bereit, in den Tag zu starten. Wacht Ihr Baby regelmäßig zu früh auf, sollten Sie es etwas später zu Bett bringen oder tagsüber weniger schlafen lassen – es schläft mit neun Monaten nachts keine zwölf Stunden, wenn es tagsüber zweimal drei Stunden geschlafen hat. Im Sommer können Jalousien helfen; wenn Ihr Baby ein Frühaufsteher ist, geben Sie ihm Bilderbücher, Spielsachen und ein Kuscheltier oder eine Puppe als Unterhaltung mit ins Bettchen. Ein kleiner, bruchsicherer Babyspiegel an den Gitterstäben liefert ihm einen Gesprächspartner. Stellen Sie sicher, dass nichts, was Sie ihm ins Bett legen, als Stufe zum Herausklettern genutzt werden kann. Lassen Sie ein Nachtlicht im Zimmer brennen – der sanfte Schein stört Ihr Kind nicht, aber hilft ihm, seine Spielsachen zu sehen, wenn es im Morgengrauen aufwacht. Wenn Sie Glück haben, ist es so noch eine halbe Stunde beschäftigt.

Sicher reisen

Nun wächst Ihr Baby allmählich aus dem Auto-Babysitz heraus, und Sie müssen einen neuen, altersgerechten Sitz kaufen, der in Ihr Auto passt. Autositze werden vorrangig nach Gewicht und weniger nach Alter genormt. Auf die Babysitze folgen die Sitze für Kleinkinder (9–ca. 20 kg), etwa ab neun Monaten: Hier sind Sitz- und Liegeposition verstellbar. Die Sitze sind mit einem verstellbaren Hosenträgergurt ausgestattet und verfügen über hohe Seitenteile, die dem schlafenden Kind Sicherheit geben. Auch Langzeitsitze (9–36 kg) sind geeignet. Diese Sitze werden mit dem Dreipunktgurt befestigt.

Wie bei allen Babyartikeln gibt es eine große Auswahl an Modellen und Preisklassen; entscheidend ist, dass Sie einen Sitz wählen, der perfekt in Ihr Auto passt. Wie bei Babysitzen gilt: Wenn Sie einen Secondhand-Sitz kaufen, müssen Sie sicher sein, dass er in keinen Unfall verwickelt war, sonst ist Ihr Baby im Falle eines Unfalls nicht geschützt. Lassen Sie Ihr Kind auch bei Großeltern, Betreuungspersonen usw. nie ohne Sitz fahren, und überzeugen Sie sich, dass diese Personen mit der korrekten Handhabung der Sitze vertraut sind.

Häufige Fragen

▶ **Mein Baby hat an Armen und Beinen Speckröllchen. Isst es vielleicht zu viel?**

In diesem Alter sind Babys von Natur aus pummelig; die meisten verlieren einen Teil dieses Körperfetts, wenn sie mobil werden. Sprechen Sie mit dem Kinderarzt über das Gewicht und Wachstum Ihres Babys – wenn es zu schnell zunimmt, liegt es vielleicht eher daran, was es isst und trinkt, als an der Menge. Es sollte mageres Fleisch und Fisch, Milch- und Getreideprodukte sowie frisches Obst und Gemüse erhalten statt Naschereien wie Kekse und süße Getränke. Solange es gesund isst und entsprechend seinem Appetit Milch trinkt, ist Übergewicht unwahrscheinlich.

▶ **Wie viel Milch sollte mein elf Monate alter Sohn bekommen? Er will mehrmals am Tag eine Flasche und isst dann nicht zu den Mahlzeiten.**

Als Daumenregel gilt, dass Flaschenbabys in diesem Alter etwa 500 ml Milch am Tag benötigen, das meiste davon morgens und zur Schlafenszeit. Ihr Baby nimmt sein Fläschchen vielleicht auch als Trostspender; geben Sie ihm ein anderes Trostobjekt, z. B. ein Tuch, seinen Daumen oder ein Kuscheltier. Nach dem ersten Lebensjahr sollten Babys kein Fläschchen mehr bekommen, weil es schlecht für die Zähne ist. Geben Sie ihm tagsüber Getränke aus einem Becher mit Deckel. Durch einen speziell geformten weichen Schnabel fällt hier die Umgewöhnung vom Sauger leichter. Es kann Milchnahrung, Wasser oder stark verdünnten Fruchtsaft zu den Mahlzeiten trinken und dazwischen am besten pures Wasser. Wenn es sich tagsüber an den Becher gewöhnt hat, verzichtet es einige Wochen später leichter ganz auf die Flasche.

FRAGEN&ANTWORTEN

Betreuung für das größere Baby

Wollen Sie wieder arbeiten gehen, fällt die Trennung Ihnen wie Ihrem Baby vermutlich schwer. Aber Sie haben zwölf wunderbare Monate miteinander verbracht, Ihr Baby wird von der neuen Situation profitieren – und Sie bleiben immer die Nummer eins in seinem Leben.

Machen Sie sich keine Sorgen oder haben gar Schuldgefühle, wenn Sie wieder arbeiten gehen. Ihrem Baby wird es gut gehen, wenn es in einer freundlichen, offenen und anregenden Umgebung versorgt wird – das haben Studien bewiesen. In diesem Alter lassen Sie Ihrem Baby einige Zeit für den Eingewöhnungsprozess. Bleiben Sie nach Möglichkeit bei den ersten beiden Terminen bei ihm. Dann gehen Sie für kurze Zeit weg, die Sie

Die richtige Betreuung finden

Wenn Ihnen die Räumlichkeiten zusagen, Sie keine Sicherheitsbedenken haben und auch die Formalitäten geregelt wären, stellen Sie einige spezielle Fragen:

KINDERKRIPPE

▶ Ist eine spezielle Erzieherin für mein Baby zuständig? Das ist wichtig, weil Ihr Baby eine feste Beziehung in der Krippe aufbauen muss.
▶ Entspricht das Verhältnis Betreuer zu Babys den empfohlenen 1:3?

TAGESMÜTTER

▶ Wie viele Babys und Kinder werden versorgt, und wie alt sind sie?
▶ Kommt mein Baby auch in den Park und/oder eine Krabbelgruppe?

IN BEIDEN FÄLLEN

▶ Gibt es einen festen Tagesrhythmus bei Mahlzeiten, Zwischenmahlzeiten, Schlafenszeiten usw.?
▶ Welche Spielmöglichkeiten gibt es drinnen und draußen?
▶ Welche Kost bekommen die Babys?

KINDERFRAU

▶ Hat sie eine spezielle Ausbildung, auch in Erster Hilfe?
▶ Besitzt sie ein polizeiliches Führungszeugnis bzw. lässt sie sich auf Wunsch eines ausstellen?

IN ALLEN FÄLLEN

▶ Wie stehen Sie zu Benehmen und Strafe?
▶ Was ist, wenn mein Baby krank ist?
▶ Kann ich Sie jederzeit telefonisch erreichen?

allmählich ausdehnen. Es ist infolge der Trennungsangst normal, dass Ihr Baby schreit, wenn Sie es zurücklassen (s. S. 129). Am besten sagen Sie einfach »Auf Wiedersehen« und gehen weg. Wenn Sie sich heimlich wegschleichen, vertraut es Ihnen nicht mehr und wird noch ängstlicher und anhänglicher. Übergeben Sie Ihr Baby der Betreuungsperson, küssen Sie es, und sagen Sie ihm, dass Sie bald wieder da sein werden. Dann gehen Sie. Wenn Sie zögern, wird es für Sie beide nur noch schwerer.

Wenn Sie sich Sorgen machen, rufen Sie bei der Krippe, Kinderfrau oder Tagesmutter an, um zu hören, wie es Ihrem Kind geht. Die meisten Babys gewöhnen sich schnell ein. Ist das Baby jeden Tag sehr aufgeregt oder schreit es nach Ihrem Weggehen noch lange Zeit, dann stimmt die Umgebung vielleicht nicht. Sprechen Sie mit der Betreuungsperson. Sie können auch einmal unerwartet vorbeikommen – eine gute Krippe oder Tagesmutter hätte damit keine Probleme.

KURZ UND SCHMERZLOS
Eine rasche Übergabe ist für Sie und Ihr Baby weniger schmerzlich.

Häufige Fragen

▶ **Meine Mutter kümmert sich häufig um unser Baby; der Nachteil dabei ist, dass sie uns ständig sagt, wie wir es zu machen haben. Wie kann ich damit sensibel umgehen?**
Ihre Mutter will lediglich helfen und glaubt, dass Sie es leichter hätten, wenn Sie ihren Rat befolgen würden. Besprechen Sie das Ganze mit ihr. Erklären Sie, dass Sie Ihr Baby nach Ihren Vorstellungen versorgen möchten, aber dass Sie ihre Hilfe schätzen und wissen, dass ihre Beziehung zu ihrem Enkel wichtig ist. Fragen Sie sie in einer bestimmten Sache um Rat: Das gibt ihr ein gutes Gefühl, und vielleicht hat sie wirklich einen guten Vorschlag.

▶ **Wir würden gern öfter ausgehen, finden aber keinen Babysitter. Was können wir tun?**
Fragen Sie Ihre Freunde nach Empfehlungen, oder wechseln Sie sich mit anderen Eltern beim Babysitten ab. Entsprechende Angebote lassen sich auch am Schwarzen Brett in Kaufhäusern oder Kirchengemeinden finden.

Denken Sie daran, dass ein junger Babysitter, auch wenn er als verantwortungsbewusst gilt, in einem Notfall nicht unbedingt richtig zu handeln weiß. Ein Babysitter sollte möglichst älter als 16 Jahre sein. Es sollte ein Notfallplan vereinbart werden.

FRAGEN&ANTWORTEN

Ihre heranwachsenden Zwillinge

Wenn Sie zwei oder mehr Babys haben, tauchen Sie nun allmählich aus dem andauernden Füttern, Beruhigen, Wickeln und Waschen auf. Sobald Ihre Babys mobil sind, müssen Sie beiden hinterherjagen – oft in unterschiedliche Richtungen.

DAS LEBEN ERLEICHTERN

Für zwei Babys zu sorgen ist eine außerordentlich harte Arbeit; der Vorteil von Zwillingen besteht darin, dass sie einander Gesellschaft und Trost bieten. Das bedeutet, dass sie zufrieden beieinandersitzen und sich betrachten können, während Sie Ihren Pflichten nachgehen.

Seien Sie nachsichtig mit sich, und beschränken Sie die Hausarbeit auf

DOPPELTE HERAUSFORDERUNG *Ein Zwillingsbuggy ist unverzichtbar; es dauert eine Weile, bis Sie ihn manövrieren und zusammenklappen können.*

das Nötigste. Auf diese Weise haben Sie auch mehr Zeit, diese wunderbare Phase in der Entwicklung Ihrer Babys zu genießen.

Eine sinnvolle Investition ist ein Laufgitter. Darin können beide Babys ungefährdet strampeln und robben, und Sie können an die Türe gehen, den Papierkram erledigen oder bei einer Tasse Kaffee die Zeitung lesen.

Einkaufen kann mit Zwillingen besonders stressig sein. Vielleicht erledigen Sie das abwechselnd mit Ihrem Partner, ohne die Babys.

IHRE KOMMUNIKATIVEN BABYS

Jedes Ihrer Babys möchte auch mit Ihnen oder Ihrem Partner allein sein. Versuchen Sie, dafür Freiräume zu schaffen, und sei es nur beim Wickeln, solange Ihr Partner nach dem anderen Baby schaut. Teilen Sie sich die Babypflege mit Ihrem Partner; versuchen Sie, etwa gleich viel Zeit mit jedem Baby zu verbringen, damit Sie zu beiden eine enge Beziehung aufbauen.

Zwillinge sprechen oft später als einzelne Babys. Manchmal, weil sie zu früh geboren wurden und daher wie bei anderen Frühgeborenen eine

Entwicklungsverzögerung besteht. Außerdem haben die Eltern weniger Zeit, mit jedem Einzelnen zu sprechen. Daher babbeln und sprechen Zwillinge oft erst später. Ein weiterer Grund ist die enge Beziehung zwischen den Babys; sie haben weniger Anlass, Sprachfähigkeiten zu entwickeln. Manche Zwillinge entwickeln sogar ihre eigene »Sprache«, die nur die beiden Babys verstehen. In diesem Alter müssen Sie sich keine Sorgen machen, wenn Ihre Babys später Laute bilden als andere Babys; wenn Sie allerdings feststellen, dass sie etwa am ersten Geburtstag weit hinter anderen Babys zurück sind (z. B. nicht plappern), beraten Sie sich mit dem Kinderarzt darüber, ob eine gezielte Sprachförderung sinnvoll wäre.

EINEN RHYTHMUS FINDEN

Es braucht Zeit, die Bedürfnisse zweier Individuen zu stillen; ein bestimmter Rhythmus hilft Ihnen dabei. Wenn Ihre Babys meist zur gleichen Zeit schlafen und trinken, entwickelt sich ein Tagesrhythmus; haben sie jedoch einen völlig unterschiedlichen Rhythmus, werden Sie kaum mehr Zeit für sich selbst finden.

Versuchen Sie, weiterhin Ihre Babys gleichzeitig zu füttern, denn wenn sie gleichzeitig trinken, ist die Wahrscheinlichkeit größer, dass sie auch gleichzeitig schlafen werden.

Wissenschaftliche Forschungsergebnisse legen nahe, dass Zwillinge, die im gleichen Bett schlafen, eher einen ähnlichen Schlaf-Mahlzeiten-Rhythmus haben als Zwillinge in getrennten Betten. Doch in diesen Monaten werden sie körperlich unruhiger, und Sie wollen sie vielleicht im gleichen Zimmer in getrennte Betten legen, vor allem, wenn sie einen leichten Schlaf haben.

Der Aufwand, mit den Babys hinauszugehen, lohnt sich. Die Abwechslung und frische Luft tun allen gut; sobald Sie mit Ihren Zwillingen gut zurechtkommen, schließen Sie sich einer Krabbelgruppe an, in der Sie andere Mütter treffen.

UNTERSTÜTZUNG FÜR SIE
Wenn Sie es noch nicht getan haben – vielleicht bislang noch gar keine Zeit dazu hatten –, schließen Sie sich spätestens jetzt einer Selbsthilfegruppe für Zwillingseltern an. Adressen erfahren Sie beim Kinderarzt oder der Krankenkasse. Manche Gruppen

bieten auch im Internet oder über das Telefon Hilfestellung und Rat an. Die meisten Ihrer Bekannten haben wahrscheinlich nur ein Baby. Es kann außerordentlich entlastend sein, mit anderen Zwillingseltern über diesen ganz besonderen Stress zu sprechen.

ZEIT ALS PAAR
Ebenso wie Eltern von nur einem Baby müssen auch Sie die Paarbeziehung

pflegen. Sie müssen mit Ihrem Partner etwas unternehmen, z.B. abends ausgehen, und sei es nur für kurze Zeit.

Nehmen Sie alle Hilfsangebote an – vielleicht müssen zwei Großeltern oder zwei Freunde gleichzeitig Ihre Babys betreuen. Das Arrangieren dieser Betreuung (möglichst regelmäßig) stellt sicher, dass Sie etwas Zeit zum Entspannen allein und zusammen mit Ihrem Partner finden.

SPIELKAMERADEN *Zwar spielen Babys noch meistens allein, doch sind Zwillinge so aneinander gewöhnt, dass sie oft früher kommunizieren.*

DAS ZWEITE JAHR

Die Entwicklung vom hilflosen Baby zum selbstständigen Kleinkind verläuft zwischen dem 12. und 24. Monat rasant. Der Charme seiner Persönlichkeit und die Aufregung, wenn das Kind zu laufen und sprechen beginnt, machen die schwierigen Trotzanfälle und Tränen mehr als wett. Genießen Sie diese Zeit!

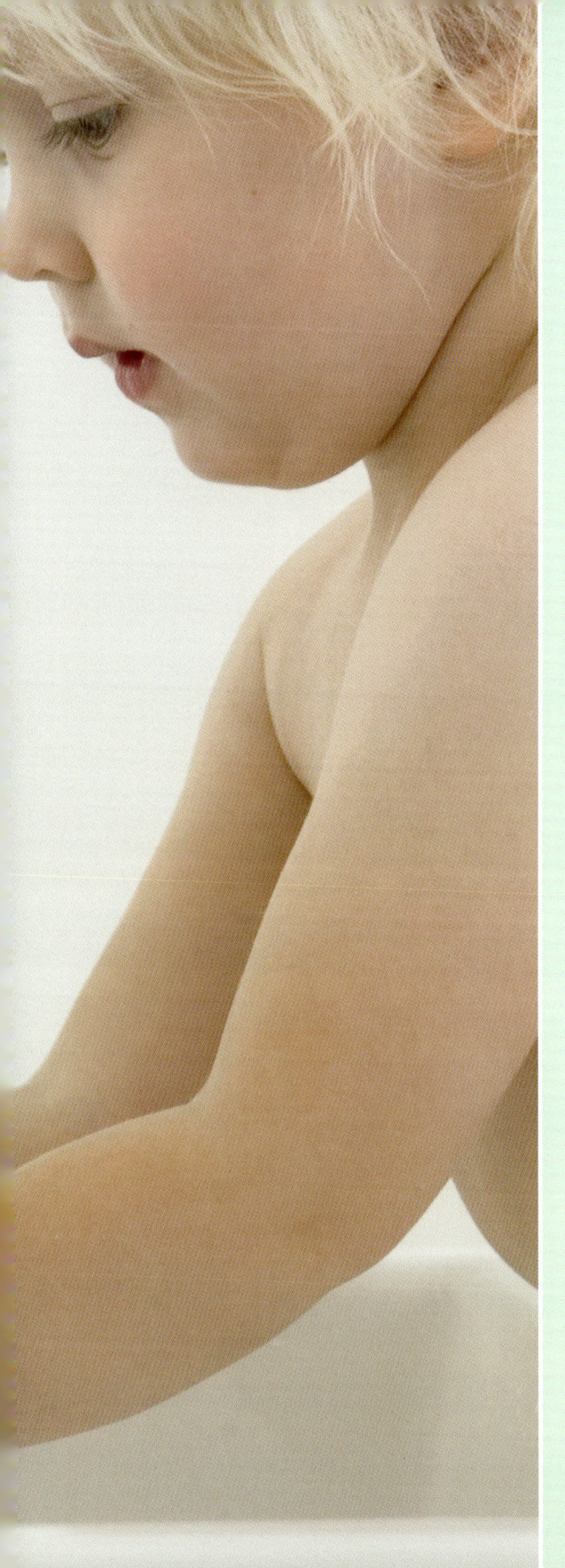

Inhalt

»Nun ist es ein Kleinkind, und Sie staunen immer wieder über seine grenzenlose Energie.«

SPIELZEIT IHR KLEINKIND BRAUCHT DIE MÖGLICHKEIT ZUM HERUMSTROLCHEN; GEHEN SIE MÖGLICHST OFT IN DEN PARK ODER GARTEN.

WAS IST DAS? IHR KLEIN-KIND VERSUCHT SICH AN DEN ERSTEN WORTEN UND DEUTET AUF BEKANNTE DINGE.

FANG MICH, WENN DU KANNST. WENN ES LÄUFT, HABEN SIE TÄGLICH MEHR MÜHE, IHM AUF DEN FERSEN ZU BLEIBEN.

Ins zweite Jahr

Wenn sein erster Geburtstag naht, wird Ihr Baby überall mit dabei sein und kann ein richtiges kleines Plappermäulchen sein. Wenn es 14 Monate alt ist, verstehen Sie vielleicht ein oder zwei Wörter; es drückt sich aber weiterhin stark über Tonfall, Mimik, Körpersprache und Gestik aus.

Körperliche Fähigkeiten

Die ersten Schritte Ihres Babys sind ein echter Meilenstein und Grund zum Feiern, aber sie sind noch ziemlich wackelig. Breitbeinig stellt es den ganzen Fuß unsicher auf den Boden; sein Gang ist noch ziemlich steif, und es dauert einige Zeit, bis es geschmeidig von den Fersen zu den Zehen abrollt. Es klettert gerne, daher sind Treppengitter notwendig, und bald steigt es auf das Sofa. Vermutlich kommt es dann nicht wieder herunter und ruft nach Hilfe; zeigen Sie ihm, wie es sich auf den Bauch drehen und sicher die Füße auf den Boden bringen kann. Bringen Sie ihm so auch bei, Treppen hinunterzusteigen; dabei braucht es aber noch länger Ihre Aufsicht, da es diese Fähigkeit erst mit der Zeit beherrscht.

Sobald Ihr Kleinkind selbstständig läuft, lernt es auch immer besser das Losgehen und Anhalten; bald kann es sich hinhocken und etwas Interessantes auf dem Boden untersuchen. Zwar kann es beim Laufen noch nichts tragen, aber schon bald ein Fahrzeug oder Holztier auf Rädern hinter sich herziehen. Aber keine Sorge, wenn Ihr Baby noch fest auf dem Boden sitzt. Wie für alle Meilensteine der Entwicklung gilt, dass Babys sie etwa in der gleichen Reihenfolge, aber unterschiedlich schnell erwerben. Manche laufen erst in ein paar Monaten. Wenn sich Ihr Baby mit 14 Monaten noch nicht an Möbelstücken entlanghangelt oder in den Stand hochzieht, sprechen Sie mit dem Kinderarzt, ob es außer mangelnden Interesse noch andere Ursachen geben kann.

Mit zwölf Monaten kann das Baby sich noch nicht selber anziehen, wohl aber Kleidungsstücke ausziehen, z. B. Strümpfe. Es macht ihm großen Spaß, Sie damit zur Verzweiflung zu bringen. Machen Sie ein Spiel aus dem Anziehen, und lenken Sie es ab, bevor alles wieder von vorne losgeht.

EINE HELFENDE HAND
Bei seinen ersten Schritten braucht Ihr Baby Ihre Hilfe. Seien Sie darauf gefasst, dass es am Anfang oft hinpurzelt – das gehört zum Lernprozess.

Was es verstehen kann

Babys verstehen in diesem Alter mehr, als sie sagen können. Sie reagieren durch Plappern, das Fragen, Befehle, Tonfall und Kadenzen »richtiger« gesprochener Sprache imitiert. Das Plappern und die seit dem Babyalter lieb gewonnenen, kommunikativen Spiele haben sein Verständnis so weit geschult, dass es sowohl einfache verbale Aufforderungen, etwas zu holen, befolgen kann als auch Fragen versteht wie »Wo ist der Teddy?« oder »Möchtest du etwas zu trinken?« und auf seine Weise antwortet. Es deutet vielleicht bereits auf Körperteile; fördern Sie sein Sprachverständnis, indem Sie beim Anziehen mit ihm sprechen – z. B. sagen: »Wo ist deine Hand hin?«, wenn Sie seinen Mantel anziehen, und dann: »Schau, da ist sie!« Oder bitten Sie es, auf Teddys Augen zu zeigen, auf Ihre Nase oder ein Baby in seinem Bilderbuch.

Alle Babys stützen sich in gewissem Umfang auf Gesten, Zeigen und Klatschen. Haben Sie Ihrem Baby spezielle Zeichen beigebracht (s. S. 133), profitieren Sie beide nun voll davon. Es kann Ihnen mitteilen, ob es Hunger hat oder müde ist. Das kann – theoretisch jedenfalls – den in diesem Alter häufigen Schreianfällen aus Frustration vorbeugen.

Ein Kleinkind werden

Ihr Baby lernt nun nicht nur Laufen und Sprechen, sondern sein Blick auf die Welt und seine Reaktionen auf sie verändern sich. Bisher besaß es nur sehr wenig Kontrolle über seine Umwelt; sein Mangel an Verständnis und Handlungsmöglichkeiten bedeutete, dass Sie fast alles für es tun mussten. Nun ist der ausgeprägte Wunsch nach Selbstständigkeit erkennbar. Dies ist eine aufregende Entwicklung, auch wenn sein Wunsch nach »Selbstmanagement« seine Kompetenz noch oft überschreitet.

Vielleicht beginnt bereits die Phase der Stimmungsschwankungen, die diese Entwicklungsphase charakterisieren; bei manchen Kindern beginnen die Trotzanfälle mit einem Jahr, bei anderen erst am Ende des zweiten Lebensjahres oder noch später – doch wenn sie kommen, sind sie bereits ein gutes Übungsfeld für die späteren Teenagerjahre. Warum wird aus dem kleinen Sonnenschein von einem Moment auf den anderen ein plärrendes Ungeheuer? Ihr Kind hat das Problem, dass sein Verständnis und der Wunsch, Dinge zu tun, seine Fähigkeiten im Moment bei Weitem überschreiten und sich daher sehr schnell Frustration einstellt. Experimentieren und Frustration sind ein wesentlicher Teil des Lernens. Es ist wichtig, das Baby die Dinge selbst herausfinden zu lassen, statt ihm sofort zu helfen. Manchmal kommt es zu Tränen, egal, ob Sie sich zurückhalten oder eingreifen – aber meist können Sie gerade so viel Hilfe anbieten, dass ihm der nächste Schritt gelingt. Wenn es z.B. erfolglos versucht, die Seiten eines Buches umzublättern, und wütend wird, heben Sie die Seite leicht an, lassen Sie es dann aber selber umblättern. Das ist oft ein Balanceakt, und Sie haben sicher immer wieder das Gefühl, es nicht richtig zu machen – dieses Gefühl kennen alle Eltern, und es stellt sich häufig ein, wenn Kinder heranwachsen.

Ich, selber, meins

Im ersten Lebensjahr hat das Baby sich weitgehend als Teil von Ihnen wahrgenommen. Mit etwa sieben Monaten beginnt sich das mit der Verlustangst zu ändern; im zweiten Lebensjahr werden diese Gefühle deutlicher. Es beginnt zu verstehen, dass es ein Individuum ist, getrennt von Ihnen. Das ist anfangs schwer zu begreifen, und sicherlich findet Ihr Kind eine solch zentrale Veränderung seiner Weltsicht beunruhigend. Die Erkenntnis, dass sie unterschiedliche Menschen sind, bringt eine tief greifende Veränderung seines Lebens und Denkens. Die Ungewissheiten und Verwirrung, die dies hervorrufen kann, sind ein Grund für die Wutanfälle. Ob sich diese neue Selbstwahrnehmung mit zwölf Monaten, mit 14 Monaten oder noch später herausbildet – Ihr Kind muss nun herausfinden, wozu es fähig ist und wie seine Handlungen auf Sie wirken. Daher beginnt es, seine Grenzen zu testen. Immer wieder wirft es trotz Ihres Verbots seine

RISIKEN EINGEHEN

Wenn Ihr Kind seine Fähigkeiten erkennt, wird es abenteuerlustiger. Es braucht natürlich Aufsicht, aber bleiben Sie im Hintergrund, damit es Lernerfahrungen machen kann.

»Ich erkannte, dass mein Sohn nicht unartig war. Er tat nur, was Kinder tun müssen, um zu lernen.«

Tasse mit Milch auf den Boden; dabei ist der Blick auf Sie gerichtet, um zu sehen, was geschieht. Ihr Kind ist nicht »unartig«; es lernt nur den Zusammenhang zwischen Ursache und Wirkung, Aktionen und Reaktionen. Es experimentiert. Dieses Verständnis hilft Ihnen, ruhig zu bleiben und es eher abzulenken, statt wütend zu werden. Wenn es das nächste Mal seinen Becher auf dem Tablett seines Hochstuhls lässt, statt ihn hinunterzuwerfen, loben Sie es.

Sein Gedächtnis ist noch nicht so gut, dass es sich daran erinnert, was es tun soll, und seine instinktive Neugierde beschert ihm ständigen Ärger. Fördern Sie erwünschtes Verhalten durch positive Verstärkung wie Lob, und ignorieren Sie weniger erwünschtes Verhalten nach Möglichkeit. Auf diese Weise wird Ihr Kind allmählich verstehen, wie es sich benehmen soll.

Ablenken

Sie können die Häufigkeit von Wutausbrüchen (seine und Ihre) reduzieren, wenn Sie die Tatsache nutzen, dass es zu Beginn des zweiten Lebensjahres immer noch leicht abzulenken ist. Statt »Nein« zu sagen, wenn es das Video wieder noch mal sehen will, spielen Sie mit ihm ein Spiel. Statt ihm zu sagen, dass es Ihre Handtasche nicht ausräumen darf, geben Sie ihm eine eigene zum Spielen oder bitten es, Ihnen beim Ausräumen der Spülmaschine zu helfen – und loben es dafür.

Teilen

Ihr Baby lernt, dass es Besitz gibt. Noch vor einem Monat hat es bereitwillig Spielsachen, Essen und sogar Sie geteilt, doch das ändert sich nun. Keine Sorge, dass es »verwöhnt« oder egoistisch wird; es ist nur eine weitere Phase auf dem Weg zum Verständnis der Welt und seines Platzes darin. Da Ihr Kind beginnt, sich selbst als Individuum zu definieren, wird es auch seine Spielsachen als seinen Besitz verteidigen. Erst im nächsten Entwicklungsschritt erkennt es, dass man ungefährdet Dinge teilen kann; Sie können diese Erkenntnis fördern.

Gehen Sie weiterhin in die Mutter-Kind-Gruppe oder eine Gruppe für Kleinkinder mit neuen Spielangeboten. Hier lernt Ihr Kind, Spielsachen mit anderen Kindern zu teilen, da die Spielsachen dort für alle bestimmt sind.

Warum körperliche Strafen nichts bringen

Mit seinem Verhalten ärgert Ihr Kind Sie manchmal, und Sie überlegen vielleicht, ihm einen Klaps zu geben, damit es »begreift«. Doch was genau wollen Sie ihm damit beibringen? Wenn Sie es schlagen, weil es sich nicht nach Ihren Wünschen verhält, lernt es, dass es geschlagen wird, wenn es etwas tut, was Sie nicht wollen. Seien Sie dann nicht überrascht, wenn es ein anderes Kind schlägt, das ihm sein Spielzeug wegnimmt.

In diesem Alter weiß Ihr Baby noch nichts von gutem oder schlechtem Benehmen, also kann es aus einer körperlichen Strafe nichts lernen. Auch später lernt es dadurch nichts Hilfreiches – selbst wenn es sich gut benehmen wird (solange Sie dabei sind), dann nur, um den Klaps zu vermeiden.

Hat es Sie geschlagen und Sie geben ihm einen Klaps, um zu sehen, wie das ist, bringt es diese beiden Handlungen nicht in Verbindung. Es ist viel zu jung, um Ihre Gefühle oder Beweggründe zu verstehen; es wird einfach verstört sein, weil Sie es geschlagen haben. Manche Eltern argumentieren, dass es Situationen gibt, in denen ein Klaps notwendig ist, um das Kind vor Gefahren zu schützen. Wenn Sie da sind und Ihrem Kind einen Klaps geben können, sobald es nach dem Kochtopf fasst, können Sie es auch vom Herd wegnehmen und energisch »Nein« sagen.

EINE FORM DER GEWALT

Wer sein Kind schlägt, behauptet oft, dass das das Einzige sei, was funktioniere, und dass es noch keinem geschadet habe. Schläge sind jedoch eine Form der Gewalt. Kinder, die geschlagen werden, neigen später eher zu Aggressivität. Aber nicht allein in der Erwachsenenwelt sind Gewalt und Schläge nicht akzeptabel (wie würden Sie sich fühlen, wenn Ihr Chef Sie schlagen würde, weil Sie einen Fehler gemacht haben?). Auch bei den eigenen Kindern gelten Schläge seit dem Jahr 2000 gesetzlich nicht mehr als Züchtigungsmittel, sondern als Misshandlung bzw. Körperverletzung.

Auch wenn Sie die besten Vorsätze haben: Leicht eskaliert die Gewalt, wenn Ihr Kind größer und frecher wird. Wenn Sie ihm eine Ohrfeige geben und es Sie nur zornig anstarrt, schlagen Sie das nächste Mal vielleicht fester zu, um eine Reaktion zu erzielen. Babys und Kleinkinder können dabei ernsthaft verletzt werden.

Meist ist es eine impulsive Reaktion und heftige Schuldgefühle folgen, weil man die Selbstbeherrschung verloren hat und sein Kind schlägt. Wir sind alle Menschen, und Missgeschicke passieren. Nehmen Sie Ihr Kind in den Arm, und entschuldigen Sie sich – schließlich soll es sich später auch entschuldigen, wenn es einen Fehler gemacht hat.

Wenn Sie sehr wütend sind, setzen Sie Ihr Kind in sein Bett oder ins Laufgitter, und gehen Sie hinaus, bis Sie sich beruhigt haben.

VORSICHTIGER UMGANG *Begeben Sie sich auf seine Höhe. Das wirkt stärker als ein Klaps.*

Sicher sein

Dank seiner zunehmenden körperlichen Geschicklichkeit kann sich Ihr Kleinkind in eine Menge heikler Situationen bringen. Machen Sie Ihre Wohnung kindersicher, und kontrollieren Sie regelmäßig, drinnen wie draußen, ob neue Gefahren auftauchen.

IHR NEUGIERIGES KIND

Es ist natürlich nachzuvollziehen, dass Sie Ihr Kind schützen möchten, doch sollte Ihre Wohnung auch keine völlig sterile Umgebung darstellen. Die Schaffung sicherer Spielbereiche verringert die Versuchung für Ihr Kind, nach anderen, weniger geeigneten Orten zu suchen. Außerordentlich anziehend ist das Badezimmer: Ihr Kind kennt bestimmt keine Scheu, mit dem Wasser in der Toilette zu spielen. Wenn das Kind nur schwer fernzuhalten ist, kaufen Sie eine Toilettensicherung, sodass es den Deckel nicht mehr anheben kann. Damit Ihr Kind die Badezimmertür nicht von innen verschließen kann, können Sie ein Schloss anbringen, das sich auch von außen öffnen lässt.

Mein ältester Sohn schloss sich als Kleinkind einmal im Badezimmer ein, während das Badewasser einlief. Ich geriet in ziemliche Panik, aber glücklicherweise hatten wir zu dieser Zeit gerade ein Au-pair-Mädchen bei uns, das meinem Sohn ganz ruhig zuredete, bis er die Tür aufmachte.

Ich wage nicht, daran zu denken, was geschehen wäre, wäre sie nicht da gewesen. Ich habe jedenfalls meine Lektion über elterliche Aufsichtspflichten gelernt!

KLEINE FINGER *Kinder sind von Natur aus neugierig; schaffen Sie draußen und drinnen eine sichere Umgebung zum Forschen.*

IM GARTEN

▶ Sperren Sie Chemikalien und Gift in einem Schuppen oder Schrank weg.

▶ Schließen Sie gefährliche Gartengeräte ein.

▶ Wenn Sie einen Teich haben, bringen Sie entweder einen hohen Zaun drum herum an oder bedecken ihn mit festem Maschendraht, der das Gewicht eines Kindes trägt. Über den Zaun darf das Kind nicht klettern können, und das Tor muss verschlossen bleiben.

▶ Leeren Sie nach Gebrauch Planschbecken, Eimer und andere Behälter, und drehen Sie sie um. Kaufen Sie eine kindersichere Abdeckung für die Regentonne.

▶ Achten Sie auf Dinge, die es verschlucken kann, z. B. kleine Kieselsteine.

▶ Binden Sie Büsche mit Beeren so hoch, dass sie außer Reichweite sind, oder entfernen Sie sie. Kontrollieren Sie den Garten auf giftige Pflanzen.

▶ Lassen Sie Ihr Kind nicht in die Nähe elektrischer Geräte; stellen Sie sicher, dass es sich nicht in Kabeln verfangen kann.

▶ Versperren Sie den Zugang zu steilen Treppen.

▶ Entfernen Sie Katzen- oder Hundekot sofort; lassen Sie Ihr Baby nicht mit Erde spielen, und decken Sie den Sandkasten nach Benutzung ab.

UNTERWEGS

Schnallen Sie Ihr Kind im Buggy immer an, da es sonst leicht herausfällt. Stellen Sie sicher, dass der Autositz die richtige Größe hat. Ihr Kind braucht nun einen Kleinkindsitz (s. S. 163). Wenn es sehr geschickt ist, kann das ein Problem werden. Sobald es heraushat, wie man den Knopf des Gurtes drückt, tut es das vielleicht oft. Es bleibt Ihnen nichts anderes übrig, als immer anzuhalten, es wieder anzuschnallen, da ungesichertes Fahren lebensgefährlich sein kann.

Oft ist man versucht, auf kurzen Strecken das Baby auf dem Schoß zu halten oder es mit dem eigenen Gurt mit anzuschnallen. Tun Sie das nie. Wenn Sie mit 40 km/h scharf bremsen, vervielfacht die Bremswirkung sein Gewicht, und es wird aus Ihren Armen gegen oder durch die Windschutzscheibe geschleudert. In Ihrem Sicherheitsgurt wird es durch Ihr Gewicht gegen den Gurt gedrückt.

ZU BESUCH

Wenn Sie Leute besuchen, die kein Baby haben, achten Sie auf Gefahren wie Treppen, scharfe Kanten und instabile Möbel. Achten Sie auch auf gefährliche Gegenstände. Wohnungen,

KÜHNER ENTDECKER *Ermutigen Sie Ihr Baby zum Treppen-Erklimmen, aber passen Sie auf, und zeigen Sie ihm, wie es hinauf- und hinunterkommt.*

in denen ältere Kinder leben, können ebenso gefährlich sein, da sich im Wohnzimmer meist unzählige Dinge befinden, die Ihr Baby verschlucken kann, wie Legos oder Murmeln.

Haustiere

Ihr Familienhund mag sanft und duldsam sein, doch lassen Sie Ihr Kind niemals auf ihn hinaufklettern oder ihn hochheben; er kann sich bedroht fühlen und infolgedessen beißen. Hüten Sie sich immer vor Hunden anderer Leute: Fragen Sie den Besitzer, bevor Sie Ihr Kind hingehen lassen. Bleiben Sie vorsichtig – Tiere können unberechenbar sein. Unter Hunden herrscht eine klare Hierarchie. Ihr Kind mag in der Hierarchie als untenstehend betrachtet werden und wird eventuell mit einem Biss an seinen Platz verwiesen.

Tolle Spiele und Spiel- sachen für Kleinkinder

Schön ist, dass Ihr Kind nun aktiver an gemeinsamen Spielen teilnimmt; es gibt Ihnen wahrscheinlich ein Spielzeug und nimmt eines von Ihnen. Es mag weiterhin Fingerspiele und Lieder und kann vielleicht mitklatschen und bei Spielhand- lungen mitagieren.

INTERAKTIVES SPIELZEUG

Das Kind wird immer geschickter im Umgang und Gebrauch seiner Spielsachen.

Ihr Kind wirft, schiebt und klettert; es kann gelegentlich aber auch einige Minuten stillsitzen, vertieft in ein Buch oder ein Spielzeug. Bestimmt hat es zum ersten Geburtstag viele neue Spielsachen bekommen; räumen Sie einige davon weg, und geben Sie sie ihm in Abständen während der kom- menden Wochen und Monate.

Ihr Einjähriges ist ständig auf Achse und untersucht alles und jedes. Also seien Sie wachsam. Ihr Kind macht keinen Unterschied zwischen dem, was Sie ihm als Spielzeug geben, und dem, was es gern untersuchen will; es ist ebenso inter- essiert am Geschenkpapier seiner Geschenke wie am darin verpackten Spielzeug. Alltags- gegenstände – Schachteln, Löffel, Schlüssel und Telefone – sind nur einige der für Babys unwiderstehlichen Dinge. Es ist auch begierig darauf, Ihnen zu »helfen«; also lassen Sie es das Gemüse aus der Einkaufstasche packen oder Nudeln im Schrank verstauen.

Lassen Sie Ihr Kind nicht mit zerbrech- lichen, schweren oder kleinen Sachen spielen, die es verletzen oder die es verschlucken könnte. Kaufen Sie ihm keine für ältere Kinder gedachten Spielsachen, so ungefährlich sie auch aussehen mögen – abfallende Einzelteile können gefährlich sein.

Zu den Spielsachen, die Ihrem Kind in diesem Alter gefallen, gehören –

■ **Rutschfahrzeuge:** Ein Auto, auf dem es sitzen und sich mit den Füßen vorwärts bewegen kann, ist besonders beliebt. Manche haben eine Schiebestange. Bei manchen kann man den Sitz hochklappen und Dinge darin verstauen.

■ **Kuscheltiere:** Nun hängt Ihr Kind vielleicht besonders an einem Kuscheltier oder einer Puppe; sie eignen sich für Rollenspiele (s. S. 223).

■ **Baumaterialien:** Ein Satz weiche Bauklötze oder andere altersgerechte Konstruktionsmaterialien.

■ **Behälter:** Legen Sie interessante Spielsachen und ungefährliche Gegenstände hinein, und achten Sie auf einen leicht abnehmbaren Deckel.

Matscherei

Bestimmt haben Sie schon festgestellt, dass Ihr Kind außerordentlich gerne mit seinem Essen spielt. Es hat großen Spaß am Erforschen neuer Beschaffenheiten – füllen Sie eine Schüssel mit Wackelpudding oder Cornflakes, damit es den Inhalt zusammendrücken oder zwischen den Finger fühlen kann.

Mit etwa 12–14 Monaten macht Ihr Kind gern erste Erfahrungen mit Stiften und Farbe. Achten Sie darauf, dass alle verwendeten Materialien ungiftig sind. Mit dicken Wachsstiften kommt das Kind am besten zurecht. Es hat noch nicht viel Kontrolle über den Stift (in diesem Alter halten Babys Stifte mit der Faust; den richtigen Griff entwickeln sie erst mit drei Jahren). Kleben Sie auf dem Tisch oder Boden ein großes Stück Papier fest, damit es nicht wegrutschen kann. Lassen Sie Ihr Kind zuerst beobachten, wie Sie malen, dann wird es sich mit seinen auf das Papier gemalten Zeichen überraschen.

Wenn es gern malt, rühren Sie aus Farbpulver und Wasser dicke Farbe an und lassen es damit experimentieren, entweder mit einem groben Pinsel oder mit den Fingern. Dann lassen Sie es seinen Fuß oder die Hand in die Farbe tauchen und Abdrücke auf dem Papier machen – schneiden Sie die besten aus, und Sie haben eine wunderbare selbst gemachte Grußkarte für Oma. Am besten lassen Sie vorher schon ein Bad einlaufen. So haben Sie nicht das Problem, dass Ihr Kind, wenn es voller Farbe ist, durchs Wohnzimmer turnt, während Sie sein Bad vorbereiten. Über gesunden Menschenverstand verfügt es noch nicht, also bewahren Sie Farben und Stifte außer Reichweite auf. Sonst bemalt es Wände und Möbel.

ICH HABE RÄDER. *Das Baby ist gern auf Achse. Rutschfahrzeuge sind eine gute Hilfe.*

KLEINE KÜNSTLER *Geben Sie ihm Papier und dicke Stifte – das fördert seine Kreativität.*

Tägliche Pflege

Ihr Kind wird jeden Tag eigenwilliger; bei den Mahlzeiten will es vielleicht nicht essen, was auf den Tisch kommt, oder beim Wickeln nicht still liegen. Bleiben Sie bei der täglichen Pflege konsequent, aber denken Sie daran, dass das Austesten von Grenzen normal ist.

Was sollte Ihr Kleinkind essen?

Auch Kinder, die seit Einführung der Beikost alles gern gegessen haben, was ihnen vorgesetzt wurde, können nun heikler werden. Will Ihr Kind eine Speise nicht essen, zwingen Sie es nicht dazu. Bieten Sie die Speise weiterhin an. Babys gewöhnen sich nur langsam an neue Geschmacksrichtungen. Bieten Sie ihm eine breite Auswahl an gesunden Mahlzeiten an, ohne dass es Speisen essen muss, die es einfach nicht mag – solange es keine ganze Nahrungsmittelgruppe ist, wie z. B. Gemüse. War Ihr Kind bislang ein guter Esser und wird nun heikler, denken Sie daran, dass es nicht verhungern wird, wenn es eine Mahlzeit oder sogar mehrere auslässt. Es wird essen, wenn es Hunger hat. Isst es das angebotene Gericht nicht, nehmen Sie den Teller nach etwa zehn Minuten weg und lassen das Kind vom Tisch aufstehen. Wenn Sie aus dem Essen kein großes Thema machen, kann Ihr Kind es auch nicht als Waffe einsetzen.

Wenn Sie meinen, dass Ihr Kind scheinbar gar nichts isst, führen Sie zwei Wochen lang ein Ernährungstagebuch. Zeichnen Sie alles auf, was es isst und trinkt. Sie stellen bestimmt fest, dass es mehr isst, als Sie denken. Bieten Sie weiterhin kleine Portionen gesunder Nahrungsmittel zu den Mahlzeiten an, außerdem gesunde Zwischenmahlzeiten wie Obst, Käse oder Reiswaffeln. Widerstehen Sie der Versuchung, ihm Ungesundes anzubieten, damit es »wenigstens etwas« isst. Wenn Sie es mit Keksen und Süßigkeiten zum Essen animieren wollen, weiß es schnell, wie es Sie dazu bringt, ihm diese Sachen zu geben, und isst bald nur noch das.

Verzichten Sie auch unterwegs auf Chips und andere pikante Snacks als schnelles Fingerfood, da diese Knabbereien reich an Salz und Fett sind und keine Vitamine und Mineralstoffe besitzen.

KLEINER SNACK *Der Magen Ihres Kindes ist klein und muss regelmäßig gefüllt werden; es braucht gesunde Zwischenmahlzeiten.*

Ein kleines Geständnis ist hier angebracht. Meine beiden jüngeren Kinder essen nur ausgewählte Gerichte. Trotzdem essen sie gesund, entwickeln sich gut, sind nicht übergewichtig und bekommen alle Nährstoffe, die sie benötigen – also sehen wir es locker. Es gilt jedoch der Grundsatz, dass sie nichts anderes bekommen, wenn sie eine Mahlzeit ablehnen.

Milch und Abstillen

Wenn Sie Ihr Baby immer noch gern stillen, besteht kein Grund zum Abstillen, doch viele Mütter stillen ihr Baby nun allmählich ab. Ab dem zwölften Monat kann es pasteurisierte Kuhmilch bekommen. Gesundheitsbehörden empfehlen vollfette Milch bis zum zweiten Geburtstag, danach vollfette oder fettarme Milch.

Wenn Ihr Baby keine Anstalten macht, sich selbst abzustillen, Sie aber meinen, dass es an der Zeit ist, gehen Sie es langsam an. Falls Sie noch tagsüber stillen, lassen Sie diese Mahlzeiten nach und nach weg und bieten dem Baby Milch aus der Tasse an. Wenn es die Brust will, lenken Sie es ab. Das ist einfacher gesagt als getan, aber bleiben Sie konsequent. Sobald es tagsüber ohne Muttermilch auskommt, können Sie auch die Morgenmahlzeit durch Milch aus der Tasse ersetzen. Es wird nicht so stark protestieren, weil es morgens energiegeladen und unternehmungslustig ist. Ihm (und Ihnen) wird es schwerer fallen, auf die abendliche Mahlzeit zu verzichten, da sie auch der Beruhigung dient. Helfen Sie ihm, es zu schaffen; kuscheln Sie mit ihm beim Gute-Nacht-Ritual, sodass weiterhin enge Nähe gegeben ist.

Ihr Kleinkind versorgen

Ihr Baby wird nun zum Kleinkind; früher oder später wird es sich widersetzen, wenn Sie es waschen, anziehen oder wickeln wollen. Das kann sehr ärgerlich sein, wenn Sie in zehn Minuten zum Bus müssen. Denken Sie daran, dass es Sie nicht absichtlich ärgern will. Es gehört zu seiner Entwicklung, Dinge allein anzugehen und die neuen Fähigkeiten auszu-

Fragen zur Ernährung

▶ **Mein 13 Monate alter Sohn wirft seinen Teller immer auf den Boden, wenn er satt ist. Wie gewöhne ich ihm das ab?**

Überlegen Sie zunächst, wie Sie reagieren, wenn er das macht. Kinder in diesem Alter lassen Sachen fallen und werfen sie weg. Das wächst sich aus. Wenn es jedoch erfährt, dass dieses Verhalten bei Ihnen eine interessante Reaktion hervorruft, macht es weiter. So schwer es sein mag, ignorieren Sie es einfach. Es hat seine Mahlzeit beendet, also wischen Sie seine Hände und sein Gesicht ab und setzen es auf den Boden. Sie können ihm auch Fingerfood auf sein Tablett legen. Bleibt es oben, loben Sie es. So lernt es schnell, dass es positive Aufmerksamkeit erhält, wenn es sein Essen auf dem Teller lässt, aber beim Herumwerfen nicht.

▶ **Mein Tochter ist zwölf Monate alt; seit ich ihr keine Fläschchen mehr gebe, will sie gar keine Milch mehr. Kuhmilch aus dem Becher trinkt sie nicht. Was soll ich machen?**

Machen Sie sich nicht zu viele Sorgen. Kalzium und Vitamine bekommt sie auch anders, z. B. aus Käse, Joghurt und Quark, die sie zu den Mahlzeiten geben können. Sie können ihr auch Sojaprodukte anbieten, die viele Nährstoffe aus der Milch ersetzen. Geben Sie ihr möglichst keine Fruchtsäfte anstelle von Milch zu trinken, da zu viel Fruchtsaft die Zähne schädigen kann – bleiben Sie lieber bei Wasser.

▶ **Mein Partner meint, ich sollte jetzt, wo unser Baby ein Jahr alt ist, abstillen. Hat er recht?**

Viele Mütter hören mit etwa zwölf Monaten auf zu stillen; Sie können aber durchaus weiter stillen, wenn Sie und Ihr Baby das wollen. Bei mir waren sechs Monate die richtige Stilldauer, aber das ist eine rein individuelle Entscheidung. Bei mir entsprach dies der Rückkehr in den Beruf, und so erschien mir das Abstillen ganz natürlich. Andere Mütter stillen das ganze Kleinkindalter hindurch oder sogar länger und lieben diese Nähe.

Persönlich bin ich der Auffassung, dass Stillen über das zweite Lebensjahr hinaus ein bisschen peinlich ist – plötzlich kommt das Kind, hebt die Bluse seiner Mutter und bedient sich an der Brust, wann immer es will.

Sprechen Sie mit Ihrem Partner über Ihrer beider Gefühle und warum er der Meinung ist, dass Sie abstillen sollten. Entscheiden Sie dann, was für Sie alle drei das Beste ist.

Ihr Partner freut sich vielleicht darauf, Sie wieder ganz für sich zu haben. In diesem Fall ist es wichtig, diese Gefühle offen zu äußern. Und im Hinblick auf Ihr Baby: Auch wenn ihm das Stillen Vergnügen bereitet, bringt es aus ernährungsphysiologischer Sicht keinen Nachteil, wenn Sie es nun abstillen.

»Mein Baby entschied mit elf Monaten, nicht mehr an der Brust zu trinken. Mit einem Jahr hätte ich auch abgestillt, aber so empfand ich es irgendwie als Ablehnung.«

probieren. Beziehen Sie es am besten so gut
wie möglich in alle Aktivitäten ein –

■ **Anziehen:** Zwar ist es zu klein, um sich selber anzuziehen, doch wenn Sie es zwischen
zwei T-Shirts oder zwei Mützen wählen lassen,
ist es abgelenkt, bis Sie ihm alles andere angezogen haben.

■ **Wickeln:** Wie sehr Sie ihm auch zureden und
schmeicheln: In diesem Alter hasst Ihr Kind
das Windelwechseln, weil es auf Achse sein
und nicht still liegen will. Lassen Sie es eine
saubere Windel aus der Packung nehmen und
sie Ihnen im richtigen Moment geben. Oder
lenken Sie es mit einem Lieblingsspielzeug, das es nur beim Wickeln
bekommt, ab.

■ **Baden:** Wenn Sie Badeschaum verwenden, wird es sauber, ohne dass Sie
es mit einem Waschlappen waschen. Sie können ihm auch einen eigenen
Schwamm oder Waschlappen geben, sodass es durch Ihre gemeinsame
Anstrengung schon irgendwie sauber wird.

■ **Haarewaschen:** Dies kann ein Drama sein, solange das Kind nicht kooperiert. Wenn es Angst davor hat, dass Wasser in Augen und Ohren kommt,
können Sie ein spezielles Kopfschild kaufen, das dieses verhindert. Sonst
beschränken Sie das Haarewaschen auf ein Minimum; wenn es gar nicht
anders geht, waschen Sie sie mit dem Badewasser.

*BADESPASS Badezeit ist
Spielzeit für Ihr Baby.
Dabei will es nicht
durch langweilige Auf-
gaben wie Haarewa-
schen gestört werden.*

Schlaf

Ihr umtriebiges Kleinkind benötigt zwar immer noch viel Schlaf, schläft
aber tagsüber immer seltener und kürzer. Babys haben ein unterschied-
liches Schlafbedürfnis: Manche schlafen nachts besser, wenn sie auch
tagsüber fest geschlafen haben und nicht übermüdet oder quengelig sind,
andere sind hypersensibel und schließen, wenn sie nach 14 Uhr geschlafen
haben, vor Mitternacht kein Auge. In diesem Fall gehen Sie nachmittags
mit Ihrem Kind hinaus, damit es wach bleibt (Achtung vorm Einschlafen in
Auto oder Buggy!).

Vielleicht braucht Ihr Baby mit zunehmendem Alter länger zum Einschlafen und plappert im Bett liegend oder sitzend vor sich hin. Es macht

nichts, wenn es ein Weilchen wach ist. Es kommt bald zur Ruhe und schläft ohne Ihre Hilfe ein. Findet es jedoch kaum zur Ruhe, erwarten Sie vielleicht, dass es mehr schläft als nötig. Mit zwölf Monaten braucht es etwa 12–14 Stunden Schlaf. Ein Schlaftagebuch über etwa eine Woche kann hilfreich sein, um genau festzustellen, wie viel es schläft. Vielleicht müssen Sie es evtl. später ins Bett bringen, den Tag früher beginnen oder es tagsüber weniger schlafen lassen.

Ihr Kind kann mittlerweile in einem kleinen Federbett in Kinderbettgröße und einem Kissen schlafen; achten Sie allerdings darauf, dass sich beides nicht als Steighilfe eignet, um aus dem Bett zu kommen. Der Lattenrost sollte möglichst tief gestellt werden, um Ihrem unermüdlichen Kletterer einen gehörigen Strich durch die Rechnung zu machen. Spielsachen, die als Steighilfe verwendet werden könnten, sollten Sie unbedingt aus dem Bett entfernen.

Lässt Ihr Kind sich nicht vom Klettern abbringen, kann es sicherer sein, die Gitterstäbe an einer Seite zu entfernen oder die Matratze auf den Boden zu legen, das Zimmer kindersicher zu machen und die Tür mit einem Gitter zu versperren.

Häufige Fragen

▶ **Mein 14 Monate alter Sohn fängt gerade an zu laufen, fällt aber ständig hin. Was kann ich für seine Sicherheit tun?**
Beim Laufenlernen sind Kleinkinder noch sehr unsicher auf den Beinen und fallen häufig hin. Dabei verletzen sie sich selten, solange keine äußere Gefährdung besteht, z. B. eine Treppe. Behalten Sie es einfach im Auge, bringen Sie Treppenschutzgitter und Kantenschutz an Möbeln an. Diese Phase geht schnell vorüber, da Ihr Kind bald sicherer auf seinen Beinen steht.

▶ **Was kann ich tun, damit mein Kind aufhört, mich zu schlagen?**
Sagen Sie deutlich: »Nein, das tut Mama weh.«, setzen Sie es hin, oder gehen Sie weg. Auf diese Weise entziehen Sie ihm Aufmerksamkeit, statt sie ihm wegen des Schlagens zu geben. Wenn es ein anderes Kind schlägt, sagen Sie ihm, dass das nicht in Ordnung ist, und schenken Sie dem anderen Kind Ihre Aufmerksamkeit. Umarmt Ihr Kind Sie jedoch liebevoll, dann küssen Sie es und loben es für seine Herzlichkeit. Auf diese Weise lernt es, dass es Ihre Zuwendung bekommt, wenn es Sie nicht schlägt. Kleinkinder hauen aus Frustration, um Aufmerksamkeit zu erhalten oder einfach, um die Folgen auszutesten. Das ist ein typisches Verhalten, legt sich aber schnell, wenn Sie in Ihrer Reaktion konsequent sind.

FRAGEN&ANTWORTEN

Erste Schuhe

Zu Hause läuft Ihr Kind am besten barfuß, doch sobald es auch im Freien laufen kann, braucht es Schuhe. Schuhe sind ein wichtiges Bekleidungsstück und sollten immer neu gekauft werden. Weil sie sich der Fußform anpassen, passen Schuhe eines anderen Kindes Ihrem Kind nicht richtig. Lassen Sie sich in einem Fachgeschäft für Kinderschuhe beraten. Der wichtigste Faktor ist die Passform, nicht das Aussehen des Schuhes. Vielleicht gefallen Ihrem Kind schon in diesem Alter modische Schuhe, doch seien Sie standhaft, und kaufen Sie sie nicht, wenn sie nicht die richtige Passform für seinen Fuß haben.

Gelegentlich kann Ihr Kind aber durchaus gebrauchte Schuhe tragen. Wir haben unseren Kindern immer gute, neue Straßenschuhe gekauft, zu Hause aber auch eine Menge gebrauchter Schuhe gehabt. Wenn sie drücken oder nicht richtig sitzen, werfen Sie sie einfach weg. Schuhe können sehr teuer sein und passen oft nur wenige Monate, daher müssen Sie Kompromisse eingehen. Achten Sie darauf, aus welchem Material die Schuhe sind. Verzichten Sie auf Schuhe aus Synthetik – empfehlenswert sind Leder und andere atmungsaktive Materialien.

Ein »faules« Wochenende

Sie müssen unbedingt weiterhin beide an Ihrer Partnerschaft arbeiten und ebenso Zeit als Paar finden wie als Eltern. Nach dem ersten Geburtstag des Babys ist es an der Zeit, ein wenig mehr zu planen als einen gelegentlichen Kinoabend – wenn Sie das nicht bereits getan haben. Wenn Sie es sich leisten können, denken Sie an ein Wochenende in einem schicken Hotel; wenn nicht, können Sie auch einfach Freunde besuchen.

Inzwischen lassen Sie Ihr Kind wahrscheinlich regelmäßig betreuen, wenn Sie arbeiten gehen oder abends einmal ausgehen. Ihr Baby hat sich schon daran gewöhnt, dass Sie für kurze Zeiten weg sind, und vorausgesetzt, es ist bei Menschen, die es kennt, fühlt es sich auch in Ihrer Abwesenheit wohl. Hier können Großeltern eine echte Bereicherung sein, da sie bestimmt gern ihr Enkelkind zum Übernachten zu sich nehmen. Das Kind ist jetzt viel unproblematischer zu versorgen und genießt die besondere Aufmerksamkeit, die es von den Großeltern erfährt.

Planen Sie das Wochenende möglichst sorgfältig. Es sollte sehr romantisch werden – z.B. ein Abendessen in einem teuren Restaurant. Sie brauchen Zeit, um miteinander zu reden und diese ganz besondere Situation zu genießen. Ich bin immer wieder erstaunt, wie anders unsere Gespräche sind, wenn wir zusammen wegfahren, und wie wir uns immer wieder neu kennenlernen.

AUS VATERS SICHT

Frühgeborene Babys

Die ersten Jahre des Elternseins können etwas komplizierter sein, wenn Ihr Baby zu früh zur Welt kam. Die Entwicklungsphasen sind weniger eindeutig; lassen Sie aber den schwierigen Start hinter sich, und gehen Sie so normal wie möglich mit Ihrem Baby um.

Bei einem Frühgeborenen folgt die Entwicklung demselben Schema wie bei einem termingerecht geborenen Baby, außer dass es die Meilensteine nicht gemäß seinem tatsächlichen, sondern seinem errechneten Geburtsdatum erreicht.

Wurde Ihr zwölfmonatiges Baby z. B. in der 28. Woche geboren, kann es nun allmählich sitzen, aber seine ersten freien Schritte liegen noch in einiger Ferne. Vergleichen Sie Ihr Kind nicht mit gleichaltrigen, termingerecht geborenen Babys.

EIN KOMPLIZIERTER START

Ihr Baby war nach der Geburt vielleicht in Intensivpflege, was die ersten Monate noch anstrengender macht. Auch wenn Eltern auf Neugeborenen-Intensivstationen (s. S. 36) mittlerweile stark einbezogen werden, ist der Bindungsprozess bei einem pflegebedürftigen Baby meist schwieriger. Vielleicht mussten Sie auch sehr große Ängste um es durchstehen.

Wenn Ihr Baby nach der Entlassung aus dem Krankenhaus auch zu Hause medizinisch betreut werden musste, z. B. durch Sauerstoffzufuhr oder regelmäßige Besuche einer Krankenschwester, war das sicher äußerst belastend; meist ist es jedoch schon eine große Erleichterung, das Baby zu Hause zu haben.

Im ersten Jahr musste sich Ihr Baby vermutlich mehreren Untersuchungen, einschließlich der Vorsorgeuntersuchungen, unterziehen. Eventuell sind dabei Gesundheitsprobleme erkannt worden. In jedem Fall stellt ein Frühgeborenes eine schwierige, anspruchsvolle Aufgabe dar; nehmen Sie daher alle nur mögliche Hilfe auch jetzt noch in Anspruch.

Der erste Geburtstag ist ein großer Meilenstein, vor allem, wenn Ihr Baby bei der Geburt sehr unreif und pflegebedürftig war. Es können aber weiterhin körperliche und Entwicklungsprobleme infolge der frühen Geburt bestehen.

Je früher Ihr Baby geboren wurde, umso wahrscheinlicher sind langwierige Probleme. Im Alter von einem Jahr erfolgt eine gründliche Untersuchung durch den Kinderarzt. Dabei wird festgestellt, wie das Kind körperlich und in seiner allgemeinen Entwicklung vorankommt; allerdings hinkt es sicher noch hinter termingerecht geborenen Babys her.

HÄUFIGE PROBLEME

Leider bringt die frühe Geburt ein erhöhtes Risiko für bestimmte Probleme mit sich. Dazu gehören Atemwegsinfektionen, Krankenhausaufenthalte, Reflux und Plötzlicher Säuglingstod. Der Kinderarzt wird sorgsam auf mögliche Anzeichen achten und im Fall der Fälle unverzüglich mit der entsprechenden Behandlung beginnen.

Bei einer chronischen Lungenerkrankung von Frühgeborenen kommt es in der frühen Kindheit häufiger zu Asthma, das sich mit zunehmender Lungenreife meist bes-

»In den ersten Monaten waren wir nach dem schwierigen Start sehr ängstlich, aber jetzt lernen wir, lockerer zu sein.«

sert. Viele Frühgeborene haben mit etwa vier oder fünf Jahren die Verzögerungen aufgeholt; manche haben später jedoch schulische Probleme; gelegentlich treten Behinderungen wie Zerebrallähmung (s. S. 308) oder Lernbehinderung auf. Eine wenige Kinder zeigen auch Sehschwächen (s. S. 311). Bei allen frühgeborenen Kindern werden regelmäßige Augenuntersuchungen durchgeführt, um etwaige Probleme früh zu erkennen und zu behandeln.

SIE UND IHR KLEINKIND

All diese Sorgen können die Beziehung zu Ihrem Kind beeinflussen: Vielleicht haben Sie Schuldgefühle, und Sie sorgen sich übermäßig um seine Gesundheit und Entwicklung. Da geschieht es leicht, dass Sie es, was Schlafen, Essen und Verhalten anbelangt, verwöhnen. Es ist für seine gesunde Entwicklung wichtig, dass Sie das vermeiden.

Ihrem Kleinkind müssen, wie jedem anderen Kind in diesem Alter, Grenzen gesetzt werden. Natürlich sorgen Sie sich, ob das Kind genügend isst, weil es bei der Geburt so winzig und untergewichtig war. Wenn der Kinderarzt der Meinung ist, dass es Zeit für Beikost ist, dann bieten Sie dem

Kind eine ausgewogene Kost an. Versuchen Sie gelassen zu bleiben, wenn es sein Mittagessen anfangs wieder ausspuckt. Entsprechendes gilt für das Schlafen; wenn Sie sich Monate lang um seine Atmung gesorgt haben, fällt es schwer, es allein schlafen zu lassen. Bestimmt möchten Sie es länger in Ihrem Schlafzimmer schlafen lassen als ein termingerecht geborenes Baby. Vermeiden Sie das und befolgen Sie die Ratschläge, die für termingerecht geborene Babys gelten.

Ein Babyfon kann Ihre Ängste lindern. Erkennt der Arzt ein Risiko für eine Schlafapnoe (das Baby hört im Schlaf kurzzeitig zu atmen auf), erhalten Sie ein spezielles Überwachungsgerät.

Es ist nicht im Geringsten überraschend, dass all der Stress, den eine Frühgeburt und die einhergehenden Sorgen über die Zukunft mit sich bringt, eine Beziehung belasten kann. Sprechen Sie mit Ihrem Partner über Ihre Gefühle, und holen Sie sich ggf. professionelle Hilfe.

MEILENSTEINE ERREICHEN *Vielleicht müssen Sie sich länger gedulden, bis Ihr Kind seine ersten Schritte macht, aber dann sind Sie hingerissen.*

IHR KLEINER ENTDECKER

»Es ist neugierig und will lernen – es lernt von Ihnen.«

ICH BIN SCHÜCH-TERN. DIE PERSÖN-LICHKEIT IHRES KINDES HAT VIELE FACETTEN.

SPIEL MIT MIR. BESONDERS LIEBT IHR KIND INTERAKTIVE SPIELE, DIE SIE OFT WIEDERHOLEN MÜSSEN.

MAMAS GEHILFE DAS KIND
LIEBT ROLLENSPIELE UND WILL SEIN
WIE MAMA ODER PAPA.

Ihr wunderbares Kind

In diesem Alter, in dem sie immer mehr neue Fertigkeiten erwerben, versuchen die meisten Kinder ständig, ihre Grenzen zu erweitern. Gestern konnte Ihr Kind gerade mal aufs Sofa klettern, und heute versucht es schon, auf den Küchenstuhl zu steigen – Sie müssen also aufpassen.

Ihr Kind kann nun vermutlich laufen, bei manchen dauert es allerdings noch etwas. Sobald es sicher auf den Beinen steht und, ohne ständig hinzuplumpsen, quer durchs Zimmer wackeln kann, kommen Varianten ins Spiel, z. B. Gegenstände hinter sich herzuziehen. O-beinig-Gehen ist in diesem Alter normal, das korrigiert sich von selbst.

Natürlich geht es nicht ohne blaue Flecken und Stöße ab, wenn Ihr Kind seine Körperbeherrschung trainiert, doch wenn Sie Sicherheitsmaßnahmen getroffen haben, kann wenig passieren. Wenn es auf einen Stuhl klettert und nicht mehr herunterkommt, ruft es um Hilfe. Studien haben gezeigt, dass Kinder, sobald sie sicher krabbeln können, eine instinktive Scheu vor Höhen entwickeln. So weigerten sich Babys, über eine transparente Tischoberfläche zu krabbeln, die den Anschein erweckte, sie führe über einen Grat. Verlassen Sie sich aber nicht darauf. Der Selbsterhaltungsinstinkt Ihres Babys hat nichts mit gesundem Menschenverstand zu tun; den besitzt es noch nicht. Seien Sie besonders wachsam in neuen Situationen und Umgebungen, und achten Sie auf Gefahren, die nur hin und wieder bestehen, z. B. ein offenes Fenster.

Sprachvermögen

In diesen Monaten beschleunigt sich der Spracherwerb: Viele (aber nicht alle) Kinder können mit 15 Monaten zwei oder drei Wörter sagen, und manche verfügen mit etwa 17 Monaten schon über ein ganzes Repertoire. Doch keine Sorge, wenn die Kinder Ihrer Freundinnen scheinbar schon sprechen und Ihres nur wenige, selbst erfundene Wörter äußert – oder gar keines. Wenn Ihr Kind versteht, was Sie zu ihm sagen, wenn es Aufforderungen befolgt und mit Ihnen durch Gesten und Geplapper kom-

»MULTITASKING« Das Laufen geht jetzt ganz von selbst, und Ihr Kind liebt sein Nachziehtier, das ihm auf seinen Ausflügen Gesellschaft leistet.

muniziert, ist alles in Ordnung: Das sind entscheidende Schritte auf dem Weg zum Sprechen. Erstgeborene Kinder, bei denen ein Elternteil immer zu Hause ist, lernen meist früh viele Wörter, da sie viel direkte Zuwendung erhalten und man ihnen viel erklärt. Nachgeborene Kinder, Zwillinge, Drillinge oder Mehrlinge oder Kinder, deren Eltern beide berufstätig sind, verwenden Wörter oft später, verbinden sie dann aber sehr schell zu Sätzen. Beides ist normal. Sollte Ihr Kind allerdings mit 17 Monaten noch kein Wort sprechen und anscheinend auch nichts verstehen und nicht reagieren,

»Mit dem Baby zu kommunizieren ist toll; allerdings bin ich momentan noch die Einzige, die es versteht.«

EIN SCHWÄTZCHEN HALTEN *Ihr Telefon gefällt Ihrem Kind zwar besser als sein Spielzeugtelefon, aber schnell findet es auch das langweilig.*

wenn Sie mit ihm sprechen, wenden Sie sich an den Kinderarzt. Manchmal liegt der Sprachstörung eine bestimmte Ursache zugrunde – z. B. Hörprobleme –, manchmal liegt eine allgemeine Verzögerung in den Sprach- und Kommunikationsfähigkeiten vor, die auf eine Entwicklungsstörung (s. S. 299) hinweist. Manche Kinder sind einfach Spätentwickler, vielleicht infolge einer Frühgeburt. Wenden Sie sich bei möglichen Bedenken an Ihren Kinderarzt. Besteht tatsächlich ein Problem, sollte es so früh wie möglich behandelt werden.

Ihr Kind wird in diesem Alter manche Wörter wahrscheinlich falsch aussprechen. »S-« und »R-Laute« sind wegen der Lippen-Zungen-Koordination besonders schwierig zu artikulieren. Sie müssen Ihr Kind nicht dazu anhalten, die Wörter richtig auszusprechen; das kommt von selber, wenn es so weit ist. Sie helfen ihm allerdings, wenn Sie das Wort als Antwort richtig aussprechen. Wenn es über seine »Tue« spricht, sagen Sie: »Ja, das sind deine Schuhe.« Wortverständnis und Wortschatz erweitern Sie, wenn Sie das ausführen, was es Ihnen mitteilt. Sieht es einen Hund und sagt: »Wauwau«, antworten Sie: »Ja, das ist ein Hund, und schau, er jagt dem Ball hinterher.«

Achten Sie auf Genauigkeit. Wenn Sie es fragen, ob ihm zu warm ist, schaut es Sie vielleicht verständnislos an (wenn es nicht bereits quengelt, weil ihm unwohl ist). Fragen Sie besser: »Sollen wir den Mantel ausziehen?« Das versteht es und kann darauf antworten. Es ist für Ihr Kind emotional wie kognitiv einfacher, mit positiven Aufforderungen zurechtzukommen statt mit negativen Ermahnungen. Die Aufforderung: »Leg bitte deine Mütze auf den Tisch.«, führt eher zu einem Ergebnis als »Wirf bitte deine Mütze nicht auf den Boden.«

Lustige Zeiten

Ihr Kleinkind verfügt nicht nur über grenzenlose Energie, es hat auch eine Menge Liebe und Zuneigung zu geben und ist Ihnen gegenüber damit sehr großzügig. Trotz ihrer Wutanfälle sind Kleinkinder die meiste Zeit eine sehr angenehme Gesellschaft; viele besitzen einen ausgeprägten Sinn für Humor – es sei denn, etwas geht nicht nach ihrem Willen (in dieser Hinsicht sind wir uns alle ähnlich).

Ihr Kind erkennt, was Ihnen Freude macht und was Sie verärgert, und auch wenn es jedwede Aufmerksamkeit von Ihnen sucht, so tut ihm doch Ihre zufriedene, positive Reaktion gut. Wenn es Sie umarmt und Sie ihm sagen, dass Sie es lieben, ist es vermutlich bald wieder zärtlich. Es ist entzückt, wenn Sie über seine Streiche lachen. Lachen Sie aber nicht, wenn es etwas macht, was es nicht soll. In der Psychologie gibt es den Begriff »Double-Binding«, er bezeichnet die fehlende Übereinstimmung von Sprache und Körpersprache. Wenn Sie etwas sagen, aber Ihre Mimik oder Ihre Körpersprache eine andere Botschaft übermittelt, ist das für Kleinkinder verwirrend.

Manchmal wird es Ihnen wahrscheinlich ein bisschen zu viel, vor allem, wenn Sie müde und erschöpft sind. Gehen Sie aber auch dann positiv vor. Statt zu schimpfen, weil das Kind zu wild ist, bieten Sie ihm eine ruhige Aktivität an, z. B. ein Buch anschauen. Das erfordert zwar ein wenig Mühe, aber zahlt sich letztlich aus. Das Kind erhält so die positive Aufmerksamkeit, die es liebt, und muss nicht negativ reagieren, weil es sich ignoriert fühlt. So geraten Sie auch nicht in einen Kreislauf des ständigen »Nein-«Sagens; dabei würde Ihr Kind nur allzu leicht lernen, dass es Ihre Aufmerksamkeit erlangen kann, indem es Sie ärgert.

ALLEINUNTERHALTER *Ihr Kind blüht unter Ihren Augen auf und wiederholt Verhalten, das eine Reaktion hervorruft. Reagieren Sie nicht auf Unarten, die lustig sind, auch wenn es schwerfällt, das Lachen zu unterdrücken.*

Jungen und Mädchen

Verhalten sich Jungen und Mädchen von Natur aus auf eine bestimmte Weise, oder sind Erziehung und Umgebung entscheidend? Die Antwort liegt wohl in der Mitte. Jungen und Mädchen entwickeln sich als Babys und Kleinkinder in manchem unterschiedlich.

GESCHLECHTSBEWUSSTSEIN

In unserer Kultur sind die Geschlechterrollen klar definiert. Da das Geschlecht einen bedeutenden Teil der Identität ausmacht, ist es für Kleinkinder wichtig, sich ihres Geschlechts bewusst zu sein.

Auch wenn Eltern häufig Bezug auf das Geschlecht des Kindes nehmen, z. B. »braver Junge«, »sie ist ein wildes Mädchen«, versteht ein Kind mit 15 oder 16 Monaten höchstens, dass sich das Wort auf es selbst bezieht. Ihr Sohn weiß noch nicht, dass er ein Junge ist und das andere Kind ein Mädchen. Zwar wird er sich in den nächsten Monaten seines und seiner Freunde Geschlechts bewusst, doch es dauert Jahre, bis seine stark ausgebildete Geschlechtsidentität dazu führt, bestimmte Spiele, Kleidung, Farben als »nichts für Jungs« abzutun.

NATUR ODER ERZIEHUNG?

Viele Eltern versuchen, Rollenzuschreibungen zu vermeiden, wie »Große Jungen weinen nicht«, »Jungen spielen nicht mit Puppen« oder »Mädchen sind nicht stark«. Dennoch lässt sich das Verhältnis Biologie zu Erziehung schwer bestimmen, da wir Geschlechtsunterschiede unbemerkt verstärken können. Wird ein Junge z. B. bei einem wilden Spiel aggressiv, wird oft anders reagiert als bei einem Mädchen, das dasselbe tut.

Im zweiten Lebensjahr haben Jungen und Mädchen im Allgemeinen kein Bewusstsein hinsichtlich sozialer Konventionen geschlechtsspezifischer Kleidung. Beide tragen aber gern

> »Am liebsten zog mein kleines Mädchen zu Hause ihr Spitzenkleid mit Engelsflügeln an; in der Spielgruppe aber ging sie sofort zu den Jungenspielsachen. Also schenkten wir ihr zu Weihnachten Autos und Eisenbahn.«

»Erwachsenenkleidung«; Ihr Junge kann also durchaus Kleider anziehen wollen. Eltern sprechen oft mit ihren Töchtern leiser und spielen mit ihren Jungen wilder. Doch auch wenn Sie eine geschlechtsspezifische Behandlung bewusst vermeiden wollen, finden Sie es vielleicht komisch, Ihren Sohn in Pink zu kleiden, obwohl kaum jemand ein Problem damit hätte, ein Mädchen blau anzuziehen.

GESCHLECHTSUNTERSCHIEDE

Zu den groben Verallgemeinerungen hinsichtlich der Geschlechtsunterschiede gehören –

Körperliche Entwicklung: Jungen sind bei der Geburt schwerer als Mädchen und wachsen schneller; andererseits tragen sie größere Risiken einer Fehlgeburt, einer vorgeburtlichen Komplikation, angeborener Störungen und des Plötzlichen Säuglingstods.

Jungen bauen lieber Türme, sie mögen Konstruktionsspielzeug und spielen mit allem, was Räder hat; Mädchen dagegen vertiefen sich eher und früher in Rollenspiele mit Teddys und Puppen. Wie weit dies allerdings auf elterliche Erwartungen zurückgeht und was angeboren ist, bleibt unklar.

Soziale Fähigkeiten: Mädchen scheinen soziale Fertigkeiten schneller zu entwickeln als Jungen und sind sich im Allgemeinen früher der Gefühle anderer Menschen bewusst. Ob dies Folge von Erwartungen oder Folge der Gehirnentwicklung ist, bleibt zu diskutieren; es scheint aber eine physiologische Komponente zu geben.

Neue Forschungen zeigen, dass »männliche Züge« beim Kind umso ausgeprägter sein werden, je mehr Testosteron das Fruchtwasser enthielt, das den Fetus umgibt (bei Jungen wie Mädchen).

Bei Jungen werden auch häufiger Entwicklungsstörungen, die sich auf soziale Fähigkeiten auswirken, diagnostiziert als bei Mädchen, z. B. Autismus oder die Aufmerksamkeitsdefizitstörung mit oder ohne Hyperaktivität (s. S. 301).

Sprache: Mädchen beginnen meist früher zu plappern als gleichaltrige Jungen; dies könnte mit den größeren sozialen und kommunikativen Fähigkeiten zusammenhängen. Möglich ist auch, dass Mädchen öfter von klein an in »Unterhaltungen« verwickelt werden, während mit Jungen eher aktiv gespielt wird.

SPIELSACHEN AUSWÄHLEN *Alle Kleinkinder lieben Rollenspiele. Viele Jungen spielen gern mit Puppenwagen, Teddys und Puppen.*

Spiel: Selbst wenn Sie für Ihren Sohn Puppen und für Ihre Tochter Spielzeugautos kaufen, sind die Vorlieben für geschlechtsspezifische Spielsachen bei älteren Kindern derart verbreitet, dass sie in unserer Kultur beinahe universell sind. Sie können allerdings ein Interesse an vielfältigen Spielsachen fördern, da Ihr Kind jedes Spiel mit Ihnen gern spielt. Jungen wie Mädchen haben viel Freude an Büchern. Wenn das gemeinsame Betrachten von Büchern ein ganz normaler Bestandteil des Tages ist, besteht eine gute Chance, dass Ihre Kinder später gerne lesen werden.

Eine emotionale Achterbahn

Eben war es noch ein liebes Baby, aber sowie Sie es in den Buggy setzen wollen, plärrt es seine Empörung in die Welt hinaus. Damit ist schwer umzugehen, aber keine Sorge – Sie haben keinen Satansbraten ausgebrütet. Ihr Kind braucht nur Zeit, um den Umgang mit seinen Gefühlen zu lernen.

WECHSELNDE STIM-MUNG *Ihr Kind wird schneller wütend und frustriert, wenn es übermüdet ist. Versuchen Sie dem vorzubeugen, indem Sie es zur Ruhe bringen.*

Diese Entwicklungsphase ist für Ihr Kind ebenso frustrierend wie für Sie. Es hat schon klare Vorlieben und Abneigungen und weiß, was es will, kann dies aber oft nicht deutlich ausdrücken. Und noch öfter darf es nicht, was es will. Da findet es z. B. Autos faszinierend, aber egal, wie sehr es schreit, Sie lassen es nicht auf der Straße spielen. Es versteht nicht, warum, und versucht es daher weiter, bis es erkennt, dass Sie es nie erlauben werden.

Natürlich ist es wichtig, Ihrem Kleinkind feste Grenzen zu setzen. Wenn die Grenzen unklar sind, hat es keine Sicherheit. Doch bei Kleinigkeiten sollten Sie auch mal flexibel sein. Wenn Ihr Kind z. B. müde und quengelig ist und länger fernsehen will als normal, schadet es ihm nicht, wenn es dies ausnahmsweise mal darf. Genauso schadet es ihm nicht, wenn es ein Stück Kuchen isst, den Oma gebacken hat, auch wenn es ansonsten weder Kuchen noch Kekse bekommt.

Ihr Kind bekommt ein stärkeres Gefühl der Selbstbestimmung, wenn es manchmal eine Wahl treffen kann, die in diesem Alter jedoch vergleichsweise einfach sein muss, z. B. ob es zum Frühstück Toast oder Müsli haben will, oder ob es das blaue oder das rote T-Shirt anziehen will.

Die Persönlichkeit Ihres Kleinkindes

Kleinkinder haben meist eine starke Persönlichkeit, und Ihr Kind zeigt oft die verschiedenen Facetten seines Charakters. Seine Stimmungen können schnell wechseln. Etikettieren Sie Ihr Kind aber nicht als »schüchtern«, »laut« oder »frech«. Solche Zuschreibungen können hängen bleiben und die Art, wie sich Ihr Kind selber sieht (und auch benimmt), beeinflussen. Im Laufe eines Tages können Kleinkinder alles sein –

■ **Schüchtern:** Viele Kleinkinder hängen noch stark an ihrer Hauptbetreuungsperson. Ihr Kind hat vielleicht immer noch Scheu vor Fremden. Zwingen Sie es nicht, mit anderen zu sprechen, aber loben Sie es, wenn es sich dazu durchringt, ihnen »Hallo« zu sagen.

■ **Liebevoll:** Ihr Kind liebt Sie und kann Sie geradezu mit Liebe überschütten; zwingen Sie ihm aber keine Zärtlichkeiten auf. Lassen Sie sich von ihm leiten; reagieren Sie, wenn ihm danach ist. Dann fühlt es sich geliebt.

■ **Zuwendung suchend:** Es will Ihre Aufmerksamkeit; bekommt es Ihre positive Zuwendung nicht, z. B. durch Spielen, Reden und Schmusen, versucht es, anders Aufmerksamkeit zu erlangen, auch wenn es Sie ärgern muss, um eine Reaktion zu erhalten.

Die Ängste Ihres Kleinkindes

Mit dem wachsenden Verständnis Ihres Kindes können auch scheinbar irrationale Ängste einhergehen, z. B. Angst vor Dunkelheit, vor Spinnen, vor dem Bad oder sogar vor dem absolut harmlosen Nachbarn. Das kommt sehr häufig vor und könnte auf Ihren eigenen irrationalen Ängsten begründet sein. Seien Sie einfühlsam und zeigen Sie, dass Sie keine Angst haben, egal, was Ihr Kind erschreckt.

Hat es Angst vorm Baden, zwingen Sie es nicht – waschen Sie es nur.

Hat es Angst vor dem Dunkeln, lassen Sie ein Nachtlicht in seinem Zimmer brennen; hat es Angst vor dem Nachbarn, sprechen Sie selbst höflich mit ihm, zwingen Ihr Kind aber nicht zu einem Kontakt.

Damit geben Sie keiner Phobie nach. Ihr Kind kann seine Gefühle noch nicht rationalisieren. Mit Ihrer Unterstützung wird es Vertrauen und Reife gewinnen; dann verschwinden diese normalen Kindheitsängste von selbst.

■ **Verspielt:** Kleinkinder lernen die Welt durch das Spiel verstehen; wie alle Säugetierbabys tollen sie gern herum. Bald wird Ihr Kind Sie mit seinen Dummheiten zum Lachen bringen wollen – achten Sie auf das verschmitzte Leuchten in seinen Augen, wenn es etwas Verbotenes tut.

■ **Oppositionell:** Jedes Kleinkind ficht irgendwann seine Machtkämpfe aus; manche sind dabei frecher und eigensinniger als andere, antworten automatisch auf jeden Vorschlag »Nein« und schreien bei jeder Enttäuschung. Versuchen Sie, dann ruhig zu bleiben, und schreien und schimpfen Sie nicht. Diese Verhaltensweise wächst sich allmählich aus.

■ **Umtriebig:** Es liegt in der Natur Ihres Kindes, neugierig zu sein. Ständig ist es auf Achse und untersucht alles, was ihm in die Hände fällt. Dabei bringt es sich manchmal in Gefahr, weil sein Forscherdrang stärker ist als sein Wunsch, auf Sie zu hören; geben Sie ihm ungefährliche Gegenstände zum Untersuchen, damit seine Neugierde befriedigt wird.

■ **Laut:** Kleinkinder machen Krach, egal, ob sie rufen, singen, Sachen herumwerfen oder aneinanderschlagen. Manchmal können Sie mitmachen und gemeinsam singen oder auf einen Topf schlagen, aber Ihrem Kind tun auch ruhige Zeiten gut.

■ **Babyhaft:** Ihr Kind ist in vielerlei Hinsicht noch ein Baby und verfällt häufig in babyhaftes Verhalten, will z. B. gelegentlich ein Fläschchen, wenn es sich nicht wohlfühlt oder unruhig ist. Keine Angst vor Rückschritten – das ist ein ganz normales Verhalten; lassen Sie Ihr Kind wieder ein Baby sein, wenn es das braucht.

■ **Konservativ:** Kleinkinder wollen, dass alles bleibt, wie es ist. Das macht das Leben meist berechenbarer. Der Nachteil ist, dass Ihr Kind vielleicht drei Wochen lang nur Müsli essen und Tag für Tag das gleiche T-Shirt tragen will.

■ **Anstrengend:** Wenn Sie den ganzen Tag mit einem Kleinkind verbracht haben, sind Sie bestimmt erschöpft, wenn Ihr Partner nach Hause kommt, und haben sich ein Glas Wein verdient.

»Es tut gut, bei meinem 16 Monate alten Sohn zu sein – wir haben auch schwierige Tage mit Tränen, aber der Spaß und die schönen Stunden zählen mehr.«

IHR EINZIGARTIGES KIND *Auch wenn es noch klein ist, ist Ihr Kind schon eine eigenständige Persönlichkeit mit vielen Facetten – schüchtern, keck, liebevoll, ernst, verspielt und neugierig. Auch ohne Worte teilt es eine Menge mit von dem, was es denkt – in seiner Gestik und Mimik. Eines ist sicher – das Leben mit einem Kleinkind wird niemals langweilig.*

Wie Ihr Kind spielt

Spielen ist für die Entwicklung Ihres Kindes immer von Bedeutung, doch in diesen Monaten beginnt es, im Spiel mehr über seine Welt zu lernen. Es kann sich längere Zeit konzentrieren, braucht aber immer noch Sie und andere Erwachsene oder ältere Kinder als Spielkameraden.

Als-ob-Spiele (Symbolspiele)

Nun ist die Zeit des Symbolspiels, des sogenannten Als-ob-Spiels. Unterstützen Sie das, indem Sie mit Ihrem Kind den Teddy füttern, die Puppe baden und »Abendessen vorbereiten«. Ihr Kind braucht dazu entsprechende Spielsachen, denn es kann noch nicht aus einer imaginären Tasse trinken oder von einem imaginären Teller essen. Lassen Sie sich von ihm leiten, oder regen Sie diese Spiele an, wenn Ihr Kind das möchte. Tut es so, als tränke es aus einer Tasse, trinken Sie mit ihm »Kaffee«.

Kann es mit diesen Spielsachen noch nicht so viel anfangen, spielen Sie damit und schauen, ob es mitmacht. Hat es kein Interesse, hören Sie auf. Erst wenn es am Ende des zweiten Lebensjahres immer noch nicht damit spielt, sprechen Sie mit dem Kinderarzt; er kann beurteilen kann, ob einfach Desinteresse besteht oder ein anderer Grund vorliegt (s. S. 299).

Kleine Welten

Ihr Kind beginnt auch, kleine Spielsachen wie Tiere, Figuren, Häuser, Züge und Autos zu untersuchen (achten Sie auf mögliche Gefahren). Dieses Spielzeug kann ziemlich teuer sein; sehen Sie sich daher frühzeitig in Secondhandläden oder auf Flohmärkten um.

Kleine Spielsachen sind in verschiedener Hinsicht gut für die Entwicklung; sie fördern die Augen-Hand-Koordination und Geschicklichkeit, regen die Fantasie an und schulen das gemeinsame Spiel mit Ihnen. Ihr Kind kann diese Spiele noch nicht mit einem anderen Kleinkind spielen, aber ältere Geschwister, Cousins und Freunde können Sie als Spielkameraden ablösen. Sie fördern sein Verständnis und seinen Wortschatz, indem Sie verschiedene Gegenstände benennen und ihre Farben, Formen und

FANTASIESPIELE *Spielsachen wie z. B. eine Eisenbahn fördern Ihr Kind. Es lernt besonders viel im Spiel mit Ihnen und entdeckt, wie verschiedene Dinge funktionieren.*

Größen beschreiben. Zeigen Sie ihm z. B. eine Kuh, und imitieren Sie ihre Laute; stellen Sie einen großen Becher neben einen kleinen oder legen Sie alle roten Bauklötze zusammen. Ihr Kind versteht mehr, als Sie denken, da seine kognitiven Fähigkeiten seinen verbalen weit voraus sind. In diesem Alter bezeichnet Ihr Kind mit einem bestimmten Wort vielleicht eine ganze Gruppe von Dingen. So kann jedes große Tier, das es sieht, ein »Pferd« sein, auch eine Kuh, und jedes Fahrzeug ein »Auto«. Das ist ein normaler Schritt des Lernprozesses – die Welt ist ein komplexes Gebilde, und Ihr Kind braucht Zeit, bis alles seinen Sinn hat; vielfältige Spielerfahrungen helfen ihm dabei.

Unterwegs sein

Sobald Ihr Kind relativ sicher läuft, liebt es freie Flächen, wo es herumzockeln kann, ohne auf Hindernisse zu stoßen. Es spielt auch gern im Beisein anderer Kinder. Im Park und auf dem Spielplatz können Sie andere Mütter mit kleinen Kindern treffen. Hier hat Ihr Kind Gelegenheit, andere Kinder zu beobachten und sich auch einmal von Ihrer Seite weg zu wagen, um mit anderen Kindern Zeit zu verbringen.

Papa kommt nach Hause

Wenn Sie von der Arbeit nach Hause kommen, ist das ein wichtiges Ereignis für Ihr Kind. Doch wie immer bei hoher Erwartung und gleichzeitiger abendlicher Müdigkeit kann es leicht schiefgehen.

Ihr Kind ist bei Ihrer Heimkehr aufgeregt; es versteht nicht, dass sein Vater sehr müde und erschöpft ist. Eigentlich ist es doch ganz wunderbar zu erleben, dass jemand sich so freut, Sie zu sehen. Doch wenn Sie kaputt sind, überfordert Sie sein Anspruch auf Ihre Energie, denn Sie würden gern bei der Zeitungslektüre abschalten.

Auf diese Weise entsteht leicht ein Teufelskreis, und das Heimkommen wird selbst nach einem gelungenen Tag stressig. Begrüßen Sie Ihr Kind fröhlich, und beteiligen Sie sich kurze Zeit aktiv an seinem Spiel. Dann ist es viel wahrscheinlicher, dass Sie anschließend die erhoffte Ruhe bekommen, und Sie laufen nicht Gefahr, mit dem Kind zu schimpfen.

Denken Sie auch an Ihre Partnerin, die eventuell den ganzen Tag zu Hause gewesen ist. Ihr Tag besteht nicht aus Kaffeetrinken und Plaudern – die Versorgung eines Kleinkindes ist ein Vollzeitjob. Ihre Partnerin freut sich auf die Unterhaltung mit einem Erwachsenen und auf Ihre Unterstützung. Respekt für die Rolle des anderen und Teilen der Last sind der Schlüssel für ein ausgeglichenes Familienleben.

AUS VATERS SICHT

Tägliche Pflege

Ihr Kind isst nun schon eine Vielzahl an Nahrungsmitteln – wenn nicht, machen Sie sich keine Sorgen. Eine lockere Haltung führt hier weiter. Wenn Sie und Ihr Partner ohne feste Gewohnheiten leben, denken Sie daran, dass Ihrem Kind eine gewisse Routine guttun wird.

ESSENSVERWEIGERUNG

Ihr Kind lässt Sie eindeutig wissen, wenn es etwas nicht mag; lassen Sie sich bei den Mahlzeiten nicht auf Machtkämpfe ein.

Verzweifeln Sie nicht, wenn Ihr Kind weiterhin gesunde Mahlzeiten und Zwischenmahlzeiten ablehnt. In diesem Alter wehren sich Kinder gegen jegliche Veränderungen; Ihr Kind ist in der Zwischenzeit noch geschickter darin, Sie mit seinem Essverhalten zu manipulieren, falls Sie das zulassen. Bieten Sie ihm zu den Mahlzeiten verschiedene bekannte und neue Speisen an. Auf diese Weise gibt es immer etwas, das Ihr Kind gern isst, aber es hat auch die Möglichkeit, etwas Neues zu probieren. Tut es das nicht, kommentieren Sie das nicht. Kostet es etwas – auch wenn es die Speise nur in den Mund steckt und wieder herausnimmt – loben Sie es für seinen Mut. Überreden Sie es keinesfalls zum Essen. Wenn Sie ihm zeigen, dass Sie sich wegen seines Essverhaltens sorgen, führt dies nur zu einem Machtkampf. Ihr Kind kann jetzt alles essen, was Sie selbst essen; lassen Sie es also möglichst am Tisch mitessen.

Kleinkinder lieben einfache Speisen wie Nudeln mit Gemüse-Tomaten-Sauce und dicke, ungesalzene Bohnen (das ist überaus gesund, die

Bohnen zählen als Gemüse), Obstschnitze und Milch oder Wasser als Getränk. Seien Sie aber nicht überrascht, wenn Ihr Kind plötzlich seine Einstellung ändert – haben Sie endlich gesunde Lebensmittel gefunden, die es isst, verweigert es vielleicht alles, was es bisher gern gegessen hat.

Fördern Sie das Selber-Essen, indem Sie die Speisen klein schneiden. Lassen Sie Ihr Kind auch die Finger benutzen. Viele Kinder probieren neue Speisen, z. B. Suppen, wenn sie Brot hineintunken dürfen.

Snacks und Mahlzeiten

Der Magen Ihres Kindes muss auch weiterhin häufiger nachgefüllt werden als Ihrer; aus diesem Grund sind Zwischenmahlzeiten äußerst wichtig. Das Kind isst lieber gelegentlich eine Kleinigkeit als drei große Mahlzeiten am Tag. Stimmen Sie die Snacks so ab, dass es zu den Hauptmahlzeiten hungrig ist und sie mit Ihnen gemeinsam einnimmt.

Geben Sie Ihrem Kind nach und nach kleinere Zwischenmahlzeiten, sodass es bei den Hauptmahlzeiten mehr Hunger hat. Bieten Sie ihm Obstschnitze mit hohem Wassergehalt an, z. B. Äpfel und Melone, statt Brot oder Milchprodukte. Achten Sie darauf, wie viel Ihr Kind zwischen den Mahlzeiten trinkt – wenn es morgens zwei Tassen Milch trinkt, wird es kaum zu Mittag essen wollen.

Lebensmittelzusätze

Auf den Lebensmittelverpackungen findet sich oft eine alarmierend lange Liste von Zusätzen, häufig in Form von »E«-Nummern. Manche dieser Nummern beziehen sich auf harmlose oder natürliche, unschädliche Zutaten. E 101 z. B. ist Vitamin B_2 und E 300 ist Vitamin C, beide wichtige Nährstoffe. Bei anderen dagegen besteht der Verdacht, dass sie Gesundheits- und Verhaltensprobleme bei Kleinkindern auslösen; dazu gehört E 102, der Lebensmittelfarbstoff Tartrazin, der bei anfälligen Kinder Hyperaktivität (s. S. 301) auslösen kann. Der Süßstoff Aspartam, auch als E 952 bezeichnet, steht in Verdacht, Kopfschmerzen und Schwindel zu verursachen; Natriumglutamat, ein Geschmacksverstärker, wird mit Asthma und Allergien in Verbindung gebracht.

Lesen Sie das Etikett auf der Verpackung, und kaufen Sie das Produkt im Zweifelsfall erst gar nicht. Am einfachsten vermeidet man Zusatzstoffe, wenn man frische Produkte kauft und selber kocht. Das ist nicht schwer und für Ihr Kind auch viel gesünder, als wenn Sie ihm Fertigkost anbieten.

GESUND ESSEN

Reiswaffeln sind ein gesunder Snack; wenn Ihr Kind sie nicht mag, geben Sie ihm zuckerarme Getreideriegel.

Salz

Wir essen alle mehr Salz, als wir benötigen. Kleinkinder sollten nicht mehr als 2 g Salz pro Tag zu sich nehmen. Selbst wenn Sie die Speisen Ihres Kindes nicht salzen, so enthalten doch die meisten verarbeiteten Lebensmittel, auch Brot und Cerealien, Salz; lesen Sie auf den Produktetiketten nach, ob Salz zugesetzt wurde.

Fertigprodukte haben gewöhnlich einen sehr hohen Salzgehalt, sofern sie nicht als salzarm ausgewiesen sind. Ihr Kind kann sie gelegentlich essen, aber besser wählen Sie für Kinder spezielle Produkte, denen weniger Zucker, Salz und künstliche Süßstoffe beigegeben wurden. Zu den salzigsten Produkten zählen Kartoffelchips.

»Als mein Kind mitaß, salzte ich die Speisen nicht mehr. Wir alle gewöhnten uns schnell daran.«

Brauchen Kleinkinder einen festen Rhythmus?

Manches Kind ist ausgeglichener, wenn das Familienleben eine vorhersehbare Struktur hat. So wird es z. B. wütend, wenn Sie beim Einschlafritual einen Teil der Gute-Nacht-Geschichte auslassen oder die Kuschelzeit verkürzen. Der immer gleiche Ablauf, der Sie langweilt, hilft Ihrem Kind (meist), zur Ruhe zu kommen und zufrieden ins Bett zu gehen. Auch Kinder, deren Eltern ein eher unruhiges Leben führen, entwickeln sich meist am besten, wenn ihr Leben einen gewissen Rhythmus aufweist. Natürlich gibt es nicht die richtige oder falsche Art, dies zu tun. Wie Sie Ihren Tag mit Ihrem Kind organisieren, hängt davon ab, was ihm und Ihnen am besten entspricht. Wenn Ihnen ein fester Rhythmus zuwiderläuft, bedenken Sie jedoch folgende Aspekte –

■ **Mehr Schlaf:** Sie können nachts eher durchschlafen, wenn Ihr Kind gewohnt ist, zu einer bestimmten Zeit ins Bett gebracht zu werden, und Sie haben abends auch mehr Zeit für sich selbst.

■ **Besser essen:** Ihr Kind wird eher ein guter Esser, wenn seine biologische Uhr an einen regelmäßigen Mahlzeitenrhythmus gewöhnt ist.

■ **Positives Verhalten:** Überreizung, Übermüdung und fehlende Routine erschweren sogar das Leben mit einem kleinen Sonnenschein. Ein ruhiger Tagesrhythmus macht den Alltag bedeutend leichter.

Häufige Fragen

▶ **Mein Kind ist ein Süßschnabel; ist es falsch, seine Speisen zu süßen?**

Ihr Kind braucht keinen zusätzlichen Zucker. Obst und Gemüse enthalten Zucker; auch andere Nahrungsmittel wie Milch sind von Natur aus süß. Verzichten Sie in diesem Alter auf raffinierten Zucker in seiner Kost, schaffen Sie die Basis für gute Ernährungsgewohnheiten und die Bevorzugung gesunder Nahrungsmittel. Joghurt und Quark können mit Obstmus gesüßt werden; Nachspeisen bereiten Sie mit Apfelsaft statt mit Zucker zu. Ab dem zwölften Monat kann Ihr Kind Honig bekommen, der aber für die Zähne genauso schlecht ist wie Zucker. Vorsicht auch bei Frühstücksflocken, die bis zu 40 Prozent Zucker enthalten.

▶ **Unsere 17 Monate alte Tochter dreht immer auf, wenn ich sie ins Bett bringen will. Wie bringen wir sie abends zur Ruhe?**

Überlegen Sie, wie sich ihre Schlafenszeit in den Tagesablauf einfügt. Soll sie, kurz nachdem einer oder beide von der Arbeit nach Hause gekommen sind, ins Bett, entsteht eine schwierige Mischung aus ihrer Aufregung über Ihre Heimkehr und Ihren Schuldgefühlen, sie gleich ins Bett zu bringen. Legen Sie eine realistische Schlafenszeit fest, die Ihrem Kind ermöglicht, vor dem Zubettgehen noch bei Ihnen beiden zu sein.

Bringen Sie sie auch nicht zu früh ins Bett – wenn sie nicht müde ist, kommt sie nicht zur Ruhe. Ist sie dagegen übermüdet, ist es ebenfalls schwer, in den Schlaf zu finden. Viele Kinder werden aufgedreht, wenn der richtige Zeitpunkt zum Abschalten verstrichen ist. In diesem Fall hilft ein längeres Mittagsschläfchen oder eine frühere Schlafenszeit.

Verzichten Sie vor dem Zubettgehen auf wilde Spiele, da sie sich danach nur schwer beruhigen lässt. Bestimmt hilft ein Einschlafritual. Wenn Sie z. B. jeden Abend die gleiche Geschichte vorlesen, versteht sie, dass es nun Zeit zum Schlafen ist. Sie müssen ihr letztlich dabei helfen, sich durch eine regelmäßige Abfolge von Ereignissen – Bad, Geschichte, Lied, Schlaf – zu beruhigen. Die Methoden, allein einschlafen zu lernen, sind dieselben wie bei einem Baby. Allerdings hat Ihre Tochter mehr Erfahrung, Sie mit ihrem Charme in Gespräche oder Spiele zu verwickeln! Bleiben Sie konsequent. Kommen Sie zurück, wenn sie Sie braucht oder tobt, halten Sie sich aber absolut zurück. Wenn Sie Ihre Tochter zugedeckt und ihr einen Kuss gegeben haben, muss sie wissen: Sie sind da, wenn sie Sie braucht, aber es ist Schlafenszeit, und gespielt wird erst morgen wieder.

▶ **Meine Eltern sind eine große Hilfe bei der Versorgung meines Kindes, aber sie geben ihm immer Süßigkeiten. Wie kann ich sie davon abbringen?**

Seien Sie taktvoll, aber standhaft. Erklären Sie Ihren Eltern, warum Sie nicht wollen, dass Ihr Kind Schokolade und Kekse bekommt. Großeltern verwöhnen ihr Enkelkind gern mit Leckereien. Schlagen Sie andere Knabbereien vor, z. B. Grissini oder Obstschnitze. Erklären Sie, dass Sie Ihrem Kind von Anfang an gute Ernährungsgewohnheiten vermitteln möchten, wegen der Vorteile für seine Gesundheit – jetzt und später.

Schwierige Zeiten meistern

Nicht alle Familien kommen gut durch die Babyzeit. Manchmal entfremden sich die Partner, oder es bestehen schwer behebbare Differenzen hinsichtlich Erziehung und Familienleben. Versuchen Sie, miteinander im Gespräch zu bleiben, und suchen Sie, wenn nötig, professionelle Hilfe.

Manchmal ist ein Baby eine unerwartete Zugabe zu einer Beziehung. Meist ist die Partnerschaft dann, nach dem ersten Schock, ein Baby zu bekommen, doch stark genug, und die Beziehung reift – die Natur stellt auf wunderbare Art sicher, dass Babys selbst die widerspenstigsten Herzen schmelzen lassen. Manchmal hat sich ein Partner stärker ein Baby gewünscht als der andere, und selbst wenn beide gerne Eltern werden wollten, kann die Realität zu einem Zerwürfnis führen.

Wenn Sie Schwierigkeiten haben, Konflikte in Ihrer Beziehung als Eltern zu lösen, denken Sie an das Folgende –

■ **Beziehungen müssen gepflegt werden:** Wenn Ihr Baby Sie durch Eifersucht oder unterschiedliche Erwartungen an das Leben auseinanderzutreiben scheint, ist es sehr wichtig, Zeit für Gespräche zu finden. Vernachlässigen Sie Ihre Paarbeziehung nicht; Sie müssen Platz für gemeinsame Unternehmungen schaffen, so wie früher. Das Leben wird nie mehr so sein, wie es war. Mit etwas Planung sollten Sie aber in der Lage sein, regelmäßig auszugehen und gemeinsam babyfreie Zeiten zu erleben. Haben Sie Probleme, miteinander zu reden, oder münden Ihre Diskussionen immer im

»Wir trennten uns, weil wir uns nicht über die Erziehung unserer einjährigen Tochter einigen konnten. Anfangs waren es kleine Unstimmigkeiten, aber weil wir nichts besprachen, wurde es immer schlimmer.«

Konflikt, nehmen Sie Beratung in Anspruch. Dabei lässt sich oft ein Mittelweg finden, und man hört sich die Bedürfnisse und Vorschläge des anderen an, statt in Streit und Vorwürfen zu enden.

■ **Akzeptieren Sie, dass Ihr natürlicher Erziehungsstil verschieden sein kann:** Die Art, Kinder aufzuziehen, spiegelt gewöhnlich die eigene Erziehung wider. Vermutlich wollen Sie einige Aspekte Ihrer eigenen Erziehung beibehalten, andere aber vermeiden (damit werden Sie gelegentlich auch Meinungsverschiedenheiten mit Ihren Eltern haben).

Wenn Ihr Partner anders erzogen wurde als Sie, kann er bzw. sie radikal andere Vorstellungen über Erziehung haben, besonders beim Thema Strafen. Wenn Sie gegen jede Form körperlicher Strafe sind und Ihr Partner glaubt, dass ein »kurzer fester Klaps mir nie geschadet hat«, ist Ärger vorprogrammiert, solange Sie keinen Weg finden, Ihre Differenzen zu lösen. Ob Sie wollen oder nicht, Sie werden unweigerlich feststellen, dass Sie Ihre Eltern imitieren – vor allem in Stresszeiten – und einige ihrer unerfreulichsten Verhaltensweisen zeigen, selbst wenn sie irrational scheinen.

■ **Denken Sie daran, dass Unstimmigkeiten Ihrem Kind schaden:** Aus kleinen Meinungsverschiedenheiten kann schnell hitziger Streit werden, wenn wir müde und gestresst sind. Gelegentliche Differenzen sind unvermeidlich und werden Ihr Baby nicht traumatisieren, doch häufiger Streit und ein Leben in einer Atmosphäre voller Geschrei, Anspannung oder vorwurfsvollem Schweigen sind nicht gut für Ihr Baby.

Besprechen Sie Probleme möglichst, bevor sie außer Kontrolle geraten – lang schwelende Vorwürfe können extrem an einer Beziehung nagen. Warten Sie, bis sich die Gemüter etwas abgekühlt haben, und besprechen Sie dann das Problem in Abwesenheit des Kindes. Schuldzuweisungen führen dabei nicht weiter; versuchen Sie, die Wurzeln des Problems zu verstehen, und überlegen Sie, wie man damit umgehen und zusammenarbeiten könnte, um gemeinsam eine Lösung zu finden.

TEAMWORK *Erziehung ist einfach, wenn Sie einer Meinung sind. Stimmen Sie sich von Anfang an über Grundlegendes ab, und ziehen Sie an einem Strang.*

Wenn Konflikte eskalieren

Wenn Sie das Gefühl haben, dass das Verhalten Ihres Partners Ihr Baby körperlich oder emotional gefährdet, müssen Sie Ihr Kind schützen. Als Eltern haben Sie die Pflicht dazu; zögern Sie nicht, mit dem Kinderarzt oder einer Beratungsstelle zu sprechen. Lassen Sie sich nicht durch Schuld- oder Schamgefühle davon abhalten.

Ist Ihr Partner Ihnen gegenüber in irgendeiner Weise beleidigend oder gewalttätig, nehmen Sie unbedingt professionelle Hilfe in Anspruch – zu Ihrem eigenen Wohl und dem Ihres Babys. Häusliche Gewalt ist weitverbreitet, emotionaler Missbrauch noch mehr als körperliche Gewalt. Sie vollzieht sich im Stillen; Untersuchungen zeigen, dass bis zu jede vierte Frau im Laufe ihres Lebens davon betroffen sein kann. Gewalt tritt nach der Geburt eines Kindes noch häufiger auf. Auch wenn meist Frauen betroffen sind, können doch auch Männer Opfer sein.

Annähernd 50 Prozent der Kinder in Familien, in denen häusliche Gewalt vorkommt, werden geschlagen – das zeigen Studien. Doch auch wenn sie nicht selbst misshandelt werden, schädigt eine solche Umgebung die Kinder. Sie sehen und hören, wie die Eltern streiten, und werden in vielen Fällen Zeuge der Gewalt. Leiden Sie nicht im Stillen. Suchen Sie frühzeitig Hilfe, denn professionelle Unterstützung kann eine Lösung bringen. Sonst wird alles immer schlimmer.

■ **Ziehen Sie möglichst an einem Strang:** Konsequenz ist für Kinder sehr wichtig; es gibt Ihrem Kleinkind Sicherheit, wenn Sie zumindest in wichtigen Punkten übereinstimmen. Ihr Kind wird immer wieder die von Ihnen gesetzten Grenzen ausloten. Das gehört zur Entwicklung. Genauso wie Ihr Baby von den ersten Tagen an Ihre Stimmungen aufnimmt, wird es lernen, mögliche Differenzen zwischen Ihnen zu seinem eigenen Vorteil zu nutzen. Wenn Sie z. B. alle Süßigkeiten verbannen, aber Papa dem Quengeln dann schon irgendwann nachgibt, hat Ihr Kind schnell heraus, von wem es Schokolade bekommt. Dies klingt ziemlich unbedeutend, kann aber für den Elternteil, der die Grenzen gesetzt hat, extrem ärgerlich sein.

Solche Themen bieten Konfliktpotenzial zwischen Ihnen und Ihrem Kind und zwischen Ihnen und Ihrem Partner. Als Eltern müssen Sie zusammenarbeiten. Schließen Sie den Partner nicht aus, wenn Sie Entscheidungen über Kernthemen der Erziehung wie Kinderbetreuung, Schlafenszeiten, Ernährung, Verhalten und Strafen treffen.

■ **Elternkurse:** Ideal wäre, wenn alle frischgebackenen Eltern solche lehrreichen Kurse besuchen würden, egal, ob sie Schwierigkeiten mit ihrem

Häufige Fragen

▶ **Meine Freundin findet das Muttersein überaus stressig; sie schreit und ohrfeigt ihren Kleinen oft, wenn er ihr auf die Nerven geht. Was kann ich ihr raten?**

Nichts, wenn Sie Freundinnen bleiben wollen. Sie können ihr anbieten, gelegentlich eine Stunde lang auf ihren Kleinen aufzupassen, damit sie sich erholen kann, und ihr versichern, dass sie sich jederzeit bei Ihnen aussprechen kann. Vielleicht können Sie abends mal babysitten, damit sie ausgehen kann.

Alle Kleinkinder bringen ihre Eltern gelegentlich an ihre Grenzen, und man ist schnell völlig verzweifelt. Doch auch wenn es am besten ist, Freunden keinen unerbetenen Rat zu erteilen, sollten Sie eingreifen, sobald Sie sehen, dass ein Elternteil ein Kind in irgendeiner Weise misshandelt; in diesem Fall ist es sogar Ihre Pflicht einzugreifen. Wenden Sie sich in diesem Fall an eine Beratungsstelle bzw. das Jugendamt.

▶ **Unsere Tochter ist 16 Monate alt, und ich hätte gern noch ein weiteres Baby. Aber mein Partner meint, dass ein Kind genug ist. Ich bin versucht, die Verhütung abzusetzen, weiß aber, dass das falsch wäre. Wie können wir das Problem lösen?**

Es ist selbstverständlich richtig, den eigenen Partner nicht zu hintergehen – allein schon deshalb, weil dies keine gute Ausgangsposition für ein Neugeborenes wäre. Ihr Partner wäre zu Recht erbost, wenn er es erführe. Besprechen Sie das Problem miteinander, und finden Sie heraus, warum er so klar dagegen ist. Vielleicht empfindet er das Elternsein als riesige Veränderung und hat Angst, ein zweites Kind könnte Ihre Beziehung noch stärker beeinträchtigen. Bei Männern verursachen finanzielle Erwägungen oft einen großen Druck, vor allem wenn sie Alleinverdiener sind. In diesem Fall könnten Sie vielleicht einen Kompromiss erzielen und wieder Teilzeit arbeiten.

Wenn Ihre kleine Tochter älter ist, wird das Elternsein leichter. Vielleicht zieht es Ihr Partner dann eher in Erwägung. In der Zwischenzeit bleiben Sie im Gespräch. Andererseits haben viele Eltern nur ein Kind. Ihr Kind kann dennoch viele soziale Kontakte haben, sodass ihm nichts fehlen muss.

Kind haben oder nicht. Hier werden Eltern auf jeden Schritt vorbereitet und lernen die Perspektive ihres Kindes verstehen. Sie trainieren Strategien für den Umgang mit schwierigen Situationen. Solche Kurse werden von Volkshochschulen, Beratungsstellen usw. angeboten.

■ **Bewahren Sie Ihren Humor:** Wenn Sie einfach mal lachen können, sobald etwas nicht nach Plan läuft, ersparen Sie sich viel Ärger. Als ich zu meinem Jüngsten sagte: »Ich habe dich so lieb«, und er antwortete: »Und ich habe Papa lieb«, hätte ich ihm das leicht übel nehmen können. Doch ich lachte darüber – und freute mich, wie sehr er an Peter hing.

IHR AKTIVES KIND

13   14   15   16   17   18   **19   20   21**   22   23   24

MONATE

WACHSENDE SELBSTSTÄNDIG-KEIT IHR KIND IST FEST ENTSCHLOSSEN, VIELES SELBER ZU TUN, UND ERWIRBT EIN GEFÜHL FÜR SEINEN BESITZ.

LASS MICH HELFEN. IHR KIND LERNT DURCH EIGENES TUN UND WILL AN ALL-TAGSTÄTIGKEITEN BETEILIGT WERDEN.

KÖRPERGEWANDTHEIT IHR KIND KANN NICHT NUR LAUFEN, SONDERN AUCH TREPPEN STEIGEN, UND BEGINNT ZU RENNEN.

»Sie kann sich länger konzentrieren und beschäftigt sich lange mit Spielsachen.«

Ihr kleiner Gesprächspartner

Ihr Kind erlebt körperliche, geistige und emotionale Entwicklungsschübe. Es ist fasziniert von seiner Umgebung und den Menschen. Seine zunehmende Kommunikationsfähigkeit nutzt es nach Kräften – auch wenn es noch nicht viel spricht. Es baut Beziehungen auf und interagiert.

Körperliche Fähigkeiten

Praktisch alle Kinder können mit 18 Monaten laufen; manche versuchen sich schon am Rückwärtsgehen. Sobald Ihr Kind sicher läuft, wird es auch bald rennen – auch wenn dies anfangs etwas ungelenk wirkt. Manche Kinder versuchen mit 20 Monaten, einen Ball zu kicken. Beim Rennen kann das Kind noch nicht so gut anhalten; halten Sie es daher von Hindernissen und versteckten Stufen, niedrigen Mauern und Gewässern im Garten fern. Es kommt vielleicht mit minimaler Hilfestellung schon die Treppen hoch und runter (rückwärts auf dem Po).

Mit der Mobilität wächst die Geschicklichkeit; während es mit 18 Monaten einfache Kleidungsstücke, z. B. Socken, ausziehen kann, zieht es sich mit 20 Monaten vielleicht schon ganz ohne Ihre Hilfe aus.

Sprache und Verständnis

Mit etwa 18–19 Monaten verfügen manche Kinder über eine Vielzahl einzelner Wörter; einige können mit 20 Monaten zwei oder mehr Wörter zu Sätzen zusammenfügen. Dabei kann es sich um Ausdrücke handeln, die Ihr Kind gehört hat, z. B. »alle weg«, oder um selbstständige Satzbildungen wie »Schuhe an«, »Papa Auto« oder »Nane haben« (Banane haben). Kennt es viele Einzelwörter, kann es in diesen Monaten zu einer »Sprachexplosion« kommen; Forschungen haben gezeigt, dass sich der Spracherwerb, sobald ein Wortschatz von etwa 50 Wörtern besteht, meist stark beschleunigt, sodass das Kind rasch auf mehr als 200 Wörter kommen kann.

Wenn Ihr 20 Monate altes Kind aber immer noch auf die Katze zeigt und »ah-ba« sagt, ist es in guter Gesellschaft. Es gibt sehr fitte Kinder, die in diesem Jahr noch kein »richtiges« Wort daherbringen. Falls Sie sich Sorgen

KLEINER DRIBBLER
Sobald Ihr Kind sicher auf den Beinen ist, erwirbt es neue Fertigkeiten wie Rennen und Ballspielen. Manche beginnen schon zu kicken und zu werfen.

»Mit 18 Monaten machte mein Sohn noch keinen Schritt. Eines Tages ließ er das Sofa los und rannte durchs Zimmer. Ich habe gelernt, jede Phase zu nehmen, wie sie kommt, und freue mich, wenn er in seinem Tempo Neues lernt.«

machen und ein Entwicklungsproblem wie Schwerhörigkeit ausschließen wollen, sprechen Sie mit dem Kinderarzt. Doch vermutlich besteht kein Anlass zur Sorge: Es gibt viele Geschichten von Kindern, die erst gar nicht sprechen wollten und mit drei Jahren gleich komplexe Sätze formulierten. Albert Einstein soll erst mit vier Jahren gesprochen haben.

Mit 18 Monaten verwendet Ihr Kind vielleicht immer noch ein Wort für alle Dinge einer Sparte – z. B. bezeichnet es alle Pelztiere als »Katze«. Einige Monate später jedoch versteht es den Witz, wenn Sie auf ein Schaf zeigen und »miau« machen. Wie gut Ihr Kind aber auch kommunizieren mag, mit etwa 18 Monaten ignoriert es Sie manchmal bewusst – eine Fähigkeit, die die meisten Kinder im Laufe der Jahre perfektionieren.

Das Gedächtnis Ihres Kindes wird immer besser. Zum Beispiel beginnt es, im Schrank nach seinen Schuhen zu suchen; es sucht die Katze (die sich vernünftigerweise ganz hinten unter dem Bett versteckt) oder kramt in Ihrer Einkaufstasche nach den Keksen, die Sie, wie es weiß, im Supermarkt gekauft haben. Man kann das Kind zwar immer noch ablenken, jedoch nicht mehr so leicht wie noch vor zwei Monaten. Aus den Augen bedeutet nicht mehr aus dem Sinn. Die Fähigkeit, sich zu erinnern, ist ein wichtiger Schritt im Lernprozess Ihres Kindes. Das sollte gefeiert werden, auch wenn diese Fähigkeit für Sie nicht immer von Vorteil ist, weil es z. B. beharrlich weiterhin Kekse haben will und sich, statt sich von einem Spiel ablenken zu lassen, tobend auf den Boden wirft.

Musik und Entwicklung

Wenn Ihr Kind Musik mag, erleben Sie mit etwa 18 Monaten, wie es auf der Stelle tanzt; mit 20 Monaten kann es sich vielleicht schon zum Rhythmus im Kreis drehen. Es macht gern selber Musik auf Spielzeuginstrumenten oder einfach, indem es mit einem Kochlöffel auf einen Topf schlägt. Musik fördert die intellektuelle Entwicklung Ihres Kindes

– Menschen scheinen darauf programmiert zu sein, auf Töne, Reime und Rhythmus zu reagieren. Forschungsergebnisse legen nahe, dass Singen oder Musizieren die Gedächtnisbildung unterstützt.

Musik hat auch einen unmittelbaren, praktischen Nutzen; Ihr Kind kooperiert eher, wenn Sie beim Wickeln, Waschen und Anziehen Lieder singen. Stimmen Sie die Lieder auf die Tätigkeit ab, und singen Sie z. B.; »So ziehen wir die Socken an/putzen die Zähne/waschen unser Gesicht« zur Melodie seines Lieblingsliedes. Fordern Sie es auf mitzumachen. Singen verstärkt auch das Bewusstsein der Routinen, die Kleinkinder beruhigend finden; es verhindert, dass sie bei Alltagsverrichtungen wütend und frech werden.

Aufmerksamkeit suchen

Mit seinem Wunsch nach Zuwendung beansprucht Ihr Kind manchmal all Ihre Zeit; es wird alles tun, um Ihre Aufmerksamkeit zu erregen – Sachen werfen, schreien oder den Hund am Schwanz ziehen. Versuchen Sie, seine Motivation zu verstehen, und ihm gleichzeitig zu erklären, warum es sich so nicht benehmen darf. Stört es Sie immer, z. B. beim Telefonieren, sehen Sie die Sache aus seiner Perspektive. Es kann Sie sehen und hören, aber hat nicht Ihre Aufmerksamkeit; es versteht nicht, dass Sie mit einer anderen Person sprechen. Führen Sie längere Telefonate möglichst erst dann, wenn das Kind im Bett ist.

Wenn Sie einen Einkaufszettel schreiben, nimmt Ihr Kind vielleicht einen Stift, um auch eine Liste zu erstellen. Schreibt es auf einem Stück Papier, sind Sie amüsiert und loben es; verwendet es dazu ein wichtiges Schriftstück, sind Sie verärgert. Versuchen Sie auch hier wieder, die Motivation seines Handelns zu verstehen – das Kind will Ihnen gefallen und wie Sie sein. Es weiß noch nichts von wichtigen Briefen. Stellen Sie sicher, dass es das nächste Mal eigenes Papier zum Schreiben hat.

MUSIKANT *Das Kind mag Musikinstrumente – eine Gitarre zum Zupfen, eine Trommel zum Schlagen, Rasseln oder ein Tamburin zum Schütteln – je lauter, umso besser.*

Ich möchte sein wie du

Lassen Sie Ihr Kind, wann immer möglich, bei Ihrer Tätigkeit mitmachen: Geben Sie ihm z. B. eine kleine Schaufel, damit es an Ihrer Seite im Garten graben kann. Oder einige Spielsachen, die es in einer Schüssel waschen kann, während Sie abwaschen, oder eine Rührschüssel sowie einige Töpfe, wenn Sie kochen. Spielzeug-Haushaltsgeräte, ein Werkzeugkoffer, ein Bügeleisen, ein Kaffeeset und ein Staubsauger sind bei Ihrem Kind sicher sehr willkommen.

Es ist nie zu früh, Ihr Kind zu animieren, sich im Haushalt zu betätigen; bestimmt macht es gern mit, da es Sie dabei nachahmen kann. Geben Sie ihm einen Schwamm, und lassen Sie es beim Autowaschen oder Bodenwischen helfen. Es kann Strümpfe aus dem Korb mit sauberer Wäsche heraussuchen (später wird es sie paarweise ordnen können, was sehr hilfreich ist). Mit einem Tuch hilft es beim Staubwischen.

Es wird Ihnen überallhin folgen, selbst auf die Toilette. Sehen Sie dies positiv – wenn es Sie nachahmen will, erleichtert dies auch die Sauberkeitserziehung ungemein.

Das Selbstwertgefühl Ihres Kindes

Versuchen Sie, das Selbstwertgefühl Ihres Kindes nicht zu untergraben. Ist es unartig, kritisieren Sie sein Verhalten, nicht das Kind selber. Statt zu sagen: »Du bist ein böses Mädchen, weil du den Müll auf den Boden geworfen hast«, sagen Sie besser: »Das war sehr unartig, was du getan hast – hilfst du Mama, sauberzumachen?« Wenn es Ihnen hilft, loben Sie es. Sagen Sie auch nichts, das Ihr Kind verunsichern würde, wie: »Ich hab dich nicht mehr lieb« oder »Du bist dumm.« Wenn Sie es im Affekt anschreien oder ihm einen Klaps geben, atmen Sie tief durch und treten einen Schritt zurück. Wenn Sie bereuen, was Sie gesagt oder getan haben, erklären Sie, dass es Ihnen leid tut, und geben Sie dem Kind einen Kuss. Wenn Kinder uns fast zur Weißglut bringen, suchen sie in Wirklichkeit oft nur liebevolle Zuwendung. Vor allem bei unserem jüngsten Kind waren und sind alle möglichen Situationen auf diese Weise zu lösen.

»Kleine Jungen sind wie junge Hunde – sie brauchen massenhaft Liebe und jeden Tag viel Auslauf!«

Häufige Fragen

▶ **Mein 20 Monate alter Sohn rennt ununterbrochen herum, hört mir nicht zu und kann sich höchstens ein paar Minuten konzentrieren. Könnte er hyperaktiv sein?**

Wie alle Kleinkinder besitzt auch Ihr Sohn schier grenzenlose Energie; das bedeutet nicht, dass er hyperaktiv ist. Es ist gewiss anstrengend, mit einem lebendigen, neugierigen Kleinkind Schritt zu halten, egal, ob es eine diagnosefähige Störung hat oder nicht. Sie können jedoch einiges tun. Gestalten Sie das Leben so ruhig wie möglich und befolgen einen Rhythmus. Dies hilft Ihrem Sohn, sich geborgen zu fühlen. Auf diese Weise kann er sich auch leichter konzentrieren. Wenn er Ihnen zuhört, loben Sie ihn – wenn nicht, versuchen Sie, seine Aufmerksamkeit zu fesseln. Geben Sie ihm viel zu tun; so reduzieren Sie das ziellose Herumrennen.

Gehen Sie jeden Tag mit ihm hinaus – laufen Sie mit ihm durch den Park. Er muss seine Energie loswerden. Manche Eltern sagen, dass ihre Kinder nach dem Verzehr von Süßwaren hyperaktiv werden. Natürlich ist es aus verschiedenen Gründen richtig, Zucker zu meiden, doch es gibt keinen wissenschaftlichen Nachweis, dass Zucker Hyperaktivität verursacht. Meist gibt es als Belohnung oder auf Kinderpartys süße Sachen, wenn Kinder sowieso besonders aufgedreht sind.

Bei einem sehr kleinen Kind wird selten die Diagnose Hyperaktivität (Aufmerksamkeitsdefizit/Hyperaktivitätsstörung/ADHS, s. S. 301) gestellt. Wenn Ihr Kind allerdings sehr wenig schläft, häufig Wutanfälle hat und frecher und/oder ruheloser ist als gleichaltrige Kinder, sprechen Sie mit dem Kinderarzt über Ihre Sorge. Sie können auch bei einer Selbsthilfegruppe (s. S. 312) Informationen bekommen.

▶ **Meine 18 Monate alte Tochter geht nicht einmal zu Menschen, die sie gut kennt. Nähert sich ihr eine fremde Person, erstarrt sie und versteckt ihr Gesicht. Wie kann sie diese Schüchternheit überwinden?**

Schon Kleinkinder haben ihre individuelle Persönlichkeit. Manche Menschen sind von Natur aus schüchterner oder introvertierter als andere. Ihre Kleine ist vielleicht noch in der Fremdelphase (s. S. 129).

Zwingen Sie sie nicht zu Kontakten; schaffen Sie Situationen, die sie nicht überfordern. Laden Sie z. B. ein anderes Kind mit seiner Mutter zum Kaffee ein, oder treffen Sie sich mit Angehörigen in einer vertrauten Umgebung. Lassen Sie Ihrer Tochter Zeit, dann wagt sie sich langsam aus ihrem Schneckenhaus heraus.

▶ **Mein kleiner Sohn ist sehr gesellig, sagt aber kein verständliches Wort. Er hatte mehrere Ohrentzündungen, und vielleicht hört er nicht richtig. Was soll ich tun?**

Gewöhnlich sprechen Kinder mit etwa 18 Monaten die ersten Wörter, doch die normale Entwicklungsspanne ist sehr breit. Vielleicht ist Ihr Sohn einfach noch nicht so weit.

Da er häufige Ohrentzündungen hatte, sollte ein Hörtest durchgeführt werden. Es könnte sich ein Tubenkatarrh entwickelt haben (s. S. 267), der das Hörvermögen beeinträchtigt, aber gut zu behandeln ist. Ist das Gehör in Ordnung, kann der Kinderarzt mit Ihnen gemeinsam seinen Entwicklungsstand beurteilen und nötigenfalls weitere Tests veranlassen.

FRAGEN&ANTWORTEN

Spiel und Spaß

Ihr Kind kann sich nun vermutlich kurze Zeit auf Aktivitäten konzentrieren, auch wenn seine Aufmerksamkeitsspanne noch gering ist. Fordern Sie es auf, einige Zeit allein zu spielen; auf diese Weise lernt es, sich selbstständig zu beschäftigen, und wird selbstzufriedener.

IHR AKTIVES KIND *In einem Bällebad kann Ihr Kind ungefährdet spielen. Es braucht körperliche Aktivitäten, um Dampf abzulassen.*

Ihr Kind wird immer geschickter im Umgang mit Stiften, Farben, Sand und Wasser. Es macht vielleicht erste bewusste Farbkleckse auf Papier, kritzelt mit Stiften und Farbe und kann einen Eimer mit feuchtem Sand füllen; Sie müssen ihm aber noch helfen, ihn umzudrehen, darauf zu klopfen und ihn abzunehmen, damit die Sandburg steht.

Machen Sie Schmetterlingsbilder mit Ihrem Kind. Das geht ganz einfach und birgt einen tollen Überraschungseffekt. Sie falten ein Stück dickes Papier in der Mitte und schneiden eine Schmetterlingsform aus. Klappen Sie das Papier entlang der Faltkante auf, und lassen Sie Ihr Kind dicke bunte Tupfer auf eine Hälfte malen. Dann falten Sie es wieder, drücken es fest zusammen, öffnen es und haben einen prächtigen Schmetterling.

Ihr Kind spielt vielleicht auch gern mit Knetmasse. Anfangs hält es sie nur in Händen, bohrt darin und experimentiert damit. Vielleicht will es die Masse kosten, also muss sie ungiftig sein, oder Sie machen sie selbst (s. Kasten rechts). Hat es sich an das Gefühl der Knete gewöhnt, kann es sie zu einer Kugel rollen, flach drücken, Handabdrücke machen, Formen ausschneiden oder sie in Löcher stopfen. Es dauert noch einige Zeit, bis Ihr Kind überhaupt daran denkt, damit irgendwelche »Kunstwerke« zu gestalten, es schaut Ihnen dabei aber gerne zu.

»Kreative Spiele sind für ein Kind wichtig. Als wir das erste Mal den Schmetterling aufklappten, war das Staunen in seinem Gesicht unglaublich.«

Rezept für Knetmasse

125 g Mehl

60 g Salz

1 Esslöffel Öl

2 Teelöffel Weinstein

250 ml Wasser

Lebensmittelfarbe oder ungiftige Farbe

Erhitzen Sie die Zutaten unter ständigem Rühren in einem Topf, bis die Masse fest wird. Ist sie zu fest, geben Sie etwas Wasser dazu; ist sie zu klebrig, streuen Sie Mehl ein. Lassen Sie die Masse abkühlen, und kneten Sie sie – so wird sie geschmeidig und kühlt gleichmäßig ab. Sie ist in einem luftdichten Behälter oder in Plastik wochenlang haltbar.

Stell dir vor ...

Als-ob-Spiele (Symbolspiele) sind für Ihr Kind eine gute Möglichkeit, einen Sinn in den Tätigkeiten seiner Umwelt zu finden. Sobald sein Selbstgefühl ausgeprägter ist, spielt es andere Menschen, um sich vorzustellen, wie es ist, jemand anderes zu sein. Der damit verbundene Einsatz seiner Fantasie trägt auch zur Entwicklung seiner Sprachfertigkeiten bei, da diese Spiele viele Gesprächsanlässe bieten. Zunächst müssen Sie Ihr Kind beim Symbolspiel noch anregen und mitspielen, dann kann es Sie nachmachen oder eigene Beiträge erfinden. Allmählich wird seine Fantasie erblühen.

Anfangs spielt es gern alltägliche Situationen; es tut z. B. so, als ob es äße, tränke oder schliefe. Bücherlesen, Haustiere, der Besuch eines Bauernhofs oder eine Zugfahrt regen seine Vorstellungskraft an. Vielleicht spielt es auch eine Katze, eine Kuh, ein Zug oder ein Flugzeug. Ihr Kind ist begeistert, wenn Sie mitmachen und die Geräusche und Handlungen imitieren. Viele Kinder spielen auch Mama oder Papa.

Sobald es sicher auf den Beinen ist, kann es mit einem Einkaufswagen oder Kinderwagen (mit Puppe oder Teddy darin) Alltagssitua-

tionen nachspielen – und wenn Sie ihm einen alten Schal, einen Hut oder ein Paar Schuhe geben, kann es sein, wer immer es mag. Sich zu verkleiden gefällt Jungen wie Mädchen. Viele Utensilien für solche Symbolspiele finden Sie im Haushalt – ein übergeworfenes Laken macht z.B. einen Wäscheständer zum Zelt, Haus, Laden, Keller oder Tunnel. Ein zusammenfaltbarer Kriechtunnel ist ein vielseitiges Spielzeug, das Ihrem Kind jahrelang Freude macht; er wandelt sich von einem einfachen Tunnel zum Durchkrabbeln zu einem Requisit für alle möglichen komplizierten Rollenspiele bis in die ersten Schuljahre. Bewahren Sie alte Kisten und Verpackungen auf, die besondere »Geschenke« werden können oder Waren in einem »Laden« oder mit Ihrer Hilfe sogar erste künstlerische Gebilde.

Manchmal kann beim Spiel der Spaß sehr schnell in Angst umschlagen – wenn Sie ein großer Hund sind, der Ihr Kind jagt, oder wenn es ihm bei einem Kitzelspiel plötzlich zu viel wird. Seien Sie sensibel und hören Sie auf, sobald es zu viel wird. Ihr Kind lernt daraus, dass es »Nein« sagen und erwarten kann, dass man darauf hört. Das ist eine wichtige Lektion fürs Leben.

Spielsachen wie Figuren, Tiere, Häuser, Autos, Lebensmittel und Küchengeräte eignen sich hervorragend für Fantasiespiele. In den kommenden Monaten beginnt das Kind, Teile des wirklichen Lebens und des

Kurse für Kleinkinder?

In manchen sozialen Umfeldern leben Eltern in erbittertem Wettbewerb um die perfekte Elternschaft. Das äußert sich in vielfältiger Weise; dazu gehört die Anmeldung von Babys und Kleinkindern zu Kursen, die ihre Entwicklung optimieren sollen. Solche Gruppen sind inhaltlich stärker geprägt als übliche Krabbel- oder Mutter-Kind-Gruppen, die dem sozialen Miteinander und Austausch dienen und in denen auch gesungen, gespielt oder geturnt wird. In manchen Förderkursen dagegen betätigen sich die Eltern enthusiastisch, während ihre Babys schlafen, befremdet schauen oder schreien. Tapfere Väter, die diese Gruppen besuchen, tun dies selten mehr als einmal. Wenn das Kind älter wird, folgt Ballett, Schwimmen und Geigen nach der Suzuki-Methode und bald lernt es Karate und ist bei den Pfadfindern. Kurse sind großartig, wenn sie Spaß machen und Ihnen und Ihrem Kind guttun; doch denken Sie nicht, Ihr Kind würde etwas versäumen, wenn es keine belegt. Ihr Kind muss bereit dazu sein und Spaß daran haben.

Familienlebens nachzuspielen. Dabei schult es intellektuelle, soziale, kommunikative und sprachliche Fertigkeiten; im Umgang mit den kleinen Spielsachen verbessert Ihr Kind auch seine Feinmotorik. Da es sich länger konzentrieren kann, vertieft es sich in diese Spiele; etwa in einem Jahr beginnt es, andere Kinder in seine Fantasiespiele einzubeziehen.

Mitspielen

Oft weiß man nicht, wie lange man mit seinem Kind spielen sollte. Symbolspiele mit einem Kleinkind können ziemlich langweilig sein; fordern Sie Ihr Kind auf, wenigstens kurze Phasen allein zu spielen. Ein nachgeborenes Kind ist häufig schon zufrieden, wenn es sein älteres Geschwisterkind beobachten kann, und ist generell viel leichter zu beschäftigen.

Ausflüge

Abhängig von der Persönlichkeit und den Vorlieben Ihres Kindes interessiert es sich jetzt für alle möglichen Ausflüge. Die meisten Kleinkinder besuchen gerne den Zoo oder einen Bauernhof, wo sie Tiere sehen, berühren und vielleicht sogar füttern können. Achten Sie jedoch penibelst genau aufs Händewaschen, um Magenprobleme oder ernstere Infektionen zu vermeiden.

Bauen Sie auf die »Expeditionen« auf, die Sie bereits unternommen haben; Sie können sie mit ihrem etwas älteren Kind variieren und Ihr Kind stärker einbeziehen. Sie werden allerdings viel langsamer vorankommen, da es zeitweise selber laufen und viele Sachen selber machen will. Das Selbertun ist ebenso unverzichtbar für seine Entwicklung wie die Muße, um verschiedene Umgebungen zu erkunden und unterschiedliche Erfahrungen zu machen. Lassen Sie sich von Ihrem Kind leiten. Wenn es z. B. die schlafenden Kaninchen auf dem Bauernhof betrachtet, drängen Sie es nicht, zur Fütterung der Schweine zu gehen. Lassen Sie sich viel Zeit, auch wenn Sie sich langweilen, und nehmen Sie sich Zeit, ihm alles zu erklären.

FANTASIESPIEL *Eine Spielküche mit Lebensmitteln bietet tolle Spielmöglichkeiten. Hier kann das Kind Mama und Papa spielen und ein »Essen« für seine Lieben zubereiten.*

Tägliche Pflege

Im gewohnten Alltag fühlt sich Ihr Kind sicher. Andererseits leistet es vielleicht Widerstand, um Grenzen auszutesten. Die Weigerung, aus dem Bad zu steigen, oder der Unwillen, im eigenen Bett zu bleiben, sind zwei der Probleme, die sich stellen können – und lösen lassen.

Vernünftig schlafen

Selbst der friedlichste Schläfer kann, sobald er mobil ist, einige Tricks ausprobieren, um abends die elterliche Aufmerksamkeit zu gewinnen. Ihr Kind versucht vielleicht, das Abendritual zu verlängern; halten Sie an dem bewährten Ablauf fest, und gehen Sie nicht auf seine Bitte um »nur noch eine Geschichte, einen Kuss, ein Getränk« oder was auch immer ein. Wenn es im Laufe des Abends aufsteht oder immer wieder nach Ihnen ruft, bringen Sie es konsequent zurück ins Bett und lassen sich auf keine Spiele oder Diskussionen ein.

Wenn Ihr Kind bereits in einem Juniorbett schläft, steht es nachts vielleicht auf und kommt zu Ihnen ins Bett. Wenn Sie zu müde sind, um es

»Unser Kind war nachts immer zufrieden, bis es allein aus dem Bett konnte. Das erste Mal war das ganz süß, aber wir wehrten rasch den Anfängen.«

zurückzubringen, kuschelt es sich liebend gern zu Ihnen. Und bald schon ist es zur Gewohnheit geworden. Irgendwann ziehen dann Sie oder Ihr Partner aufs Gästebett oder Sofa. Sobald Sie mehr als ein Kind haben, sind die Möglichkeiten zahlreich – und anstrengend.

Dieser Bettenwechsel ist völlig in Ordnung, wenn Ihre Familie damit zurechtkommt und beide Eltern einverstanden sind. Viele Eltern sehen es relativ locker, wenn ihre Kinder nachts zu ihnen kommen. Ein mir bekannter Kinderpsychologe riet zunächst davon ab, bis er selber ein Kind hatte; da gefiel es ihm so gut, dass er ein größeres Bett kaufte.

Wenn jedoch nur einer von Ihnen das Eltern-
bett gern teilt, kann das zu Konflikten führen.
Darüber müssen Sie sprechen. Vielleicht
finden Sie einen Kompromiss, etwa, dass Ihr
Kind nachts in seinem Bett bleibt, aber morgens zu Ihnen kommen darf.

Mahlzeiten

Mit etwa 18 Monaten können viele Kinder
mit einer Kindergabel und einem Löffel essen,
auch wenn nicht alle es wollen, da es lustiger
und meist auch effektiver ist, mit den Fingern
zu essen. Mit dem richtigen Besteck kann Ihr
Kind es aber zumindest versuchen. Machen
Sie aus dem »Schön-Essen« kein Thema – Ihr
Kind wird versuchen, Sie zu imitieren, sobald
es das Alter dazu hat. Wenn es besonders
geschickt ist, bemerken Sie vielleicht schon,
dass die Manscherei nachlässt. Oft wird es
aber erst noch schlimmer, bevor es besser wird.
Bleiben Sie gelassen.

Ihr Kind isst am Tisch mit, möglichst das Gleiche wie alle anderen. Die
Zubereitung von Extramahlzeiten ist zeitaufwendig, und das Kind soll lernen, verschiedene Geschmacksrichtungen und Konsistenzen zu probieren.
Zwingen Sie Ihr Kind nicht zum Essen, und billigen Sie ihm einige Abneigungen zu, es sei denn, es verweigert ganze Nahrungsmittelgruppen wie
Gemüse. Das wäre nicht zu akzeptieren und kann verhindert werden (s.
S. 246). Gehen Sie mit ihm in kinderfreundliche Restaurants, die mit Hoch-
stühlen ausgestattet sind und in denen die Atmosphäre entspannt ist. Nehmen Sie ggf. einen Plastikteller und ein Plastiklätzchen mit Auffangrand
mit, und lassen Sie es mit den Fingern essen.

Das abendliche Bad

Den ganzen Tag herumrennen und alles erforschen bedeutet, dass Ihr
Kind abends ein Bad nötig hat. Daraus kann sich ein lebhaftes Spiel entwickeln, sodass Sie Ihre Mühe haben, es wieder ins Trockene zu bringen.

**AUS DEM BECHER
TRINKEN** *Mit 20
Monaten kann Ihr
Kind aus einem Becher
trinken, ohne viel zu
verschütten. Schenken
Sie anfangs nur wenig
Flüssigkeit ein und
lassen Sie Ihr Kind mit
Wasser üben.*

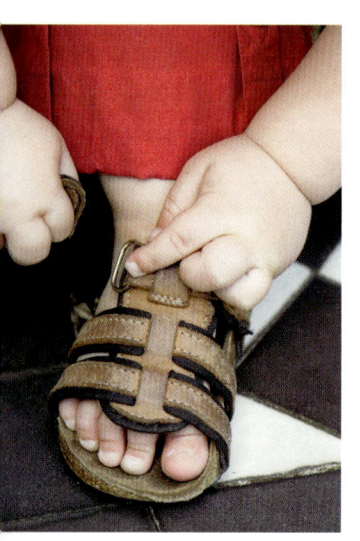

Sehen Sie es einmal aus seiner Perspektive: Das Spielen mit Schaum und Wasser macht Spaß, und es genießt dabei Ihre volle Aufmerksamkeit (es darf noch lange nicht allein in der Badewanne bleiben), also kann es nicht genug davon bekommen. Es steigt eher aus der Wanne, wenn es weiß, dass danach noch eine Geschichte und eine Kuschelzeit folgen. Wenn Sie es ohne Vorankündigung aus der Wanne nehmen, wird es protestieren. Wenn Sie aber ankündigen, dass es jetzt Zeit für ein bisschen Kuscheln und eine Lieblingsgeschichte ist, funktioniert es hoffentlich besser.

Zähneputzen kann problematisch sein; nehmen Sie Ihr Kind notfalls wie als Baby mit abgewandtem Gesicht auf Ihren Schoß, legen Sie einen Arm fest um das Kind, und putzen Sie seine Zähne mit der anderen Hand. Vielleicht kann Ihr Kind schon mit einer eigenen Zahnbürste und einem winzigen Klecks Zahnpasta arbeiten, weil es erwachsen sein und selber die Zähne putzen will. Es ist zwar wichtig, es zur Verwendung der Zahnbürste anzuleiten, doch es hat noch nicht die Geschicklichkeit, die Zähne richtig zu putzen, daher müssen Sie nachputzen.

Das Töpfchen einführen

Wenn Ihr Kind Interesse an der Toilette zeigt, indem es Ihnen dorthin folgt, kann es Bekanntschaft mit dem Töpfchen machen. Stellen Sie das Töpfchen zunächst ins Bad neben die Toilette oder ins Kinderzimmer, wo das Kind seine Puppe oder den Teddy darauf setzen kann. Kommentieren Sie in diesem Fall, wie »erwachsen« der Teddy wird, und belassen Sie es dabei.

Ihr Kind wird auf die Toilette oder aus Töpfchen gehen, wenn es körperlich und emotional reif dafür ist; machen Sie also keine große Sache daraus, dass es »ein braves Mädchen« ist, wenn es sie benutzt. Sonst bekommt es das Gefühl, etwas verkehrt zu machen, wenn es nicht darauf geht, und verweigert sich, wenn es bereit dazu wäre (s. S.250). Einige Kinder sind jetzt schon so weit, dann nutzen Sie diese Bereitschaft.

Anziehen

Wenn Ihr Kind geschickter wird, lassen Sie es, wenn Sie Zeit haben, selber etwas tun. Es kann Ewigkeiten dauern, bis es die Schuhe angezogen hat, und beim Binden braucht es Ihre Hilfe, aber es ist so rührend, wenn Ihr Kind da steht mit den Gummistiefeln am verkehrten Fuß und dem Mantel verkehrtherum. Auch für seine zunehmende Selbstständigkeit und sein Selbstwertgefühl ist es wichtig, dass es oft Gelegenheit hat, seine Fähigkeiten zu trainieren.

Ihr Kind kann seine Kleidung ausziehen, bevor es sie anziehen kann. Wenn Sie gerade geschafft haben, es anzuziehen, ist es sehr ärgerlich, wenn es sich wieder auszieht, vor allem wenn Sie in Eile sind. Haben Sie Geduld. Ist es ein echtes Problem, verwenden Sie Kleidungsstücke mit Knöpfen, die das Kind nicht aufmachen kann. Sobald die Sauberkeitserziehung beginnt, wird das selbstständige schnelle Ausziehen der Kleidung aber wichtig.

Häufige Fragen

▸ **Mein Kind macht sich jeden Tag schmutzig. Sollte ich mit antibakteriellen Produkten putzen?**
Für die Entwicklung Ihres Kindes ist es wichtig, dass es Gelegenheit hat, sich ungefährdet und ohne Angst schmutzig zu machen und die Umgebung zu erkunden. Mancher Schmutz kann jedoch gesundheitsschädigend sein, z. B. Erde oder Sand, die von Tieren verunreinigt sein können, oder verschimmelte Essensreste auf dem Boden. Abgesehen von diesen Ausnahmen soll Ihr Kind mit Keimen in Berührung kommen, da dies sein Immunsystem, das es vor gefährlichen Bakterien schützt, stärkt. Mit einem antibakteriellen Reinigungsmittel können Sie das Tablett des Hochstuhls, auf dem sich Keime bei Zimmertemperatur rapide vermehren können, säubern;

waschen Sie jedoch die Hände Ihres Kindes mit einer solchen Seife, vernichten Sie neben schädlichen auch gesunde Bakterien. Wenn Sie überall im Haus antibakterielle Putzmittel einsetzen, schaffen Sie eine sterile Umgebung, in der Ihr Kind keine Immunität gegen Keime aufbauen kann. Seien Sie also nicht zu pingelig. Es genügt im Grunde ein antibakterieller Toilettenreiniger.

▸ **Bei meiner Tochter brechen die Backenzähne durch, und es geht ihr wirklich schlecht. Was kann ich tun?**
Der Durchbruch der großen Backenzähne ist unangenehm; seien Sie möglichst einfühlsam und schmusen Sie viel mit ihr. Ein Paracetamolprodukt oder Zahnungsgel kann die schlimmsten Beschwerden lindern. Keine Sorge, wenn Ihre

Tochter zeitweilig nicht isst; die Schmerzen gehen bald vorüber.

▸ **Mein kleiner Sohn ist 20 Monate alt; seine Haut hat einen Orange-Stich. Was ist das?**
In meiner Sprechstunde wurden immer wieder Kinder mit orangestichigem Hautton vorgestellt; die Eltern meinen, sie hätten Gelbsucht. Doch meist geht die Färbung auf die Ernährung zurück. Wenn Ihr Sohn viele orangefarbene Lebensmittel isst wie Karotten und Mandarinen, verursacht dies wahrscheinlich die Färbung. Haben Sie weitere Sorgen wegen seiner Gesundheit, sprechen Sie mit dem Kinderarzt. Ist dies jedoch das einzige Symptom, geben Sie Ihrem Kind andersfarbige, ebenfalls gesunde Nahrungsmittel und beobachten, ob sich die Hautfarbe normalisiert.

FRAGEN&ANTWORTEN

Wenn ein zweites Kind kommt

Dieses Mal ahnen Sie zwar, was auf Sie zukommt, doch haben Sie neben der Schwangerschaft Ihr erstes Kind zu versorgen und arbeiten vielleicht auch noch. Unterschätzen Sie diese Anstrengung nicht, und nehmen Sie alle Hilfsangebote an.

Ihr Kind kümmert die Ankündigung, dass es ein Geschwisterchen bekommt, anfangs nur wenig. Sobald es spüren kann, wie sich das Baby bewegt, ist es aber sehr fasziniert. Ein Kleinkind hat keine Vorstellung davon, dass man Monate warten muss, bis das Baby kommt. Thematisieren Sie das Ganze besser erst in der Spätschwangerschaft ausführlich.

Nehmen Sie dabei Bilderbücher zu Hilfe. Geben Sie Ihrem Kind außerdem die Möglichkeit, andere Familien, in denen es ein Kleinkind und ein Baby gibt, zu erleben. Auf diese Weise bekommt es eine bessere Vorstellung davon, wie es ist, einen Bruder oder eine Schwester zu haben, sowie Erfahrung mit einem Neugeborenen zu sammeln.

Die natürliche Müdigkeit und das leichte Unwohlsein der Frühschwangerschaft können schnell zu Erschöpfung und starker Übelkeit führen, und Sie haben nur wenig Zeit, sie zu lindern. Kleinkinder nehmen Stimmungen sensibel auf: Das Gefühl, dass es Mama nicht gut geht, verursacht Unbehagen und Ängstlichkeit; das Kind reagiert vielleicht, indem es Sie durch ein verändertes Verhalten testet. Wie sollen Sie damit umgehen, wenn Sie schon den ganzen Morgen über erbrochen haben? Seien Sie nachsichtig und schonen Sie sich möglichst viel. Veränderungen im Alltag Ihres Kindes sollten Sie lange vor Ankunft des Babys einführen. Planen Sie frühzeitig für die Geburt vor. Das Kind sollte von einer vertrauten Person, mit der es häufiger zusammen ist, z. B. den Großeltern, versorgt werden, wenn Ihr Partner bei der Geburt dabei sein wird.

NACH DER GEBURT

Wenn Sie Ihr Kind nach der Geburt wieder sehen, begrüßen Sie es mit offenen Armen und einem dicken Kuss,

WAS DER VATER TUN KANN

Väter haben großen Einfluss darauf, wie Kleinkinder auf die Aussicht auf ein neues Baby reagieren. Übernehmen Sie regelmäßige Aufgaben, z. B. das Zubettbringen Ihres Kindes, bevor das Geschwisterchen geboren wird. Dann können Sie, ohne dass Ihr Kind das Baby als Ursache der Veränderung betrachtet, nach der Geburt einen größeren Teil seiner Versorgung übernehmen.

Lassen Sie sich bei der Unterstützung Ihrer Partnerin in den ersten Tagen von Ihrem älteren Kind helfen – es kann z. B. die Babywindeln beim Wickeln reichen. Auf diese Weise lässt es sich ganz unbewusst auf das Baby ein, und dies stärkt Ihren Zusammenhang als Familie. Es ist eine außerordentlich anstrengende Zeit, in der Sie viele Aufgaben meistern müssen – berufstätiger Vater, Unterstützer Ihrer Partnerin und Bezugsperson für Ihr erstgeborenes Kind.

Versuchen Sie nachzuvollziehen, wie schwierig es für Ihr älteres Kind ist, dieses neue Geschwisterkind zu akzeptieren. Als seine Eltern bedeuten Sie seine ganze Welt der Liebe und Sicherheit; jede Veränderung ist sehr schwer zu bewältigen. Versichern Sie es immer wieder Ihrer Liebe.

»Als ich schwanger wurde, war unser Großer im Trotz-alter, und ich hatte sehr zu kämpfen. Statt zu versuchen, eine Supermama zu sein, suchte ich Hilfe. Das war für uns alle besser.«

NUR WIR ZWEI *Wenn die Geburt des zweiten Babys naht, nutzen Sie mit Ihrem älteren Kind die Zeit, die Ihnen noch bleibt.*

während jemand anderes das Baby trägt. Zeigen Sie ihm Ihre Freude, es zu sehen. Manche Eltern geben dem Kind ein Geschenk vom neuen Baby.

Trotz bester Bemühungen kann Ihr Kind negativ auf das Baby reagieren. Es wird besser, wenn Sie sich ihm wäh-rend der Schlafenszeit des Babys ganz zuwenden. Vielleicht verbündet sich Ihr Kind auch ganz schnell mit dem Baby; fördern Sie dies, indem Sie ihm sagen, dass das Baby ihm gerne zuschaut, oder indem Sie die Finger Ihres Großen in Babys Handfläche legen, sodass es sie

fest umklammert. Es weiß noch nichts von den Reflexen des Neugeborenen und ist begeistert, dass sein Geschwis-terchen seine Hand halten will.

IHRE GEFÜHLE
Vielleicht glauben Sie, ein anderes Kind nie so lieben zu können wie Ihr Erstge-borenes, werden aber feststellen, dass Sie mehr als genügend Liebe besitzen, um beide zu lieben. Ihr neues Baby ist ein einmaliges kleines Individuum; Sie reagieren vielleicht ganz anders darauf als auf Ihr Kleinkind. So können Sie

beide gleich lieben und doch zu jedem eine andere Beziehung haben.

Schnell lernen Sie, mit beiden Kin-dern gleichzeitig zurechtzukommen. Sie stellen fest, dass viele Aktivitäten und Gewohnheiten Ihres Kleinkindes normal weiter bestehen können, wäh-rend Ihr Baby trinkt, in seiner Wippe sitzt oder schlummert. Versuchen Sie, spezielle Unternehmungen für Ihr Zweijähriges zu planen – z. B. ein Nachmittag bei den Großeltern oder ein Tagesausflug mit Papa –, damit Sie entlastet werden.

IHR SELBSTSTÄNDIGES KIND

13 | 14 | 15 | 16 | 17 | 18 | 19 | 20 | 21 | **22** | **23** | **24**
MONATE

WINDELN ADE IN DEN KOMMEN-
DEN MONATEN WIRD ES ZEIT FÜR DAS
TÖPFCHEN.

SPIEL UND SPASS IHR KIND
BEGINNT, SPIELE ZU INITIIEREN UND
HAT BESTIMMTE LIEBLINGSSPIELSACHEN.

SPIELKAMERAD AM ENDE DES ZWEI-
TEN LEBENSJAHRES BEGINNT ES VIELLEICHT,
MIT ANDEREN KINDERN ZU SPIELEN.

»In seiner Entwicklung vom Baby zum Jungen wird er täglich geschickter und kann mehr.«

Groß werden

Gemeinsam haben Sie und Ihr Kind so viel gelernt; in den ersten beiden Jahren gab es Arbeit und Stress, aber auch viel Freude. Nun ist Ihr Kind ein echter Kamerad; es unterhält sich in Sätzen mit Ihnen, hilft bei Arbeiten und nimmt am Esstisch seinen Platz ein.

Vorwärtskommen

Mit 21 Monaten klettert Ihr Kind schon ziemlich sicher und läuft zügig; es versucht zu balancieren – besonders gern geht es auf einer niedrigen Mauer an Ihrer Hand. Mit 22 oder 23 Monaten kann es vielleicht Treppen hinuntersteigen, muss aber noch beaufsichtigt werden und stellt beim Absteigen jeweils beide Füße auf eine Stufe. Wenn der zweite Geburtstag naht, rennt es schon geschickt und wirft mit erhobenen Armen einen Ball.

In Gesellschaft

In diesem Alter spielt Ihr Kind noch eher neben anderen Kindern als mit ihnen (man spricht von Parallelspiel); allmählich beginnt es aber, mit ihnen zu kommunizieren. Ein Erwachsener wird das Zusammenspiel noch einige Zeit unterstützen müssen; indem Sie den Kontakt zu anderen Kindern ermöglichen, legen Sie die Grundlagen für die Fähigkeit, Spielsachen und Fantasie bald mit anderen zu teilen.

Ihr Kind hat seinen eigenen Willen; doch auch wenn es noch selbstbezogen ist, lernt es, sich in andere einzufühlen. Am zweiten Geburtstag interessieren sich viele Kinder für andere Kinder und deren Verhalten, ihr Spiel und sogar ihre Gefühle. Wenn Ihr Kind ein anderes Kind weinen sieht, ist es neugierig oder zeigt Teilnahme; es dauert allerdings, bis es Freundschaften schließen will. Lehren Sie es zu teilen, indem Sie sich mit ihm abwechseln. Loben sie es, wenn ihm dies gelingt. Sie sind sein großes Vorbild; erlebt es, wie Sie teilen und »Bitte« und »Danke« sagen, erwirbt es soziale Fähigkeiten, die es für den Umgang mit anderen Kindern braucht.

DER ABENTEURER *Ihr Zweijähriger klettert, springt und rennt gern. Instinktiv wollen Sie ihn beschützen, aber lassen Sie ihm genug Freiraum.*

Sein Wortschatz wächst fast schneller, als Sie Schritt halten können. Mit 23 oder 24 Monaten sind bei manchen Kindern aus den Zwei-Wort-Sätzen Sätze mit drei oder mehr Wörtern geworden, einschließlich gelegentlicher Verben, z. B. »nicht Bett gehen«, »Teddy Apfel essen«. Wie viel oder wenig es auch sprechen mag, es versteht weiterhin viel mehr, als es sagen kann. Es beginnt auch zu singen, am liebsten Reime und mit Ihnen zusammen.

Reflexion über die vergangenen zwei Jahre

Dies ist ein hervorragender Zeitpunkt, um durchzuatmen und über den Weg nachzudenken, den Sie und Ihre Familie zurückgelegt haben. Am Anfang gab es ein Wesen in einem Strampler (Sie konnten kaum glauben, dass Sie beide es erschaffen haben), und nun ist da eine selbstständige Person, die Meinungen ausdrücken, kommunizieren, gehen und rennen, selber essen und Sie sogar herumkommandieren kann. Wenn Sie zu den Vätern gehören, für die ein Baby etwas Geheimnisvolles hat, beginnt nun eine wunderbare Reise in immer interessantere und kommunikativere Phasen der Entwicklung und des Spiels.

Ich erlebte in dieser Phase auch gemischte Gefühle, etwas wie Trauer um den Verlust meines unschuldigen, hilflosen Babys; dies wurde jedoch wettgemacht durch die Erregung und das Staunen über all die neuen Dinge, die meine Kinder können und entdecken.

Es ist auch eine prima Zeit, um die eigene Reise und Ihre eigene rasante Entwicklung als Vater zu reflektieren. Aus dem Greifreflex ist bei Ihrem Kind ein präzises Erfassen kleinster Objekte geworden, und Sie haben sich vom Herumfummeln an Windelklebebändern zum Meister kleiner Verschlüsse und Druckknöpfe entwickelt. Aus seinen Lauten sind Wörter oder Sätze geworden, und Ihre Konversation wurde durch Beiträge wie:

»Er schläft jetzt nachts durch – wir haben bis 6 Uhr Ruhe« und »Liebling, war Max schon auf dem Töpfchen?«, bereichert. Auch Ihre technischen Fertigkeiten haben sich vervielfacht; Ihr Kind hat komplexe Aufgaben gemeistert wie Gehen und Bauen mit Bauklötzen, und Sie können mit einer Hand einen Buggy aufstellen sowie einen 5-Punkte-Gurt am Autositz ohne Hilfe Ihrer Partnerin betätigen. Sie machen Ihrer Familie beide Ehre – gut gemacht!

AUS VATERS SICHT

Mit 21 Monaten braucht Ihr Kind Sie immer noch (oder eine andere feste Betreuungsperson); doch mittlerweile kann es schon einige Minuten auf Ihre Aufmerksamkeit warten. Mit 22 oder 23 Monaten kann es sehr bestimmend sein und Befehle geben, wie »jetzt Geschichte«, »nicht reden Papa« oder »Halt«. Ihr Kind verwendet Sprache nun in abstrakterer Weise – es bedeutet einen großen intellektuellen Fortschritt, Sie zu bitten etwas *nicht* zu tun, statt *um* etwas zu bitten –, aber seine verbalen Fähigkeiten sind immer noch begrenzt. Es will auch seine Macht und Kontrolle über Sie testen. Im Umgang damit sollten Sie einen Mittelweg zwischen dem Reagieren auf alle Ansprüche Ihres Kindes und dem kompletten Ignorieren gehen. Erklären Sie Ihrem Kind, dass es einige Minuten allein spielen soll und Sie danach wieder mitmachen können. Erinnern Sie es daran, welche Freude es Ihnen macht, wenn es Sie kurze Zeit in Ruhe lässt – aber erwarten Sie keine Wunder.

Ich, ich, ich

Das stärkere Selbstgefühl Ihres Kindes äußert sich auch in seiner Körpersprache und seiner Sprache. Beobachten Sie, wie es bei seinen Leistungen vor Stolz strahlt oder vor Ärger erstarrt, sobald ein anderes Kleinkind auf sein Terrain übergreift. Sätze wie »Elsas Schuh« oder »Elsas Tasse« werden üblich, wenn es lernt, seine Besitztümer zu bezeichnen. Einige wenige Kinder verwenden in diesem Alter schon die Possessivpronomen, wie »mein Teddy« oder »ich machen«. Auch sein Tonfall spricht Bände, und es ist ein Unterschied zwischen dem mitteilsamen »Elsas Stuhl« beim Geplauder mit Ihnen und einem »Elsas Stuhl!«, wenn sich ein Besuchskind auf seinen Stuhl setzen will, und einem »Elsas Stuhl?«, wenn Sie es im Restaurant in einen fremden Hochstuhl setzen wollen.

SPIELEN *Aus dem Guck-Guck-Spiel hat sich das Versteckspiel entwickelt; aber die Verstecke sind nicht allzu gut – schließlich sollen Sie sie finden.*

SACHEN MACHEN

Stärken Sie sein Selbst-
vertrauen, indem Sie
ihm zeigen, wie es mit
Farben und Stiften
etwas schaffen kann.

Kinder-Spaß

Weil Ihr Kind nach und nach immer geschickter wird, kann es nun einen Turm aus Bauklötzen bauen oder im Sortierkasten die richtigen Schlitze finden. Diese kleinen Erfolge lassen Ihr Kind staunen und fördern sein Selbstvertrauen und seine Selbstständigkeit enorm.

Unterwegs

Nun, da Ihr Kind körperlich gewandter und beweglicher wird, mag es verschiedenste Rutschfahrzeuge. Laufräder (Dreiräder oder Fahrräder ohne Pedale, die mit den Füßen angeschoben werden) sind ideal, da nur wenige Kleinkinder in diesem Alter Pedale treten können. Sobald es das beherrscht, gefällt ihm ein normales Dreirad. Einige wenige Kinder fahren am zweiten Geburtstag schon ein Kinderfahrrad mit Stützrädern.

Kleine, vom Kind betriebene Autos mit Tür und Dach sind in dieser Altersgruppe ungemein beliebt. In einer Spielgruppe verursachen diese Autos oft am meisten Streit zwischen den Kindern. Sie können drinnen wie draußen benutzt werden und eignen sich bestens für Symbolspiele, zumal auch Teddy oder Puppe mittransportiert werden können. Vielleicht wäre ein solches Fahrzeug ein schönes Geburtstagsgeschenk? Gehen Sie damit mit Ihrem Kind hinaus in den Park, wo es weite Flächen zum ungefährdeten Fahren gibt.

Kreatives Spiel

Gegen Ende dieses Jahres sind bei vielen Kindern auch neue Formen des kreativen Spiels beliebt, z. B. Collagen. Anfangs müssen Sie Ihrem Kind helfen, den Kleber aufs Papier aufzutragen, und eine Auswahl an Bildern, Stoffstreifen und Glitzer zur Verfügung stellen. Wenn Ihr Kind gern mit Stickern spielt, können Sie Sternchentabellen einführen, um erwünschtes Verhalten zu verstärken. Soll Ihr Kind sich z. B. von Ihnen die Zähne putzen lassen, hängen Sie eine Tabelle auf und lassen es jedes Mal, wenn es Sie die Zähne putzen lässt, einen Sticker auswählen und aufkleben. Da es noch sehr jung ist, geben Sie ihm den Sticker, egal, ob es einen Aufstand macht

oder nicht – sofern Sie die Zähne putzen konnten. Diese Form der Belohnung funktioniert sogar bei sehr kleinen Kindern.

Ruhige Aktivitäten

Solange Ihr Kind Sendungen mit Ihnen zusammen sieht (und Sie am Ende
ausschalten), kann das Fernsehen lehrreich sein. Für diese Altersgruppe
gestaltete Sendungen geben viele Denkanstöße und Gesprächsanlässe und
können Lernprozesse fördern. In Büchern kann Ihr Kind in diesem Alter
vielleicht schon einfache Geschichten verfolgen; vielleicht beobachten Sie,
wie es seinen Teddys »vorliest«, genauso wie Sie ihm. Es ist unterschiedlich,
wie lange Kleinkinder ruhig spielen können. Aber vielleicht beschäftigt es
sich nun immer länger mit Puzzles, Büchern und Türmebauen, besonders,
wenn Sie ihm dabei Aufmerksamkeit schenken.

Teilen

Viele Kinder begreifen das Teilen erst nach dem zweiten Lebensjahr, aber
es schadet nicht, es ihm allmählich nahezubringen. Spielen Sie verschiedenste Spiele mit ihm, bei denen jeder mal drankommen muss, z. B. sich
einen Ball zurollen, werfen oder kicken. Das Üben dieser erwünschten
sozialen Fähigkeiten wird ihm den Weg ebnen, wenn es selbstständiger mit
anderen Kindern spielen wird.

TEILEN LERNEN

DAS SIEHT INTERESSANTER AUS ...
*Wahrscheinlich will Ihr Kind ein Spiel-
zeug haben, das ein anderes Kind hat.*

DAS KRIEGST DU NICHT, DAS IST MEINS ...
*Eigene Spielsachen zu verteidigen ist
in diesem Alter normal, nicht unartig.*

WILLST DU DAFÜR DIESES HIER? *Mit der
Zeit und dank Anleitung und Lob lernen
Kinder das Teilen.*

Ihr vielseitiges Kind

Ihr Kind wächst heran, aber in vieler Hinsicht ist es noch ein Baby. Es sieht sich selbst als Mittelpunkt des Universums. Das bedeutet, dass es zwar selbstständig werden will, man aber nicht erwarten kann, dass es selbstlos ist; durch sein Verhalten wird dies oft deutlich.

Wenn Ihr Kind Sie wegschiebt, ist das nicht rücksichtslos – Ihr Kind hat einfach keine Vorstellung, wie Sie sich dabei fühlen; es weiß nicht einmal, dass Sie überhaupt irgendetwas fühlen. Bei der Geburt sind Babys selbstbezogen; dies ist für ihr Überleben notwendig. Doch wenn Sie Ihrem Kind Fürsorge und bewusstes Verhalten vorleben, lernt es mit zunehmender Reife, Rücksicht zu nehmen. Ihr Tun ist für Ihr Kind das Normale, da es keinen anderen Maßstab hat, das Leben zu beurteilen. Wenn Sie es also regelmäßig anschreien oder schlagen, bildet sich diese Welt in seinem Kopf. Kinder lernen ihre sozialen Fertigkeiten und ihr Verhalten von den Eltern. Wenn sie in einer Atmosphäre voller Aggression, Geschrei und Fluchen aufwachsen, betrachten sie dies als normale menschliche Interaktion. Gutes Benehmen entwickelt sich von selbst bei Kindern, die bei fürsorglichen Eltern aufwachsen.

Sich selber waschen und anziehen

Ihr kleines Kind will vieles selber machen. Das ist ein sehr positiver Impuls, aber nicht immer praktisch, wenn Sie unter Zeitdruck stehen. Machen Sie sich früh fertig, damit Sie Zeit haben und Ihr Kind sich beim Waschen, Zähneputzen und Anziehen beteiligen kann. Bewahren Sie seine Zahnbürste und Waschlappen in seiner Reichweite auf, legen Sie seine Kleidung in ein niedriges Regal, und stellen Sie einen stabilen Schemel unter das Waschbecken. Wenn Sie nicht zusehen können, wie es versucht, seine Beine in die Hosen zu bringen, betrachten Sie das als lehrreiches Spiel. Ebenso, wie Sie – solange es Sie nicht bittet oder wütend wird – nicht eingreifen, wenn es eine Figur durch ein passendes Loch in der Sortierbox stecken will, lassen Sie ihm Zeit, auch die neuen Fertigkeiten des Anziehens und Sich-Waschens zu erlernen. Wenn Sie in

LERNEN LASSEN

Versuchen Sie, auch wenn Sie in Eile sind, geduldig zu sein. Kleinkinder brauchen Zeit, um neue Fertigkeiten zu erlernen.

Eile sind, schlagen Sie einen Kompromiss vor, z. B.: »Ich ziehe dich schnell an, dann hast du Zeit, dir selbst dein Müsli zu machen.« Da es nun auf die Toilette oder aufs Töpfchen geht, ist es aus Hygienegründen wichtig, das Händewaschen sorgfältig zu kontrollieren, besonders vor den Mahlzeiten.

Kleiner Gehilfe

Kleinkinder lieben Aufgaben, die sie meistern können, und fühlen sich sehr erwachsen, wenn sie im Haus helfen können. Geben Sie ihm z. B. eine kleine Gießkanne zum Gießen der Pflanzen; lassen Sie es beim Einsortieren der sauberen Kleidung in Schubladen und der schmutzigen Kleidung in den Wäschekorb helfen. Bitten Sie es, Spielsachen wegzuräumen, was besonders einfach ist, wenn Sie verschiedene Behälter dafür haben. Man kann Pflichten viel leichter erledigen, wenn sich das Kind nicht ausgeschlossen fühlt, und es so an die spätere Übernahme von Aufgaben im Haushalt heranführen.

Weiter hinaus

Auch außer Haus will Ihr Kind jetzt möglichst selbstständig sein; doch manchmal ist das einfach noch nicht möglich. Denken Sie bereits im Voraus über mögliche Probleme nach, sodass Sie sie umgehen können. Wenn Ihr Kind Ewigkeiten braucht, um allein in den Bus zu steigen, während hinter Ihnen eine Schlange Menschen laut protestiert, packen Sie es sicher irgendwann, und dann brüllt es los. Wenn Sie es jedoch hochheben und dabei fragen, wo es gern sitzen würde, ist es mit dieser Entscheidung beschäftigt, während Sie die Fahrkarte entwerten. Auch ein Kind, das schon sicher läuft, hat noch kein Gefühl für die Gefahren des Straßenverkehrs; seien Sie also sehr vorsichtig, halten Sie es nah bei sich, oder setzen Sie es, wenn nötig, in den Buggy. Ein Laufband kann an viel befahrenen Straßen ebenfalls Sicherheit bieten.

DIE RICHTIGE AUFGABE
Helfen stärkt das Selbstwertgefühl. Ihr Kind ist fasziniert von dem, was Sie tun. Die Teilhabe gibt ihm das Gefühl, wichtig zu sein.

Trotzanfälle

Manche Kinder kommen ohne stampfende Füße und den Eltern unverständlichen Eigensinn durch diese Jahre, während andere Eltern massive Probleme mit ihren Zweijährigen haben. Kennen Sie das? Aber beim nächsten Kind kann alles ganz anders sein!

Warum kleine Kinder Trotzanfälle bekommen

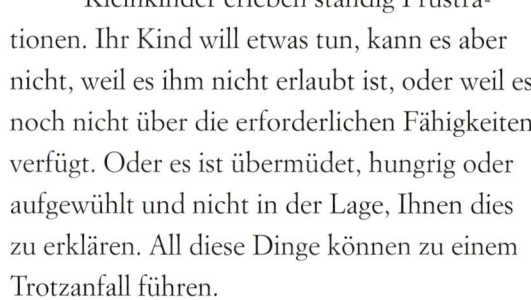

VORHER ... Bei einem Wutanfall verhält sich Ihr Kind, als ginge seine Welt unter.

Ihr Kind ist in allen Bereichen von Ihnen abhängig. Wenn es erkennt, dass es ein unabhängiger Mensch ist, muss es die von Ihnen gesetzten Grenzen austesten. Es muss auch sicherstellen, dass Sie es weiterhin lieben, selbst wenn es Sie zur Weißglut treibt. Die Stärke und Verwirrung durch seine Gefühle – die Spannung zwischen Abhängigkeit und Wunsch nach Selbstständigkeit – überfordern Ihr Kind oft; dies wiederum verursacht Wut.

Kleinkinder erleben ständig Frustrationen. Ihr Kind will etwas tun, kann es aber nicht, weil es ihm nicht erlaubt ist, oder weil es noch nicht über die erforderlichen Fähigkeiten verfügt. Oder es ist übermüdet, hungrig oder aufgewühlt und nicht in der Lage, Ihnen dies zu erklären. All diese Dinge können zu einem Trotzanfall führen.

Trotzanfälle im Keim ersticken

Wir sind alle gereizt, wenn wir müde, ängstlich, gelangweilt oder hungrig sind. Kleinkinder bilden da keine Ausnahme. Eltern können so manchen Wutanfall abwenden, wenn sie mögliche Auslöser frühzeitig beseitigen. Bieten Sie z. B. einen Snack und ein Getränk an; so wird es auch abgelenkt, weil es etwas zu tun bekommt. Erwarten Sie in diesem Alter nicht, dass es weit laufen kann, vor allem, wenn ein Ausflug in seine übliche Schlafenszeit fällt – nehmen Sie immer einen Buggy oder eine Rückentrage mit. Ist Ihr Kind aufgedreht, verhält es sich häufig aufsässig – sagt z. B. »Nein«, wenn es Ihre Hand nehmen oder sich in den Buggy setzen soll. Sie werden bestimmt bald eine Veränderung in seiner Stimme, einen schrillen Ton oder eine Haltung erkennen: Alarmzeichen für einen herannahenden Sturm. An diesem Punkt ist Ablenkung das Beste – ein Lied singen, Grimassen ziehen oder hüpfen sind schließlich weniger peinlich (und lustiger) als ein öffentlicher Wutanfall.

Was Sie tun können

Zum Umgang mit Trotzanfällen gehört, dass Sie dem Verlangen, selbst einen Wutanfall zu bekommen, widerstehen. Zahllose Eltern sind schon aus Supermärkten, Spielplätzen, Familienfesten mit einem wütenden, schreienden, unter den Arm geklemmten Kleinkind herausmarschiert. Oder mussten versuchen, einen um sich schlagenden, tretenden Derwisch auf der Straße in den Buggy zu packen. Für Ihr Kind ist das Ganze noch weitaus schlimmer; es hat keinerlei Kontrolle mehr und ist völlig verzweifelt. Die meisten zuschauenden Eltern älterer Kinder waren irgendwann in der gleichen Situation und sind sicher nur froh, dass das Ganze nicht ihnen passiert.

NACHHER … *Auch wenn Ihr Kind Sie an Ihre Grenzen gebracht hat, geben Sie ihm Zeit zum Beruhigen. Nehmen Sie es dann in den Arm und sagen ihm, dass Sie es immer noch lieb haben.*

Kürzlich erlebte ich im Supermarkt, wie ein Kleinkind im Einkaufswagen einen Wutanfall bekam. Der Vater war (oder schien) ungerührt und setzte ruhig seine Einkäufe fort; irgendwann hörte seine Tochter auf und lächelte ihn an. Mein erster Gedanke war: »Dieser Vater hat eine super Selbstbeherrschung«, der nächste: »Das muss ein zweites Kind sein.« Bei Erstgeborenen bleibt man selten so gelassen; doch nur das hilft wirklich. Wenn irgend möglich (und das ist in der Öffentlichkeit nicht immer leicht), tun Sie gar nichts. Stellen Sie sicher, dass sich Ihr Kind nicht verletzten kann, und entziehen Sie ihm Ihre Aufmerksamkeit, bis

»Mein Kind beruhigt sich, wenn ich in der Nähe bleibe, es aber in Ruhe lasse. Ich tue, als läse ich Zeitung. So sieht es meinen Ärger nicht, und ich kann mich besser beherrschen und schimpfe nicht.«

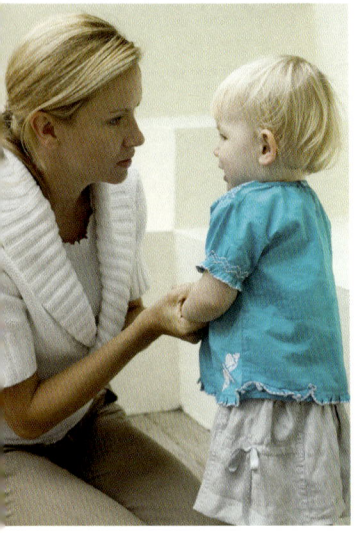

FRÜHE ERZIEHUNG
Begeben Sie sich beim Austragen von Verhaltensproblemen auf die Ebene Ihres Kindes.

die Wut verraucht. Sie können mit ihm während eines Trotzanfalls nicht vernünftig reden, und der Versuch macht das Ganze nur schlimmer.

Wenn die oft irrationalen Wutanfälle Sie wütend machen, denken Sie daran, dass dieses Verhalten nicht kalkuliert oder bösartig ist. Wenn Sie Ihrem Kind während eines Wutanfalls viel Aufmerksamkeit zukommen lassen oder dem Auslöser des Trotzanfalls nachgeben, probiert es Ihr Kind das nächste Mal wieder, sobald ihm etwas verboten wird. Dann lernt es schnell, dass es Sie mit seinem Toben und Brüllen manipulieren kann, und beginnt vielleicht, sich bewusst so zu verhalten. Das sollte um jeden Preis verhindert werden. Folgendes kann hilfreich sein –

■ **Bestehen Sie konsequent auf die Einhaltung von Grenzen:** Versuchen Sie nicht, den Wutanfall zu beenden, indem Sie Ihrem Kind nachgeben, auch nicht in der Öffentlichkeit, z.B. im Supermarkt.

■ **Diskutieren Sie nicht:** Während eines Wutanfalls ist Ihr Kind außer Kontrolle; es hört nicht zu, und Aufmerksamkeit gießt Öl ins Feuer.

■ **Seien Sie geduldig:** Kein Kind brüllt lange, wenn niemand zuhört. Es lernt schnell, dass es Ihre Zuwendung erhält, sobald es sich beruhigt hat.

■ **Lenken Sie es ab:** Manchmal stoppt ein neues Spiel einen Wutanfall.

■ **Seien Sie danach lieb zu ihm:** Wenn es aufhört zu brüllen, nehmen Sie es auf den Arm und küssen es, um erwünschtes Verhalten zu verstärken.

Trotzanfälle mit Atem-Anhalten

Ihr Kind kann sich in eine solche Wut und Verzweiflung hineinsteigern, dass es aufhört zu atmen. Das ist für Sie mit Sicherheit ganz fürchterlich anzusehen, da es sehr still wird und graublau anläuft. Nach etwa 15 Sekunden setzt die Atmung meist wieder ein.

Ihr Kind kann sich durch das Atem-Anhalten nicht selber schädigen. Lange bevor Sauerstoffmangel Schaden anrichten könnte, würde es ohnmächtig – und in diesem Moment beginnt es wieder zu atmen. Im Falle eines derartigen Anfalls müssen Sie allerdings dafür sorgen, dass Ihr Kind sich an einem sicheren Ort befindet – nicht oben an ungesicherten Treppen oder wo es beim Fallen den Kopf anstoßen könnte; danach versuchen Sie, es möglichst zu ignorieren (oder tun

so). Bei den meisten Kindern verliert sich die Gewohnheit des Atem-Anhaltens vor der Einschulung.

Bei einigen wenigen Kindern kommt es jedoch zu einer weit selteneren Störung, der sogenannten Reflex Anoxic Seizure (RAS), bei der es schon bei kleinsten Aufregungen zu einem Herzstillstand kommt. In diesem Fall müssen Sie sich an den Kinderarzt wenden.

Verhaltensprobleme

▶ **Immer wenn wir unterwegs sind, bekommt mein Sohn einen Schreianfall. Es ist mir peinlich, ihn in den Supermarkt mitzunehmen. Was können wir tun?**

Das Problem bei Trotzanfällen ist, dass Ihre Angst vor einem Anfall die Wahrscheinlichkeit erhöht, dass Ihr Kind einen bekommt, weil es Ihre Anspannung und Aufregung spürt. Im Moment ist es am besten, ohne Ihr Kind einkaufen zu gehen und inzwischen zu Hause Möglichkeiten zu suchen, mit den Wutanfällen umzugehen.

Die Methode, positives Verhalten zu belohnen und negatives zu ignorieren, funktioniert sehr häufig. Wenn sich Ihr Kind gut benimmt, loben Sie es und widmen ihm Ihre volle Aufmerksamkeit. Wenn es brüllt, nehmen Sie dagegen keine Notiz von ihm und beschäftigen sich in der Nähe mit etwas anderem (oder tun so). Wenn Sie beherzt sind und zu Ihren Überzeugungen stehen, funktioniert das auch im Supermarkt; am besten übt man es aber zu Hause. Wenn Sie Ihr Kind wieder zum Einkaufen mitnehmen, loben Sie es währenddessen für jedes gute Benehmen.

▶ **Mein Sohn ist 23 Monate alt und will nicht in den Buggy. Er läuft aber auch nicht, sondern will den Buggy schieben. Wie kann ich ihn überzeugen?**

Das ist natürlich sehr ärgerlich, wenn Sie dringend irgendwohin müssen oder einfach in einem bestimmten Tempo in eine ganz bestimmte Richtung gehen wollen. Die Anordnung, sich in den Buggy zu setzen, führt vermutlich zu Tränen und Wutanfällen. Zum Schluss schnallen Sie ihn womöglich im Buggy fest, was für Sie beide eine schreckliche Erfahrung ist.

Sie müssen ihn letztlich dazu bringen, gern in seinem Buggy zu fahren. Sie können ihn z. B., sobald er sich wehrt, erstaunt fragen, ob er denn nicht mit zum Einkaufen oder zur Oma will. Wenn er dann wortlos einsteigt, verkneifen Sie sich bitte auch das nahe liegende »Na, siehst du!« und sprechen auf dem Weg von anderen Dingen. Vielleicht hilft auch, wenn er im Buggy einen Lieblingssnack essen darf. Das darf aber keine Bestechung sein, sobald der Streit losgeht; sonst lernt er, dass ein wenig Theater ihm eine Leckerei einbringt. Falls er unterwegs lange Zeit im Buggy sitzen muss, lassen Sie ihn auf dem Rückweg ein bisschen laufen. Wenn kein Argument hilft, seien Sie konsequent, und schnallen Sie ihn trotz seines Kampfes an. Es ist oft verblüffend, wie schnell ein Kind aufhört, wenn es weiß, dass die Eltern nicht nachgeben werden.

▶ **Meine kleine Tochter ist sehr frech; ich weiß, dass es nicht gut ist, wenn ich ihre Marotten niedlich und lustig finde. Meine Mutter sagt, ich sei die Ursache ihrer Aufsässigkeit. Hat sie recht?**

Kurz gesagt – ja. Kleinkinder haben eine starke Persönlichkeit. Die Frechheit Ihrer Tochter ist Teil ihres Charakters. Sie möchte Ihnen gefallen. Wenn Sie ihre Mätzchen süß finden, verhält sie sich weiterhin so, um positive Zuwendung zu bekommen – auf diese Weise fördern Sie ihre Frechheit. Es ist unfair, wenn Sie dann plötzlich wütend werden und sie für etwas ausschimpfen, worüber Sie vor einer Stunde noch gelacht haben. Es ist wichtig, dass Ihr Kind weiß, welche Grenzen Sie setzen, und dass Sie hinsichtlich des erwünschten Verhaltens konsequent sind.

Tägliche Pflege

Plötzlich ist Ihr bislang guter Esser wählerisch und testet vielleicht seine Grenzen aus. Denken Sie daran, dass er schon nicht verhungern wird; bleiben Sie bei Essensverweigerung gelassen. Da Ihr Kind jetzt weniger Schlaf braucht, verändert sich vielleicht auch sein Schlafverhalten.

Essmarotten

VORBILD *Wenn Sie sich Zeit nehmen und in Ruhe mit Ihrem Kind essen, lernt es von Ihnen gesunde Ernährung und gute Manieren.*

Keine Sorge, wenn Ihr Kind ein schlechter Esser ist; lassen Sie vor allem den Esstisch nicht zum Kampfplatz werden. Es wird nichts Schlimmes geschehen, wenn das Kind zwei Mahlzeiten auslässt. Wenn Sie verschiedene gesunde Nahrungsmittel anbieten, darunter Obst und Gemüse, machen Sie alles richtig. Hülsenfrüchte (mit wenig Salz) und Mais mögen viele kleine Kinder – noch einen Becher Orangensaft und einige Rosinen, und es hat bereits vier der fünf am Tag empfohlenen Portionen Obst und

Gemüse. Lassen Sie sich von folgenden gesunden Lieblingsspeisen von Kindern inspirieren –

■ **Kartoffelscheiben:** Bepinseln Sie Kartoffelscheiben mit Olivenöl, und backen Sie sie im Ofen. Schmackhafter und gesünder als Pommes!

■ **Selbst gemachte Pizza:** Kaufen Sie Pizzaböden, die Sie belegen. Sobald Tomatensauce und Käse darauf sind, kann Ihr Kind dabei helfen, aus Gemüse lustige Gesichter zu formen.

■ **Selbst gemachte Burger:** Machen Sie Burger mit magerem Rinderhack in kleinen Brötchen.

■ **Gegrilltes Hähnchen:** Statt Ihrem Kind Nuggets zu geben, bieten Sie Hähnchenschlegel oder -fleisch in mundgerechten Stücken an.

Wenn Sie zu Hause keine ungesunden Fertigspeisen vorrätig haben, kommen Sie auch nicht in Versuchung, sie Ihrem Kind statt einer nahrhaften Mahlzeit zu geben.

Besuch beim Zahnarzt

Schon mit Ihrem kleinen Kind müssen Sie regelmäßig zum Zahnarzt gehen, damit mögliche Probleme früh erkannt und behandelt werden können. Durch kontinuierliche Prävention lassen sich Füllungen am besten vermeiden. Ihr Zahnarzt berät Sie auch zu Ernährung und Zähneputzen. Die »Deutsche Gesellschaft für Kinderzahnheilkunde« empfiehlt einen ersten Zahnarztbesuch schon im ersten Lebensjahr. Ärzte nehmen sich dabei viel Zeit, zeigen den Kindern die Behandlungsinstrumente und erklären die Abläufe. Vereinbaren Sie für Ihr Kind spätestens im zweiten Lebensjahr einen Zahnarzttermin.

Viele Erwachsene haben Angst vor dem Zahnarzt, weil sie damit schmerzhafte Behandlungen verbinden. Doch inzwischen hat sich die Zahntechnik weiterentwickelt, und Kontrolluntersuchungen tun Ihrem Kind nicht weh. Versuchen Sie, Ihre Ängste nicht auf Ihr Kind zu übertragen. Sie können zuvor Bilderbücher zum Thema lesen und ihm vom »Zauberstuhl«, dem verstellbaren Behandlungsstuhl, und den besonderen Mundspiegeln erzählen, sodass das Ganze für Ihr Kind etwas Abenteuerliches hat.

Ich bin immer wieder erstaunt über Eltern, die mir erzählen, dass ihr Kind außer Kartoffelchips und Keksen nichts isst. Wenn Ihnen dies bekannt vorkommt, überlegen Sie, wer in Ihrer Familie die Einkäufe tätigt. Bei besonders eigensinnigen Kindern, die scheinbar gar nichts essen, kann Ihnen ein Ernährungstagebuch Gewissheit geben, dass das Kind nicht nur von Luft lebt. Vorsicht vor zu viel Milch – mehr als ein halber Liter am Tag verdirbt den Appetit.

Denken Sie daran, dass Ihr Kind ein gemütliches Essen mit Familie und Freunden noch nicht durchhalten kann. Wenn es genug gegessen hat, lassen Sie es aufstehen und spielen oder geben ihm einige kleine Spielsachen und Bücher, um sich noch etwas am Tisch zu beschäftigen, solange Sie essen.

Schlafprobleme

Manche Kinder wehren sich nach Kräften dagegen, ins Bett zu gehen. Wenn Ihr Kind dazu gehört, müssen Sie herausfinden, warum dies so ist. Es gibt viele Gründe für Schlafprobleme, einschließlich –

■ **Es ist nicht gewöhnt, allein zu schlafen:** Dank der Vorschläge auf der nächsten Seite sollte das Kind allein einschlafen können. Bleiben Sie konsequent, auch wenn Sie Methoden wiederholen müssen, die Sie bereits angewandt haben – dieses Mal werden sie bestimmt funktionieren.

■ **Sein Rhythmus hat sich verändert:** Wenn es krank war oder Sie in Urlaub waren, müssen Sie ihm helfen, seine Schlafgewohnheiten wiederzufinden.

■ **Es muss zu früh ins Bett:** Am Ende des zweiten Lebensjahres braucht es etwa 12–13 Stunden Schlaf, einschließlich der Schlafenszeiten am Tag. Wenn es tagsüber viel schläft, ist es abends nicht müde.

■ **Es meint, etwas zu versäumen:** Wenn es sich ausgeschlossen fühlt, sobald es im Bett ist, brauchen Sie Geduld. Schenken Sie ihm vor der Schlafenszeit viel positive Zuwendung, sodass Ihr Kind nicht das Gefühl hat, zu wenig von Ihnen gehabt zu haben.

■ **Es hat Durst:** Stellen Sie eine Schnabeltasse mit Wasser in Reichweite, füllen sie aber nachts nicht nach.

Wenn gar nichts hilft, kann das Führen eines Schlaftagebuchs über zwei Wochen hinweg hilfreich sein. Zeichnen Sie die Schlafenszeiten Ihres Kindes – tags und nachts – in dieser Zeit auf und notieren Sie Ereignisse wie die Spiel- oder Kuschelzeit zur Schlafenszeit. So erhalten Sie ein klares Bild von den Abläufen. Auf dieser Basis können Sie eine gemeinsame Strategie entwickeln.

Ihr Kind zur Ruhe bringen

Wenn die letzte Geschichte vorgelesen und der letzte Kuss gegeben ist, sagen Sie Ihrem Kind, dass nun Zeit zum Schlafen ist, Sie aber in der Nähe sind, falls es Sie braucht. Ein Kuscheltier im Bett kann dem Kind Gesellschaft leisten und Geborgenheit schenken. Decken Sie es zu, und versprechen Sie, wenn nötig, in einigen Minuten zurückzukommen. Wenn Sie das tun, dann kurz und ohne aktiv zu werden. Wenn Ihr Kind schreit, kehren Sie zu ihm zurück und beruhigen es. Anfangs müssen Sie das vielleicht mehrmals tun, bis es zur Ruhe kommt; doch wenn Sie konsequent sind, lernt Ihr Kind, allein zur Ruhe zu finden. Es weiß, dass Sie kommen, wenn es notwendig ist, aber dass Sie es nicht aus dem Bett nehmen, sofern es nicht krank ist. Dann haben Sie gewonnen – Sie wissen, dass alles in Ordnung ist, weil Sie nachgesehen haben – und Sie haben Zeit für sich.

Nächtliche Ängste

Albträume oder nächtliches Aufschrecken aus dem Schlaf sind bei kleinen Kindern sehr häufig. In diesem Alter kann Ihr Kind noch nicht mit Worten ausdrücken, wie es sich fühlt. Sie müssen es beruhigen und ihm

Sicherheit geben, da es erst wieder in den Schlaf findet, wenn die Angst vorbei ist. Sie können ein Nachtlicht brennen lassen, damit Ihr Kind, wenn es aufwacht, die vertraute Umgebung sieht. Sprechen Sie vor dem Schlafengehen immer über etwas Schönes, Angenehmes, z. B. dass Sie morgen in den Park gehen werden.

Kinder, die unter Albträumen leiden, haben oft Angst vor dem Einschlafen. Versichern Sie Ihrem Kind, dass Sie im Notfall zu ihm kommen, und gehen Sie schnell zu ihm, wenn es einen schlechten Traum hat. Schauergeschichten und actionreiche Filme vor dem Schlafengehen sind ungeeignet; gestalten Sie das Einschlafritual möglichst ruhig.

Der Nachtschreck *(Pavor nocturnus)* unterscheidet sich deutlich von einem Albtraum: Ihr Kind scheint wach zu sein, weiß aber nicht, wo es ist oder wer Sie sind. Es kann toben, schreien und sich seltsam benehmen. Dies ist erschreckend, aber das Kind ist nicht wirklich wach und erinnert sich am Morgen kaum daran. Diese Episoden dauern selten länger als eine halbe Stunde; Sie können nur bei Ihrem Kind bleiben, bis es wieder einschläft. Man weiß nicht genau, was hinter dem Nachtschreck steckt; er scheint familiär gehäuft vorzukommen, wächst sich aber glücklicherweise aus, und fügt Ihrem Kind keinerlei Schaden zu. Sie müssen nur verhindern, dass es sich beim Um-sich-Schlagen oder Herumrennen selbst verletzt. Bei häufigem Auftreten gehen Sie zum Arzt. Tritt der Nachtschreck regelmäßig zu einer bestimmten Zeit auf, können Sie versuchen, Ihr Kind kurz davor zu wecken, um diese spezielle Schlafphase zu unterbrechen.

UNRUHIG *Vielleicht hat Ihr Kind schlecht geträumt. Ein Kuscheltier schenkt ihm Geborgenheit.*

»Mein Kind hatte Angst vor ›Monstern‹ und bekam Albträume. Ich beruhigte es jedes Mal sofort, und mit der Zeit wachte es seltener auf. Jeden Abend schauten wir unter seinem Bett nach.«

Abschied von der Windel

Mädchen werden oft früher sauber als Jungen. Die meisten (aber nicht alle) Kinder sind mit drei Jahren sauber und trocken. Machen Sie sich keine Sorgen, wenn Ihr Kind ein Spätentwickler ist. Die Sauberkeitserziehung kann erst erfolgreich sein, wenn es reif dazu ist.

DER RICHTIGE ZEITPUNKT

Die meisten Eltern sehen der Sauberkeitserziehung etwas bange entgegen, doch mit dem richtigen Timing ist sie wirklich nicht schwierig.

Kinder unterscheiden sich in diesem Entwicklungsbereich stark. Es gibt kein »richtiges« Alter; irgendwann zwischen 18 und 30 Monaten ist das Kind normalerweise so weit. Es gibt auch große kulturelle Unterschiede: In Entwicklungsländern, wo Stoffwindeln die Regel sind, werden Kinder schon sehr früh nach den Mahlzeiten aufs Töpfchen gesetzt, und nicht wenige sind mit einem Jahr sauber. Das spart viel Zeit und Mühe. Vielleicht wäre das bei uns auch so, wenn es keine Wegwerfwindeln gäbe!

IST ES SO WEIT?

Auch wenn es mit Windeln einfacher ist, schieben Sie das Töpfchentraining nicht auf, wenn Ihr Kind seine Bereitschaft bekundet, z. B.:

▶ Ihnen sagt, dass seine Windel nass oder voll ist.

▶ Sich dafür interessiert, wenn Sie auf die Toilette gehen, und es Ihnen vielleicht nachmachen will.

▶ Es ihm bewusst ist, dass es Wasser lässt oder Stuhlgang hat – es muss vorwarnen können, bevor es das Töpfchen erfolgreich benutzen kann.

WIE MAN BEGINNT

Im Sommer ist die Sauberkeitserziehung einfacher, weil Ihr Kind draußen ist und wenig Kleidung braucht – der Hof ist viel leichter zu reinigen als ein Teppich. Doch wenn es im Winter so weit ist, ist es auch gut. Kaufen Sie gemeinsam ein Töpfchen. Es wird leichter akzeptiert, wenn Ihr Kind es selbst auswählen darf.

Zeigen Sie Ihrem Kind das Töpfchen, erklären Sie, wozu es dient, und fragen Sie, ob es die Sache probieren will. Ist es überfordert, lassen Sie es, denn Sie können es nicht zwingen. Ihre Aufgabe ist es zu ermuntern, sobald es eine gewisse Blasen- und Darmkontrolle erworben hat, und aus kleinen Malheurs kein Drama zu machen. Druck ist kontraproduktiv und kann den Prozess verzögern.

Wenn es gern aufs Töpfchen geht, nehmen Sie seine Windel ab und lassen es drauf sitzen. Manche Kinder nässen ein, wenn die Windel ausgezogen wird. In diesem Fall können Sie den Erfolg loben, egal, ob er beabsichtigt war oder nicht. Dann wird es die Erfahrung gern wiederholen. Wenn nichts kommt, versuchen Sie es später wieder. Wenn Sie ihm die Windel oder sogenannte Trainerhöschen anlassen, schützen Sie zwar Böden und Möbel, fördern aber nicht sein Bewusstsein, wann es aufs Töpfchen muss. Ziehen Sie ihm normale Unterhöschen an oder lassen Sie es unten »ohne«, gibt es sicherlich eine Pfütze. Dann haben Sie Gelegenheit, ihm vorzuschlagen, das nächste Mal das Töpfchen zu benutzen. Wenn es mitmacht, können Sie es auch regelmäßig draufsetzen, und es wird dann bestimmt Wasser lassen wollen. Loben Sie es in diesem Fall. Aus einem Missgeschick (es kommen sicher einige vor) machen Sie kein Drama.

Manche Kinder finden es unangenehm, den Stuhlgang in das Töpfchen oder die Toilette zu machen, und machen lieber in die Windel, selbst wenn sie ihr kleines Geschäft schon ins Töpfchen verrichten. Ziehen Sie ihm in diesem Fall eine Windel an, damit es den Stuhlgang nicht zurückhält und Verstopfung bekommt. Vielleicht können Sie auch eine Windel ins Töpfchen legen. Lassen Sie ihm Zeit, es wird es schon lernen.

HELFEN SIE IHM *Die Benutzung des Töpfchens sollte eine positive Erfahrung sein. Machen Sie Ihr Kind allmählich damit vertraut, und wenn es sich darauf setzt, loben Sie es – auch wenn nichts kommt.*

»Mir wurde plötzlich klar, dass mein kleiner Sohn nicht von selbst sauber würde – ich musste mir Zeit nehmen, es ihm beizubringen.«

SAUBERKEITSERZIEHUNG

RICHTIG

▶ Verbringen Sie Zeit mit anderen Kleinkindern, die aufs Töpfchen gehen – Gruppendruck kann Wunder wirken.

▶ Kaufen Sie ein Extra-Töpfchen für den Teddy, da dies Ihr Kind anspornen kann.

▶ Lassen Sie Ihr Kind die Toilette benutzen, wenn es das lieber möchte – es gibt Kindersitze für die Toilettenbrille und Schemel.

▶ Erinnern Sie Ihr Kind regelmäßig ans Töpfchen. Es denkt noch nicht allein daran.

▶ Verwenden Sie zum Schlafen und für Ausflüge Trainerhöschen, bis Ihr Kind zu Hause ganz trocken ist.

FALSCH

▶ Schimpfen, wenn es einnässt.

▶ Zulassen, dass die Sauberkeitserziehung zum Machtkampf wird oder Ihr Kind belastet. Verwenden Sie dann einfach einige Zeit wieder Windeln.

▶ Kurz zuvor neue Sofas kaufen.

▶ Nachts keine Windeln mehr anziehen, sobald es tagsüber einigermaßen trocken ist. Viele Kinder kommen frühestens mit drei Jahren nachts ohne Windeln aus.

FRAGEN ZUR GESUNDHEIT

Inhalt

In diesem Kapitel finden Sie wertvolle Informationen zu vielen typischen Kinderkrankheiten sowie hilfreiche Hinweise, was Sie jeweils tun können, und wann Sie den Arzt rufen müssen.

Wenn Ihr Kind krank ist

Natürlich sind Sie besorgt, wenn Ihr Kind krank ist; es fühlt Ihre Ängste, bleiben Sie daher möglichst ruhig. Liebevolle Fürsorge ist die beste Medizin; in den meisten Familien wirkt schon ein Kuss bei kleineren Beschwerden Wunder.

Erkältungen sind die häufigste Kinderkrankheit; es gibt aber auch andere Atemwegserkrankungen, die zu einer laufenden Nase, Husten und Giemen führen; auch infektiös bedingte Ausschläge, Allergien (z. B. Asthma oder Ekzem), Durchfall, Erbrechen und Ohrentzündungen kommen häufig vor. Oft weiß man nicht, wie schwer die Erkrankung ist. Es ist normal, wenn Ihr krankes Kind nicht essen will; es sollte aber möglichst viel trinken (s. Kasten unten). Suchen Sie den Arzt auf, wenn Ihr Kind schlapp wirkt, dehydriert ist oder schwer atmet. Ein Baby unter drei Monaten muss bei Fieber immer untersucht werden. Besteht ein Ausschlag, teilen Sie dies dem Arzt mit. Er fragt Sie auch, ob Ihr Kind isst, wie lange es schon krank ist und ob es Kontakt zu einem kranken Kind hatte.

Das Zusammenspiel zwischen Körper und Geist ist bei einem kranken Kind besonders bedeutsam. Wenn Sie Zuversicht und Ruhe ausstrahlen, helfen Sie Ihrem Kind, wieder gesund zu werden.

Wenn Ihr Kind dehydriert ist

Kranke Babys und Kleinkinder trocknen schnell aus, was weitere Probleme verursacht. Anzeichen sind:

▸ Trockene Lippen und Zunge.
▸ Dunkler Urin.
▸ Eingesunkene Fontanelle (s. S. 42).
▸ Lethargie.
▸ Weniger nasse Windeln als sonst.

WAS SIE TUN KÖNNEN:

▸ Wenden Sie sich sofort an den Arzt, wenn Ihr Baby jünger als sechs Monate ist. Andernfalls innerhalb von 24 Stunden.
▸ Bieten Sie Ihrem Kind Getränke an, auch Brust oder Flasche. Mag es nicht aus einer Tasse trinken, lässt es sich vielleicht zum Lutschen eines Wassereis überreden.
▸ Geben Sie ihm Elektrolytgetränke, die in der Apotheke erhältlich sind. Bieten Sie alle paar Minuten kleine Schlucke an; Ihr Kind sollte keine großen Mengen schlucken, da dies Erbrechen auslösen könnte.

Häufige Symptome bei Babys

Sie kennen Ihr Kind am besten und stellen als Erste fest, wann es krank wirkt oder anders ist als normal. Diese Tabelle führt einige häufige Symptome bei Babys und Kleinkindern und ihre möglichen Ursachen auf. Wenden Sie sich an den Kinderarzt, wenn Ihr Baby krank ist, oder Sie sich um seine Gesundheit sorgen.

SYMPTOM	MÖGLICHE URSACHEN
▶ Husten	Wahrscheinlichste Ursache ist eine Erkältung, eine Infektion der oberen Atemwege (s. S. 264). Zu Husten kommt es auch, wenn bei einer laufenden Nase der Schleim den Rachen hinunterrinnt, oder bei Asthma (s. S. 279), Bronchiolitis (s. S. 266), Krupp (s. S. 265), Keuchhusten (s. S. 274) und Lungenentzündung (s. S. 266).
▶ Durchfall	Lockerer, flüssiger und manchmal schwallartiger Stuhlgang ist typisch. Ursache kann eine Gastroenteritis (s. S. 274) oder Nahrungsmittelallergie oder -unverträglichkeit (s. S. 278) sein. Beim Kleinkind kann auch eine Unreife des Verdauungssystems vorliegen (s. S. 278).
▶ Atembeschwerden	Sie kommen bei Babys häufig vor, weil ihre Atemwege so klein sind. Ursache kann auch Asthma (s. S. 279), Bronchiolitis (s. S. 266), Krupp (s. S. 265) und Lungenentzündung (s. S. 266) sein.
▶ Ohrenschmerzen	Ursache ist meist eine Infektion des Mittelohrs oder des äußeren Gehörgangs (s. S. 267). Babys oder Kleinkinder ziehen sich bei Ohrenschmerzen häufig am Ohr.
▶ Exzessives Schreien	Die meisten Babys, die viel schreien, sind nicht krank (s. S. 98). Zu den medizinischen Ursachen zählen Erkrankungen mit Bauchschmerzen und seltener Knochenschmerzen, einschließlich Brüchen (s. S. 292), sowie Knochenentzündung. Kranke Babys sind meist ruhig, nicht laut.
▶ Fieber	Anzeichen einer Infektion, die durch Bakterien oder ein Virus verursacht wird. Versuchen Sie, das Fieber zu senken, da eine Überwärmung Fieberkrämpfe (s. gegenüber) auslösen kann.
▶ Krampfanfälle	Krampfanfälle (s. gegenüber) sind für die Eltern sehr beängstigend, doch in Form von Fieberkrämpfen nur selten ernst. Andere Ursachen sind Epilepsie und »Fünf-Tage-Anfälle«, die aus ungeklärter Ursache bei gesunden Neugeborenen auftreten.
▶ Ausschlag	Für Ausschläge gibt es eine Menge Ursachen, einschließlich Infektionskrankheiten (s. S. 269 ff.), Allergien (s. S. 279), Ekzem (s. S. 280) und Hautentzündungen (s. S. 282).
▶ Bauchschmerzen	Verstopfung (s. S. 276) ist häufig Grund für Bauchschmerzen bei Babys und Kleinkindern. Sie können auch durch eine Invagination (s. S. 278) und Gastroenteritis (s. S. 274) verursacht werden. Angst kann bei Kleinkindern Bauchschmerzen auslösen.
▶ Erbrechen	Ursache ist eine Infektion, Gastroenteritis (s. S. 274), Harnwegsinfektionen (s. S. 268), Lebensmittelvergiftung oder ein organisches Problem, wie Reflux oder Pylorusstenose (s. S. 275).

Wenden Sie sich unverzüglich an den Arzt, wenn Ihr Kind ungewöhnlich schläfrig oder reizbar ist, Kopfschmerzen, einen steifen Nacken oder einen Krampfanfall hat, Getränke verweigert oder nicht behalten kann und trotz Fiebermitteln dauerhaft hohes Fieber (s. gegenüber) oder einen nicht verblassenden Ausschlag (s. S. 270) hat.

Fieber

Die normale Körpertemperatur liegt bei 36,5–37°C. Bei Kindern schwankt sie allerdings stärker, und eine Körpertemperatur bis 38,5°C ist nicht unbedingt Anlass zur Sorge. Fieber ist die natürliche Reaktion des Körpers auf eine Infektion; dabei ist jedoch die tatsächliche Temperatur nicht so wichtig wie die allgemeine Verfassung des Kindes. Es besteht z.B. kein Grund zur Sorge, wenn die Ursache eindeutig ist, etwa eine Erkältung, und Ihr Kind ruhiger wird, sobald das Fieber fällt. Wir erleben oft erhitzte, unleidige Kinder in der Praxis, denen es schlagartig besser geht. Dann hat allein die frische Luft schon eine Temperatursenkung bewirkt.

Anlass zur Sorge besteht eher, wenn das Kind unruhig oder apathisch ist oder seine Temperatur trotz fiebersenkender Maßnahmen länger als vier Stunden immer wieder auf 38,5°C oder höher klettert. Fieber, vor allem über 39°C, sollte so schnell wie möglich gesenkt werden. Ein fiebriges Kind ist meist gerötet und erhitzt (wobei Hände und Füße kalt sein kön-

nen) und verweigert oft das Essen. Fiebermessen ist unerlässlich (s. S.260).

Was Sie tun können:

Ziel ist es, das Kind abzukühlen. Ignorieren Sie wohlmeinende Großmütter, die Ihr Kind warm einpacken wollen, obwohl es schon glühend heiß ist.

■ Geben Sie Ihrem Kind Paracetamol oder Ibuprofen in der angegebenen Dosis.

■ Ziehen Sie Ihrem Kind die Oberbekleidung aus, sodass es nur noch Hemd und Windel oder Unterwäsche trägt.

■ Bei sehr hohem Fieber bzw. wenn Sie kein Paracetamol oder Ibuprofen haben, waschen Sie Ihr Kind mit lauwarmem Wasser. Es darf aber nicht zittern, sonst steigt das Fieber weiter.

Rufen Sie den Arzt, wenn:

■ die Temperatur nicht mindestens vier Stunden gesenkt bleibt.

■ Fieberschübe fünf Tage oder länger andauern.

■ Ihr Baby jünger als drei Monate ist.

Fieberkrämpfe

Bei etlichen Kindern (etwa fünf Prozent) zwischen sechs Monaten und fünf Jahren kann hohes Fieber zu einem Fieberkrampf führen. Dabei versteifen sich die Gliedmaßen unter unkontrollierten, ruckartigen Bewegungen, und das Kind wird bewusstlos. Ein Anfall tritt oft auf, wenn das Fieber bei Ausbruch einer Krankheit schnell steigt. Grundsätzlich sind Fieberkrämpfe harmlos, es besteht kein Zusam-

menhang mit Epilepsie, und sie verursachen keine bleibenden Schädigungen. Für die Eltern können sie jedoch extrem belastend sein; viele sagen, sie fürchten, ihr Kind würde sterben.

Was Sie tun können:

Legen Sie Ihr Kind in die stabile Seitenlage (s. S.287), damit es nicht ersticken kann. Schieben Sie ihm niemals einen Finger oder etwas anderes in den Mund. Rufen Sie den Notarzt und stoppen Sie, wenn möglich, wie lange der Anfall dauert. Meist ist er kurz, doch die Zeit vergeht natürlich sehr langsam, wenn Sie Ihr Kind so leiden sehen. Der Anfall ist vorüber, wenn der Notarzt kommt. Treten weiterhin Krämpfe auf, bekommt Ihr Kind ein Medikament, als Zäpfchen oder Injektion. In seltenen Fällen, wenn der Anfall nicht aufhört, erhält es eine Narkose und muss kurze Zeit auf die Intensivstation.

Wenn der Anfall vorüber ist, bevor Sie den Notarzt rufen konnten, bringen Sie Ihr Kind zur Untersuchung zum Kinderarzt. Die meisten Kinder schlafen nach einem Anfall und erinnern sich im Anschluss nicht daran.

Geschieht es wieder?

Annähernd ein Drittel der Kinder bekommt bis zum Alter von fünf Jahren weitere Fieberkrämpfe; kühlen Sie daher Ihr Kind bei Fieber ab (s. S. 259). Bekommt es einen weiteren Fieberkrampf, müssen Sie den Notarzt nicht rufen, sofern der Anfall nicht länger als fünf Minuten dauert. Gehen Sie aber zum Arzt, da er das Kind sehen muss, um die Ursache des Fiebers zu diagnostizieren. Hat Ihr Kind Krämpfe, die länger als fünf Minuten dauern, bekommen Sie evtl. Diazepam-Zäpfchen (s. rechts). Der Arzt sagt Ihnen, wann Sie dieses Medikament verabreichen sollen – gewöhnlich, wenn die Anfälle länger als drei Minuten dauern.

Glücklicherweise sind Fieberkrämpfe nur selten ernst. Unser jüngster Sohn hatte mit zwei Jahren einen Krampf, der allein unser Fehler war. Er hatte hohes Fieber und fühlte sich sehr schlecht. Wir nahmen ihn mit in unser Bett und schliefen wieder ein. Plötzlich wurden wir durch zuckende Bewegungen geweckt, die etwa eine Minute dauerten. Seither ließ er sich niemals mehr so dick einpacken.

Fieber messen

Meist »diagnostizieren« wir Fieber, indem wir fühlen, wie heiß die Stirn ist. Doch man sollte etwas genauer vorgehen. Am besten lässt sich die Temperatur eines Babys oder Kleinkindes mit einem digitalen Ohrthermometer bestimmen. Das dauert nur einige Sekunden und tut dem Kind nicht weh. Die Thermometerspitze wird ins Ohr gelegt, und die Temperatur wird digital angezeigt.

Andere digitale Thermometer können auch im Mund oder der Achselhöhle benutzt werden. Oft ist es aber schwierig, ein Kind so lange still zu halten, bis eine genaue Anzeige erfolgt. Ein Streifenthermometer wird auf die Stirn aufgelegt und verändert entsprechend der Temperatur die Farbe; es ist aber ungenau. Quecksilberthermometer werden nicht mehr empfohlen.

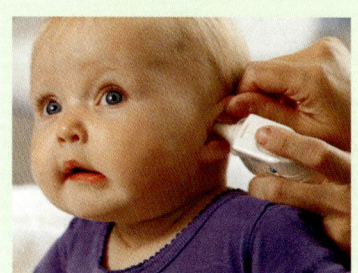

OHRTHERMOMETER *Das schnellste und genauste Mittel, um bei einem Baby oder Kleinkind Fieber zu messen, ist ein Ohrthermometer.*

Arznei für Babys

Viele Eltern scheuen sich, ihren Kindern Medikamente zu geben; doch wenn Kinder Schmerzen oder Fieber haben, sollte man sie nicht unnötig leiden lassen. Halten Sie immer zuckerfreien Paracetamolsaft bzw. -zäpfchen für Kleinkinder und Ibuprofen vorrätig. Hat Ihr über drei Monate altes Baby Erkältungssymptome und Fieber (s. S. 59), geben Sie ihm eine solche Arznei und messen nach einer halben Stunde nochmals Fieber. Sie können Ihrem Kind alle vier Stunden Paracetamol geben, Ibuprofen alle sechs Stunden (wobei Sie die tägliche Höchstmenge nicht überschreiten dürfen). Zögern Sie nicht, Ihrem Kind bei Fieber diese Medikamente zu geben. Auch wenn Ihr Kind Schmerzen hat, geben Sie ihm regelmäßig Schmerzmittel – warten Sie mit der nächsten Dosis nicht ab, bis die Schmerzen erneut auftreten.

Es gibt verschiedene, rezeptfreie Medikamente, z. B. Hustenmittel, die nicht wirklich wirken. Viele Eltern wenden sie aber an, um das Gefühl zu haben, ihrem Kind irgendwie zu helfen. Vielleicht fühlt es sich in der Tat besser, was oft auf den Placebo-Effekt zurückzuführen ist. Mindestens einem Drittel der Kinder geht es schon besser, wenn die Eltern ihnen sagen, dass eine Arznei ihm hilft. Allerdings braucht das Kind dafür ein gewisses Sprachverständnis.

Formen der Medikation

■ **Flüssig:** Die meisten Medikamente für Babys gibt es in flüssiger Form; am einfachsten lassen sie sich mit einer Pipette verabreichen. Ziehen Sie die erforderliche Menge in die Pipette auf, und lassen Sie Ihr Baby das Pipettenende

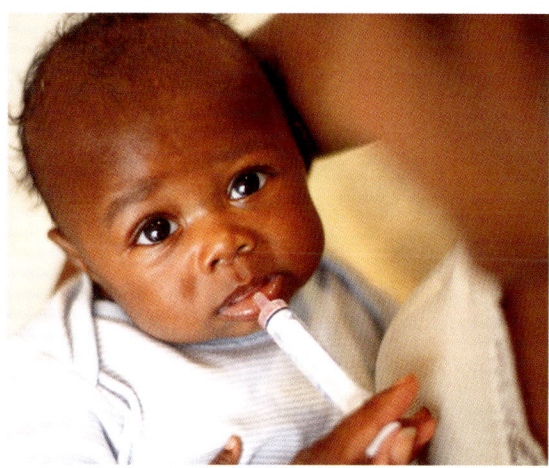

ARZNEIGABE FÜR BABYS *Mit einer Spezialspritze können Sie flüssige Medikamente leicht und schnell verabreichen und sicherstellen, dass nichts danebengeht.*

ablutschen, während Sie vorsichtig den Sirup hineindrücken; zielen Sie dabei auf seine Wange statt auf seinen Rachen, damit es sich nicht verschluckt.

Wenn Sie resolut vorgehen und das Kind fest halten, wird es die Medizin sicher schlucken. Andernfalls versuchen Sie, die Medizin über seinen Flaschensauger zu verabreichen. Sie können auch einen Löffel verwenden, doch dabei kann recht viel verschüttet werden.

Wenn Sie Schwierigkeiten haben, Ihrem Kind die verordnete Medizin zu verabreichen, sprechen Sie mit dem Arzt. Vielleicht kann er eine verschreiben, die besser schmeckt oder nicht so häufig verabreicht werden muss.

■ **Zäpfchen:** Legen Sie Ihr Baby auf den Rücken oder die Seite, und nehmen Sie die Windel ab. Schieben Sie die abgerundete Seite des Zäpfchens in den After. Drücken Sie die Pobacken kurz zusammen, damit das Zäpfchen nicht herausrutscht.

■ **Tropfen:** Tropfen kann man zu zweit besser einträufeln. Für die Gabe von Augentropfen wickeln Sie Ihr Baby in ein Handtuch, damit es nicht um sich schlagen kann, und legen es auf Ihren Schoß. Halten Sie seinen Kopf und schieben Sie das Unterlid leicht herunter, um einen Tropfen hineinzugeben. Wiederholen Sie das, wenn das Baby blinzelt oder wenn Sie glauben, der Tropfen sei danebengegangen. Für die Gabe von Nasentropfen neigen Sie den Kopf des Babys nach hinten und geben in jedes Nasenloch einen Tropfen; ist Ihr Kind alt genug, bitten Sie es, ihn hochzuziehen. Bei Spray genügt ein Sprühstoß in jedes Nasenloch. Ihr Baby kann dabei aufrecht bleiben.

Rezeptfreie Arzneimittel

Hier finden Sie eine Übersicht über Medikamente, die Sie rezeptfrei kaufen können. Lassen Sie sich vom Apotheker oder Kinderarzt beraten. Prüfen Sie nach, ob das Arzneimittel für Kinder unter zwei Jahren geeignet ist. Halten Sie Medikamente stets außer Reichweite von Kindern. Genauere Anweisungen zur Anwendung der einzelnen Medikamente finden Sie in den entsprechenden Abschnitten.

MEDIKAMENT	ANGEZEIGT BEI	VERABREICHUNGSFORM
▶ Paracetamol	Fieber und Schmerzen	Oral (durch den Mund) oder rektal (als Zäpfchen)
▶ Ibuprofen	Fieber, Schmerzen und Entzündung	Oral
▶ Hustenmittel	Husten (trocken, verschleimt usw.)	Oral
▶ Antihistaminika	Akute allergische Reaktionen, Heuschnupfen	Oral
▶ Elektrolytlösung zum Trinken	Akute Gastroenteritis und andere Erkrankungen mit Gefahr der Dehydrierung	In Wasser aufgelöst als Getränk
▶ Nasentropfen	Um die Nase frei zu bekommen	Nasal
▶ Gaviscon für Kinder	Gegen gastroösophagealen Reflux	In Milch
▶ Laktulose	Leichte Verstopfung	Oral
▶ Senna	Mäßige Verstopfung	Oral
▶ Kortisonsalbe	Entzündetes Ekzem	Auf die Haut aufgetragen
▶ Feuchtigkeitscreme	Trockene Haut und Ekzem	Auf die Haut aufgetragen
▶ Zahnungsgel	Schmerzendes Zahnfleisch	Auf das Zahnfleisch aufgetragen
▶ Läuseshampoo	Kopfläuse	Auf den Kopf aufgebracht
▶ Wurmmittel	Ringelwürmer	Tabletten oder Sirup

Achtung: Geben Sie einem Kind unter 16 Jahren keine Acetylsalicylsäure (ASS, z. B. Aspirin), sofern sie nicht vom Kinderarzt verschrieben wurde. ASS kann das Reye-Syndrom, eine seltene, eventuell tödliche Erkrankung, auslösen.

Infektionen

Ihr Kind kann sich schnell anstecken, besonders im Kindergarten. Magen-Darm-Problemen beugen Sie durch Händewaschen vor, aber eine Erkältung muss durchgestanden werden.

In Spielgruppen, Krippen und bei Tagesmüttern werden Eltern gebeten, Kinder mit ansteckenden Krankheiten zu Hause zu behalten, bis sie nicht mehr ansteckend sind. Das ist besonders bei Grindflechte, Durchfall, Erbrechen oder Bindehautentzündung wichtig, da diese Krankheiten sehr leicht übertragen werden.

■ **Viren:** Diese winzigen Organismen verursachen die meisten Infektionskrankheiten bei Kindern: Erkältungen, Windpocken, Masern und Keuchhusten. Viruserkrankungen erfordern keine spezielle Behandlung. Viren sprechen nicht auf Antibiotika an; deshalb verschreibt der Arzt bei einer Erkältung keine Antibiotika.

■ **Bakterien:** Diese größeren Organismen können z. B. Lungenentzündung, Harnwegsentzündungen und einige Formen der Mandelentzündung und Hirnhautentzündung verursachen. Gegen bakterielle Infektionen helfen Antibiotika, und es ist wichtig, das richtige zu nehmen (s. Kasten unten). Der Arzt kann zunächst einen Abstrich machen oder eine Urinprobe nehmen, um das wirksamste Antibiotikum zu verschreiben, und wird ein anderes Mittel versuchen, wenn die Probe eine Resistenz gegen das Antibiotikum zeigt.

Reaktive Arthritis

Kleinkinder klagen nach einer Virusinfektion manchmal über Schmerzen in Hüfte oder Knie. Dann bewirken Antikörper, die zur Bekämpfung des Virus gebildet wurden, eine Reaktion in einem Gelenk. Das gibt sich wieder; durch Tests kann der Kinderarzt eine ernstere Infektion, die septische Arthritis, ausschließen.

Über Antibiotika

Um wirksam zu sein, müssen Antibiotika in der richtigen Dosierung und über einen bestimmten Zeitraum eingenommen werden. Es kann zu Nebenwirkungen, wie Bauchschmerzen, Übelkeit, Durchfall und Windelausschlag, kommen. Reagiert Ihr Kind allergisch auf Antibiotika, bekommt es einen juckenden Ausschlag am Körper. Antibiotika wirken nicht, wenn die Bakterien eine Resistenz entwickelt haben, z. B. als Folge häufiger Anwendung in Fällen, in denen die Infektion besser von allein abheilen würde. So hat sich z. B. bei Ohrentzündungen gezeigt, dass eine bakterielle Infektion ohne Antibiotikagabe genauso schnell ausheilt wie mit. Antibiotika wirken nicht bei Viruserkrankungen und nur bei jeweils ganz bestimmten Bakterien.

Erkältungen

Die meisten Erkrankungen in den ersten Lebensjahren sind Atemwegsinfektionen; am häufigsten ist die Erkältung. Es handelt sich um eine Virusinfektion, die die oberen Atemwege befällt. Sie verursacht nur allzu bekannte Symptome – laufende oder verstopfte Nase, Schniefen, entzündeter Hals und raue Stimme, Husten, Fieber und tränende oder verklebte Augen. Kinder brauchen Jahre, bis sie sich richtig schnäuzen können, und so haben Sie vielleicht bald das, was Sie nie haben wollten – ein Kind mit einer Rotznase.

In der Kindheit sind sechs bis acht Erkältungen im Jahr normal, meist in den Wintermonaten. Es dauert, bis eine Immunität gegenüber Erkältungen aufgebaut ist, da es viele hundert Erkältungsviren gibt. Daher ist von Oktober bis März alle drei bis vier Wochen eine Erkältung zu erwarten. Es ist jedoch ein Märchen, dass Erkältungen durch Unterkühlung entstehen: Das Virus wird durch Tröpfcheninfektion über die Luft beim Husten, Schnäuzen oder Händeschütteln durch andere Menschen übertragen. Wenn alle Familienmitglieder ihre Hände nach dem Toilettengang und vor dem Essen waschen, dämmen sie die Verbreitung der Keime ein.

Eine Erkältung wird den Rhythmus Ihres Babys für einige Tage durcheinanderbringen, besonders nachts. Findet es in keinen Schlafrhythmus zurück, ist evtl. ein Schlaftraining erforderlich (s. S.114).

Was Sie tun können:

■ Geben Sie Ihrem Baby viel zu trinken und viel Zuwendung. Es ist sicherlich anhänglich und mag nicht essen.

■ Wenn Sie die Symptome, wie Fieber (s. S.259) und eine verstopfte Nase (mit Kochsalznasentropfen) behandeln, dann geht es Ihrem Kind in einer Woche wieder besser.

■ Behandeln (besser: Vermeiden) Sie trockene Lippen mit Vaseline, mindestens zweimal am Tag.

■ Tragen Sie auf die Brust des Kindes ein abschwellendes Mittel auf oder legen Sie ein mit Olbasöl beträufeltes Tuch an sein Bett.

■ Trockene Luft erschwert das Atmen. Legen Sie ein feuchtes Handtuch auf die Heizung.

Gehen Sie zum Arzt, wenn:

■ das Fieber nicht fällt und Ihr Kind reizbar ist.

■ Ihr Kind keucht, schwer atmet oder Ohrenschmerzen hat (Babys reiben oder ziehen am Ohr und wirken sehr elend).

■ es keine Flüssigkeit zu sich nimmt.

ZIEMLICH ELEND *Bei einer Erkältung leidet Ihr Kind und ist schlapp; viel Zuwendung tut gut.*

Krupp

Dieses Virus befällt Kehlkopf, Luftröhre und Bronchien (durch die die Atemluft transportiert wird). Es verursacht eine Entzündung und Verengung der Luftwege, was zu einer rauen Stimme, bellendem Husten (ähnlich dem Heulen eines Seehundes) und Atemgeräuschen mit erschwertem Einatmen führt.

Was Sie tun können:

Meist bessert sich Krupp ohne spezielle Behandlung, Sie können Folgendes versuchen:
◼ Halten Sie Ihr Kind so ruhig wie möglich, da dies die Atmung erleichtert.
◼ Dampf hilft, da feuchte Luft leichter einzuatmen ist als trockene Luft. Setzen Sie Ihr Kind bei laufender Dusche ins Badezimmer.
◼ Sie können auch ein feuchtes Handtuch auf die Heizung legen oder einen Luftbefeuchter einsetzen. Setzen Sie Ihr Kind aus Sicherheitsgründen nie neben den kochenden Wasserkessel.

FEUCHTE LUFT *Wenn Sie Ihr Baby Dampf aussetzen, kann es leichter atmen. Das lindert den Kruppanfall.*

Gehen Sie zum Arzt, wenn:

◼ Ihr Kind um Luft ringt. Kinder reagieren oft schnell auf eine einzige Kortisongabe; in schweren Fällen erfolgt eine Beobachtung im Krankenhaus. In seltenen Fällen verbirgt sich hinter Krupp eine Kehlkopfentzündung – eine Infektion des Kehlkopfdeckels.

Mandelentzündung

Die Mandeln sind gewebeartige Lymphknötchen im Rachen, die die oberen Atemwege vor Infektionen schützen, sich dabei aber selbst entzünden können. Zu den Symptomen gehören ein entzündeter Rachen, Schluckbeschwerden, Fieber, schlechter Atem und manchmal Bauchschmerzen. Eine Mandelentzündung kann durch Bakterien oder Viren verursacht werden und im Rahmen einer Erkältung auftreten. Meist klingt sie von selbst ab, aber wenn Eiterstippen auf den Mandeln sitzen oder das Kind sehr krank ist, wird Penicillin verschrieben.

Was Sie tun können:

◼ Geben Sie zur Schmerzlinderung Paracetamol und/oder Ibuprofen, und senken Sie das Fieber (s. S. 259).
◼ Lassen Sie das Kind viel trinken.

Gehen Sie zum Arzt, wenn:

◼ Ihr Kind Schluckbeschwerden hat.
◼ Sie weiße Eiterstippen auf den Mandeln sehen.
◼ das Fieber nicht sinkt.
◼ Ihr Kind schwere Bauchschmerzen hat.
◼ die Zunge entzündet ist und ein hellroter Ausschlag besteht, ein Symptom von Scharlach.

Bronchiolitis

Alle paar Jahre infizieren sich in den Herbst- und Wintermonaten viele Menschen mit dem »Humanes Respiratorisches Synzytial-Virus«. Meist verursacht es eine Erkältung, doch bei Babys unter einem Jahr kann es zu Bronchiolitis führen, einer Entzündung der kleinsten Luftwege. Symptome sind starker Husten, Giemen, erschwerte Atmung und evtl. Trinkprobleme.

Es gibt keine spezielle Behandlung, und beinahe immer erfolgt eine vollständige Genesung. Manchmal keucht das Baby auch bei nachfolgenden Virusinfektionen. Manche Babys müssen für eine Sauerstofftherapie und Sondenernährung (durch einen Schlauch von Babys Nase in den Bauch) ins Krankenhaus eingewiesen werden, oder sie erhalten Infusionen. Der Krankenhausaufenthalt kann fünf bis zehn Tage dauern; der Husten hält gewöhnlich noch mehrere Wochen an. Am anfälligsten sind sehr junge Babys, die zu früh geboren wurden oder andere Vorerkrankungen haben, z. B. eine Herzkrankheit.

Gehen Sie zum Arzt, wenn:

■ Ihr Baby Schwierigkeiten beim Atmen hat.
■ es Probleme beim Trinken zeigt.
■ es lethargisch wirkt.
■ seine Hautfarbe bläulich ist.

Was Sie tun können:

■ Einem älteren Baby können Sie feste Kost geben, aber es sollte sehr viel trinken.
■ Beobachten Sie den Atemrhythmus, um schnell zu merken, wenn sich der Zustand verschlechtert.

Lungenentzündung

Bei älteren Menschen kann diese Infektion noch immer tödlich verlaufen, bei Kindern ist sie allerdings gewöhnlich relativ leicht zu behandeln. Typische Symptome sind Husten, hohes Fieber, schnelle Atmung und unter Umständen Brust- oder Bauchschmerzen.

Die Diagnose wird durch Abhören der Lunge gestellt und in vielen Fällen durch eine Röntgenaufnahme bestätigt. Wird Ihr Kind nicht ins Krankenhaus eingewiesen, achten Sie genau auf eine mögliche Verschlimmerung der Symptome. Das Kind wird mit Antibiotika behandelt, die manchmal intravenös verabreicht werden. Ein Kind wird gewöhnlich schnell und ohne langwierige Probleme gesund. Sie können es durch den Impfstoff Pneumovax vor Pneumokokken, einem Erreger der Lungenentzündung, schützen.

Gehen Sie zum Arzt, wenn:

■ Sie sich Sorgen machen, weil die Temperatur nicht innerhalb von 48 Stunden gefallen ist.
■ Atembeschwerden auftreten oder das Kind schnell und flach atmet.
■ Ihr Kind blau anläuft.
■ es apathisch wird.

Was Sie tun können:

■ Geben Sie Ihrem Kind viel Flüssigkeit, und senken Sie das Fieber (s. S. 259).

Ohrentzündung

Eine Mittelohrentzündung befällt den hinter dem Trommelfell liegenden Gehörgang und tritt in der Regel nach einer Erkältung auf. Sie kann durch Viren oder Bakterien verursacht werden.

Symptome sind hohes Fieber (s. S. 259) und Ohrenschmerzen, die durch den Druck hinter dem Trommelfell verursacht werden. Kommt es zu einem Ausfluss aus dem Ohr, lindert das normalerweise die Schmerzen. Ein geplatztes Trommelfell heilt wieder ab. Meist ist keine Antibiotikabehandlung erforderlich.

Was Sie tun können:

- Geben Sie Schmerz- und Fiebermittel.
- Legen Sie warme oder kalte Kompressen auf das Ohr, z. B. einen Waschlappen.
- Geben Sie Ihrem Kind viel zu trinken.

Gehen Sie zum Arzt, wenn:

- Ihr Kind sehr krank wirkt.
- zur Bestätigung, dass eine Ohrentzündung besteht.

Entzündung des äußeren Ohrs

Sie entwickelt sich im äußeren Gehörgang und ist bei Babys selten, häufig aber bei Kindern mit Ekzemen oder Kindern, die viel schwimmen. Symptome sind Schmerzen und Ausfluss aus dem Ohr. Behandelt wird mit Ohrentropfen.

Tubenkatarrh

Zuweilen sammelt sich bei Ohrentzündungen feste, klebrige Substanz im Mittelohr, die das Hören erschwert und die Sprachentwicklung verzögert. Manchmal helfen Nasentropfen, die das Mittelohr austrocknen; aber bei Schwerhörigkeit über viele Monate ist das Einsetzen von Paukenröhrchen ratsam. Diese winzigen Röhrchen werden unter Narkose in das Trommelfell eingesetzt; sie gleichen den Druck zwischen Mittel- und Außenohr aus, damit das Ohr austrocknen kann. Paukenröhrchen müssen nicht entfernt werden, sie fallen gewöhnlich von selbst heraus.

Bindehautentzündung

Die Bindehaut ist die Gewebeschicht, die das Augenweiß bedeckt und die Lider auskleidet. Sie kann durch Viren oder Bakterien entzündet werden; dann rötet sie sich und bildet Eiter. Ein oder beide Augen können befallen sein und sind vor allem am Morgen verkrustet.

Eine leichte Bindehautentzündung heilt von selber ab; in hartnäckigen Fällen kann der Arzt Antibiotikatropfen oder -salbe verschreiben, die mehrmals täglich aufgetragen wird.

Was Sie tun können:

- Wischen Sie die Augen zur Nase hin aus; verwenden Sie jeweils frische, in abgekochtes, abgekühltes Wasser getauchte Watte.
- Halten Sie Ihre Hände sauber und Handtücher und Waschlappen des Kindes separat.

Gehen Sie zum Arzt, wenn:

- die Lider geschwollen oder gerötet sind.
- die Augen länger vereitert sind.

Harnwegsinfektionen

Es handelt sich um meist bakterielle Infektionen des Urins in der Blase bzw. den Nieren. Symptome sind Schmerzen beim Wasserlassen und häufiger Harndrang, Bauchschmerzen, stark riechender Urin und Fieber. Ein Baby hat oft keine spezifischen Symptome, kann aber hohes Fieber und Unruhe zeigen. Eine genaue Diagnose und Therapie sind wichtig. Sie brauchen dazu eine Urinprobe Ihres Kindes in einem sterilen Behälter. Bei einem Reflux fließt der Urin aus der Blase wieder in die Niere zurück. Ein Reflux gibt sich gewöhnlich von selbst, zusätzlich werden Antibiotika gegeben.

Gehen Sie zum Arzt, wenn:

- Sie eine Harnwegsentzündung vermuten.
- Ihr Kind sehr krank wirkt.
- es Fieber ohne erkennbare Ursache hat.

Was Sie tun können:

- Geben Sie Ihrem Kind viel zu trinken.
- Behandeln Sie das Fieber (s. S. 259).

Balanitis

Diese Entzündung der Eichel und meist auch der Vorhaut wird gewöhnlich durch Bakterien ausgelöst und verursacht Wundsein und Schmerzen beim Wasserlassen. Gewöhnlich heilt sie vollständig ab; bei häufigen Rückfällen kann es zur Verengung der Vorhaut (Phimose) kommen, sodass der Urinstrahl sehr dünn wird. Behandelt wird mit einer Antibiotikasalbe oder -arznei bzw. pilztötender Salbe. Nach wiederholten Infektionen wird manchmal eine Beschneidung empfohlen. Die ausgeheilte Vorhaut kann aber auch täglich zurückgeschoben werden.

Gehen Sie zum Arzt, wenn:

- Sie eine Balanitis oder Phimose vermuten.
- Ihr Sohn nicht richtig Wasser lassen kann.

Was Sie tun können:

- Baden Sie Ihr Kind vorsichtig, und geben Sie ein Schmerzmittel.
- Ziehen Sie die entzündete Vorhaut nie zurück.

Beschneidung

Es gibt keinen medizinischen Nutzen dieser operativen Entfernung der Vorhaut bei Jungen kurz nach der Geburt; manche Eltern wünschen sie aus religiösen Gründen. In Ländern wie den USA wurde die Beschneidung aus vorbeugenden medizinischen Gründen bis in die 1970-er Jahre beinahe routinemäßig (mit Einwilligung der Eltern) durchgeführt. Doch dieser scheinbare gesundheitliche Nutzen wird heute infrage gestellt. Für Juden und Moslems gehört das Entfernen der Vorhaut zur religiösen Pflicht. Manchmal spielen auch ästhetische und hygienische Gründe eine Rolle. Soll Ihr Sohn aus religiösen Gründen beschnitten werden, gehen Sie zu einem erfahrenen Arzt, der schon viele Beschneidungen vorgenommen hat. Geben Sie Ihrem Baby vor und nach der Operation Paracetamol. Immer wieder kommt es zu Komplikationen wie Infektionen oder hohem Blutverlust.

Infektionskrankheiten

Wenn Sie die üblichen Infektionskrankheiten hatten oder dagegen geimpft sind, wird Ihr Baby schon mit Antikörpern geboren, die es anfangs schützen. Daher treten die folgenden Krankheiten meist nach dem sechsten Lebensmonat auf.

Windpocken

Diese verbreitete Virusinfektion verursacht juckende rote Flecken, vor allem auf Brust und Rücken, aber auch auf den Gliedmaßen und im Mund- und Genitalbereich. Sie entwickeln sich zu Bläschen, die wie Wassertropfen aussehen und später verkrusten und verschorfen. Vor Erscheinen des Ausschlags wirkt das Kind krank. Die Krankheit ist unterschiedlich stark ausgeprägt; manche Kinder haben nur wenige Bläschen, andere sind regelrecht übersät davon.

Die Inkubationszeit beträgt 14–21 Tage, und die Krankheit ist hoch ansteckend. Wenn Windpocken umgehen, entscheiden manche Eltern, die Krankheit hinter sich zu bringen, und laden erkrankte Kinder ein. Gegen Windpocken gibt es auch eine Impfung.

Es gibt einige mögliche Komplikationen: entzündete Bläschen, die antibiotisch behandelt werden müssen, Windpocken-Lungenentzündung (allerdings selten), Enzephalitis (Gehirnentzündung, sehr selten) und Gürtelrose (Monate oder Jahre nach Auftreten der Windpocken). Mit Windpocken kann sich ein Baby in der Gebärmutter anstecken, wenn die Mutter in der Schwangerschaft oder um den Zeitpunkt der Geburt erkrankt. Aus diesem Grund müssen Kinder mit Windpocken von Frauenarzt-Praxen und anderen Orten, wo sie in Kontakt mit Schwangeren oder Personen mit geschwächtem Immunsystem kommen können, ferngehalten werden. Wenn Sie schwanger werden wollen und noch keine Windpocken hatten, informieren Sie den Arzt.

Gehen Sie zum Arzt, wenn:

- Ihr Kind sehr krank wirkt.
- es nicht trinken will.
- es Bläschen in Augennähe hat.
- die Flecken infiziert aussehen (sich ein geröteter Ring bildet).
- Sie das Fieber nicht kontrollieren können.

Was Sie tun können:

- Ziehen Sie Ihr Kind nur leicht an – das Experiment eines Ärztepaars am eigenen Sohn zeigte, dass sich auf der Körperseite, die sie in Shorts und T-Shirt kleideten, weniger Bläschen bildeten als auf der anderen in Hosen und Pulli.
- Schneiden Sie seine Fingernägel kurz.
- Tragen Sie Zinksalbe zur Linderung des Juckreizes auf.
- Geben Sie Schmerz- und Fiebermittel.

Hirnhautentzündung

Eine Entzündung der Membranen, die das Gehirn bedecken (die Meningen), wird durch Viren oder Bakterien verursacht. Eine virale Hirnhautentzündung verläuft leicht und erfordert keine spezielle Therapie. Eine bakterielle Meningitis, am häufigsten bei Babys, kann z. B. Taubheit oder Zerebralparese verursachen und sogar zum Tod führen, wenn sie nicht unverzüglich behandelt wird. Die meisten Kinder werden wieder völlig gesund. Die anfänglichen Symptome sind unten beschrieben (s. Kasten). Die Diagnose erfolgt durch Punktion der Rückenmarksflüssigkeit. Drei Bakterien verursachen die Krankheit –

■ **Meningokokken:** Der bei uns häufigste Erreger; bei frühzeitiger Behandlung gut heilbar. Das gleiche Bakterium kann auch Blutvergiftung hervorrufen. Die Infektion verursacht oft einen Ausschlag, der bei Gegendruck nicht verblasst (s. Test, unten). Er ähnelt einem Bluterguss oder winzigen, geplatzten Blutgefäßen. Es gibt drei Typen: A, B und C. Gegen Typ C werden Babys heute geimpft.

■ **Haemophilus b (Hib):** Die Zahl der Infektionen ist stark gesunken, seit eine Impfung eingeführt wurde (s. S. 93).

■ **Pneumokokken:** Glücklicherweise sehr selten; sollte bald der Vergangenheit angehören, da mittlerweile ein Impfstoff angeboten wird.

Was Sie tun können:

■ Warten Sie bei Verdacht nicht, bis sich ein Ausschlag entwickelt. Bringen Sie Ihr Kind zum Arzt oder ins Krankenhaus. Vertrauen Sie Ihrem Instinkt – Sie kennen Ihr Baby am besten.

■ Besteht ein Ausschlag, pressen Sie ein Glas fest gegen die Haut (s. Kasten unten). Wenn der Ausschlag nicht verschwindet, rufen Sie den Notarzt. Manchmal besteht kein Ausschlag, oder er verschwindet beim Gegendrücken.

Die Anzeichen einer Hirnhautentzündung erkennen

Symptome bei einem Baby
▶ Schrilles oder schwaches Schreien
▶ Vorgewölbte Fontanelle (s. S. 42)
▶ Erbrechen
▶ Reizbarkeit, Benommenheit und Schlaffheit
▶ Ausschlag oder fleckige, feuchte Haut.
Der Ausschlag mit dunkellila Flecken tritt spät oder gar nicht auf.

Symptome bei einem Kind oder Erwachsenen
▶ Starke Kopfschmerzen
▶ Steifer Nacken
▶ Erbrechen
▶ Ausschlag
▶ Fieber
▶ Benommenheit
▶ Reizbarkeit
▶ Lichtempfindlichkeit

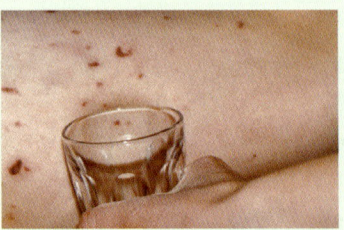

GLASTEST *Drücken Sie ein Glas gegen den betroffenen Bereich. Verblasst der Ausschlag nicht, kann eine Meningitis vorliegen.*

Kawasaki-Krankheit

Diese Infektionskrankheit mit unbekannter Ursache befällt gewöhnlich unter Zweijährige. Die Symptome sind dramatisch und entwickeln sich über mehrere Tage. Sie werden oft als Symptome anderer Krankheiten wie Masern fehlinterpretiert. Dem Kind geht es sehr schlecht.

Es gibt keinen Diagnosetest, doch zu den Symptomen gehören mindestens fünf Tage lang anhaltendes Fieber (s. S. 259), ein masernähnlicher Ausschlag auf Rumpf und Gliedmaßen, geschwollene Lymphdrüsen am Hals, ein entzündeter, rissiger Mund, Bindehautentzündung und Schwellung mit anschließendem Schälen von Händen und Füßen. Offiziell müssen mindestens fünf dieser Symptome vorliegen, doch meist erfolgt eine Krankenhauseinweisung bereits bei Verdacht auf die Kawasaki-Krankheit. Zur Therapie gehört die intravenöse Gabe von Immunglobulin und Aspirin zur Verhinderung bleibender Herzschäden.

Gehen Sie zum Arzt, wenn:

■ Sie vermuten, dass Ihr Kind diese Krankheit hat – ein Krankenhausaufenthalt ist unabdingbar.

Was Sie tun können:

■ Geben Sie Ihrem Kind viel zu trinken.
■ Halten Sie das Fieber unter Kontrolle.

Masern

Masern sind hoch ansteckend und werden als Virus über Tröpfcheninfektion durch die Luft übertragen. Babys werden in der Regel gegen Masern geimpft (s. S. 93).

Die Inkubationszeit beträgt 10–14 Tage. Masern beginnen mit hohem Fieber und Erkältungssymptomen; nach vier Tagen erscheint ein roter Ausschlag auf dem Gesicht und breitet sich dann über den Rumpf aus. Beim Verblassen wird der Ausschlag braun. Das Kind hat entzündete Augen und Husten und fühlt sich sehr unwohl. Es kann auch unter Ohrenschmerzen leiden.

Es gibt viele mögliche Komplikationen, einschließlich Ohrentzündung, Fieberkrämpfe, Schielen und Lungenentzündung. Masern können auch eine subakute sklerosierende Panenzephalitis, eine sehr seltene Gehirnerkrankung, verursachen, die oft erst nach Jahren ausbricht.

Gehen Sie zum Arzt, wenn:

■ Sie Masern vermuten. Seit 2001 sind Masern meldepflichtig: Ärzte müssen bereits Verdachtsfälle melden.
■ es dem Kind schlechter geht, es apathisch wird, Atembeschwerden hat oder nicht trinken will.
■ Sie besorgt sind – vertrauen Sie Ihrem Urteil.

Was Sie tun können:

■ Ermuntern Sie Ihr Kind, viel zu trinken.
■ Halten Sie seine Körpertemperatur möglichst niedrig (s. S. 259).
■ Schenken Sie ihm viel Zuwendung.
■ Halten Sie es von ungeimpften Kindern oder Erwachsenen fern.

Hand-Fuß-Mund-Krankheit

Diese Virusinfektion ist nicht sehr ansteckend und hat nichts mit der Maul- und Klauenseuche bei Rindern zu tun. Sie dauert etwa eine Woche; es bildet sich ein Ausschlag mit schmerzhaften Bläschen an Handflächen und Fußsohlen, evtl. auch an Fingern, Zehen und im Mund. Es kann Fieber auftreten.

Gehen Sie zum Arzt, wenn:

- Sie sich wegen der Diagnose unsicher sind.
- Ihr Kind nichts trinken will.

Was Sie tun können:

- Geben Sie verflüssigte, wenig geschmacksintensive Kost und einen Strohhalm zum Trinken.

Mumps

Diese Virusinfektion wird als Tröpfcheninfektion verbreitet und ist eine relativ leichte Erkrankung mit Fieber, Kopfschmerzen und Appetitlosigkeit. Es kommt zu einem schmerzhaften Anschwellen der Speicheldrüsen, vor allem der Ohrspeicheldrüse. Im Rahmen der MMR-Impfung werden Kinder auch gegen Mumps geimpft.

Mögliche Komplikationen sind eine virale Meningitis, die zwar meist harmlos verläuft, aber auch Taubheit verursachen kann, sowie eine Entzündung der Hoden, die bei älteren Jungen und Männern zu Unfruchtbarkeit führen kann.

Gehen Sie zum Arzt, wenn:

- Sie Mumps vermuten.
- Sie das Fieber nicht senken können.
- Ihr Kind benommen wirkt.
- Ihr Kind nicht trinken will.

Was Sie tun können:

- Behandeln Sie das Fieber (s. S. 259), und geben Sie Getränke mit einem Strohhalm
- aber keine Zitrusgetränke, da Säure die Speichelbildung anregt.
- Geben Sie Ihrem Kind verflüssigte Speisen.

EINEN AUSSCHLAG ERKENNEN

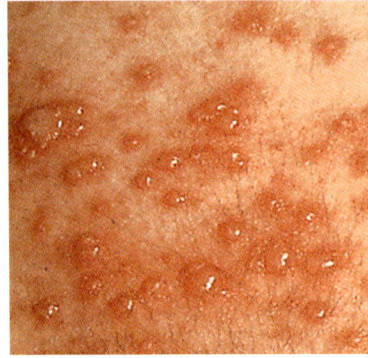 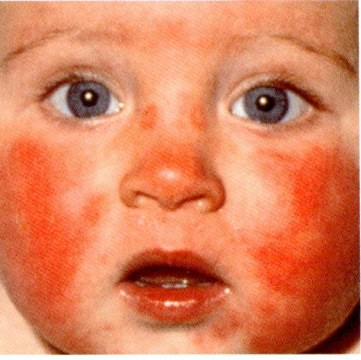 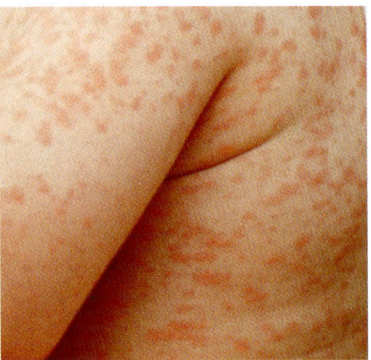

WINDPOCKEN *Juckende rote Flecken, die Bläschen bilden und dann verkrusten.*

RINGELRÖTELN *Der Ausschlag breitet sich auf dem ganzen Körper aus.*

MASERN *Kleine rote Punkte, zuerst auf dem Gesicht und dann auf dem Rumpf.*

Drei-Tage-Fieber

An diesem Virus erkranken häufig Babys zwischen sechs Monaten und zwei Jahren. Auf drei bis fünf Tage mit hohem Fieber und Erkältungssymptomen folgt ein fleckiger, roter Ausschlag, der die Diagnose bestätigt. Sehr kranke Babys werden ins Krankenhaus eingewiesen, um eine Hirnhautentzündung auszuschließen.

Gehen Sie zum Arzt, wenn:

- Ihr Kind stark erregt oder benommen ist.
- es Fieberkrämpfe hat (s. S.259).
- es ihm mit dem Ausschlag nicht besser geht.

Was Sie tun können:

- Geben Sie dem Kind viel zu trinken.

Röteln

Am ersten Tag dieser leichten Erkrankung tritt ein masernähnlicher Ausschlag auf. Oft sind die Lymphknoten am Nacken geschwollen. Dank der MMR-Impfung kommt die Krankheit nur noch selten vor.

Röteln werden durch Tröpfcheninfektion über die Luft übertragen; die Inkubationszeit beträgt 14–21 Tage. Zwar ist bei Kindern selten eine Behandlung erforderlich, doch die Krankheit ist für schwangere Frauen gefährlich, da sie vor allem in den ersten Monaten zu schweren Missbildungen des Ungeborenen führen kann.

Gehen Sie zum Arzt, wenn:

- Sie Röteln vermuten.
- Sie schwanger sind und keine Immunität besitzen.
- Ihr Kind länger als vier Tage krank ist.

Was Sie tun können:

- Schenken Sie Ihrem Kind viel Zuwendung.
- Nehmen Sie Ihr Kind nicht in eine Frauenarztpraxis mit.
- Wenn Ihr Kind auch über Gelenkschmerzen klagt, geben Sie ihm Ibuprofen.

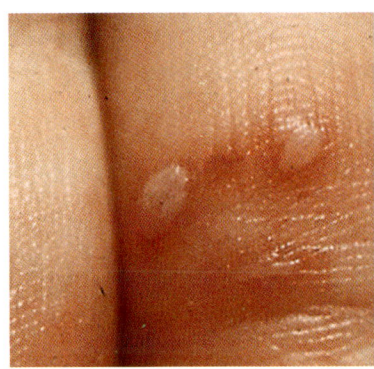

HAND-FUSS-MUND *Auf den Fingern können Bläschen auftreten.*

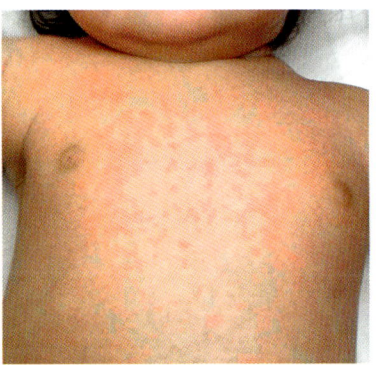

DREI-TAGE-FIEBER *Der fleckige, rote Ausschlag verschwindet bald wieder.*

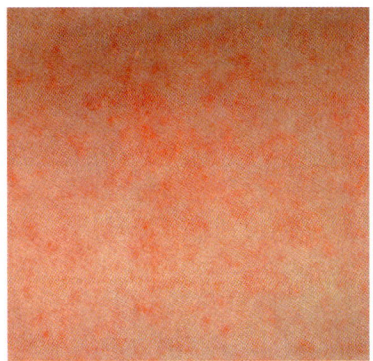

RÖTELN *Ein masernähnlicher Ausschlag, der sich auf dem Körper ausbreitet.*

Ringelröteln

Die meist harmlos verlaufende Krankheit, durch Parvoviren verursacht, beginnt mit einem hellroten Ausschlag auf dem Gesicht. Die Inkubationszeit ist unterschiedlich lang. Sobald der Ausschlag auftritt, ist das Kind nicht mehr ansteckend.

Der Ausschlag kann auf das Gesicht beschränkt bleiben oder sich über den ganzen Körper ausbreiten. Er verblasst gewöhnlich nach wenigen Tagen, tritt aber manchmal vier Wochen lang immer wieder auf. Gelegentlich bestehen auch Gelenkschmerzen.

Ringelröteln können bei Kindern, die an Sichelzellanämie leiden, Anämie verursachen. Bei Schwangeren besteht ein geringes Risiko einer Fehlgeburt, da die Krankheit beim Fetus Anämie verursachen kann.

Gastroenteritis

Diese hoch ansteckende Darmerkrankung ist bei Babys und Kindern häufig. Erbrechen und Durchfall, der meist grünlich, wässrig und übel riechend ist, sind manchmal mit vorübergehender Milchunverträglichkeit (s. S. 278) gekoppelt.

Was Sie tun können:

■ Stillen Sie Ihr Baby oft, und geben Sie zusätzlich Elektrolytlösung aus der Apotheke. Ihrem Flaschenbaby geben Sie keine Milch, sondern 24 Stunden lang kleine Mengen Elektrolytlösung aus der Flasche, der Pipette oder dem Becher. Geben Sie alle paar Minuten ein paar Schlucke, um Erbrechen zu verhindern.
■ Geben Sie Ihrem Kleinkind Elektrolytlösung und milde Beikost.
■ Waschen Sie sich regelmäßig die Hände.

Gehen Sie zum Arzt, wenn:

■ Sie eine Dehydrierung (s. S. 257) vermuten.

Keuchhusten

Pertussis oder Keuchhusten wird von einem Bakterium verursacht, das die Atemwege entzündet. Er beginnt mit Erkältungssymptomen, gefolgt von Hustenanfällen mit keuchendem Einatmen. Das Kind kann erbrechen und blau anlaufen oder kurz aufhören zu atmen. Ein Impfstoff (s. S. 93) kann Ihr Kind schützen.

Gehen Sie zum Arzt, wenn:

■ Sie Keuchhusten vermuten (die Erkrankung ist meldepflichtig).

■ Ihr Kind keine Flüssigkeit bei sich behält.
■ Rufen Sie den Notarzt, wenn Ihr Kind blau anläuft, zu atmen aufhört oder einen Fieberkrampf hat (s. S. 259).

Was Sie tun können:

■ Geben Sie häufig kleine Mengen zu trinken.
■ Halten Sie Ihr Kind von Babys, vor allem ungeimpften, fern.
■ Senken Sie das Fieber (Paracetamol, Ibuprofen).

Magen-Darm-Störungen

Magen-Darm-Probleme mit Erbrechen und Durchfall treten in den ersten zwei Lebensjahren relativ häufig auf, sind aber meist leicht zu behandeln. Gestillte Babys besitzen durch die Antikörper der Mütter einen gewissen Schutz.

Gastroösophagealer Reflux

Dieses Symptom tritt bei kleinen Babys häufiger auf: Der Verschlussmuskel oben am Magen schließt nur ungenügend und lässt Milch zurückfließen. Ein leichter Reflux ist lediglich unangenehm. Eine spezielle Behandlung ist nicht erforderlich, doch verursacht der Reflux durch die aufsteigende Magensäure Sodbrennen beim Baby. Fast immer gibt sich das Problem im Laufe der Zeit – oft bei Einführung der Beikost, sodass der Wendepunkt bei sechs Monaten liegen kann. Mit einem Jahr ist das Problem meist überstanden.

Wenn vorbeugende Maßnahmen (s. rechts) nicht helfen, kann der Kinderarzt ein Medikament zur Hemmung der Säurebildung oder zur schnelleren Verdauung der Milch im Magen verschreiben. Manchmal ist eine Kuhmilchallergie die Ursache; dann hilft hypoallergene Milch.

Was Sie tun können:

■ Konsultieren Sie den Kinderarzt.
■ Betten Sie Ihr Baby nach den Mahlzeiten hoch, oder halten Sie es aufrecht und legen es sonst oft auf den Bauch.
■ Bei leichtem Reflux kann Andicken der Milch ebenso wie die Zugabe von Gaviscon wirksam sein. Stillbabys können Extragaben an Gaviscon erhalten. Sie können darüber hinaus spezielle Milch in der Apotheke kaufen.

Pylorusstenose

Der Magenpförtnermuskel am unteren Magenausgang ist verengt und lässt keine Nahrung passieren. Das Baby erbricht mit solcher Kraft, dass die ausgestoßene Milch quer durch den Raum schießen kann (schwallartiges Erbrechen). Eine Pylorusstenose (Magenpförtnerverengung) kann familiär gehäuft auftreten und ist seltsamerweise bei erstgeborenen Jungen häufiger. Das Erbrechen wird immer schlimmer. Die Diagnose wird gewöhnlich durch Bluttests und Ultraschall bestätigt.

Die Behandlung erfolgt durch eine Operation. Ein kleiner Schlitz in dem verdickten Muskel um den Magenausgang sorgt dafür, dass Milch hindurchfließen kann. Das Baby wird schnell wieder gesund.

Verstopfung

Zu den häufigen Problemen, die ich bei Kleinkindern erlebe, gehört Verstopfung. Sie kann für das Kind schmerzhaft, quälend und peinlich sein und der ganzen Familie Sorgen bereiten. Eltern glauben oft, nur sie hätten dieses Problem, weil es ein Tabuthema ist.

»Unser Leben wurde monatelang von der Verstopfung unseres Sohnes bestimmt. Heute denke ich, wir hätten früher zum Arzt gehen sollen.«

OBST ESSEN *Obst als Zwischenmahl-zeit beugt einer Verstopfung vor.*

WAS IST VERSTOPFUNG?

Verstopfung wird als seltener, schmerzhafter und harter Stuhlgang definiert. Entscheidend ist nicht, ob Ihr Kind regelmäßig Stuhlgang hat oder nicht. Manche Kinder haben dreimal täglich Stuhlgang, andere nur einmal alle drei Tage. Hat Ihr Baby oder Kleinkind selten Stuhlgang, handelt es sich nicht um Verstopfung. Problematisch ist es nur, wenn der Stuhlgang Schmerzen verursacht.

Verstopfung setzt oft nach einem sehr harten Stuhlgang ein, der Fissuren, kleine Risse, am Darmausgang verursacht hat. Das tut weh, und so beginnt das Kind verständlicherweise, den Stuhlgang anzuhalten, statt ihn unter Schmerzen auszuscheiden. Der Stuhl staut sich, und es wird immer schwieriger, ihn auszuscheiden. Irgendwann umgeht flüssiger Stuhl den verhärteten Kot und verschmutzt die Wäsche, was für ein sauberes Kind besonders schlimm ist. Je länger diese Blockade andauert, umso blasser, stiller und appetitloser wird das Kind. Das Familienleben wird davon dominiert; die Eltern versuchen verschiedene Taktiken, ihr Kind zum Stuhlgang zu bewegen. Das Kind hat oft schwere Bauchschmerzen und wird vielleicht ins Krankenhaus gebracht. Irgendwann hat es zur Erleichterung aller Stuhlgang, und alles ist gut, bis das Ganze von vorne losgeht.

Babys bekommen manchmal bei der Umstellung von Muttermilch auf Säuglingsmilch oder auf Beikost leichte Verstopfung. Ein voll gestilltes Baby leidet kaum jemals darunter.

ERNÄHRUNG

Nur ganz selten leiden Kinder trotz gesunder Ernährung unter Verstopfung. Einer Verstopfung kann durch eine ballaststoffreiche Ernährung mit täglich fünf Portionen Obst und Gemüse sowie viel Flüssigkeit weitgehend vorgebeugt werden. Das ist allerdings leichter gesagt als getan; doch es gibt viele Wege, damit Ihr Kind mehr Obst und Gemüse isst (s. Kasten rechts).

FLÜSSIGKEIT

Einem betroffenen Baby unter vier Monaten hilft gewöhnlich die zusätzliche Gabe von abgekochtem, abgekühltem Wasser. Geben Sie keine gehäuften Messbecher Milchpulver ins Fläschchen, da konzentriertes Milchpulver Verstopfung verursachen kann. Später sollten Sie darauf achten, dass Ihr Kind viel Obst, Gemüse und Wasser zu sich nimmt.

WIE WIRD VERSTOPFUNG BEHANDELT?

Am wichtigsten ist eine frühzeitige Behandlung; je länger das Problem besteht, umso schwerer ist es zu behandeln. Hat Ihr Baby einige Tage lang Verstopfung, ist die Gabe von einfachen Abführmitteln wie Laktose, gekoppelt mit erhöhter Flüssigkeitszufuhr und Ballaststoffen, sinnvoll. Hat sich bei chronischer Verstopfung bereits Stuhl angestaut, braucht man in vielen Fällen wirksamere Abführhilfen. Zu diesem Zweck sollten Sie Ihr Kind dem Kinderarzt vorstellen. Sie sollten ganz allgemein immer erst mit dem Kinderarzt oder Apotheker sprechen, bevor Sie Ihrem Kind irgendein Abführmittel geben.

Zäpfchen sind nur selten wirksam, und Kinder mit bereits schmerzendem Po werden sie sich kaum einführen lassen. Viele Eltern haben Angst, dass ihr Kind von Abführmitteln abhängig werden könnte. Tatsächlich kann bei schwerer Verstopfung eine Behandlung über mehrere Monate hinweg erforderlich sein. Während dieses Behandlungszeitraums ist das Kind jedoch symptomfrei. Dies ist sehr entlastend für die Eltern, die unter dem Weinen, Einkoten und Elend ihres Kindes gelitten haben

und deren Familienleben um die Frage kreiste, ob es endlich Stuhlgang gehabt hat oder nicht.

Nach und nach werden Sie unter Anleitung des Arztes die Medikation absetzen können. Ignorieren Sie den Rat von Verwandten oder Freunden, die Abführmittel abzusetzen; sonst beginnt alles von vorn. Wenn Sie meinen, dass die Behandlung nicht wirkt, sprechen Sie mit dem Kinderarzt.

WARUM HILFE WICHTIG IST

Sind Verstopfung und Einkoten erst chronisch geworden, sind sie nur sehr schwer zu behandeln. Ich leitete eine darauf spezialisierte Klinik und habe viele Jahre lang von Eltern und Kindern erfahren, welche Ursachen dieses Leiden hat.

Mein ältester Sohn hat immer sehr gesund gegessen, meine Tochter aber aß nur sehr wenig Obst und Gemüse. Am Tag, als sie schwere Verstopfung bekam, wurde unser Leben auf den Kopf gestellt. Die Schmerzen und das Schreien waren so alarmierend, dass man meinte, sie wäre schwer krank. Es dauerte zwei stressige Wochen mit hoch dosierten Abführmitteln, das Problem unter Kontrolle zu bringen. Ich kann mir gut vorstellen, was es für Eltern bedeutet, wenn das Problem nur ansatzweise behandelt wird und jahrelang immer wieder auftritt. Also seien Sie konsequent, was die Behandlung anbelangt.

OBST UND GEMÜSE ESSEN

Oft ist es schwer, Babys und Kleinkinder dazu zu bewegen, die empfohlene Menge Obst und Gemüse zu sich zu nehmen. Hier finden Sie einige Möglichkeiten, den Verzehr zu erhöhen:

▶ Eine Tasse Saft zählt als eine Portion Obst.

▶ Salzarme gekochte Bohnen zählen als eine Portion Gemüse.

▶ Ein Kind, das frisches Obst und Gemüse ablehnt, mag vielleicht Trockenobst, z. B. Rosinen. Putzen Sie ihm aber im Anschluss gründlich die Zähne.

▶ Trauben (halbiert, ohne Kerne) sind eine leckere Nascherei.

▶ Mischen Sie Gemüse, z. B. Lauch, Karotten, Zucchini und Paprika, unter eine Tomaten-Nudel-Sauce, und pürieren Sie sie – die meisten Kinder bemerken das nicht, vor allem, wenn Sie den Gemüseanteil langsam erhöhen, sodass die Sauce nicht viel anders schmeckt.

▶ Einen Fruchtshake, als Getränk oder gefroren als Eis, mögen Kinder gern.

Invagination

Dabei schiebt sich ein Darmstück in ein anderes und blockiert den Darm. Babys sind häufiger betroffen; sie schreien heftig wegen der starken Bauchschmerzen – Vorsicht vor einer Verwechslung mit Koliken. Das Baby liegt still, jede Bewegung tut weh. Es kann blass sein, erbrechen und hellroten Stuhl ausscheiden. Die Diagnose erfolgt durch Ultraschall oder ein Kontrastmittel. Luft wird in den Darm gepumpt, bis sich seine Position korrigiert. Meist ist keine Operation erforderlich. Bei Verdacht auf Invagination gehen Sie zum Arzt.

Chronischer Durchfall

Um Durchfall zu erkennen, muss man wissen, was normal ist. Nach der Mekoniumphase (s. S. 34) gibt es ein großes Spektrum an normalem Stuhlgang. Die Farbe kann von Gelb über Orange bis Grün und Braun variieren und die Konsistenz von flüssig bis fest. Weißer oder kittfarbener Stuhlgang kann Symptom einer Absorptionsstörung sein. Die Veränderung von Geruch, Farbe und Konsistenz des Stuhls bei der Umstellung auf Beikost verunsichert die Eltern oft.

Manchmal bekommen Babys Durchfall, der nicht auf eine Infektion zurückgeht und Wochen anhält. Nimmt das Baby auch nicht wie erwartet zu oder hat es Bauchschmerzen, kann eine Form der Malabsorption oder Nahrungsmittelunverträglichkeit vorliegen (s. Kasten unten). Führen Sie ein Ernährungstagebuch, ehe Sie zum Arzt gehen; dabei kristallisiert sich evtl. heraus, welches Nahrungsmittel den Durchfall auslöst.

Hat Ihr Kleinkind häufigen, weichen Stuhlgang, ist ansonsten aber gesund und nimmt zu, kann ein sog. Kleinkinddurchfall bestehen. Oft sind im Stuhl Nahrungsmittel sichtbar, wie Erbsen oder Karotten. Ursache ist eine beschleunigte Darmpassage; das ist nichts Schlimmes und gibt sich von selbst.

Nahrungsmittelunverträglichkeit

Die häufigste Nahrungsmittelunverträglichkeit ist eine Allergie auf Kuhmilcheiweiß. Typische Symptome sind Blut im Stuhl und Ekzeme. Das Problem bessert sich deutlich, wenn Sie Milch aus der Ernährung verbannen, und gibt sich oft im Alter von zwei Jahren.

Manche Babys können den Milchzucker nicht verwerten. Gelegentlich ist eine Laktoseintoleranz angeboren, aber meist entsteht sie nach Magen-Darm-Entzündungen. Das Baby erhält bis zur Besserung eine laktosefreie Kost. Ersetzen Sie die Milchnahrung durch laktosefreies Milchpulver.

Bei Zöliakie kann Gluten aus Nahrungsmitteln wie Brot und Getreide nicht verwertet werden. Auch in diesem Fall müssen entsprechende Nahrungsmittel aus der Kost ausgeschlossen werden – das muss allerdings immer unter ärztlicher Überwachung geschehen.

Allergien

Bei einer Allergie reagiert das Immunsystem auf einzelne Substanzen. Symptome sind Keuchen (Giemen), Ausschlag, Durchfall und eine verstopfte Nase, im schlimmsten Fall sogar ein anaphylaktischer Schock (s. S. 280).

Asthma

Bei dieser häufigen Erkrankung verengen sich die Atemwege, was zu Giemen, Husten und Atemnot führt. Asthma gehört zu den atopischen Erkrankungen, die – wie auch Ekzeme und Heuschnupfen – familiär gehäuft auftreten. Anfälle können durch verschiedene Faktoren ausgelöst werden, bei kleinen Kindern am häufigsten durch Erkältungen, aber auch durch Hausstaubmilben, Sport, Zigarettenrauch, sehr kalte Luft, Pollen und Tierhaare. Man kann nicht alle Auslöser beseitigen, aber eine verrauchte Umgebung vermeiden. Bei Heranwachsenden bessert sich das Asthma meist oder wird besser kontrollierbar; viele müssen dann nicht mehr inhalieren.

Behandlung

Leichtes Asthma wird mit einem bronchienerweiternden Medikament behandelt, das sofortige Linderung verschafft. Man verabreicht es durch einen Inhalator oder Vernebler (ein Gerät, das einen Nebel erzeugt, der durch eine Maske eingeatmet wird). Muss das Kind täglich inhalieren, wird Asthma auch vorbeugend behandelt, gewöhnlich durch Kortison. Bei schwerem Asthma kann eine Einweisung ins Krankenhaus erforderlich sein.

Was Sie tun können:

■ Geben Sie jedes vom Arzt verschriebene Medikament regelmäßig nach Anweisung.
■ Achten Sie auf eine staubarme Umgebung, und waschen Sie Kissen und Bettdecken regelmäßig.

Gehen Sie zum Arzt, wenn:

■ das Inhalieren nicht hilft.
■ Ihr Kind kraftlos wirkt.

EIN KLEINES KIND BEHANDELN *Durch die Röhre am Inhaliergerät kann das Kind in zwei Schritten einatmen. Für Babys und Kleinkinder sind auch Masken geeignet.*

Ekzem

In vielen Fällen tritt diese atopische Hautkrankheit beim Neugeborenen als gerötete, trockene, juckende Haut auf. Es gibt viele Möglichkeiten der Linderung und Behandlung. Manchmal liegt eine Nahrungsmittelallergie zugrunde; ein Allergietest ist jedoch selten hilfreich. Mit dem Alter bessert sich das Ekzem; es bleiben keine Narben.

Was Sie tun können:

Um einem Ausbruch vorzubeugen:
- Kleiden Sie Ihr Kind in Baumwolle, nicht in Wolle oder Synthetik.
- Verwenden Sie nur leichtes Bettzeug.
- Verwenden Sie keine biologischen Waschmittel, die Enzyme enthalten. Waschen Sie Ihr Kind mit Seifensyndets.

Zur Behandlung des Ausschlags:
- Wenden Sie zweimal täglich Feuchtigkeitscreme an. Auf geröteten Stellen können Sie eine schwache Kortisoncreme auftragen.
- Baden Sie Ihr Kind in speziellen Ölbädern, und tupfen Sie es trocken.

Gehen Sie zum Arzt, wenn:

- die Haut sehr gerötet oder verkrustet (evtl. gelblich) ist. Sie kann infiziert sein.

Anaphylaktischer Schock

Nahrungsmittel (Nüsse, Meeresfrüchte) oder ein Wespen- und Bienenstich können eine schwere allergische Reaktion auslösen, den anaphylaktischen Schock. Er ist wegen der Schwellung von Augen, Lippen und Zunge sowie der Atemnot lebensbedrohlich. Er wird mit Kortison, Antihistaminen und Epinephrin (Adrenalin) behandelt. Bei einer schweren Allergie erhalten Sie eine Epinephrin-Spritze, die Sie beim ersten Anzeichen eines Schocks verabreichen können.

Was Sie tun können:

- Geben Sie die Epinephrin-Spritze und rufen Sie den Notarzt, wenn Sie einen Schock befürchten.
- Sagen Sie allen Betreuern Ihres Kindes, was zu vermeiden und was im Notfall zu tun ist.

Nesselsucht

Ich lernte das Wort Urtikaria mit fünf Jahren kennen, als ich mit einem unregelmäßigen, geröteten, stark juckenden Ausschlag aufwachte, und meine Mutter (sie war Ärztin) es mir aufschrieb. Nesselsucht kann durch Nahrung, Medikamente oder Viren ausgelöst werden. Bei Kindern findet man die Ursache nur selten.

Was Sie tun können:

- Geben Sie ein Antihistaminpräparat.
- Reiben Sie den Ausschlag mit Zinklotion ein.

Gehen Sie zum Arzt, wenn:

- Sie eine Reaktion auf ein Medikament vermuten.
- Ihr Kind häufig Nesselsucht bekommt.

Lästige Begleiter

Einer Bekanntschaft mit Kopfläusen, Grindflechte oder Bindehautentzündung werden Sie kaum entgehen – vor allem, sobald Ihr
Kind mit anderen Kindern spielt. Jüngere Geschwister sind von diesen Erkrankungen meist noch früher betroffen.

Kopfläuse

Babys leiden selten unter Kopfläusen – im Gegensatz zu Kleinkindern, sobald diese mit befallen
Kindern zusammenkommen. Kopfläuse sind winzige Insekten, die auf oder nahe an der Kopfhaut
leben. Sie können nicht fliegen und sich daher
nur durch direkten Kontakt von Kopf zu Kopf
verbreiten. Sie legen am Haaransatz winzige Eier,
die kaum zu erkennen und schwer zu entfernen
sind und mehrere Wochen überleben können.

Kopfläuse verursachen Juckreiz; Sie werden also bemerken, dass Ihr Kind sich oft am
Kopf kratzt. Wahrscheinlich werden Sie jedoch
noch vor Auftreten der Symptome von der
Kinderkrippe benachrichtigt, wenn ein Fall
bekannt wird.

Was Sie tun können:

■ Kontrollieren Sie sorgfältig die Haare Ihres
Kindes, indem Sie sie scheiteln und nach leben-
den Insekten suchen (sie bewegen sich schnell)
oder nach Eiern (Nissen), die am Haar kleben.
■ Behandeln Sie die Haare mit einem Spezial-
shampoo – Kinderarzt oder Apotheker beraten
Sie entsprechend; es gibt unterschiedlich wirksame Mittel, da Läuse eine Resistenz ausbilden
können.

■ Sie können nach dem Haarewaschen auch
Haarspülung auftragen, damit das Haar geschmeidig wird. Kämmen Sie es mit einem fein-
zinkigen Nissenkamm aus. Wischen Sie ihn nach
jedem Kammstrich auf Küchenpapier ab.
■ Wiederholen Sie diese Prozedur zwei Wochen
lang alle drei Tage, danach wöchentlich.
■ Kontrollieren Sie alle Familienmitglieder auf
Läusebefall, und informieren Sie alle Personen,
die Kontakt zu Ihrem Kind hatten.

KOPFLÄUSE ENTFERNEN *Kontrollieren Sie die Kopfhaut*
gründlich mit einem speziellen Läusekamm. Streifen Sie
Läuse jeweils auf einem Tuch ab.

Grindflechte

Diese häufige Hautinfektion betrifft hauptsächlich Kinder. Der gerötete oder gelbliche, krustige Ausschlag breitet sich schnell aus und ist ansteckend. Grindflechte (*Impetigo contagiosa*) kann überall auftreten, am häufigsten ist sie im Gesicht. Das verursachende Bakterium Staphylokokkus ist ein harmloser Bewohner der Nase, der an rissigen, trockenen Stellen in die Haut gelangt. Für Babys kann Impetigo gefährlich werden. Leichte Fälle werden mit Antibiotikasalbe, schwerere mit oralen Antibiotika behandelt. Selten ist eine intravenöse Antibiotikatherapie im Krankenhaus erforderlich.

Gehen Sie zum Arzt, wenn:

- Sie Grindflechte vermuten.
- der Befall sich trotz Behandlung ausbreitet.

- Ihr Kind krank wirkt.

Was Sie tun können:

- Da sich eine Grindflechte durch Hautkontakt verbreitet, darf Ihr Kind Handtücher und Waschlappen nicht mit anderen Personen teilen und muss Hautkontakt mit anderen meiden.
- Lassen Sie Ihr Kind den Ausschlag nicht berühren, und tragen Sie die Salbe wie verordnet auf.

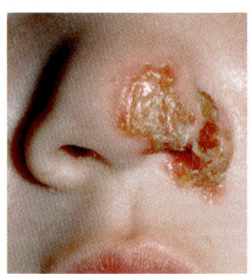

KRUSTEN *Decken Sie Krusten nicht ab, da Luft heilt. Schneiden Sie Ihrem Kind die Nägel kurz. Sind die Krusten abgeheilt, ist Ihr Kind nicht mehr ansteckend.*

Herpes

Diese Infektion mit dem Herpes-simplex-Virus (HSV1) wird von anderen erkrankten Personen übertragen. Das Virus verursacht ein Jucken, dann eine schmerzhafte Bläschenbildung, meist auf den Lippen. Die Erstinfektion ist oft erschreckend, da im und um den Mund zahlreiche Bläschen entstehen können. Dem Kind geht es schlecht, und es verweigert möglicherweise Essen und Trinken; in diesem Fall ist eine Einweisung ins Krankenhaus zur Flüssigkeitszufuhr und einer Behandlung mit dem Virenmittel Aciclovir erforderlich. Nach der Erstinfektion verbleibt das Virus im Körper; gelegentlich bricht die Infektion bei Stress, kaltem Wetter oder Unwohlsein wieder aus.

Was Sie tun können:

- Ihr älteres Kind kann lernen, einen Ausbruch zu erkennen, z. B. ein Kribbeln der Lippe als erstes Anzeichen. Tragen Sie dann Aciclovirsalbe auf; sie wirkt nicht mehr, wenn die Bläschen schon da sind.
- Halten Sie Ihr Kind von anderen Kindern fern, bis der Schorf abgefallen ist.
- Ermuntern Sie es zum Essen und Trinken.

Gehen Sie zum Arzt, wenn:

- es eine Erstinfektion ist.
- die Bläschen nah am Auge auftreten.
- Ihr Kind nicht essen und trinken will.
- der Herpes nicht normal abheilt.

Würmer

Am häufigsten ist ein Befall mit Madenwürmern; sie sind zwar unangenehm, aber nicht gefährlich. Die Ansteckung erfolgt durch Eier, die an den Händen kleben. Madenwürmer verursachen Juckreiz am After, oft nachts, wenn die Würmer zur Eiablage herauskommen. Diese Eier setzen sich beim Kratzen unter den Fingernägeln fest, und der Kreislauf setzt sich fort.

Würmer sind schwer zu diagnostizieren, wenn sie nicht im Stuhl oder am After erkennbar sind; zwar wird empfohlen, für die Diagnose auf durchsichtigem Klebeband am Po Eier aufzunehmen, doch ich habe noch nie Eltern erlebt, die das getan haben.

Was Sie tun können:

■ Beim Verdacht auf Madenwürmer gehen Sie zum Kinderarzt. Er wird ein Wurmmittel verschreiben. Kinder unter zwei Jahren erhalten eine einmalige Dosis, die nach zwei Wochen wiederholt wird.

■ Alle Familienmitglieder über zwei Jahren bekommen einmalig ein anderes Medikament, um einem Befall vorzubeugen.

■ Waschen Sie Kleidung und Bettwäsche. Schneiden Sie die Fingernägel. Alle Familienmitglieder sollen sich regelmäßig die Hände waschen.

■ Reinigen Sie bei Ihrem Kind den Bereich unter den Fingernägeln äußerst sorgfältig.

Soor

Diese verbreitete Pilzinfektion wird durch ein übermäßiges Wachstum von *Candida albicans*, einem Hefepilz, der natürlicherweise im Körper vorkommt, verursacht. Oft wird ein Baby während der Geburt angesteckt. Am häufigsten tritt Soor bei Babys unter zwei Monaten auf.

Wenn Sie weiße Flecken im Mund Ihres Babys bemerken, die aber schwer zu entfernen sind, leidet es evtl. an Mundsoor. Soor kann das Trinken beeinträchtigen. Auch bei schwerem Windelausschlag kann eine Soor-Infektion zugrunde liegen, die mit einer pilztötenden Salbe behandelt werden kann.

Gehen Sie zum Arzt, wenn:

■ Sie vermuten, dass Ihr Baby Soor hat.
■ die Symptome trotz Behandlung nicht abklingen.

Was Sie tun können:

■ Wenden Sie das Pilzmittel wie vom Kinderarzt verschrieben an.

■ Wenn Sie stillen, kann der Kinderarzt eine ungefährliche pilztötende Salbe zum Auftragen auf die Brustwarzen verschreiben. Sie verhindert eine Ausbreitung der Infektion. Wird Soor auf die Brüste übertragen, entsteht ein Juckreiz.

■ Behandeln Sie Windelausschlag beim Baby (s. S. 94).

SOOR ERKENNEN

Achten Sie auf weiße Flecken im Mund, die leicht erhaben sein können. Sie sind zwar unschön, verursachen aber meist keine Schmerzen.

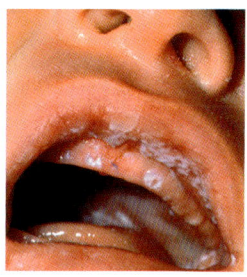

Ihr Baby im Krankenhaus

Eine stationäre Einweisung erfolgt bei Babys und Kleinkindern nur, wenn rund um die Uhr eine Therapie oder spezielle Überwachung durch Ärzte und Schwestern erfolgen muss. Sonst tun Ärzte alles, damit Kinder zu Hause bleiben können.

DIE KINDERSTATION

Auf Kinderstationen herrscht heutzutage eine sehr baby- bzw. kindgerechte Atmosphäre; sie sind hell, verfügen über Spielzimmer sowie viele Spielsachen, und es geht sehr informell zu. Eltern können mit ihrem Baby aufgenommen werden bzw. es jederzeit besuchen. Babys und Kleinkinder brauchen ihre Eltern besonders, wenn sie krank sind, daher gibt es Eltern-Kind-Zimmer.

Es gibt auch viele Spielangebote; manche Kinder finden die Spielmöglichkeiten so toll, dass sie sich bei ihrer Entlassung kaum davon trennen können. Meist bleiben Babys und Kleinkinder nur ein paar Tage im Krankenhaus; bei lebensbedrohenden oder chronischen Krankheiten kann allerdings ein längerer Aufenthalt erforderlich sein.

Für Eltern ist der Krankenhausaufenthalt oft belastend; daher ist es wichtig, dass sie sich vor allem bei den

Nachtschichten abwechseln, um selbst Auszeiten zu haben.

Der Tag beginnt gewöhnlich mit einem Stationsrundgang, einer Visite, bei der Ärzte, Assistenzärzte und Schwestern das Baby untersuchen, Fragen stellen und über die weitere Therapie entscheiden. Schreiben Sie alle Fragen auf, die Sie stellen wollen. Natürlich sollten Sie auch untertags jederzeit fragen können. Scheuen Sie sich nie, eine Frage zu stellen, auch wenn sie banal scheint.

Vor der Heimkehr stellen Sie sicher, dass Sie den Entlassungsplan kennen

und wissen, wo Sie ggf. Hilfe finden. Bringen Sie in Erfahrung, wie Sie noch ausstehende Testergebnisse erhalten.

WAS SIE TUN KÖNNEN:

▶ Bringen Sie Spielsachen, Kuscheltiere und Schmusedecken mit, die Ihrem Baby ein Gefühl von Zuhause geben.

▶ Schenken Sie Ihrem Baby viel Zuwendung. Es wird wahrscheinlich sehr anhänglich sein.

▶ Kümmern Sie sich darum, dass Geschwisterkinder während Ihrer Abwesenheit betreut werden.

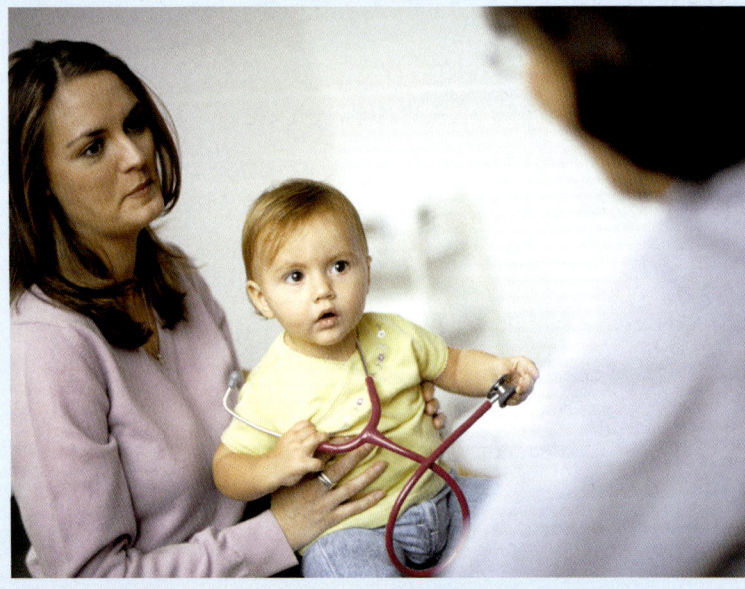

INFORMIERT SEIN *Scheuen Sie sich nicht, Fragen zu stellen. Sie vermeiden unnötige Ängste, wenn Sie die Behandlungsschritte verstehen.*

Erste Hilfe

Dieses Kapitel beschreibt die grundlegenden Erste-Hilfe-Maßnahmen und gibt Tipps, wie Sie Babys und Kindern in häufig auftretenden Notfallsituationen helfen können. Machen Sie zusätzlich einen Erste-Hilfe-Kurs, da die Fähigkeiten durch Training vertieft werden. Kurse werden vom Malteser Hilfsdienst und anderen Organisationen angeboten.

Richtig handeln im Notfall

In einem Notfall gehen Sie in vier Schritten vor:

■ **Die Situation beurteilen:** Fragen Sie, was geschehen ist, wie es geschehen ist. Ist mehr als ein Kind betroffen? Dauert die Gefährdung an? Brauchen Sie einen Notarzt/Rettungswagen?

■ **An die Sicherheit denken:** Bringen Sie sich nicht selbst in Gefahr. Schalten Sie die Gefahrenquelle aus. Bewegen Sie Ihr Kind, wenn es aus Sicherheitsgründen erforderlich ist, vorsichtig.

■ **Schwere Verletzungen zuerst behandeln:** Die beiden lebensbedrohlichen Zustände sind Atemstillstand (s. Bewusstlosigkeit, S. 286) und schwere Blutung (s. S. 291).

■ **Hilfe holen:** Rufen Sie um Hilfe und bitten Sie andere Personen, den Ort zu sichern. Rufen Sie Arzt oder Notarzt. Lassen Sie sich bei der Ersten Hilfe und ggf. der Bergung des Kindes helfen.

Wann Sie ins Krankenhaus müssen

Entscheiden Sie anhand folgender Übersicht, ob Ihr Kind ins Krankenhaus muss. In einem Notfall – wenn das Kind z. B. nicht mehr atmet – rufen Sie den Notarzt. Während Sie auf Hilfe warten, befolgen Sie die Anweisungen in diesem Kapitel. In weniger dringenden Fällen fahren Sie in die Notaufnahme des Krankenhauses. Fahren Sie hin, wenn das Kind:

▶ das Bewusstsein verloren hat.

▶ nicht mehr atmet oder Atemnot besteht.

▶ eine tiefe Wunde oder schwere Verbrennung hat.

▶ Symptome von Hirnhautentzündung (s. S. 270) zeigt.

▶ eine schwere Kopfverletzung mit Erbrechen, Benommenheit oder Bewusstlosigkeit hat.

▶ vermutlich einen Knochenbruch hat.

▶ eine giftige Substanz eingenommen hat.

▶ einen Fremdkörper in Ohr, Nase oder Auge hat.

▶ von Schlange, Tier oder Insekt gebissen wurde und in der Familie Allergien vorkommen (s. Anaphylaktischer Schock, S. 280).

Bewusstlosigkeit

Prüfen Sie den Zustand eines scheinbar bewusstlosen Babys, bevor Sie Hilfe rufen. Wenn Sie allein sind und das Baby nicht atmet, befolgen Sie die Anleitung zu Beatmung und Herzdruckmassage. Für Kinder über einem Jahr gelten Extrahinweise.

Reaktionen testen

1 *Rufen Sie Ihr Baby beim Namen: Oder tätscheln Sie seinen Fuß. Reagiert es? Schütteln Sie es keinesfalls.*

ODER

BEI EINEM KIND ÜBER 1 JAHR

Rufen Sie Ihr Kind beim Namen, oder klopfen Sie auf seine Schulter. Nicht schütteln!
2 *Keine Reaktion? Machen Sie die Atemwege frei.*
3 *Rufen Sie den Arzt.*

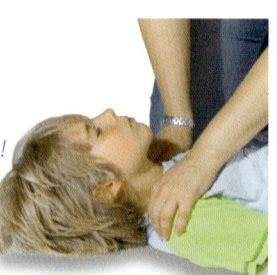

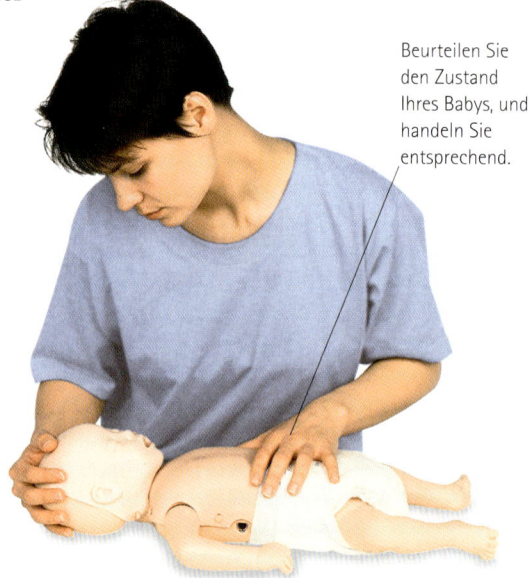

Beurteilen Sie den Zustand Ihres Babys, und handeln Sie entsprechend.

Die Atemwege freimachen

1 *Legen Sie Ihr Baby auf eine harte Unterlage; mit einer Hand beugen Sie seinen Kopf nackenwärts.*
2 *Legen Sie einen Finger der anderen Hand an die Kinnspitze, und heben Sie sie an.*
DRÜCKEN SIE NICHT *auf den Hals; dabei könnten Sie die Atemwege verlegen.*

ODER

BEI EINEM KIND ÜBER 1 JAHR

Legen Sie die ganze Hand unters Kinn, und heben Sie es an.
DRÜCKEN SIE NICHT *auf den Hals; dabei könnten Sie die Atemwege verlegen.*

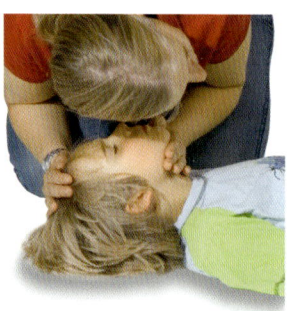

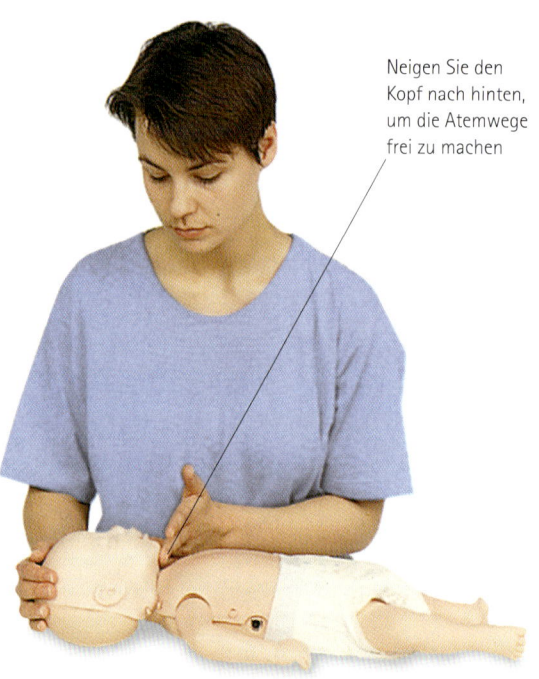

Neigen Sie den Kopf nach hinten, um die Atemwege frei zu machen

Atemwegskontrolle

1 *Achten Sie für höchstens zehn Sekunden darauf, ob sich die Brust bewegt, hören Sie auf normale Atemgeräusche und spüren Sie den Atem an Ihrer Wange.*

2 *Bitten Sie eine andere Person, den Notarzt zu rufen.*

3 *Wenn das Baby atmet, bringen Sie es in die stabile Seitenlage (s. unten) und warten auf Hilfe.*

4 *Wenn das Baby nicht atmet, beginnen Sie mit der Atemspende (s. unten).*

Atemspende

Sie wird bei einem bewusstlosen Baby, das nicht atmet, durchgeführt. Beatmen Sie fünfmal, und beginnen Sie dann die Herzdruckmassage.

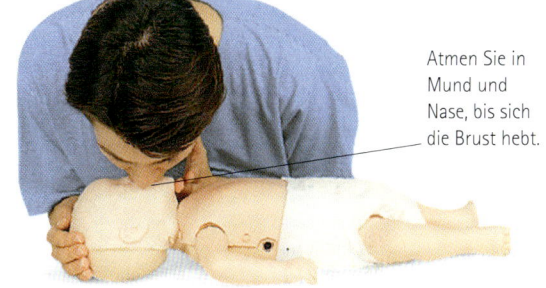

Atmen Sie in Mund und Nase, bis sich die Brust hebt.

1 *Ihr Baby oder Kind sollte auf einer harten Unterlage liegen; machen Sie die Atemwege frei (s. links).*

2 *Entfernen Sie sichtbare Fremdkörper aus Mund oder Nase.* **WISCHEN SIE DEN MUND NICHT** *mit dem Finger aus.*

3 *Atmen Sie ein, und umschließen Sie mit Ihren Lippen Mund und Nase des Babys. Atmen Sie vorsichtig in seine Lungen aus, bis sich der Brustkorb hebt. Nehmen Sie die Lippen weg und sehen Sie, wie sich der Brustkorb senkt.*

BEI EINEM KIND ÜBER 1 JAHR

Halten Sie seine Nase zu. Einatmen, mit den Lippen seinen Mund umschließen. Eine Sekunde ausatmen, bis sich die Brust hebt. Lassen Sie los. Schauen Sie, wie sich die Brust senkt.

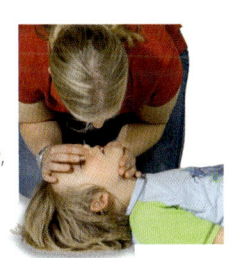

ODER

4 *Beatmen Sie Ihr Baby fünfmal. Erfolgt keine Reaktion, kontrollieren Sie nochmals Atemwege und Mund und stellen sicher, dass Sie Mund und Nase fest umschließen.*

ODER

BEI EINEM KIND ÜBER 1 JAHR

Beatmen Sie das Kind fünfmal. Halten Sie seine Nase zu. Hebt sich die Brust nicht, kontrollieren Sie den Mund und korrigieren evtl. die Stellung des Kopfes.

5 *Nach fünfmaliger Atemspende beginnen Sie die Herzdruckmassage (s. nächste Seite). Setzt die Atmung ein, Baby oder Kind in die stabile Seitenlage bringen(s. Kasten).*

Stabile Seitenlage

Ein Baby sollte in Bauch-Seitenlage liegen; ein Kind drehen Sie zur Seite. So bleiben die Atemwege offen, und Erbrochenes oder Flüssigkeit kann abfließen.

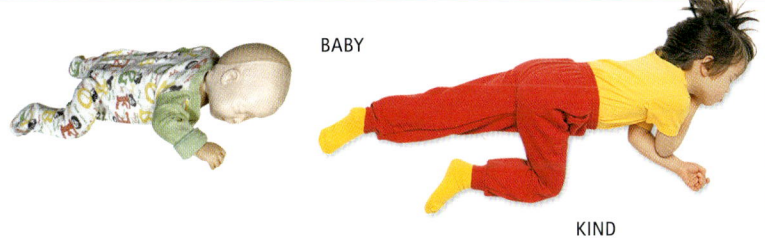

BABY

KIND

KPR

Bei der kardiopulmonalen Reanimation wird Herzdruckmassage mit Atemspenden kombiniert. Sind Sie allein, führen Sie die Abfolge eine Minute lang durch und rufen dann den Notarzt.

1 *Legen Sie Ihr Baby oder Kind auf eine harte Unterlage. Setzen Sie zwei Fingerspitzen auf seine Brust.*

ODER

BEI EINEM KIND ÜBER 1 JAHR

Legen Sie den Ballen einer Hand auf das untere Drittel des Brustbeins. Lehnen Sie sich über Ihr Kind, bis Ihre Schulter etwa über Ihrer Hand ist.

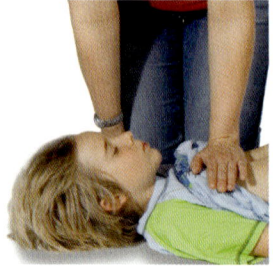

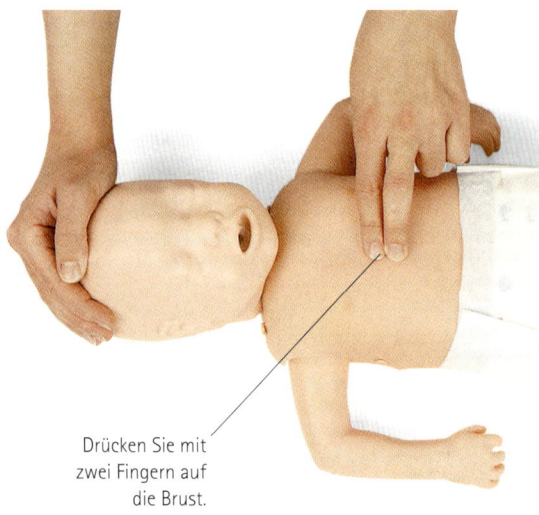

Drücken Sie mit zwei Fingern auf die Brust.

2 *Drücken Sie bei einem Baby das Brustbein kräftig etwa 2 cm tief ein, bei einem Kind etwa 3 cm tief. Wiederholen Sie dies 30-mal.*

3 *Beatmen Sie das Baby oder Kind nun zweimal (s. vorige Seite).*

4 *Nehmen Sie eine Minute lang im Wechsel 30 Herzdruckmassagen, dann zwei Beatmungen vor.*

5 *Rufen Sie den Notarzt, wenn das bislang noch nicht geschehen ist. Führen Sie die KPR fort, bis Hilfe kommt oder Ihr Baby oder Kind wieder atmet.*

6 *Setzt die Atmung ein, bringen Sie Ihr Baby oder Kind in die stabile Seitenlage (s. S. 287) und rufen den Rettungswagen, wenn das bisher noch nicht geschehen ist. Bleiben Sie beim Kind, bis der Notarzt eintrifft.*

Wiederbelebung im Überblick

Die Behandlungsfolge eines bewusstlosen Babys oder Kindes ist unten zusammengefasst. Prägen Sie sich diese ein, damit Sie genau wissen, was in einem Notfall zu tun ist.

ATEMWEGE FREI MACHEN
▼
ATMUNG KONTROLLIEREN
▼
KEINE ATMUNG
▼
NOTARZT RUFEN LASSEN
▼
FÜNFMAL BEATMEN
▼

KPR BEGINNEN
▼
1 MINUTE WIEDERHOLEN
▼
WENN NOCH NICHT ERFOLGT: NOTARZT RUFEN
▼
WIEDERBELEBUNG FORTSETZEN, BIS HILFE EINTRIFFT

Ersticken

Kinder können an Nahrungsmitteln oder kleinen Gegenständen, die im Hals stecken bleiben, ersticken. Am wichtigsten ist es, den Fremdkörper schnell zu entfernen und die Atemwege frei zu machen. Anweisungen für ein über einjähriges Kind erhalten Sie auf der nächsten Seite.

Bei einem Baby (unter 12 Monaten)

Bei einem leichten Erstickungsanfall kann das Baby noch husten. In schweren Fällen kann es weder schreien, husten noch atmen.

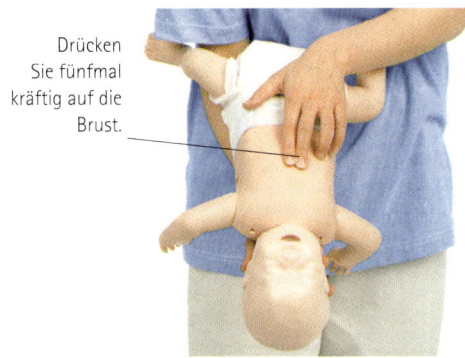

Drücken Sie fünfmal kräftig auf die Brust.

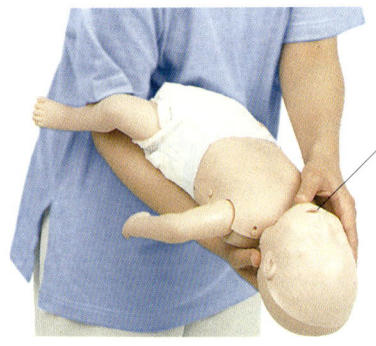

Schauen Sie in den Mund und entfernen Sie sichtbare Fremdkörper.

1 Wenn Ihr Baby weder hustet noch atmet, legen Sie es mit dem Gesicht nach oben auf Ihren Unterarm. Drehen Sie seinen Kopf zur Seite und kontrollieren Sie den Mundraum. Wenn Sie einen Fremdkörper erkennen können, Finger in den Rachen schieben.

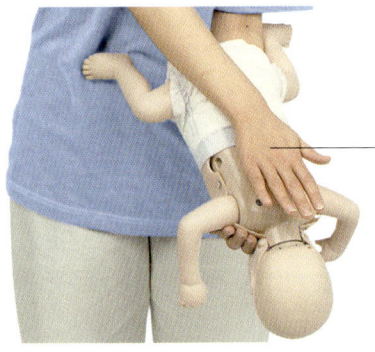

Klopfen Sie fünfmal mit der flachen Hand auf den Rücken.

2 Baby mit dem Kopf nach unten bäuchlings auf Ihren Unterarm legen. Kopf und Schultern abstützen, mit der anderen Hand fünfmal auf die Schulterblätter klopfen.

3 Wenn die Schläge nicht helfen und das Baby nicht atmet, legen Sie zwei Finger auf die untere Hälfte des Brustbeins und drücken fünfmal kräftig nach unten (einmal alle drei Sekunden). Dann kontrollieren Sie den Mund.

4 Ist der Fremdkörper noch da, wiederholen Sie die Schritte 1–3 dreimal und rufen einen Rettungswagen.

5 Klopfen und drücken Sie die Brust weiter, bis Hilfe kommt, der Fremdkörper zutage tritt oder das Baby bewusstlos wird.

6 Bei bewusstlosen Babys (s. S. 86) und erfolgloser Atemspende führen Sie 30 Herzdruckmassagen durch, gefolgt von erneuter zweimaliger Atemspende.

WICHTIG

▸ Schütteln Sie das Baby NIEMALS.

▸ TASTEN SIE NICHT blind im Rachen des Babys, um den Fremdkörper aufzuspüren.

▸ Ein Baby, das eine Herzdruckmassage erhalten hat, muss einem Arzt vorgestellt werden.

Bei einem Kind über 1 Jahr

Sind die Atemwege nicht vollständig blockiert, kann Ihr Kind noch sprechen, husten und atmen. Sind sie vollständig verlegt, kann es all das nicht.

1 *Wenn Ihr Kind husten kann, bitten Sie es das zu tun, wodurch sich normalerweise die Blockade löst.*

2 *Wenn sich der Fremdkörper nicht gelöst hat: Bitten Sie das Kind, sich rücklings über Ihre Knie zu legen. Kontrollieren Sie den Mundraum und entfernen Sie sichtbare Fremdkörper.*

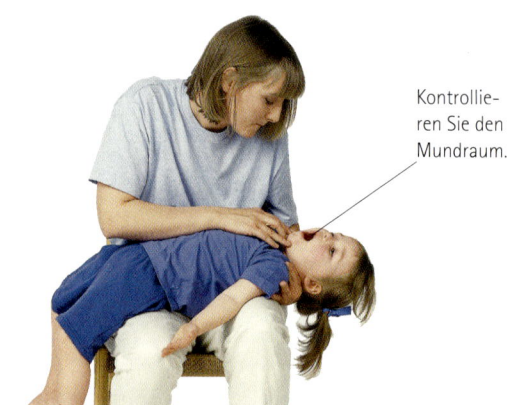

Kontrollieren Sie den Mundraum.

3 *Wenn sich die Blockade immer noch nicht gelöst hat, beugen Sie das Knie bäuchlings über Ihre Knie vornüber. Geben Sie dem Kind fünf kräftige Schläge zwischen die Schulterblätter. Kontrollieren Sie seinen Mundraum.*

4 *Bei Misserfolg wiederholen Sie die Schritte 2 und 3 dreimal. Wenn das nicht hilft, rufen Sie den Rettungswagen.*

5 *Fahren Sie mit den Maßnahmen fort, bis Hilfe eintrifft, der Fremdköper freikommt oder das Kind bewusstlos wird. Wird es bewusstlos, verfahren Sie wie in Schritt 6 beim Baby (s. vorige Seite).*

WICHTIG

▸ TASTEN SIE NICHT blind im Mund Ihres Kindes, um den Fremdkörper zu lokalisieren.

▸ Jedes Kind, bei dem diese Maßnahmen durchgeführt wurden, muss dem Arzt vorgestellt werden.

Verbrennung/Verbrühung

Bei Verbrennungen muss ein Kind immer zum Arzt, bei einer großflächigen Verbrennung ins Krankenhaus. Die Verbrennung muss möglichst schnell gekühlt werden, um die Schädigung zu mindern.

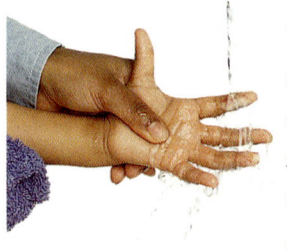

1 *Halten Sie die Brandwunde mindestens zehn Minuten unter kühles, fließendes Wasser. Bei einer großflächigen Verbrennung können Sie das Kind unter die Dusche stellen. Setzen Sie es aber nie in kaltes Wasser (Unterkühlung).*

2 *Haftet die Kleidung an der Brandwunde fest, schneiden Sie den Stoff großzügig um die Stelle herum ab und lassen erneut kaltes Wasser darüber laufen.*

3 *Decken Sie die Verbrennung mit sterilem oder sauberem, nicht fusselndem Stoff ab, um einer Infektion vorzubeugen. Bei einer großflächigen Verbrennung ist ein Kissenbezug dienlich. Geben Sie nie Fett oder Salbe auf eine Verbrennung. Geben Sie Ihrem Kind nichts zu essen oder trinken. Achten Sie auf Anzeichen eines Schocks (s. rechts).*

Starke Blutung

Jede starke Blutung ist ernst und beängstigend. Es handelt sich um einen Notfall. Bei hohem Blutverlust können Schock und Bewusstlosigkeit auftreten. Tragen Sie Einmal-Handschuhe und berühren Sie die Wunde nicht, um das Infektionsrisiko zu senken.

1 *Halten Sie den verletzten Körperteil hoch. Pressen Sie eine saubere Kompresse oder ein Tuch direkt auf die Wunde. Drücken Sie fest mit der Hand darauf, bis die Blutung gestoppt ist.*
2 *Decken Sie die Kompresse mit einem sauberen, nicht fusselnden Verband ab, und halten Sie das Körperteil weiter hoch, evtl. mit einem Armtragetuch.*
3 *Bringen Sie Ihr Kind so schnell wie möglich ins Krankenhaus, da die Wunde evtl. genäht werden muss.*

Halten Sie den verletzten Körperteil hoch.

Schock

Die häufigste Ursache für Schock ist eine schwere Blutung oder eine Verbrennung oder Verbrühung. Erste Anzeichen sind blasse, kalte, schweißnasse Haut, ein schwacher, beschleunigter Puls und flache schnelle Atmung. Später wird das Kind ruhelos, gähnt und seufzt, hat starken Durst und wird dann bewusstlos.

1 Legen Sie Ihr Kind auf eine Decke und lagern Sie die Füße mit Kissen, Büchern oder einem Stuhl höher als Herzhöhe. Rufen Sie den Notarzt.
2 Lockern Sie enge Kleidung an Hals, Brust und Taille.
3 Decken Sie es mit ggf. einer weiteren Decke zu. Geben Sie ihm weder zu essen noch zu trinken.
4 Kontrollieren Sie seine Vitalfunktionen und sprechen ihm beruhigend zu. Wird das Kind bewusstlos, bringen Sie es

in die stabile Seitenlage (s. S. 287) und warten auf Hilfe.

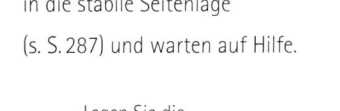
Legen Sie die Beine hoch.

Bein-, Arm- und Handverletzungen

Brüche, Verrenkungen und Muskelzerrungen sind nicht immer einfach zu unterscheiden. Versorgen Sie eine Verletzung immer wie einen möglichen Bruch, der im Krankenhaus geröntgt werden muss.

Beinverletzung

1 *Halten Sie Ihr Kind ruhig. Ihr Kind könnte einen Schock erleiden (s. S. 291), vor allem bei einem Oberschenkelbruch.*

2 *Setzen oder legen Sie Ihr Kind hin. Umpolstern Sie das Bein mit Kissen oder einer Decke ab, und rufen Sie den Krankenwagen. Halten Sie die Gelenke über dem verletzten Bereich fest, um jede Bewegung zu verhindern.*

Stützen Sie das Bein an Gelenken oberhalb der Bruchstelle.

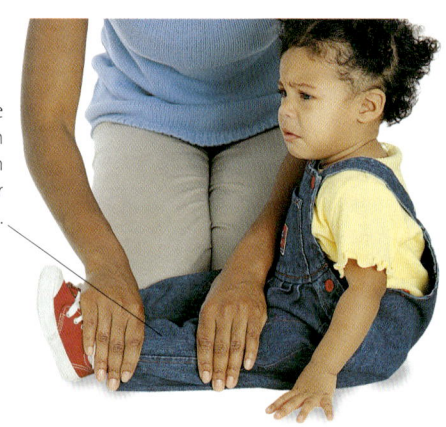

Arm- oder Handverletzung

Bei einem Sturz auf die Hand können Schlüsselbein und Schulter verletzt werden, ein Stoß auf den Arm bewirkt evtl. einen Bruch. Kinderknochen biegen sich häufig oder splittern, ohne zu brechen (Grünholzfraktur).

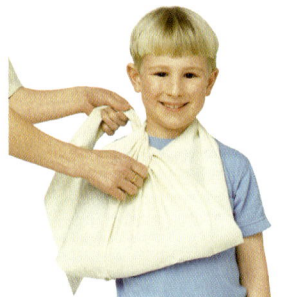

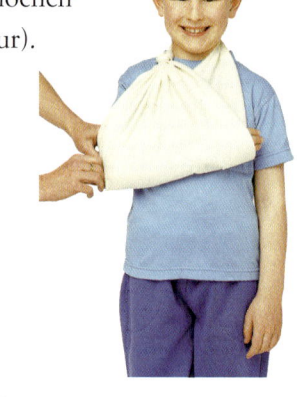

1 Verletzten Arm quer über die Brust des Kindes legen. Eine Polsterung, z.B. ein Handtuch oder eine Zeitung, zwischen Arm und Brust anbringen, während Sie den verletzten Arm mit der anderen Hand abstützen.

2 Ein Dreieckstuch zwischen verletzten Arm und Brust legen, sodass das lange Ende über die Schulter des gesunden Arms nach unten hängt und der Zipfel der anderen Seite Richtung Ellbogen des verletzten Arms zeigt.

3 Unteres Ende des Verbands um den Unterarm legen, zur Schulter führen und um den Nacken ziehen. Enden auf der Schulter verknoten. Die am Ellbogen überstehende Tuchspitze einschlagen und befestigen.

Erste-Hilfe-Tipps

Diese Übersicht zeigt wichtige Erste-Hilfe-Maßnahmen, mit denen Sie in verschiedenen
Notfallsituationen bei Babys und Kindern schnell und sicher vorgehen können. Wenn Sie
im Zweifel sind, welche Behandlung angezeigt ist, fragen Sie den Arzt.

VERLETZUNG	WAS SIE TUN SOLLTEN	ÄRZTLICHE HILFE?
▶ Fremdkörper in der Nase	Versuchen Sie nicht, den Gegenstand zu entfernen. Fragen Sie Ihr Kind, was es sich in die Nase gesteckt hat.	Kind beruhigen und ins Krankenhaus bringen.
▶ Fremdkörper im Auge	Ziehen Sie die Augenlider sanft auseinander. Das Kind soll nach links, rechts, oben und unten schauen. Spülen Sie den Fremdkörper mit Wasser aus. Beugen Sie den Kopf des Kindes und gießen Sie das Wasser aus einer Kanne in den Augeninnenwinkel, sodass es über das ganze Auge abfließt. Entfernen Sie den Fremdkörper mit einem Taschentuchzipfel.	Wenn Sie eine Verletzung des Auges befürchten, bringen Sie das Kind ins Krankenhaus.
▶ Fremdkörper im Ohr	Beruhigen Sie Ihr Kind. Versuchen Sie nicht, ihn zu entfernen.	Ins Krankenhaus fahren.
▶ Verschluckter Gegenstand	Beruhigen Sie Ihr Kind und stellen Sie fest, was es verschluckt hat. Kleine Batterien sind besonders gefährlich, weil sie Chemikalien enthalten, aber auch kleine, glatte Gegenstände sind nicht zu unterschätzen.	Ins Krankenhaus fahren.
▶ Insektenstich	Einen Stachel in der Haut ganz vorsichtig mit einer Pinzette entfernen. Kühlen Sie die betroffene Stelle zehn Minuten lang mit einer kalten Kompresse. Verletzten Körperteil ruhig stellen.	Wenn in Ihrer Familie Allergien auf Insektenstiche bestehen, Kind ins Krankenhaus bringen.
▶ Vergiftung	Wenn Ihr Kind bei Bewusstsein ist, finden Sie heraus, was es getrunken hat (achten Sie auf herumliegende Behälter). Bringen Sie Ihr Kind nicht zum Erbrechen. Lassen Sie das Kind nicht einschlafen. Wird es bewusstlos, s. S. 286.	Notarzt rufen; teilen Sie mit, was Ihr Kind verschluckt hat.
▶ Verschluckte Chemikalien	Chemikalienreste abwischen und schluckweise kaltes Wasser zu trinken geben, wenn die Lippen verätzt sind. Finden Sie heraus, was das Kind getrunken hat. Führen Sie kein Erbrechen herbei. Lassen Sie das Kind nicht einschlafen. Wird es bewusstlos, s. S. 286.	Notarzt rufen; teilen Sie mit, was Ihr Kind verschluckt hat.
▶ Ausgeschlagener Zahn	Legen Sie eine Kompresse so auf den Zahnstumpf, dass das Kind darauf beißen kann. Halten Sie die Kompresse fest.	Arzt anrufen.

Entwicklungsprobleme

Die meisten Eltern machen sich irgendwann wegen der Entwicklung ihres Kindes Sorgen– vor allem beim ersten Kind, wenn man nicht weiß, was kommt. Doch denken Sie daran, dass die »normale« Entwicklung ganz unterschiedlich verläuft.

Zwar entwickeln sich Babys in unterschiedlichem Tempo, doch werden die Meilensteine in einer vorgegebenen Abfolge erreicht, wobei es Ausnahmen gibt. Babys, die z.B. statt zu krabbeln auf dem Po rutschen, lernen oft spät gehen und sind dafür schon früh gesprächig. Andere laufen vielleicht mit neun Monaten, fangen aber erst mit zwei Jahren an zu sprechen. Wenn Ihr Baby unbedingt mobil werden will, hat es weniger Zeit, seine Feinmotorik oder Sprachfähigkeiten zu schulen, als das Nachbarsbaby, weil es sich darauf konzentriert, einen Weg quer durchs Zimmer zu finden. Wenn Ihr Kleinkind wiederum von Büchern und Spielzeugfiguren begeistert ist, sitzt es vielleicht gern auf dem Boden, spielt dort und steckt seine Energie erst in einigen Monaten ins Laufen.

»Wir litten sehr, weil unsere Tochter nicht sprach. Mit zwei Jahren sagte sie nach dem Essen: ›Alles weg!‹ Jetzt redet sie pausenlos!«

Etliche Faktoren beeinflussen das Entwicklungstempo, so auch die Stellung in der Geschwisterfolge und das Geschlecht. Es ist normal, das eigene Baby mit anderen zu vergleichen; aber achten Sie dabei auf die allgemeine Zeitspanne, in der sich eine Fähigkeit entwickelt – siehe die Tabelle auf der folgenden Seite. Andererseits sollten Sie sich beraten lassen, sobald Sie Bedenken haben. Der Kinderarzt kann Sie beruhigen oder die erforderlichen Untersuchungen durchführen. Wenn sich herausstellt, dass Ihr Kind eine Entwicklungsverzögerung oder -behinderung hat, versuchen Sie, optimistisch zu bleiben und jedes Entwicklungsstadium, das Ihr Kind gerade durchläuft, zu genießen.

Meilensteine der Entwicklung

Es gibt eine breite Zeitspanne für die Entwicklung der meisten Fähigkeiten. Diese Tabelle gibt Ihnen
Anhaltspunkte für die Altersspanne, in der die meisten Meilensteine erreicht werden. Es besteht aber
kein Anlass zur Sorge, wenn Ihr Kind eine Fähigkeit erst spät erwirbt. Wenn Sie sich wegen einem
Entwicklungsbereich Sorgen machen, wenden Sie sich an den Kinderarzt.

LEGENDE
1. Jahr
2. Jahr

MONATE   1   2   3   4   5   6   7   8   9   10

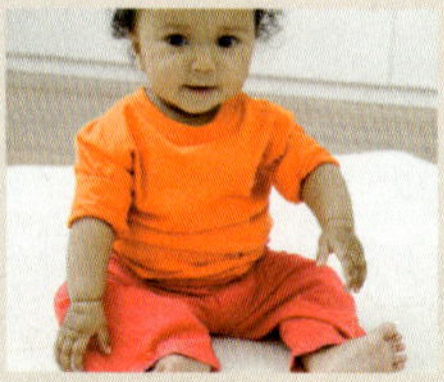

BEWEGLICHKEIT

TRÄGT SEIN GEWICHT AUF DEN BEINEN   HANGELT SICH AN MÖBELN

ERWIRBT KOPFKONTROLLE

SITZT FREI

BEGINNT ZU KRABBELN   LÄUFT FREI

ROLLT SICH VOM RÜCKEN AUF DIE SEITE   ZIEHT SICH IN DEN STAND

ROLLT SICH AUF DEN BAUCH

HANDGESCHICKLICHKEIT

LÄSST GEGENSTÄ
ABSICHTLICH FAL

ENTDECKT
SEINE HÄNDE   SPIELT MIT DEN FÜSSEN   VERWENDET PINZETTENGRIF

NIMMT DINGE VON EINER
HAND IN DIE ANDERE

GREIFT NACH GEGENSTÄNDEN

FASST GEZIELT NACH
GEGENSTÄNDEN   ZEIGT, KLATSCHT
UND WINKT

HÖREN/SPRACHE

ERSCHRICKT DURCH LAUTE GERÄUSCHE   WENDET SICH GERÄUSCHEN ZU

ERSTES BABBELN   BEGINNT, LAUTE ZU VERBINDEN

GURRLAUTE

BILDET KURZE UND
LANGE LAUTE   ERKENNT
SEINEN NAMEN

SOZIALE FÄHIGKEITEN

BEGINNT, HANDLUNGEN UND LAUTE NACHZUAHME

BEGINNT ZU LÄCHELN   LIEBT SPIELE WIE
»GUCK-GUCK«

GURRT UND LACHT

WINDET SICH VOR AUFREGUNG

ANLASS ZUR SORGE

▶ Fixiert mit sechs Wochen kein Gesicht.

▶ Lächelt mit acht Wochen noch nicht.

▶ Achtet mit sieben Monaten auf kein Geräusch.

▶ Sitzt mit acht Monaten noch nicht.

▶ Läuft mit 18 Monaten nicht.

▶ Spricht mit zwei Jahren nicht.

11	12	13	14	15	16	17	18	19	20	21	22	23	24

STEIGT STUFEN

LERNT WERFEN UND EINEN BALL KICKEN

BEGINNT, AUFS TÖPFCHEN ZU GEHEN

KANN TREPPEN HINUNTERSTEIGEN

BEGINNT, EINE GABEL ZU BENUTZEN

ISST SELBER MIT DEN FINGERN

BAUT EINEN TURM AUS BAUKLÖTZEN

HÄLT/ISST MIT LÖFFEL

VERSUCHT, SICH AUS-, DANN ANZUZIEHEN

KANN MIT STIFT KRITZELN

ZEICHNET EINE GERADE LINIE

ERSTE LAUTE MIT BEDEUTUNG

FRAGT »WARUM?«

KANN MINDESTENS ZWEI WÖRTER VERBINDEN

SAGT EINIGE EINZELNE WÖRTER

ZEIGT AUF AUFFORDERUNG AUF BILDER

VERTEIDIGT SEINE SPIELSACHEN

SPIELT NEBEN ANDEREN KINDERN

BEFOLGT EINFACHE ANWEISUNGEN

MAG SYMBOLSPIELE

FREMDELT

Probleme erkennen

Sie kennen Ihr Baby besser als jeder andere; wenn Sie sich Sorgen machen, dürfen Sie erwarten, dass man Sie ernst nimmt. Wenn Ihr Kleinkind nicht kommuniziert oder sich nicht erwartungsgemäß bzw. wie gleichaltrige Kinder verhält, wenden Sie sich zunächst an den Kinderarzt, mit dem Sie Ihre Bedenken besprechen und der Ihr Kind untersucht.

Probleme bei Babys und Kleinkindern sind oft nicht eindeutig zu diagnostizieren; ein Förderprogramm schadet im Zweifelsfall jedoch nicht – selbst wenn sich herausstellt, dass gar kein Problem bestand.

Sehen und Hören

Beeinträchtigungen des Sehvermögens werden meist früh erkannt. Wenn Ihr Baby seinen Blick nicht auf ein Gesicht oder einen Gegenstand fixiert und mit den Augen verfolgt, wird es vermutlich zum Augenarzt überwiesen. Hörprobleme sind schwieriger festzustellen; aus diesem Grund ist der Hörtest bei Neugeborenen (s. S. 27) so wichtig. Bei Bedenken wird Ihr Baby zu einem Facharzt überwiesen. Erstes Anzeichen einer Schwerhörigkeit ist manchmal eine Verzögerung in der Sprachentwicklung. Wenn Ihr Kind mit zwei Jahren noch kein Wort sagt, sollte ein Hörtest durchgeführt werden.

Selbst wenn beim Neugeborenen-Hörscreening keine Auffälligkeiten festgestellt wurden, können Erkrankungen wie Tubenkatarrh (s. S. 267) das Hörvermögen später beeinträchtigen.

Motorische Fertigkeiten

Dieser Entwicklungsbereich wird in grobmotorische Fähigkeiten (Sitzen, Laufen) und feinmotorische (Greifen kleiner Gegenstände)

Schielen

In den ersten drei Lebensmonaten ist es normal, dass eines oder beide Augen »wandern«. Wenn sie aber danach in verschiedene Richtungen schauen, während das Kind einen Punkt fixiert, sprechen Sie mit dem Kinderarzt. Es ist wichtig, ein Schielen frühzeitig festzustellen, damit sich kein Doppelsehen entwickelt. Schielt Ihr Kind, übernimmt das Gehirn im Laufe der Zeit nur das Bild des dominanten Auges und ignoriert das des schwächeren Auges. Auf diese Weise geht die Sehkraft des schwächeren Auges allmählich verloren (Amblyopie).

Zunächst werden die Augen gründlich untersucht, dann gibt es je nach Ursache folgende Behandlungsmöglichkeiten:

▶ Das stärkere Auge wird zeitweise abgedeckt, um das schielende besser trainieren zu können (Okklusionsbehandlung).

▶ Die Verschreibung einer Brille, wenn das schielende Auge eine Sehschwäche aufweist. Brille und Okklusion können kombiniert werden.

▶ Pupillenerweiternde Tropfen für das normale Auge – das hat denselben Effekt wie eine Klappe.

▶ Manchmal ist auch eine Operation erforderlich.

unterteilt. Verzögerungen treten mit zunehmendem Alter deutlicher zutage. Babys, die spät
laufen, holen diesen Rückstand meist schnell
auf; bei einer deutlichen Verzögerung, wenn das
Kind z. B. mit neun Monaten nicht frei sitzt oder
mit 18 Monaten nicht läuft, nimmt der Kinderarzt weiter gehende Untersuchungen vor.

Sozialkompetenz und Kommunikation

Eine Verzögerung auf diesem Gebiet ist oft
schwerer zu erkennen als ein motorischer Rückstand; eventuell ist Ihr Baby nicht so kommunikativ und gesellig wie andere Kinder. Vielleicht
lächelt es nicht oder stellt keinen Blickkontakt
her. Oder es spielt nicht so wie andere Babys.
All dies kann auf soziale und kommunikative
Probleme hinweisen, die sich mit zunehmendem
Alter entweder bessern oder deutlicher zutage
treten. Kommunikationsproblemen kann eine
Behinderung, z. B. eine autistische Störung
(s. S. 300) oder Schwerhörigkeit, zugrunde
liegen, oder Ihr Baby braucht einfach mehr
direkte Zuwendung (s. unten).

Mögliche Ursachen

Bei Frühgeborenen und Kindern, die lange krank
waren oder besondere Bedürfnisse haben, können
Entwicklungsstörungen auftreten. Eine bedeu-
tende und behebbare Ursache einer Entwicklungs-

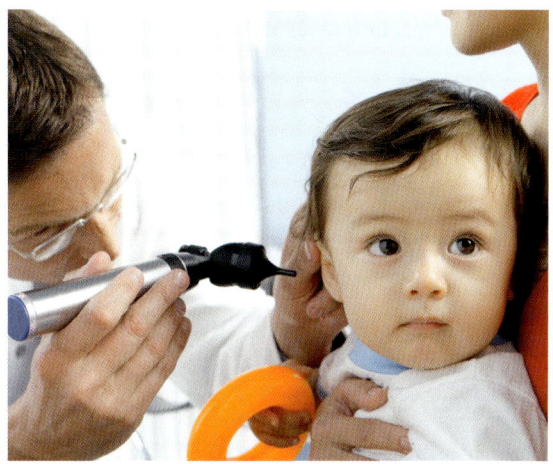

HÖRTEST *Manchmal wird eine Hörstörung festgestellt, wenn die Sprachentwicklung verzögert ist. Ihr Kinderarzt kann Sie zu einem Spezialisten überweisen.*

verzögerung ist mangelnde Anregung. Als Beispiel
gelten hier die Kinder aus osteuropäischen Wai-
senhäusern, deren Entwicklung durch den Mangel an Fürsorge und Zuwendung in den ersten
Lebensjahren stark beeinträchtigt wurde. Werden
Kinder, die im ersten Jahr zu wenig Anregung
erhielten, nach dem ersten Lebensjahr adoptiert,
entfalten sie meist nie mehr ihr volles Potenzial.
Leider gibt es auch bei uns vernachlässigte Kinder.

Leidet die Mutter an einer schweren
Wochenbettdepression (s. S. 101), ist das Baby
stark beeinträchtigt, wenn sich kein anderer
Erwachsener intensiv mit ihm abgibt. Auch
aus diesem Grund ist es so wichtig, eine
Wochenbettdepression rasch zu behandeln.

»Mir half ein Internetforum, als mit meinem behinderten Baby
alles so schwierig war. Hier fand ich Verständnis und Rat von
Eltern in der gleichen Situation.«

Was geschieht als Nächstes?

Liegt eine Auffälligkeit vor, werden Sie evtl. an einen entsprechenden Facharzt überwiesen, der das Problem eingehender beurteilen kann, z. B. ein Hals-Nasen-Ohrenarzt oder ein Kinder- und Jugendpsychiater.

Manchmal sind zur Diagnosestellung oder Ursachenforschung spezielle Untersuchungen wie Röntgen- oder Ultraschallaufnahmen oder Bluttests erforderlich. Bei manchen Erkrankungen, z. B. Zerebralparese, lässt sich oft trotz vieler Untersuchungen keine Ursache finden. Dann werden Termine bei weiteren Fachleuten wie Krankengymnasten, Logopäden und anderen Therapeuten vereinbart, die Ihrem Kind helfen und Sie hinsichtlich seiner Therapie beraten können. Vom Kinderarzt erhalten Sie Empfehlungen für die Förderung Ihres Kindes, z. B. Hinweise auf spezielle Spielgruppen, Kindergärten usw., damit Ihr Kind sich seinen Möglichkeiten entsprechend optimal entwickeln kann.

Es gibt eine Vielzahl an Informationen und Unterstützungsmöglichkeiten für Familien, die ein Kind mit einer Entwicklungsstörung haben. Wenn Sie noch keine betroffenen Eltern und Kinder kennen, bietet das Internet dazu eine großartige Möglichkeit.

Autistische Störungen

Autismus bezeichnet eine Entwicklungsstörung mit einem breiten Spektrum an Verhaltensweisen; Kinder sind in sehr unterschiedlichem Ausmaß davon betroffen. Eine autistische Störung kann bestehen, wenn eine sog. »Triade« an Auffälligkeiten vorliegt: soziale Interaktion, Kommunikation und Fantasie. Autistische Kinder widersetzen sich jeder Veränderung, finden Halt und Ruhe in Routinehandlungen und können unerklärliche Ängste entwickeln. Eine Diagnose ist bei unter Zweijährigen schwierig, weil solche Probleme bei vielen gesunden Kleinkindern vorkommen. Daher scheuen sich Fachleute, zu früh eine Diagnose zu stellen.

Dennoch: Wenn Sie Bedenken oder auch nur eine instinktive Vermutung wegen der sozialen und emotionalen Entwicklung Ihres Kindes sowie wegen seinem Verhalten haben: Lassen Sie sich beraten. Autismus betrifft mehr Jungen als Mädchen; Experten meinen, dass er auf genetisch bedingte, körperliche Faktoren, die die Gehirnentwicklung beeinträchtigen, zurückgeht.

Die Welt kann für ein autistisches Kind ein unheimlicher Ort sein, weil sich kein soziales Bewusstsein und keine Freude an der Interaktion entwickelt. Viele reagieren hypersensibel gegenüber Geräuschen, Geruch, Geschmack, Texturen oder Berührung, was das normale Familienleben für alle Mitglieder außerordentlich schwierig macht. Häufig kommt es zu Wutanfällen oder Rückzug, weil das Leben das Kind einfach überfordert.

Wenn Sie oder eine andere Betreuungsperson vermuten, dass Ihr Kind eine autistische Störung haben könnte, können Sie mit viel Informationen und Hilfestellung, frühen therapeutischen Maßnahmen, Elternschulung, Selbsthilfegruppen und Ernährungsberatung rechnen.

Zwar ist Autismus nicht heilbar, doch es gibt für kleine Kinder zahlreiche Maßnahmen, die sehr wirksam sind: Man muss ausprobieren, was individuell hilft. Intensive Verhaltensschulung mehrere Stunden am Tag, bei der das Kind kommunizieren und spielen lernt, soll bei sehr kleinen Kindern zu Hause durch Eltern und Freiwillige besonders gut funktionieren. Andere Ansätze lehren Eltern ihre autistischen Vorschulkinder zu verstehen und mit ihnen zu kommunizieren; eine kontinuierliche Begleitung durch Fachkräfte ist möglich.

Weitere Informationen erhalten Sie u. a. beim Bundesverband Autismus (s. S. 312).

»Mein Baby stellte keinen Blickkontakt her. Als es älter wurde, war es anders als andere Kinder; ich wusste nicht, warum. Die Diagnose Asperger-Syndrom war dann eine Erleichterung, weil wir nun Wege finden konnten, ihm zu helfen.«

Aufmerksamkeitsdefizitstörung (ADS/ADHS)

Die meisten Kleinkinder sind impulsiv, können sich nur kurz konzentrieren und sind oft unruhig und sehr aktiv. Wenn diese Eigenschaften bei Ihrem Kind jedoch ausgeprägter zu sein scheinen als bei gleichaltrigen Kindern, sprechen Sie mit dem Kinderarzt. Er kann Sie evtl. zu einem Kinderpsychiater oder Psychologen überweisen; allerdings ist ADHS in diesem Alter extrem schwierig zu diagnostizieren.

Nicht immer ist die Aufmerksamkeitsstörung (ADS) von Hyperaktivität (ADHS) begleitet, vor allem bei älteren Kindern und Erwachsenen. Die Störungen können schwach oder sehr stark ausgeprägt sein. Kinder mit der Diagnose AD(H)S leiden später wegen der Art, wie Menschen auf ihr Verhalten reagieren, oft unter einem schwachen Selbstwertgefühl. Es gibt viele Strategien, das Leben für alle Beteiligten einfacher zu machen; liebevolle, sensible Unterstützung zu Hause und in der Schule kann einem Kind mit AD(H)S helfen, sein volles Potenzial zu entfalten.

Von ADHS sind mehr Jungen als Mädchen betroffen, und beide Störungen kommen familiär gehäuft vor. Ursache sind besondere neurobiologische Abläufe im Gehirn. Denken Sie daran, dass das sehr schwierige Verhalten, das diese Störungen oft charakterisiert, nicht Fehler des Kindes ist. Auch wenn eine medikamentöse Behandlung bei Kindern wirksam sein kann, ist diese Therapie nicht für Kleinkinder gedacht. Hier steht Verhaltensmanagement im Vordergrund; es liegt an den Eltern, eine Umgebung zu schaffen, die dem Kind hilft, ruhig zu bleiben. In manchen Fällen bringt auch eine Ernährungsumstellung gewisse Erfolge.

Auskünfte und Unterstützung erhalten Sie bei verschiedenen Organisationen (s. S. 312).

Besondere Kinder

Jeder wünscht sich ein gesundes Baby und möchte durch Tests in der Schwangerschaft Probleme erkennen. Wer aber über die Entwicklung eines Ungeborenen Bescheid weiß, wundert sich nur, dass nicht mehr behinderte Babys zur Welt kommen.

Wie Sie damit zurechtkommen, wenn Ihr Baby mit einer Behinderung geboren wird, hängt von vielen Faktoren ab, auch davon, ob die Störung lebensbedrohlich ist, wie Sie davon erfahren, von Ihren religiösen Überzeugungen und den Möglichkeiten der Unterstützung und Therapie, die Ihnen aufgezeigt werden.

Manche Eltern werden von Kummer überwältigt, wenn ihr Baby z. B. mit einem überzähligen Finger geboren wurde, während andere selbst eine Behinderung wie das Down-Syndrom (s. S. 307), die dauerhafte Auswirkungen auf die Zukunft des Kindes hat, relativ problemlos akzeptieren. Vielleicht erfahren Sie während der Schwangerschaft, dass Ihr Baby an einer Besonderheit leidet; dann kann die Geburt in einer Spezialklinik geplant werden, wo man auf diese Probleme eingestellt ist. Unter diesen Umständen können Sie vermutlich emotional besser damit umgehen, als wenn Sie unvorbereitet mit einer Behinderung Ihres Babys konfrontiert werden.

Wenn Sie erfahren, dass Ihr Baby eine Behinderung hat, müssen Sie sich möglichst umfassend informieren. Stellen Sie alle erdenklichen Fragen (schreiben Sie sie zuvor auf), aber seien Sie nicht überrascht, wenn Sie sich später nicht an die Antworten erinnern können. Nehmen Sie eine Freundin mit, die emotional weniger betroffen ist und die Informationen besser verarbeiten kann. Es gibt zahlreiche Organisationen (s. S. 312), bei denen Sie auch Kontakte zu anderen Familien in der gleichen Situation finden können, die ihr Leben inzwischen gut bewältigen.

DOWN-SYNDROM *Allzu leicht stellt man Verallgemeinerungen über Kinder mit einer Behinderung an; bei Kindern mit Down-Sydrom bestehen große Unterschiede bei IQ und Fähigkeiten. Sie sind Individuen wie alle anderen Kinder.*

Ihr besonderes Kind lieben

Wenn Ihr Neugeborenes nicht das perfekte Baby ist, das Sie erwartet haben, können Schock und Kummer anfangs überwältigend sein. Doch Sie werden schnell eine Bindung aufbauen und Ihr Kind über alles lieben.

Sie brauchen weder Sorgen noch Schuldgefühle zu haben, wenn der Bindungsprozess Zeit braucht; dies ist selbst bei gesunden Babys häufig so. Es gibt keine Beziehung, die der zwischen Ihnen und Ihrem Kind vergleichbar ist. Viele Menschen und Fachleute werden Ihnen in diesen schwierigen Zeiten zur Seite stehen.

Etwa zehn Prozent der Babys müssen nach der Geburt auf die Neugeborenenstation; doch auch dort gibt es Möglichkeiten, eine Bindung aufzubauen (s. S. 36 f.).

Was ist eine angeborene Störung?

Etwa ein Prozent der Babys kommt mit einer angeborenen Fehlbildung zur Welt. Das können Kleinigkeiten sein wie ein Hautanhängsel oder ein überzähliger Zeh, aber auch lebensbedrohliche Störungen wie eine Herzkrankheit. Die Fehlbildungen können grob unterteilt werden in –

■ **Strukturelle Anomalien:** Dazu gehören Lippen-Gaumen-Spalte, Hypospadie und Hodenhochstand (s. S. 304 f.).

■ **Funktionelle Störungen:** Dazu gehören Schilddrüsenunterfunktion; dabei wird zu wenig von den Hormonen produziert, die für die Funktion aller Körperorgane verantwortlich sind.

■ **Strukturelle und funktionelle Probleme:** Dazu gehören Duodenalatresie (dabei ist der Zwölffingerdarm nicht durchgängig), angeborene Herzfehler (s. S. 306) und Spina bifida (s. S. 309).

■ **Chromosomenstörungen:** Dazu gehören das Down-Syndrom (s. S. 307) und das Edward-Syndrom.

Behandlung

Viele Fehlbildungen wie Lippenspalte und Hypospadie können durch eine Operation behoben werden, ohne bleibende Beeinträchtigung. Aber auch kleinere Operationen können bei den Eltern große Ängste auslösen.

Operationen an kleinen Babys werden von spezialisierten Kinderchirurgen und Anästhesisten durchgeführt; das Risiko ist meist gering. Manche seltenen Probleme wie eine Verlegung des Blasenausgangs können vorgeburtlich in der Gebärmutter behandelt werden.

»Ich war entsetzt über die Lippenspalte meines Neugeborenen, konnte sie aber bald akzeptieren, und irgendwie kam es mir komisch vor, als sie operiert war.«

Angeborene Fehlbildungen

Dank der Vorsorgeuntersuchungen und der Folsäuregabe in der Frühschwangerschaft zur Vorbeugung von Spina bifida und Gaumen-Lippen-Spalte kommen bestimmte Fehlbildungen seltener vor. Doch auch Tests können irren, wenn z. B. ernste Probleme übersehen oder scheinbare Anomalien entdeckt werden, die sich als harmlos herausstellen.

Lippen-Gaumen-Spalte

Dabei verbinden sich die Gesichtshälften vor der Geburt nicht vollständig, und es bleibt eine Spalte entweder in der Oberlippe oder dem Kiefer oder, häufiger, in beidem. Manchmal wird die Lippen-Gaumen-Spalte bei der Ultraschalluntersuchung in der Schwangerschaft entdeckt. Bald nach der Geburt wird ein Chirurgenteam Sie beraten; es können verschiedene Operationen zur Behebung der Fehlbildung erforderlich sein. Die Ergebnisse sind erstaunlich. Das anfängliche Hauptproblem ist das Stillen/Füttern des Babys, weil es nicht saugen kann; doch dafür wurden spezielle Sauger entwickelt.

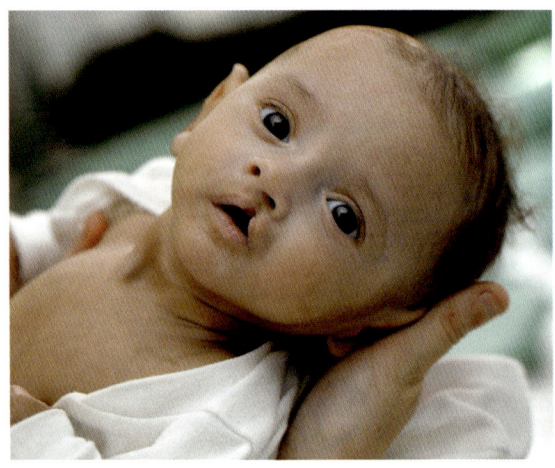

BEHANDLUNG *Eine Lippen-Gaumen-Spalte kann operativ behoben werden; normalerweise erfolgt die erste Operation mit drei, eine weitere mit sechs Monaten.*

Hüftgelenksluxation

Dabei passt der Oberschenkelkopf nicht genau in den Hüftknochen, und die Hüfte ist dadurch zu beweglich. Die Hüftgelenkluxation betrifft etwa eines von 1000 Babys, mehr Mädchen als Jungen. Bei der Neugeborenen-Basis-Untersuchung achtet man darauf (s. S.27); bei Verdacht wird eine Ultraschallaufnahme der Hüfte gemacht. Es gibt eine familiäre Veranlagung; ein Risiko besteht auch nach einer Steißgeburt und bei einem Klumpfuß (s. S.305). Behandelt wird meist mit einer Spreizhose, damit die Hüfte in der korrekten Position fixiert wird und sich normal entwickeln kann. Dann gibt es keine bleibenden Probleme.

Klumpfuß

Bei manchen Babys sind bei der Geburt ein oder beide Füße nach unten und innen (s. S. 22) gedreht, was als Klumpfuß bezeichnet wird. Er kann durch Massage und Dehnen des Knöchels korrigiert werden; ein Krankengymnast kann Ihnen das beibringen. Bei früher Behandlung gibt es beim weiteren Wachstum keine Probleme. In seltenen Fällen ist der Fuß so gedreht, dass er nicht allein durch bloße Fixierung in die richtige Position gebracht werden kann. Dann ist ein operativer Eingriff zur Verlängerung der Sehnen erforderlich, aber auch in diesem Fall ist die langfristige Prognose ausgezeichnet.

Hypospadie

Bei dieser Fehlbildung von Jungen liegt die Öffnung der Harnröhre (die durch den Penis verläuft) nicht an der Spitze des Penis. Sie kann irgendwo unten am Penis sein (man kann sie vielleicht nur sehen, wenn Urin austritt). Eine Hypospadie kommt ziemlich häufig vor, etwa bei einem von 300 Jungen. Bei der Behandlung wird die Harnröhre bis zur Penisspitze verlängert. Diese Operation wird gewöhnlich vor dem zweiten Lebensjahr durchgeführt. Die Vorhaut bietet das perfekte Gewebe, und daher ist es wichtig, dass Babys mit Hypospadie nicht vor der Operation beschnitten werden.

Bei einer schweren Hypospadie können mehrere Operationen erforderlich sein, aber die Prognose ist gewöhnlich sehr gut. Manchmal liegt auch eine Fehlbildung der Nieren vor, daher wird als Vorsichtsmaßnahme bei einer Hypospadie auch eine Ultraschallaufnahme der Nieren gemacht.

Hodenhochstand

Die Hoden eines ungeborenen Jungen werden in seinem Bauch angelegt und sollten sich zur Zeit der Geburt in den Hodensack gesenkt haben. Manchmal geschieht dies jedoch nicht, und einer oder beide Hoden stecken fest. Das wird normalerweise bei der Neugeborenen-Untersuchung erkannt und nochmals bei der U 3 überprüft (s. S. 80).

Die Hoden sind sehr empfindlich und ziehen sich bei einer Untersuchung oft in den Leistenkanal (direkt oberhalb des Hodensacks) zurück. Wenn sie also nicht getastet werden können, muss kein Problem vorliegen – sie sind vielleicht einfach ein bisschen empfindlich. Wenn sie auch nur einmal im Hodensack getastet werden können, besteht kein Hodenhochstand.

Bei echtem Hodenhochstand muss operiert werden, um die Hoden im Hodensack zu fixieren. Das sollte im ersten Lebensjahr geschehen; bleiben die Hoden im Bauchraum, kann Unfruchtbarkeit und erhöhtes Krebsrisiko die Folge sein. Der Eingriff ist einfach und verursacht weder Schmerzen noch Beschwerden.

Wasserbruch

Dieses häufige Problem betrifft ebenfalls nur Jungen. Ein Wasserbruch (Hydrozele) ist eine Flüssigkeitsansammlung innerhalb der Hodenhüllen. Sie ist gewöhnlich harmlos und bildet sich spätestens bis zum ersten Geburtstag zurück.

Nur selten ist eine Operation erforderlich bzw. gibt es Probleme; manchmal wird ein Wasserbruch jedoch mit einem Leistenbruch verwechselt, bei dem ein Teil des Darms in den Hodensack rutscht. Das kann weit gefährlicher sein und erfordert fast immer eine Operation. Bei einem Leistenbruch werden Darm sowie Hoden nicht mehr mit Sauerstoff versorgt – mit ernsten Folgen. Wenn Ihr Baby eine schmerzlose Schwellung im Hodensack hat, gehen Sie zum Arzt. Ist die Schwellung schmerzhaft oder entdecken Sie eine neue Schwellung, die beim Liegen nicht verschwindet, gehen Sie sofort zum Arzt.

Angeborene Herzfehler

Dabei besteht eine Anomalie in der Struktur und/oder Funktion des Herzens. Vor der Geburt erhält Ihr Baby Sauerstoff über die Plazenta; ab dem ersten Atemzug wird sein Herz mit sauerstoffhaltigem Blut aus den Lungen versorgt. Dazu muss sich die Verbindung (der Ductus arteriosus) zwischen zwei Hauptschlagadern sowie die Öffnung (das Foramen ovale) zwischen den beiden Herzkammern geschlossen haben. Dann pumpt das Herz das sauerstoffreiche Blut durch den Körper. Dazu muss das Blut in der richtigen Abfolge durch die vier Herzkammern fließen, die durch Klappen verbunden sind.

Angeborene Herzfehler können diese Klappen zwischen den Kammern betreffen; es kann ein Loch zwischen zwei oder mehr Kammern bestehen oder ein Defekt zwischen den Kammern und den Arterien oder Venen vorliegen. Wenn Ihr Baby zunächst rosig aussieht, sich nach wenigen Tagen aber bläulich verfärbt, dann gelangte anfangs durch den offenen Ductus etwas Sauerstoff in seinen Körper. Am schwersten ist ein zyanotischer Herzfehler (Fallot-Tetralogie), bei dem das Baby bei der Geburt blau ist oder sich in den ersten Tagen verfärbt und auch bei Sauerstoffzufuhr keine rosige Hautfarbe annimmt.

Diagnose und Behandlung

Angeborene Herzfehler werden oft bei vorgeburtlichen Ultraschalluntersuchungen festgestellt, und man plant die Geburt entsprechend. Manchmal geht es dem Baby bei der Geburt gut, aber es läuft später blau an und hat Schwierigkeiten beim Atmen oder Füttern. Wird das Baby blau (zyanotisch), ist dies ein Notfall, und es kommt zur Operation in eine Spezialklinik.

Viel häufiger kommt es vor, dass es dem Baby gut geht und der Arzt bei einer Vorsorgeuntersuchung ein Herzgeräusch hört. Normalerweise ist dies nicht besorgniserregend und reflektiert das Geräusch des durch das Herz fließenden Blutes. Zur Abklärung können eine Röntgenaufnahme und andere Untersuchungen dienen. Auch wenn ein kleines Loch im Herz gefunden wird, schließt sich dieses meist spontan; also machen Sie sich keine Sorgen.

Genetische/andere Störungen

Manche Krankheiten sind genetisch bedingt. Dazu gehören Abweichungen in der Chromosomenzahl (z. B. Down-Syndrom) oder auf einem oder mehreren Genen (z. B. Mukoviszidose). Andere Erkrankungen (z. B. Zerebralparese) gehören nicht dazu.

Down-Syndrom

Es ist vermutlich die bekannteste Chromosomenanomalie, die Jungen wie Mädchen gleichermaßen betrifft. Das Baby verfügt über ein zusätzliches Chromosom (s. Kasten unten). Es kommt zu bestimmten charakteristischen Merkmalen, z. B. –

■ **Schlaffer Muskeltonus bei der Geburt:** Dieses Charakteristikum bessert sich mit dem Wachstum; körperliche Meilensteine werden aber eher spät erreicht.

■ **Besondere Gesichtszüge:** Dazu gehören schief stehende Augen mit Hautfalten zum inneren Augenwinkel. Es besteht aber dennoch eine familiäre Ähnlichkeit.

■ **Besondere körperliche Merkmale:** Der Hinterkopf ist eher flach, und hinten am Nacken kann eine verdickte Hautfalte bestehen (als »Nackenfalte« auf dem Ultraschall in der Frühschwangerschaft erkennbar), ebenso wie andere Auffälligkeiten, z. B. ein sehr tiefer Haaransatz.

■ **Ein erhöhtes Risiko für angeborene Krankheiten:** Dazu gehören Herzfehler (bei etwa 50 Prozent der Down-Babys).

■ **Lernschwächen:** Das Ausmaß ist bei jedem Kind verschieden. Der Besuch einer Regel-Grundschule ist oft möglich, später ist meist eine spezielle Förderung notwendig.

Die Chromosomen Ihres Babys

In jeder Körperzelle gibt es 46 Chromosomen. Diese sind zu 23 Paaren angeordnet, wobei jedes Paar von einem Chromosom der Mutter und einem des Vaters gebildet wird. Babys mit Down-Syndrom haben gewöhnlich ein zusätzliches Chromosom auf dem 21. Paar (Trisomie 21), was insgesamt 47 Chromsomen ergibt; gelegentlich hat ein Baby nur in einigen Zellen 47 Chromosomen. Bei einigen wenigen Down-Babys liegt eine Chromosomen-Translokation vor, bei der ein Stück des Chromosoms 21 an ein anderes Chromsomenpaar angehängt ist. Diese Anomalie kann vererbt werden; sie verursacht aber nicht immer das Down-Syndrom. In diesem Fall kann durch einen Test das Risiko für ein weiteres Baby bestimmt werden.

Zwar steigt mit dem Alter der Mutter das Risiko, ein Down-Baby zu bekommen, doch werden heute mehr betroffene Babys von jüngeren Müttern geboren, weil man ältere Schwangere gut überwacht. Wenn Sie erfahren, dass Ihr Baby das Down-Syndrom hat, ist die Bewältigung des Schocks und Kummers, nicht das ersehnt perfekte Baby zu bekommen, wohl der schwierigste Teil der Annahme des Babys. Es besteht auch die Sorge, dass lebensgefährliche Herzfehler und andere Fehlbildungen vorliegen, die intensive Überwachung und Behandlung erfordern. Das Füttern kann anfangs schwierig sein; das Wachstum wird anhand einer speziellen Tabelle kontrolliert, da Down-Kinder durchschnittlich kleiner sind. Herzoperationen werden heutzutage immer häufiger durchgeführt; daher ist auch die Lebenserwartung länger. Wenden Sie sich an eine entsprechende Organisation (s. S. 312).

Zerebralparese

Die Zerebralparese umfasst ein breites Spektrum an Erkrankungen, denen eine Schädigung des Gehirns zugrunde liegt, vergleichbar einem Schlaganfall bei Erwachsenen. Es kann eine Schwächung eines oder mehrerer Gliedmaßen bestehen, dazu Lernschwächen, Epilepsie und Seh- und Hörprobleme. Betroffen ist etwa eines von 500 Babys.

Die Ursache kann bei der Diagnose in vielen Fällen nicht eindeutig bestimmt werden. Oft liegt ein Vorfall in der Schwangerschaft oder während der Geburt zugrunde; zunehmend häufig ist eine extreme Frühgeburt die Ursache. Bestimmte Ereignisse nach der Geburt, z. B. eine Hirnblutung, eine schwere Gelbsucht (s. S. 35) oder eine Infektion, können ebenfalls Zerebralparese verursachen.

Eine leichte Zerebralparese ist relativ häufig und kann durch Krankengymnastik und Beschäftigungstherapie gebessert werden. Bei einer leichten Zerebralparese besteht in den meisten Fällen eine normale Intelligenz, und das Kind kann die Regelschule besuchen.

In schwereren Fällen ist besondere Förderung nötig; dazu gehören Krankengymnastik, Beschäftigungstherapie, Logopädie sowie intensive Lernförderung. Wahrscheinlich benötigt das Kind einen Rollstuhl und hat Probleme mit der Kommunikation.

So helfen Sie Ihrem Kind:

■ Steife Gliedmaßen regelmäßig dehnen, damit keine dauerhaften Versteifungen entstehen.

■ Die Entwicklung durch Spiel und Gespräche anregen und fördern; es ist wichtig, mit dem Kind wegzugehen und alle seine Sinne, auch Tast- und Geruchssinn, anzuregen. Beziehen Sie es in Ihre Aktivitäten ein.

■ Ihr Kind versteht Sie, braucht bei Sprachschwierigkeiten aber Ihre Hilfe bei der Kommunikation.

■ Sichern Sie sich Unterstützung, auch wenn dies, je nachdem, wo Sie wohnen, nicht immer ganz einfach ist. Ihr Kinderarzt wird Ihnen helfen, in diesem Zusammenhang alle Möglichkeiten auszuschöpfen.

Mukoviszidose

Bei dieser Erbkrankheit verursacht ein defektes Gen die Bildung verdickter, klebriger Sekretionen aus verschiedenen Drüsen. Dies verursacht Folgeerkrankungen wie chronische Lungenkrankheit und Gedeihstörung. Die Mukoviszidose beeinträchtigt weder Intelligenz noch Fähigkeiten des Kindes; meist entwickeln sich im Laufe der Zeit aber Diabetes und Leberzirrhose. Männer werden unfruchtbar. Die Lebenserwartung ist geringer.

Eine erfolgreiche Herz-Lungen-Transplantation bringt oft neue Lebensqualität. Leider ist sie nur in seltenen Fällen möglich. Die Aussichten für betroffene Kinder sind heute jedoch besser, und es besteht die Hoffnung, dass in Zukunft eine Gentherapie die Prognose weiter verbessern wird. Mukoviszidose kann durch einen Test bei der Geburt erkannt werden. Manchmal wird die Diagnose gestellt, wenn das Neugeborene an Darmverschluss leidet. Bei manchen Kindern wird die Krankheit diagnostiziert, weil sie nicht zunehmen oder wiederkehrend an Lungenentzündung leiden. Nach und nach bilden die Lungen Zysten und Verdickungen. Manchmal bestehen nur leichte Symptome, und die Krankheit wird erst im Teenageralter diagnostiziert.

So helfen Sie Ihrem Kind:

■ Ihr Kind muss täglich Gymnastik zum Abhusten des Sekrets aus der Lunge machen und Mittel zur Verwertung der Nahrung und Nährstoffergänzung einnehmen.
■ Suchen Sie Unterstützung (s. S. 312).

Spina bifida

Hierbei verschließt sich die Neuralröhre (das sich entwickelnde Rückgrat) nicht richtig; das Rückenmark kann hervortreten und geschädigt werden. Die Spina bifida entsteht in der Frühschwangerschaft; da eine folsäurereiche Kost das Risiko reduziert, werden Folsäurepräparate verschrieben. Die Erkrankung wird normalerweise durch Ultraschall in der Schwangerschaft erkannt. Ist das nicht der Fall und wird ein Baby mit starker Fehlbildung geboren, ist es unter Umständen nicht lebensfähig.

Bei Spina bifida können verschiedene Probleme vorliegen, von einer leichten Schädigung über ein Offenliegen der Wirbelsäule, die operativ verschlossen wird, bis zu schweren Problemen bei der Blasen- und Darmkontrolle, der Unfähigkeit zu laufen und einer Entwicklungsverzögerung. In vielen Fällen besteht zusätzlich ein Hydrozephalus, ein Wasserkopf, wenn die Flüssigkeit im Gehirn nicht ausreichend zirkuliert. Das kann eine Vielzahl an Problemen wie Epilepsie und Lernbehinderung verursachen. Meist wird die Flüssigkeit abgesaugt. In den letzten 30 Jahren haben sich die Prognosen für viele Babys mit Spina bifida aber enorm verbessert.

So helfen Sie Ihrem Kind:

■ Wenn Sie schon vor der Geburt wissen, dass Ihr Baby an Spina bifida leidet, informieren Sie sich umfassend bei entsprechenden Organisationen (s. S. 312).

Epilepsie

Leidet Ihr Kind an Krämpfen, die nicht auf Fieber (s. S. 259) oder eine Krankheit zurückgehen, kann Epilepsie vorliegen. Während eines Anfalls zucken die Gliedmaßen wild und werden dann steif; das Kind ist blass und stürzt zu Boden.

Bei einem einmaligen Krampfanfall wird die Diagnose Epilepsie nicht gestellt. Erst wenn er sich wiederholt, wird durch Tests und eine fachärztliche Untersuchung entschieden, ob eine Therapie begonnen wird. Gewöhnlich erfolgt über zwei Jahre eine Medikamentation, die allmählich reduziert wird, wenn keine Anfälle mehr auftreten.

Oft wächst sich eine Epilepsie aus, und gewöhnlich sind keine Lernschwierigkeiten damit verbunden.

So helfen Sie Ihrem Kind:

■ Bei einem Anfall bringen Sie Ihr Kind in die stabile Seitenlage (s. S. 287).

■ Schieben Sie nie den Finger in den Mund. Wer auf der Seite liegt, erstickt nicht an der Zunge.

■ Ist es der erste Krampfanfall, rufen Sie den Notarzt. Andernfalls sollten Sie wissen, was zu tun ist, wenn der Anfall über einige Minuten dauert, und wann Hilfe zu holen ist.

■ Lassen Sie Ihr Kind nie unbeaufsichtigt im Bad, da es bei einem Anfall schon in sehr flachem Wasser ertrinken kann.

■ Ärztlich verschriebene Zäpfchen führen Sie beim Anfall ein, Arznei schieben Sie in die Backentasche.

■ Wenden Sie sich an eine Organisation (s. S. 312).

Hörbehinderung

Die Schwerhörigkeit eines Babys kann zwei verschiedene Ursachen haben bzw. eine Kombination beider. Eine konduktive Schwerhörigkeit besteht, wenn die Schallübertragung durch das Mittelohr behindert ist, was gewöhnlich auf einen Tubenkatarrh (s. S. 267) zurückgeht. Fünf bis zehn Prozent aller Kinder leiden an dieser zeitweiligen Schwerhörigkeit, die keine bleibenden Schäden verursacht.

Eine sensorineurale Schwerhörigkeit betrifft eines bis zwei von 1000 Kindern. Dabei wird der Schall nicht richtig vom Innenohr zum Gehirn übertragen; es kann zu einem schwerwiegenden Hörverlust kommen. Je früher eine Diagnose erfolgt, umso besser für Spracherwerb und Kommunikationsfähigkeit des Kindes.

Eine ausgeprägte Schwerhörigkeit sollte beim Neugeborenen-Hörtest (s. S. 27) erkannt werden. Manchmal ist Schwerhörigkeit vererbt, allein oder als Teil eines Syndroms mit anderen Behinderungen. Sie kann auch Folge einer Krankheit, z. B. Hirnhautentzündung (s. S. 270), sein.

Wenn Ihr Kind eine Hörbehinderung hat, will es Sie vielleicht immer in Sichtweite haben. Ihm fehlt die Sicherheit, zu hören, dass Sie in der Nähe sind. Es fehlen ihm viele Anhaltspunkte zum Verständnis seiner Umgebung, z. B. Geräusche bei der Essenszubereitung; so ist es von vielen Familienaktivitäten ausgeschlossen, wenn Sie nicht immer bedenken, dass es nicht hören kann. Daher kann unerkannte Schwerhörigkeit die Entwicklung beeinträchtigen.

Je nach der Art der Schwerhörigkeit kann Ihr Kind ein schallverstärkendes Hörgerät oder ein Cochlearimplantat bekommen, ein elektronisches Gerät zur Vermittlung eines Höreindrucks. Dabei reizen elektrische Impulse im Rhythmus des ankommenden Schalls den Hörnerv und machen den Schall »hörbar«, sodass Ihr Kind Sprache und Geräusche versteht.

So helfen Sie Ihrem Kind:

■ Wenn Sie glauben, dass Ihr Baby nicht hören kann, sprechen Sie mit dem Kinderarzt. Scheint Ihr hörendes Kind Sie zu ignorieren, leidet es vielleicht an Tubenkatarrh; wenden Sie sich an den Arzt. Es ist normal, dass Kinder ihre Eltern ignorieren; wenn Sie ihm einen Keks anbieten, stellen Sie bestimmt fest, ob es Sie versteht!

■ Ist Ihr Kind schwerhörig, müssen Sie ihm helfen, seine Kommunikationsfähigkeit zu entwickeln; dabei werden Sie von verschiedenen

Fachleuten unterstützt und erlernen z. B. die Gebärdensprache.

■ Sie müssen eng mit verschiedenen Therapeuten zusammenarbeiten, um Ihr Kind zu unterstützen. Informationen erhalten Sie bei verschiedenen Organisationen (s. S. 312).

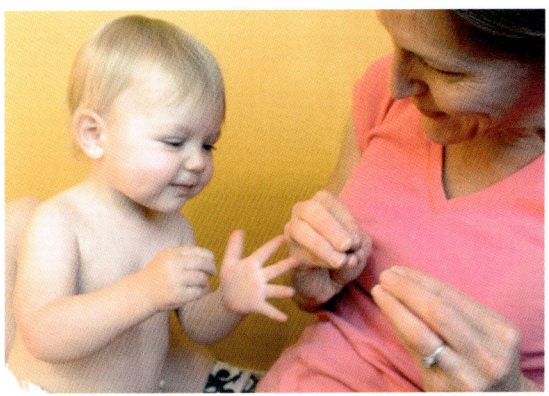

KOMMUNIKATION *Wenn Ihr Kind nicht hört, muss die ganze Familie die Gebärdensprache lernen; leiten Sie jede Kontaktperson dazu an, mit ihm zu kommunizieren.*

Sehbehinderung

Wenn Ihr Baby Sie mit sechs Wochen nicht fixiert und mit den Augen verfolgt, kann eine Sehbehinderung vorliegen. Manchmal ist die visuelle Reifung nur verzögert; dann fixiert das Baby mit drei oder vier Monaten immer noch nicht, entwickelt sich sonst aber normal. Mit sechs bis zwölf Monaten gibt sich das normalerweise ohne Behandlung von selbst.

Schwere Sehbehinderungen sind selten. Risikokinder sind u.a. Kinder mit Zerebralparese (s. S. 308) und sehr früh geborene Kinder. Eine familiäre Vorgeschichte an Blindheit oder Schielen (s. S. 298) ist ebenfalls ein wichtiger Faktor.

So helfen Sie Ihrem Kind:

■ Fördern Sie den Bindungsprozess durch viel Zuwendung, Sprechen und Vorsingen. Wenn es größer wird, sprechen Sie beständig mit ihm, damit es das Geschehen in seiner Umgebung versteht; leiten Sie es an, durch Berühren seine Umgebung zu erforschen.

■ Setzen Sie sich mit Experten in Verbindung, um Unterstützung und Information über Behandlung und Strategien im Umgang mit dem Kind zu erhalten, damit es sein volles Potenzial entfalten kann.

■ Wenden Sie sich an eine Organisation (s. S. 312).

Hilfreiche Adressen

Erste Hilfe
www.erste-hilfe-fuer-kinder.de
www.kinderaerzte-im-netz.de

Giftnotruf
030/19240
089/19240
0551/19240
www.giftnotruf.de

**Arbeitsgemeinschaft Freier
Stillgruppen (AFS)**
Tel.: 0228/35 038 71
www.afs-stillen.de

La Leche Liga Deutschland e. V.
Tel.: 0571/4 89 46
www.lalecheliga.de

**Verband alleinerziehender Mütter
und Väter – VAMV**
Tel.: 030/69 59 78 6
www.vamv.de

**Bundesarbeitsgemeinschaft »Mehr
Sicherheit für Kinder« e. V.**
Tel.: 0228/68 83 40
www.kindersicherheit.de

**Bundesverband Elterninitiativen
(BAGE e. V.)**
Tel.: 089/961 60 60 60
www.bage.de

**GEPS Deutschland e. V.
Bundesverband gemeinsame
Elterninitiative plötzlicher
Säuglingstod e. V.**
Tel.: 0511/8 38 62 02
www.sids.de

**Kindernetzwerk e. V. für kranke und
behinderte Kinder und Jugendliche**
Tel.: 06021/12 03 0
www.kindernetzwerk.de

**Aktionskomitee Kind im
Krankenhaus e. V.**
Tel.: 0180/52 54 528
www.akik.de

ADHS Deutschland e. V.
Tel.: 030/ 85 60 59 02
www.adhs-deutschland.de

**Arbeitsgemeinschaft
Allergiekrankes Kind**
Tel.: 0 27 72/92 87 0
www.aak.de

**Bundesverband der Eltern
und Freunde hörgeschädigter
Kinder e. V.**
Tel.: 040/6 07 03 44

**BFS – Bund zur Förderung
Sehbehinderter**
Tel.: 02131/1 76 30 91
www.bfs-ev.de

**Bundesverband »Hilfe für das
autistische Kind« e. V.**
Tel.: 040/5 11 56 04
www.autismus.de

**e. b. e. Epilepsie Bundes-Eltern-
verband e. V.**
Tel.: 0202/2 98 84 65
www.epilepsie-elternverband.de

Arbeitskreis Down-Syndrom e. V.
Tel.: 0521/44 29 98
www.down-syndrom.org

**Arbeitsgemeinschaft Spina bifida
und Hydrocephalus e. V.**
Tel.: 0231/8 61 05 00
www.asbh.de

**Bundesverband herzkranke
Kinder e. V.**
Tel.: 0241/91 23 32
www.herzkranke-kinder-bvhk.de

Mukoviszidose e. V.
Tel.: 0228/98 78 00
www.muko.info

**Aktion Sonnenschein – Hilfe für
das mehrfach behinderte Kind e. V.**
Tel.: 089/71 00 93 12
www.theodor-hellbruegge-
stiftung.de

Adressen in Österreich

Vergiftungszentrale
Tel.: 01/4 04 00 22 22
www.akh-wien.ac.at/viz

La Leche Liga Österreich
www.lalecheliga.at
**Österreichische Gesellschaft für
Kinder- und Jugendheilkunde**
www.docs4you.at

ArGe Selbsthilfe Österreich
Tel.: 0463/50 48 71-25
www.selbsthilfe-oesterreich.at

**Lebenshilfe Österreich
Bundesvereinigung für Menschen
mit geistiger und mehrfacher
Behinderung**
Tel.: 01/8 12 26 42
www.lebenshilfe.at

**Asthma-Neurodermitis-Allergie-
verband Wien (ANA)**
Tel.: 0222/330 42 86

Österreichische Autistenhilfe
Tel.: 01/5 33 96 66
www.autistenhilfe.at

Adressen in der Schweiz

Bei Vergiftungen:
Notfall-Nummer: 01 2515151

**Berufsverband Schweizerischer
Stillberaterinnen**
Tel.: 041/ 6710173
www.stillen.ch

La Leche Liga Schweiz
www.lalecheliga.ch

**Schweizerische Vereinigung der
Elternorganisationen**
Tel.: 056/6 33 42 10
www.sveo.ch

Elternverein Autismus Schweiz
Tel.: 055/4 40 60 25

**Schweizerische Elternvereinigung
asthma- und allergiekranker Kinder**
Tel.: 031/3 78 20 10

Stiftung KOSCH
Koordination und Förderung von
Selbsthilfegruppen in der Schweiz
Tel.: 061/333 86 01
www.kosch.ch

Register

Dank

Dank der Autoren

Wir danken unserer Lektorin Esther Ripley, uns unbekannten
Autoren eine Chance gegeben zu haben; Maya Isaaks für ihre
Begeisterung für das Projekt von Beginn an und für ihr Exper-
tenwissen als Mutter und Autorin; Dawn Bates für ihre gute
Arbeit als Co-Lektorin (wobei sie manchmal die undankbare
Rolle hatte zwischen den Fronten zu stehen); Emma Forge für
ihre hervorragende Arbeit bei der Gestaltung des Buches; Sally
Watkin für das Lesen endloser Entwürfe; unseren Patienten und
ihren Eltern, von denen wir so viel gelernt haben; und unseren
Freunden und Kollegen, die uns zum Schreiben ermutigt haben,
und die wir im Buch immer wieder zitieren. Besonders hervorhe-
ben möchten wir den Beitrag von Kate Barker und Banu Mawjee
im Kapitel über Adoption. Wir danken Leon Hawthorne,
Geschäftsführer von »The Baby Channel« dafür, dass er Su
ermutigt hat, ihre Vorstellungen zum Thema Kindergesundheit
im Fernsehen auszustrahlen und dann darüber zu schreiben.

 Schließlich und vor allem möchten wir unseren Kindern
Alex, Emily und Eddie dafür danken, dass sie uns die Realität
und die Freude des Elternseins gelehrt haben und dass sie es
hinnahmen, dass wir sie während der Arbeit an diesem Buch
ein wenig vernachlässigt haben.

Dank des Verlags

DK dankt den Erste-Hilfe-Experten Viv Armstrong und Andi
Sisoda für die Überprüfung des entsprechenden Kapitels, Sue
Bosanko für die Erstellung des Registers, der Bildredakteurin
Romaine Werblow, Debbie Maizels für die Illustrationen, Lottie
Sveas für die Assistenz beim Fotoshooting und allen Familien,
die an unseren Shooting teilgenommen haben.

Bildnachweis

Der Verlag dankt folgenden Personen und Institutionen für die
freundliche Genehmigung zum Abdruck ihrer Fotos: